MAURIZIO COMPIANI

FUGA, SILENZIO E PAURA LA CONCLUSIONE DEL VANGELO DI MC

Studio di Mc 16,1-20

EDITRICE PONTIFICIA UNIVERSITÀ GREGORIANA
Roma 2011

Vidimus et approbamus ad normam Statutorum Universitatis

Romae, ex Pontificia Universitate Gregoriana
Die 03 mensis Februarii anni 2011

R.P. Prof. Ermenegildo Manicardi
R.P. Prof. Roland Meynet

© 2011 Gregorian & Biblical Press
Piazza della Pilotta, 35 00187 - Roma
books@biblicum.com

ISBN 978-88-7839-**188**-8

Finito di stampare nel mese di marzo 2011
presso Lisanti S.r.l. - Roma

TESI GREGORIANA
Serie Teologia

182

*Ai miei genitori
e alla Diocesi di Cremona*

PREMESSA

Con lievi modifiche, il presente lavoro riproduce sostanzialmente la mia tesi di dottorato in teologia biblica, difesa il 27 ottobre 2010 presso la Pontificia Università Gregoriana.

Si tratta del frutto di una ricerca condotta sotto l'attenta guida del prof. mons. Ermenegildo Manicardi, primo relatore e Rettore dell'Almo Collegio Capranica, a cui sono sinceramente grato. La sua nota competenza negli studi sul Vangelo di Marco, le sagaci osservazioni e il continuo incoraggiamento sono stati riferimenti sicuri e preziosi.

Un ringraziamento anche al prof. Roland Meynet, secondo relatore, per i suggerimenti utili alla revisione del testo.

A vent'anni dal conseguimento della licenza presso il Pontificio Istituto Biblico e dopo una pluriennale attività di insegnamento, le singolari circostanze della vita mi hanno inaspettatamente portato alla ripresa degli studi per il dottorato. Non è stato facile tornare studente nelle austere aule dell'Università per immergermi di nuovo e così profondamente nel mare degli studi biblici. Ripensando ai dubbi e alle incertezze che hanno segnato gli inizi di questo nuovo percorso, è con stupore e gratitudine che io stesso guardo ora a questo lavoro, riconoscendo in esso il frutto maturato nella paziente dedizione allo studio della Parola di Dio e grazie al concorso di persone e circostanze cui, a diverso titolo, devo molto.

Ringrazio di cuore il Vescovo di Cremona mons. Dante Lafranconi: senza la sua diretta e persuasiva richiesta non avrei certo immaginato di intraprendere questa avventura.

Ringrazio il Pontificio Seminario Lombardo, la comunità dei suoi alunni e il Rettore mons. Tullio Citrini. Un ringraziamento anche ai Rettori che si sono precedentemente avvicendati durante tutto il mio soggiorno romano: Sua Em.za mons. Dionigi Tettamanzi, Sua Ecc.za mons. Luigi Belloli e Sua Ecc.za mons. Diego Coletti. La comunità del Lombardo non ha rappresentato semplicemente una sede ideale per gli studi: lì ho maturato amicizie consolidate poi nel tempo e gettato le basi per successive esperienze sacerdotali singolari, come gli anni trascorsi al servizio del Pontificio Seminario Interdiocesano Albanese a Scutari.

Un grazie particolare a mia sorella, la prof.sa Danila Compiani che in modo infaticabile ha corretto più volte le bozze del lavoro offrendo preziose migliorie. Un pensiero riconoscente anche all'amico e critico letterario Claudio Toscani paziente revisore del testo finale.

Con immenso affetto e gratitudine dedico infine questo lavoro ai miei genitori: papà Bruno e mamma Maria, e alla diocesi di Cremona. Sono le mie due famiglie: la prima mi ha generato alla vita e introdotto alle fede, la seconda mi ha generato alla fede e introdotto alla Vita.

Maurizio Compiani

Cremona, 25 gennaio 2011

INTRODUZIONE

1. Problemi interpretativi nel versetto finale di Marco

In Mc 16,8 fuga, silenzio e paura concludono inaspettatamente non solo la pericope in questione (16,1-8), ma anche l'intera narrazione del Vangelo marciano considerato autentico (1,1–16,8). La storia dell'esegesi ha consacrato come *crux interpretum* questo versetto che l'antica tradizione attesta essere l'ultimo della narrazione marciana sicuramente autentica. Le discussioni al riguardo sono vivaci e si articolano a diversi livelli.

Dal punto di vista *del testo nella sua forma*, ci si interroga prima di tutto sul versetto in sé: diversità e incertezze emergono già a partire dall'interpretazione della terminologia utilizzata. Di conseguenza, anche la valutazione complessiva oscilla tra il considerare la reazione delle donne in termini negativi o in termini positivi. Altre questioni riguardano Mc 16,8 in relazione a 16,1-8 inteso come suo contesto più immediato. Ogni versetto di questa pericope suscita problemi, che ancora originano considerazioni differenti. A sua volta, l'interpretazione di Mc 16,1-8 ha un ruolo determinante nella riflessione sulla teologia propria di Marco: in quanto racconto finale, esso ha, probabilmente, una funzione orientativa e conclusiva di tutto 1,1–16,8. Infine Mc 16,8 interroga sulla relazione tra questo versetto e l'aggiunta deuterocanonica (16,9-20)[1] e perciò sul ruolo e sul significato che assume all'interno di Mc 1,1–16,20.

---

[1] La «finale di Marco» (16,9-20) è «canonica». Nonostante ciò essa viene comunemente definita anche come «aggiunta deuterocanonica». In tal caso la locuzione è utilizzata in una prospettiva prettamente storica per indicare che la sua canonicità è stata sancita in un «secondo» momento rispetto a Mc autentico e nonostante essa non sia letterariamente marciana.

A livello *di origine e storia del testo* ci si chiede se Mc 16,8 debba essere considerato la conclusione intenzionale voluta da Mc o se sia invece il risultato di un testo interrotto. Nel qual caso emerge un nuovo interrogativo: l'autore è stato impossibilitato a terminare il suo Vangelo, oppure la sua conclusione è andata perduta in un tempo successivo[2]?

A livello *comparativo* si discute molto se nella letteratura biblica ed ellenistica esistano attestazioni di opere che come 16,8 terminano con la preposizione γάρ[3]. E ancora, che rapporti esistono fra questo finale e le conclusioni degli altri Vangeli? Quale *background* socio culturale è da presupporre per spiegare l'aggiunta di Mc 16,9-20?

L'ampiezza del dibattito e la quantità degli studi manifestano i limiti di una ricerca in cui le ipotesi si moltiplicano in modo inversamente proporzionale ai dati certi. Ed è esattamente da questo esubero di interpretazioni che il nostro studio prende avvio.

2. Ragione della ricerca

Mc 16,8 è un versetto «paradossale», che annota la reazione delle tre donne a quanto visto e udito nella tomba vuota. La reazione è inaspettata, carica di una paura che spinge le donne alla fuga e al silenzio. Le aspettative del lettore restano però in sospeso a causa della brusca interruzione con cui 16,8 mette fine alla narrazione. D'altra parte, l'enigmaticità di queste ultime parole spinge il lettore a cercare un finale non scritto, attraverso una rilettura di tutta la narrazione e una riconsiderazione della teologia che in essa emerge. Il versetto perciò ha implicitamente un alto valore «performativo» che riguarda l'interpretazione complessiva del Vangelo di Mc. Infine, 16,8 acquista rilevanza grazie alla sua singolare doppia funzione canonica: come conclusione della narrazione letterariamente autentica e come punto di passaggio all'aggiunta deuterocanonica.

Diversi sono gli scopi che guidano la nostra ricerca. Prima di tutto intendiamo offrire una sintetica e ordinata visione delle questioni che ruotano intorno a questo versetto, con particolare riferimento agli orientamenti interpretativi attuali. Vogliamo inoltre riconsiderare questioni spesso date per scontate: di fronte al disorientante moltiplicarsi delle

---

[2] Cf. A. BELANO, «La non-finale del Vangelo di Marco», 371-378.
[3] Esegeti rappresentativi degli opposti schieramenti sono N.C. CROY, *The Mutilation of Mark's Gospel*, a favore dell'accidentalità della chiusa marciana; K.R. IVERSON, «A Further Word on Final Γάρ», 79-94, a favore della sua intenzionalità. Una sintesi della questione in R.H. STEIN, «The Ending of Mark», 79-98.

ipotesi è necessario ritornare agli elementi primi e basilari, così da verificare la solidità e la coerenza delle posizioni addotte. Infine vorremmo anche percorrere un itinerario non molto sfruttato dall'esegesi moderna, ossia quello relativo alla funzione assunta da Mc 16,8 nel «riorientamento» teologico provocato dall'aggiunta del FL (16,9-20) il quale produce un testo che si estende «unitariamente» da 1,1 a 16,20.

3. Lo *status quaestionis*

Il documento della Pontificia Commissione Biblica, *L'interpretazione della Bibbia nella Chiesa* (1993) costituisce una tappa fondamentale del recente cammino di rinnovamento degli studi biblici. Esso ha impresso nuovo impulso aprendo ulteriori prospettive alle vie per la comprensione della Sacra Scrittura. Il documento si prefigge il compito di definire una posizione dell'esegesi cattolica che presenti una visione d'insieme del panorama dei metodi e degli approcci attuali di lettura della Bibbia. Oltre ad offrire un orientamento circa le possibilità e i limiti di tali vie, esorta tutti a un loro sapiente utilizzo e a una lettura integrata e dialogica affinché la Parola di Dio «possa diventare sempre più il nutrimento spirituale del suo popolo»[4]. L'abbondante produzione esegetica sul Vangelo di Mc di quest'ultimo ventennio sembra aver corrisposto ampiamente all'invito. Rispetto a interpretazioni già consolidate, i «nuovi» metodi e approcci hanno fornito preziosi contributi anche sull'interpretazione di Mc 16,8. Nell'ordinare il nostro *status quaestionis* dapprima presentiamo le principali idee in circolazione sulla finale di Mc fino alla fine degli anni Ottanta, quindi accenniamo ai maggiori apporti forniti dai «nuovi» metodi e approcci a partire dal 1993, elencandoli in ordine cronologico[5].

3.1 *Idee in circolazione sulla finale di Mc negli anni Ottanta*

Secondo J. Gnilka l'annuncio della risurrezione di Gesù è il culmine dell'epifania nella tomba vuota e come tale produce il massimo spavento.

---

[4] Cf. PONTIFICIA COMMISSIONE BIBLICA, *L'interpretazione della Bibbia,* 28.

[5] La scelta di focalizzare la ricerca entro gli ultimi venti anni è ulteriormente resa possibile da alcune opere, soprattutto degli inizi degli anni novanta, che presentano degli *status quaestionis* sul finale di Mc. Il riconoscimento di tali fatiche evita di percorrere strade già battute, permettendoci di rimandare ai loro significativi apporti. Cf. E.L. BODE, *The first Easter Morning*, 37-49; R. VIGNOLO, «Una finale reticente», 129-189; R.E. GUNDRY, *Mark*, 1009-1021; S.L. COX, *A history and critique of scholarship*, 147-205; J.A. KELHOFFER, *Miracle and Mission*.

Il silenzio delle donne costituirebbe un rifiuto nei confronti dell'incarico loro affidato. Mentre tutto il Vangelo mostra che il silenzio imposto da Gesù spesso non viene mantenuto, in 16,8 invece viene taciuto il messaggio che le donne avrebbero dovuto annunciare. Con tale chiusa il narratore rende evidente al lettore che il Vangelo può condurlo solo alla soglia della fede, non imporla. Consapevole della lentezza di comprensione dell'uomo il finale aperto spinge il lettore a comprendere cosa significa nella vita pratica seguire Gesù lungo il suo cammino così come emerge nel dramma di tutto il Vangelo[6].

Per R. Pesch fuga, silenzio e paura sono motivi tipici della reazione alla rivelazione nei racconti di epifania. Il contrasto tra il silenzio delle donne e l'incarico dato loro dal giovane serve a relativizzare il loro ruolo così che al termine della narrazione il lettore non dimentichi che solo i discepoli sono i messaggeri principali della risurrezione di Gesù[7].

Nella sua monografia sul cammino di Gesù, toccando la questione del silenzio finale delle donne, E. Manicardi sostiene che dopo aver portato a termine l'incarico ricevuto nei confronti dei discepoli, le donne non comunicano ad altri esterni al gruppo il loro messaggio pasquale. Tale silenzio assicurerebbe a Pietro e ai discepoli il compito di annunciatori ufficiali senza con ciò relativizzare in alcun modo l'importante ruolo che le donne occupano nella narrazione[8].

In Mc 16,8 J. Mateos vede riflessa una polemica intraecclesiale e anti-istituzionale[9]. Nella chiusa di Mc giungerebbe a termine una divisione che attraversa tutto il Vangelo, quella fra i personaggi legati a Gerusalemme che, come le donne al sepolcro rifiutano la rivelazione di Gesù risorto rimanendo attaccati agli ideali giudaici, e i personaggi che non provengono dall'Israele istituzionale, grazie ai quali il messaggio si diffonde. Tale scissione sarebbe il riflesso di una profonda spaccatura interna alla comunità cristiana. Il fatto che, dopo aver «visto» la vittoria che il Messia ha conseguito, le donne fuggano dal sepolcro senza provare alcuna gioia dimostrerebbe che alla fine esse non rinunciano agli ideali di gloria di Israele rifiutando di impegnarsi con Gesù.

R. Vignolo sostiene il valore positivo della reazione delle donne: la loro fuga, il silenzio e la paura hanno la funzione di valorizzare il keryg-

---

[6] Cf. J. GNILKA, *Marco*, 922-923.
[7] Cf. R. PESCH, *Il Vangelo di Marco*, II, 779-781.
[8] E. MANICARDI, *Il cammino di Gesù*, 182, n. 43.
[9] Cf. J. MATEOS, *Los "Doce" y otros*, 247-258; J. MATEOS – F. CAMACHO, *Marco*, 400-401; E. SCHWEIZER, *Il Vangelo secondo Marco*, 305.

ma pasquale, «nient'altro che la "necessaria" reazione dal punto di vista degli uomini»[10].

Per C. Combet-Galland in quanto chiusa del Vangelo, Mc 16,8 aiuterebbe a problematizzare la comprensione dell'identità di Gesù: per capire, le donne devono maturare nel silenzio; cosa che anche il lettore deve fare nei confronti del sapere offertogli fin dal primo versetto del Vangelo[11].

J.D. Crossan sostiene che Mc 16,8 rende manifesto l'insanabile contrasto tra la comunità di Gerusalemme e la comunità di Marco. La prima, condotta dai discepoli e da Pietro non avrebbe mai accettato la tradizione sul Risorto comunicata dalla comunità di Mc, per cui Mc rifiuterebbe i racconti di apparizione[12].

3.2 *Apporti dei «nuovi» metodi e approcci a partire dal 1993*

3.2.1 Apporti dal metodo narrativo

Negli ultimi decenni, i contributi più numerosi sono giunti da studi di tipo narrativo. In genere essi considerano 16,8 come chiusa che sancisce il naufragio del discepolato e ribadiscono la finalità extradiegetica del versetto, così da mettere in luce la funzione del lettore in rapporto al finale sospeso. La credibilità dell'annuncio non verrebbe inficiata dalla fuga delle donne: attraverso le parole del messaggero che le donne non trasmettono ad alcuno, di fatto il narratore comunica il messaggio ai lettori al di là del racconto. In questo modo il lettore stesso assume la funzione di messaggero di quell'annuncio che le donne non hanno rivelato[13].

Secondo P. Danove la reazione finale delle donne si caratterizza come negativa e si contrappone al coraggio e alla premura attestata da Giuseppe d'Arimatea[14].

Per X. Pikaza, Mc 16,8 può essere compreso solamente come chiusa ironica e drammatica: le donne devono trasmettere qualcosa che le trascende e si rivelano testimoni dalla fede mai completamente espressa[15].

---

[10] R. VIGNOLO, «Una finale reticente», 156. Così già R. PESCH, *Il Vangelo di Marco*, II, 780-781.

[11] C. COMBET-GALLAND, «Qui roulera la peur?», 185.

[12] J.D. CROSSAN, *The Historical Jesus*.

[13] Cf. A.Y. COLLINS, *The beginning of the Gospel*, 455-456; J.F. WILLIAMS, *Other Followers of Jesus*, 200-202); W. LAMAR, *Marco*, 381-382.

[14] P. DANOVE, «The Characterization», 390.

[15] Cf. X. PIKAZA, *Il Vangelo di Marco*, 433-434.

X. Alegre interpreta il silenzio delle donne dopo l'annuncio della risurrezione come assoluto e lo pone in relazione ai silenzi imposti da Gesù durante il suo ministero (il cosiddetto «segreto messianico»). In questo modo, morte e risurrezione sono inscindibilmente legate per sempre, come un marchio teologico entro il quale debbono situarsi ed essere compresi tutti i titoli messianici[16].

La tesi di Y. Bourquin, *Marc, une théologie de la fragilité; obscure clarté d'une narration* indaga l'arte con cui Mc racconta l'inizio e la conclusione della storia. L'autore analizza la letteratura antica per identificare i vari modi di comporre un prologo e un epilogo. Mc 16,8 è considerato soprattutto per il suo aspetto di inaspettata ed enigmatica conclusione. Nella presentazione delle donne l'autore ravvisa una traccia di ironia, essendo esse prima introdotte come figure positive (15,40-41.47), poi contrassegnate dall'ambivalenza (16,1-5b), per emergere al termine come negative e fallimentari (16,5c-8)[17].

C. Focant pone l'attenzione sulla *suspense* introdotta a fine narrazione dal silenzio delle donne. Si tratterebbe prettamente di un artificio retorico: l'espediente intenderebbe avviare il lettore a un'interpretazione che sappia leggere la contrapposizione fra il punto di vista divino e quello umano, in linea con tutta la narrazione che ha costantemente evidenziato la giustapposizione fra Gesù e discepoli. Il lettore dunque sarebbe in grado di riconoscere che l'incomprensione di questi ultimi non ha mai avuto l'ultima parola, essa è sempre stata seguita da un nuovo appello[18].

Per N. Casalini il silenzio delle donne costituirebbe un autentico «rompicapo», una reazione del tutto enigmatica e sorprendente. Se le donne non hanno detto niente a nessuno perché temevano (16,8b), si deve concludere che i discepoli e Pietro non hanno ricevuto il messaggio dato dal giovane, nel qual caso il suo annuncio non può aver avuto compimento: un assurdo narrativo[19].

---

[16] X. ALEGRE, «Un silencio elocuente», 138-143. Cf. anche E.L. BODE, *The First Easter Morning*, 39-40. Fra i contrari a tale connessione F. PÉREZ HERRERO, *Pasión y Pascua*, 365.

[17] Y. BOURQUIN, *Marc, une théologie de la fragilité*, Losanna 2005, 297-323. Direttore della tesi D. Marguerat.

[18] C. FOCANT, «Finale suspendue», 219-220.

[19] N. CASALINI, *Lettura di Marco*, 325. Considerazioni simili in A. LINCON, *The New Interpreter's Bible*, VIII, 732: sulla base di una promessa, le donne devono comunicare che l'insuccesso non è il finale, ma ciò che pone termine alla narrazione è proprio il loro insuccesso! Cf. anche P. DANOVE, *The End of Mark's story*; R.W. SWANSON, «They Said Nothing», 471-478; M.D. HOOKER, *The Gospel according to St Mark*, 387.

J.R. Donahue e D.J. Harrington sostengono che il finale intende mostrare che nessun personaggio del Vangelo è all'altezza di proporsi come modello per il lettore. L'unico personaggio degno di ammirazione e imitazione è Gesù[20].

M. Navarro Puerto, sottolinea che quella delle donne è una reazione comprensibile poiché ad esse è stato annunciato un evento che supera che supera non solo la loro comprensione, ma anche qualsiasi credenza del giudaismo[21].

3.2.2 Apporti dal metodo retorico

Attraverso il metodo retorico studi recenti mostrano che anche per il testo biblico «la forma è la porta del significato». La posizione che nel testo gli elementi linguistici occupano non obbedisce solo a regole e pressioni sintattiche e semantiche: ad ogni livello di organizzazione testuale essa segue le leggi di strutturazione del discorso[22].

Nel suo «commentario retorico-sociale» B. Witherington III, sostiene che passata la paura che causava il silenzio, le donne hanno informato i discepoli o, per lo meno lo fece Maria di Magdala[23].

R. Meynet considera l'insieme del capitolo 16,1-20 come epilogo canonico del Vangelo marciano[24]. Nel racconto delle donne alla tomba tutti i termini riguardanti la paura (16,5.6.8) sono giudicati una «sinonimia». In particolare l'autore si sofferma sul silenzio delle donne interpretato come «chiusura». Al termine del racconto le donne resterebbero «prigioniere della morte» anche dopo la buona notizia loro annunciata, rinunciando perciò a trasmettere a Pietro e ai discepoli il messaggio loro affidato[25].

3.2.3 Un apporto dall'approccio pragmatico

Studi basati sull'*approccio pragmatico* sottolineano che la verità di un testo biblico viene pienamente percepita quando, oltre all'aspetto

---

[20] J.R. DONAHUE – D.J. HARRINGTON, *Vangelo di Marco*, 409.

[21] M. NAVARRO PUERTO, *Marcos*, 583. Medesime conclusioni in R.T. FRANCE, *The Gospel of Mark*, 683; F. PÉREZ HERRERO, *Pasión y Pascua*, 364; C.A. EVANS, *Resurrection*, 79.

[22] Cf. R. MEYNET, *L'analisi retorica*, 13.160.

[23] B. WITHERINGTON III, *The Gospel of Mark*, 415; A.Y. COLLINS, *Mark*, 799.

[24] Cf. R. MEYNET, «Il Signore conferma», 391-410.

[25] Cf. R. MEYNET, «Il Signore conferma», 393.396. Alla medesima conclusione giungono anche gli studi di S. LÉGASSE, *Marco*, 855; J.P. HEIL, *The Gospel of Mark*, 346-347; E.S. MALBON, «Fallible Followers» 44-45; B.M.F. VAN IERSEL, *Marco*, 454.

«concettuale», se ne coglie lo spessore «esperienziale». E' necessario perciò che il processo ermeneutico evidenzi l'istanza pragmatica della Parola di Dio che spinge il lettore ad aderirvi con fede[26].

In tale ottica, secondo M. Grilli il silenzio delle donne esprimerebbe piuttosto il paradosso della rivelazione cristiana in cui la risurrezione non annulla lo scandalo della croce: il silenzio delle donne allora diviene rappresentazione simbolica della perenne difficoltà dei discepoli di tutti i tempi ad assumere il mistero della croce nella vita[27].

3.2.4 Apporti dall'approccio femminista

Nella reazione delle donne l'approccio femminista ha colto soprattutto una connotazione sociale: nel contesto del loro tempo sarebbe stato loro impossibile dare testimonianza, poiché solo gli uomini potevano esprimersi nella sfera pubblica. Di conseguenza, la loro paura e il silenzio non meritano alcun rimprovero dal momento che esse si dimostrano discepole fedeli nel servire Gesù fin oltre la sua morte in croce[28].

Per R. Bauckham il silenzio delle donne custodisce l'annuncio del giovane inteso come un «segreto apocalittico» che le donne devono comunicare ai soli discepoli e non ad altri. Perciò la loro reazione finale dovrebbe essere intesa come «"obbedienza" delle donne, nel non divulgare il segreto al mondo»[29].

Susan Miller ha studiato i personaggi femminili nel Vangelo di Mc[30].

Il loro ruolo viene letto alla luce dell'escatologia apocalittica di Mc 13,1-37. Secondo l'autrice, la figura delle donne discepole è ritratta in modo prevalentemente positivo anche se in 16,8 si mostrano incapaci di rispondere adeguatamente alla novità escatologica insita nella proclamazione pasquale. Esse falliscono allo stesso modo dei discepoli. Il silenzio e la paura derivanti dalla notizia della risurrezione indicherebbero che le

---

[26] M. GRILLI, *L'impotenza che salva*, 16-20. Cf. H. SIMIAN-YOFRE, «Ana-cronia e sincronia», 171-195.

[27] M. GRILLI, *L'impotenza che salva*, 152; cf. anche X. ALEGRE, «Un silencio elocuente», 3-24.135-161; E.L. BODE, *The First Easter Morning*, 43.

[28] Cf. M. COTES, «Women, Silence and Fear», 150-166; H. KINUKAWA, *Women and Jesus in Mark*, 115-119. Cf. anche E.S. MALBON, «Fallible Followers», 29-48;

[29] R. BAUCKHAM, *Gospel Women*, 290.

[30] S. MILLER, *Women in Mark's Gospel*. Secondo l'autrice due racconti che riguardano donne dedite al servizio incorniciano positivamente tutta la missione di Gesù (1,29-31; 15,40-41.47) all'interno della quale giocano un ruolo rilevante i personaggi femminili. L'autrice offre anche un ampio ritratto della società del tempo e della condizione marginale che in essa la donna generalmente occupava.

donne non riconoscono il significato dell'identità di Gesù come Figlio di Dio. Allineate alla vecchia era le donne discepole sono figure rappresentative dell'abisso esistente tra Dio e l'umanità, distanza superata solo dall'azione divina che nel mistero pasquale crea un nuovo mondo.

3.2.5 Apporti dall'approccio psicologico e psicanalitico

Negli studi del Vangelo di Mc che adottano un approccio di tipo psicologico e psicanalitico la reazione delle donne è considerata come dominata dal mondo della morte, così come la loro figura appare pervasa da un'idea di fine assolutamente radicata: per loro è insopportabile ogni evento, ogni novità, anche la più gioiosa, che parli di vita e di annunci, di nuovi impegni e di nuovi incontri.

In genere, come fa E. Drewermann, la paura è considerata un fattore disfunzionale all'interno di una lettura del Vangelo che vede l'uomo e le sue dinamiche «psichiche» come criterio interpretativo del racconto[31].

Secondo G. Cirignano e F. Montuschi nel Vangelo marciano la paura dovuta all'incontro con il soprannaturale si presenta con gradualità e intensità diverse, legate a un vissuto soggettivo e all'esclusivo dominio della morte su cui nessuna parola di vita può fare breccia. Il timore dei discepoli di fronte alle realtà sovrumane diventa negativo quando si trasforma in disperazione, mentre rimane una condizione emotiva positiva quando configura uno spazio affettivo di stupore, libero e disponibile a un incontro. La fede sembra allora diventare un «regolatore» capace di trasformare gradualmente la paura in timore reverenziale e in speranza[32].

Riteniamo utile segnalare l'opera di Douglas W. Geyer, *Fear, Anomaly and Uncertainty in the Gospel of Mark*[33], anche se non tratta di Mc 16,8. L'autore sostiene che la morte di Gesù in croce è da Mc rappresentata come orrore ed enigma preannunciati già in quei racconti del ministero di Gesù in Galilea, dove compare il tema della paura. Con un metodo fondamentalmente comparativo egli esplora la Bibbia ebraica, la letteratura del Medio Oriente, la letteratura rabbinica e soprattutto quella greca e latina, alla ricerca di paralleli che descrivano situazioni di «anomalo spaventoso»[34]. Lo studio offre un'interessante rassegna dei modi in cui il mondo antico esprime la paura psicologica di fronte al mistero.

---

[31] E. Drewermann, *Das Markusevangelium*.
[32] G. Cirignano - F. Montuschi, *Marco: un Vangelo di paura e di gioia*.
[33] D.W. Geyer, *Fear, Anomaly and Uncertainty*.
[34] Secondo D.W. Geyer, *Fear Anomaly*, 19, Mc 4,35–6,50 costituisce un ciclo letterario contrassegnato da anomalie, incertezze, indeterminazione, impurità, violenza,

3.2.6 Apporti dall'approccio storico-sociologico

In una prospettiva storica, superata l'ipotesi eziologica di Rudolf Bultmann[35] e quelle sul carattere anti-istituzionale del Vangelo di Mc[36], alcuni autori colgono nel testo marciano i segni del suo ambiente d'origine e delle condizioni storiche e sociologiche che lo hanno fissato e trasmesso. Il *Sitz im Leben* del racconto è considerato spiegazione determinante alla reazione delle donne.

M. Perroni considera la reazione delle donne in 16,8 come «corona» di un'esperienza epifanica: silenzio e terrore «non fanno che confermare la novità del discepolato cristiano». La paura mette in risalto la forza della missione cristiana. Il silenzio delle donne (silenzio solo momentaneo) ha pregnanza teologica: con esso Mc indica che la predicazione cristiana non è più un fatto carismatico lasciato all'iniziativa di profeti itineranti. La *traditio* dei detti e delle opere di Gesù rimane ora custodita nel Vangelo scritto a fondamento della missione della comunità credente[37].

Facendo riferimento a un contesto storico-liturgico, É. Trocmé sostiene che la reazione delle donne trova giustificazione come ultima scena di una liturgia della passione, atta a commemorare il sacrificio di Gesù in una grande assemblea di credenti che vivono nella certezza della risurrezione. In questa prospettiva la fuga appare la conclusione perfetta in quanto aperta a un avvenire radioso[38].

J.L. Mitchell sostiene che alla base dell'inusuale finale marciano stanno due eventi: la distruzione del Tempio di Gerusalemme (70 d.C.) e la progressiva scomparsa dei testimoni oculari. Ai cristiani si impo-

---

vendetta, presenza del demoniaco, paura, allo scopo di imprimere una sensazione di «spaventoso anomalo» («the anomalous frightful»). Come specifica nella prefazione all'opera, l'idea viene sviluppata a partire dall'esperienza di operatore sociale psichiatrico che Geyer esercita per il *Veterans Affairs Medical Center* in North Chicago nello *Stress Disorder Treatment Unit* (p. xi).

[35] R. BULTMANN, *Die Geschichte der synoptischen Tradition*, 308-311, basandosi sul fatto che la più antica confessione kerygmatica di 1Cor 15,3-7 non fa cenno al sepolcro vuoto, ha concluso che la notizia evangelica sull'assenza del cadavere doveva essere un'invenzione tardiva, dovuta all'apologetica, o al culto. Questa ipotesi eziologica, legata ai presupposti ermeneutici bultmaniani, ha perso, in questi decenni, sempre più consensi.

[36] In genere il limite maggiore delle ipotesi fondate sul carattere anti-istituzionale del Vangelo di Mc è di trasporre immediatamente a livello storico le tensioni del testo, confondendo i due piani.

[37] M. PERRONI, «L'annuncio pasquale delle donne», 429-430.

[38] Mc 16,1-8 sarebbe l'ultimo elemento di questo racconto liturgico aggiunto tardivamente al proto-Marco. Cf. É. TROCMÉ, *L'évangile selon Saint Marc*, 37.

nevano domande sulla propria identità senza il Tempio, sulla guida delle comunità e su come assicurare continuità e fedeltà al messaggio di Gesù trasmesso dagli apostoli. La «nuova invenzione» del Vangelo scritto avrebbe garantito il sorgere di nuovi discepoli in una nuova generazione di ascoltatori. Concludendo in modo fallimentare col silenzio delle donne, Marco avrebbe indicato che i predicatori testimoni oculari erano destinati a cadere nel silenzio, ma il Vangelo scritto ne avrebbe custodito la testimonianza. Emergeva il criterio della Tradizione ancorato a una «narrazione scritta»[39].

3.2.7 Un apporto dall'approccio contestuale

M. Matjaž ha analizzato il significato del motivo della paura nella cristologia di Mc[40]. Passando in rassegna le pericopi contrassegnate dalla presenza di lemmi dalla radice φοβ- l'autore mostra che in Mc la paura è intimamente legata al «processo di riconoscimento»[41] della vera identità di Gesù da parte dei discepoli. Egli interpreta in chiave positiva il timore delle donne inteso come *pathos* dell'esperienza di fede: «il timore non è ancora fede, esso crea tuttavia una disposizione corrispondente che rende possibile il passo necessario verso la fede»[42]. La paura e il silenzio delle donne sarebbero reazioni rappresentative di un atteggiamento fondamentale dei credenti rispetto al mistero completo di Gesù. La paura è una risposta credente e reverenziale di fronte alla meravigliosa realtà di Dio che si è rivelata in Gesù, una realtà di cui le donne avvertono la pienezza e la profondità, benché non la possano ancora comprendere interamente. La paura induce le donne a ritirarsi in se stesse, cosa che apre loro tutto uno spazio per una totale contemplazione del mistero di colui che hanno seguito fino al sepolcro ora vuoto. In tal modo la loro reazione appare prima di tutto come apertura a una realtà che si trova al di là della loro capacità di comprendere:

---

[39] J.L. MITCHELL, *Beyond Fear and Silence*, 13-24.

[40] M. MATJAŽ, *Furcht und Gotteserfahrung*. Direttore della tesi K. Stock. L'autore tratta il tema della paura in Mc 16,8 nelle pp. 289-312. L'oggetto della nostra ricerca è più specifico e al contempo più ampio. Noi concentriamo il nostro interesse su tutto Mc 16,8 senza limitare lo studio a un singolo motivo. Inoltre, in Mc 16,8 intendiamo cogliere la teologia della narrazione letterariamente autentica (1,1–16,8) e la teologia determinata dall'aggiunta di Mc 16,9-20 nel Vangelo «canonico» di Mc (1,1–16,20).

[41] Cf. M. MATJAŽ, *Furcht und Gotteserfahrung*, 313: «Prozeß des Erkennens».

[42] M. MATJAŽ, *Furcht und Gotteserfahrung*, 114: «Die Furcht ist noch kein Glaube, jedoch schafft sie eine entsprechende, den entscheidenden Schritt zum Glauben ermöglichende Disposition». Affermazioni analoghe alle pp. 185, 321.

essa non è semplicemente una fase precedente la fede, ma anche e soprattutto un suo correlato[43].

4. Il nostro lavoro

Lo *status quaestionis* delinea un panorama frastagliato. Nei riguardi del finale di Mc ancora manca un indirizzo interpretativo capace di raccogliere maggiori consensi. Il moltiplicarsi degli studi sul Vangelo di Mc ha aperto piste di ricerca interessanti fornendo numerosi contributi, purtroppo spesso parziali, anche alle questioni sollevate da Mc 16,8. L'impressione è di trovarci di fronte ad un materiale sterminato in cui molti elementi utili alla nostra ricerca sono dispersi in lavori più ampi, e perciò difficili da scovare.

Se escludiamo i commentari esegetici a Mc e qualche articolo che in genere si interroga unicamente sul silenzio o sulla paura delle donne[44], negli ultimi vent'anni non troviamo studi che trattino specificamente il tema come da noi circoscritto. In particolare nei riguardi di 16,8 la bibliografia esaminata è spesso ricca di citazioni di altri autori, in un ripetersi di asserzioni poco verificate di prima mano. Interpretazioni fluide si moltiplicano e i libri si giustappongono senza «sintetizzarsi» e senza intavolare un dibattito vero e proprio. Gli elementi fondanti della semantica e della sintassi sembrano dati per scontati. Abbiamo così uno *status bibliographiae* più che uno *status quaestionis*, con il rincorrersi continuo delle medesime domande: le donne hanno taciuto con tutti? Anche con gli apostoli? La loro paura è negativa ed esclude la fede oppure è positiva e ingressiva nel credere? Alla fine in modo trasversale emergono due contrastanti orientamenti di fondo.

Il primo interpreta paura, fuga e silenzio attribuendo loro *connotazioni negative*: la paura provata dalle donne attesta che esse non hanno creduto alla proclamazione pasquale[45]. Il silenzio è dunque assoluto e illimitato, e la fuga è prova di incomprensione e di rifiuto a eseguire l'incarico ricevuto dal giovane nella tomba vuota.

Il secondo orientamento sostiene che la reazione delle donne avrebbe *una connotazione positiva,* appropriata alla manifesta potenza di Dio

---

[43] M. MATJAŽ, *Furcht und Gotteserfahrung*, 318. Cf. anche J. RADERMAKERS, *Lettura pastorale del Vangelo di Marco*, 417, per il quale lo stupore delle donne deve intendersi come «sussulto che incanta l'essere umano» e lo pone in uno stato di estasi.

[44] M. COTES, «Women, Silence and Fear», 150-166; X. ALEGRE, «Un silencio elocuente», 3-24; 135-161; S. MILLER «"They Said Nothing to Anyone"», 77-90.

[45] Cf. M.E. BORING, *Mark*, 449. F.J. MOLONEY, *The Gospel of Mark*, 348.

contenuta nel messaggio pasquale[46]. La paura delle donne deve perciò essere intesa come motivante e non preclusiva della possibilità di proclamare in seguito il messaggio ricevuto. In questa prospettiva la fuga non è altro che un repentino allontanamento da un luogo[47].

Di fronte a questi due schieramenti[48] riteniamo necessario che la nostra ricerca non risponda semplicemente ai singoli problemi emersi dallo *status quaestionis*, ma rivisiti tutta la questione con una certa sistematicità.

Nello studio abbiamo privilegiato l'analisi del testo così come lo possediamo oggi. Di conseguenza ci siamo mossi in una linea sincronica (soprattutto nei primi tre capitoli) ma abbiamo anche tenuto presente la diacronia per lo meno in quei punti dove essa non è ricusabile ai fini della nostra ricerca, per esempio nella questione dell'aggiunta finale (gli ultimi due capitoli).

Ci è parso opportuno non assumere un'unica linea d'indagine dal momento che la varietà delle questioni di volta in volta emergenti ha richiesto l'integrazione fra vari approcci e metodi. Pur muovendoci dunque fra precisi punti di riferimento abbiamo evitato sequenze obbligate e precostituite a livello formale.

La nostra esposizione avanza per livelli successivi.

Il punto di partenza prende in esame *Mc 16,8 come versetto in sé*. Si è trattato di operare una verifica lessicale attenta alla caratterizzazione marciana dei singoli lemmi e alle loro reciproche connessioni. I risultati offrono un primo orientamento di fondo per comprendere la reazione delle donne in 16,8 (cap. I).

In un secondo momento la ricerca esamina *Mc 16,8 come conclusione del racconto delle donne alla tomba vuota (Mc 16,1-8)*, suo contesto

---

[46] R. PESCH, *Il Vangelo di Marco*, II, 779-780; J. GNILKA, *Marco*, 922; J. ERNST, *Il Vangelo secondo Marco*, II, 784-785; J. DELORME, *Lettura del Vangelo di Marco*, 187-188; F. PÉREZ HERRERO, *Pasión y Pascua* 364; R.T. FRANCE, *The Gospel of Mark*; A.Y. COLLINS, *Mark*, 801.

[47] J. L. MAGNESS, *Sense and Absence*, 99-100.

[48] Nel valutare la figura delle donne discepole un orientamento negativo è espresso da: X. Alegre, E.L. Bode, E.M. Boring, Y. Bourquin, F. Camacho, N. Casalini, G. Cirignano, C. Combet Galland, J.D. Crossan, P. Danove, J.R. Donahue, E. Drewermann, C. Focant, M. Grilli, W.J. Harrington, J.P. Heil, M.D. Hooker, B.M.F. van Iersel, H. Kinukawa, W. Lamar, s. Légasse, A. Lincon, J. Mateos, R. Meynet, J.L. Mitchell, F.J. Moloney, F. Montuschi, E. Schweizer. Invece per un orientamento positivo: R. Bauckham, Y.A. Collins, M. Cotes, J. Delorme, J. Ernst, C.F. Evans, R.T. France, E.S. Malbon, E. Manicardi, M. Matjaž, S. Miller, M. Navarro Puerto, F. Pérez Herrero, J. Radermakers, K. Stock, É. Trocmé, B. Witherington III.

più immediato. A questo livello sorgono alcune domande: come il v. 8 si lega a Mc 16,1-8? Qual è la causa della fuga? E quale l'oggetto del loro silenzio? Quando e come il motivo del timore appare in Mc 16,1-8? Il verbo ἐκθαμβεῖσθαι (v. 5.6) si rapporta a τρόμος ἔκστασις e ἐφοβοῦντο (v. 8)? Di che paura si tratta? Il risultato ha permesso di valutare la reazione finale delle donne rapportata alla proclamazione del kerygma pasquale fatta dal giovane nella tomba vuota. L'attenzione è ulteriormente giustificata dal fatto che 16,1-8 è l'unico racconto pasquale della narrazione consegnataci da Mc (cap. II).

Ad un terzo livello l'indagine assume *Mc 16,8 come finale del Vangelo sicuramente autentico (Mc 1,1–16,8)*. Anche qui alcuni interrogativi hanno indirizzato la ricerca: quali sono i punti della precedente narrazione in relazione più stretta con 16,8? La fuga delle donne ha che fare con la precedente fuga dei discepoli (14,50)? Qual è il significato del silenzio delle donne? La paura delle donne ha qualcosa di specifico rispetto a quella degli altri interlocutori di Gesù, in particolare dei discepoli? Cosa vuol dire terminare il Vangelo con ἐφοβοῦντο γάρ? Come interpretare il silenzio al termine del Vangelo? Quale il ruolo delle donne? C'è una relazione tra donne, paura e silenzio? Lo sguardo a Mc 16,8 in Mc 1,1–16,8 ha ampliato la comprensione del nostro versetto all'interno della teologia marciana e aiutato a valutare il ruolo che le donne discepole rivestono in questo Vangelo. È soprattutto a questo livello che la reticenza di 16,8 interroga quale enigmatica conclusione narrativa (cap. III).

La tappa conclusiva del nostro percorso comprende gli ultimi due capitoli della tesi e indaga *Mc 16,8 nel suo contesto più ampio, quello della nuova narrazione determinata dall'aggiunta deuterocanonica Mc 16,9-20 (ossia Mc 1,1–16,20)*. A tal proposito gli interrogativi vertono sulla struttura e sulle caratteristiche specifiche di Mc 16,9-20. Cosa significa Mc 16,9-20 se letto come unità in sé compiuta e autonoma? Come si connette a Mc 16,1-8? Mc 16,9-20 cambia a seconda che venga letto da solo oppure come finale marciana? Cosa significa Mc 16,8 se letto entro Mc 1,1–16,20 come suo legittimo contesto? Durante la ricerca è risultato evidente che una piena lettura di Mc 16,8 non può ignorare il processo storico redazionale che ha interessato il finale marciano. Esso precede la comprensione dei singoli elementi e permette una lettura unitaria e variegata della narrazione marciana canonica (cap. IV).

Alla luce di quanto emerso è stato possibile comprendere non solo *l'impatto che l'aggiunta ha causato su Mc 16,8*, ma anche la funzione che il versetto viene definitivamente ad assumere nella conclusione della nuova impostazione teologica (cap. V)

Nel modo di procedere adottato, crediamo di poter cogliere due elementi innovativi:
- la scelta di un progressivo studio sistematico del versetto e del rapporto fra il versetto finale (16,8), la pericope (16,1-8) e il Vangelo (1,1–16,8);
- la scelta di studiare il significato di Mc 16,8 anche all'interno di una narrazione che si estende fino a 16,20.

In quanto ritenuto letterariamente non autentico, il FL è stato generalmente trascurato dagli studi su Mc degli esegeti contemporanei. Noi riteniamo opportuno estendere il campo di ricerca: sondare il Vangelo canonico è conforme alla «nuova unità» che l'aggiunta ha storicamente determinato (Mc 1,1–16,20), ed è coerente con quella «coscienza» che ha posto Mc 1,1–16,20 come «Vangelo unitario» almeno fin dalla traduzione della «Vulgata» e dal suo uso nella liturgia occidentale.

CAPITOLO I

Le parole di Mc 16,8: struttura e lessicografia

Intendiamo cogliere il significato di Mc 16,8 assunto come unità in sé, nella sua accezione testuale basilare data dai lemmi e dalle loro interconnessioni. Articoliamo dunque il presente capitolo in modo da fissare i cardini della nostra ricerca. Dopo un cenno alla critica testuale affronteremo la struttura di 16,8 e, attraverso un percorso lessicografico, passeremo poi in rassegna i suoi lemmi principali: l'uscita, la fuga, il «non dire» delle donne e la loro paura. La caratterizzazione marciana dei termini utilizzati in Mc 16,8 offrirà un primo orientamento per l'interpretazione del versetto.

1. Critica testuale di Mc 16,8

Criteri interni ed esterni offrono un'ottima attestazione al nosto versetto. Le varianti testuali segnalate da *N-A²⁷* sono poche e poco significative. Il Codice Freeriano (W, sec. V) e il più tardo minuscolo 099 (sec. VII), insieme a pochi manoscritti della versione siro-sinaitica (Peshitta e una lezione marginale della traduzione di Tommaso Harqel, sec. VII), sostituiscono l'inziale καὶ ἐξελθοῦσαι con και ακουσασαι εξελθον και. Si tratta di un ampliamento apportato da testimoni numericamente e qualitativamente limitati, al fine di migliorare il testo.

Il *Codex Coridethianus* (Θ, sec. IX) e il minuscolo 565 (sec. XII) sostituiscono καὶ ἐξελθοῦσαι con κακουσασαι: la testimonianza è esigua e la variazione sospetta. Il verbo κακόω non è un termine marciano[1].

---

[1] Il verbo κακόω nel Nuovo Testamento è attestato solo cinque volte in Atti (7,6; 7,19; 12,1; 14,2; 18,10) e una volta nella prima lettera di Pietro (3,13) sempre in forma

Più probabile pensare a un errore di trascrizione basato sulla precedente variante occidentale (και ακουσασαι), dove viene omesso il dittongo della congiunzione.

Il *Codex Bezae Cantabrigiensis* (D, sec. V), principale rappresentante del tipo occidentale[2], W, pochi manoscritti della Vetus Latina e della tradizione copto-sahidica, sostituiscono il termine τρόμος con φόβος. Si tratta di una contaminazione con il parallelo di Mt 28,8 che tende a un miglioramento stilistico evidenziando il parallelismo fra 16,8b e 16,8d attraverso la ripresa della stessa radice verbale. Infine, due manoscritti della Vetus Latina (k) omettono il silenzio delle donne (καὶ οὐδενὶ οὐδὲν εἶπαν). La variante può spiegarsi come deliberata omissione per eliminare la contraddizione venutasi a creare con l'aggiunta della finale deuterocanonica breve, il cui *incipit* descrive le donne che portano l'annuncio ai discepoli (πάντα δὲ τὰ παρηγγελμένα τοῖς περὶ τὸν Πέτρον συντόμως ἐξήγγειλαν)[3].

In conclusione, l'attestazione esterna del v.8 è chiara: le varianti appartengono a testimoni isolati o numericamente esigui, per la maggior parte geograficamente omogenei, dello stesso tipo testuale occidentale. I criteri interni convergono su quelli esterni: le variazioni in genere corrispondono a migliorie del testo. La scelta operata da *N-A*[27] è *lectio brevior* e *difficilior* attestata da gran parte dei testimoni autorevoli[4] ed è il testo che assumiamo alla base del nostro studio: «καὶ ἐξελθοῦσαι ἔφυγον ἀπὸ τοῦ μνημείου, εἶχεν γὰρ αὐτὰς τρόμος καὶ ἔκστασις· καὶ οὐδενὶ οὐδὲν εἶπαν· ἐφοβοῦντο γάρ».

2. Struttura di Mc 16,8

Per quanto la punteggiatura degli editori del testo di Mc sia spesso dettata più dall'interpretazione che non da un'analisi sintattica rigorosa, essa mostra due modelli di comprensione della struttura di Mc 16,8. Un modello coglie un'introduzione seguita da un'articolazione concentrica; un secondo modello presenta una struttura piuttosto parallela e ternaria.

---

attiva, con il significato di «maltrattare, usare malizia, esasperare l'animo, fare del male, nuocere».

[2] Per «tipo testuale» intendiamo non tanto una serie di codici, ma un complesso di varianti che si ritrovano insieme in determinati codici e sembrano avere una comune provenienza. Cf. C.M. MARTINI, *Il testo biblico*, 509.

[3] Così anche Y. BOURQUIN, *Marc, une théologie de la fragilité*, 275.

[4] L'attestazione appare sicura anche nelle edizioni critiche di TISCHENDORF, VON SODEN, WESTCOTT–HORT, MERK, *GNT*[4], NOLLI.

2.1 Primo modello: un avvio e un'articolazione concentrica

Alford e Merk suddividono il versetto in due parti segnalando una pausa maggiore davanti alla prima esplicativa[5]. Alla seconda parte conferiscono una forma concentrica:

I)   καὶ ἐξελθοῦσαι ἔφυγον ἀπὸ τοῦ μνημείου //

II)   a) εἶχεν γὰρ αὐτὰς τρόμος καὶ ἔκστασις
                  b) καὶ οὐδενὶ οὐδὲν εἶπαν
               a') ἐφοβοῦντο γάρ.

In questo modello, dopo l'introduzione concernente la fuga delle donne, l'enfasi cade sul silenzio, che viene a trovarsi incorniciato dal tema della paura.

Questa scelta però non tiene conto della sequenza alternata dei verbi (aor/impf/aor/impf), dell'alternanza azione/percezione, della focalizzazione esterna/interna. Essa non risponde al dinamismo stilistico che, attraverso locuzioni sempre più concentrate, spinge il ritmo all'inaspettato e sorprendente ἐφοβοῦντο γάρ finale[6]. Crediamo sia da preferire la scelta delle edizioni che fanno precedere le due proposizioni causali dalla medesima punteggiatura (Tischendorf, von Soden, Westcott – Hort, Nolli), o che evidenziano le parole conclusive (ἐφοβοῦντο γάρ) con una pausa maggiore leggera (N-A^{27} e GNT^4): sembrano scelte più rispettose della struttura sintattica[7].

---

[5] Alford fa precedere una pausa maggiore (punto e virgola) alla prima proposizione esplicativa e solo una virgola alla seconda (καὶ ἐξελθοῦσαι ἔφυγον ἀπὸ τοῦ μνημείου· εἶχεν γὰρ αὐτὰς τρόμος καὶ ἔκστασις, καὶ οὐδενὶ οὐδὲν εἶπαν,ἐφοβοῦντο γάρ); Per Merk facciamo riferimento all'edizione VIII (1957) che spezza il versetto con un punto davanti alla prima causale, facendo precedere la seconda da un punto e virgola (καὶ ἐξελθοῦσαι ἔφυγον ἀπὸ τοῦ μνημείου. εἶχεν γὰρ αὐτὰς τρόμος καὶ ἔκστασις· καὶ οὐδενὶ οὐδὲν εἶπαν· ἐφοβοῦντο γάρ).

[6] Cf. T.E. BOOMERSHINE – G.L. BARTHOLOMEW, «The Narrative Technique», 213-223.

[7] Confrontando alcune edizioni del testo greco: N-A^{27} e GNT^4 fanno precedere una virgola alla prima proposizione causale e un punto e virgola alla seconda (καὶ ἐξελθοῦσαι ἔφυγον ἀπὸ τοῦ μνημείου, εἶχεν γὰρ αὐτὰς τρόμος καὶ ἔκστασις· καὶ οὐδενὶ οὐδὲν εἶπαν· ἐφοβοῦντο γάρ): questa pausa maggiore enfatizza e stacca ἐφοβοῦντο γάρ dal resto del versetto. In WESTCOTT – HORT, VON SODEN e NOLLI optano per due virgole (καὶ ἐξελθοῦσαι ἔφυγον ἀπὸ τοῦ μνημείου, εἶχεν γὰρ αὐτὰς τρόμος καὶ ἔκστασις· [ἔκστασις. von Soden] καὶ οὐδενὶ οὐδὲν εἶπαν, ἐφοβοῦντο γάρ); TISCHENDORF per due punti e virgola (καὶ ἐξελθοῦσαι ἔφυγον ἀπὸ τοῦ μνημείου· εἶχεν γὰρ αὐτὰς τρόμος καὶ ἔκστασις, καὶ οὐδενὶ οὐδὲν εἶπαν· ἐφοβοῦντο γάρ).

2.2 Secondo modello: un'articolazione parallela e ternaria

La maggior parte degli editori preferisce considerare Mc 16,8 composto da due elementi paralleli che denotano due azioni principali, introdotte da un'azione anteriore e seguite dalle rispettive motivazioni.

Dapprima si descrive l'uscita delle donne dal sepolcro espressa con un participio aoristo (ἐξελθοῦσαι). Questa prima azione confluisce e si prolunga in altre due formulate in modo parallelo con verbi all'indicativo aoristo: il loro allontanamento viene qualificato come un «fuggire» (ἔφυγον) e un «non dire» (οὐδὲν εἶπαν). Entrambe queste azioni ricevono motivazione in sentimenti introdotti ogni volta con γάρ, sempre espressi all'imperfetto (εἶχεν; ἐφοβοῦντο) e con un lessico riconducibile al lemma della paura.

Da questa osservazione ricaviamo la «disposizione» del testo evidenziando il parallelismo e i tre momenti narrativi.

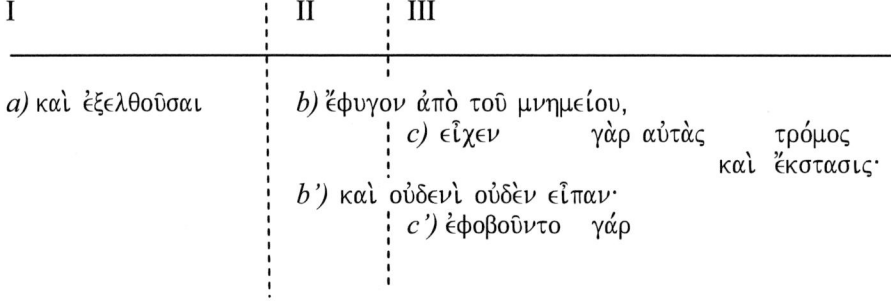

Osservando la *distribuzione dei termini* all'interno dei singoli sintagmi[8], il numero delle parole è 2/4/6/4/2. Lasciando il participio introduttivo, la dissintonia evidenzia l'espansione di *c* e la concentrazione di *c'*. L'effetto ricercato evita la monotonia ed enfatizza il momento in cui il narratore svela le emozioni delle donne.

Considerando *l'aspetto temporale delle azioni*, benché le due proposizioni principali (*b-b'*) siano espresse in forma parallela, non è possibile argomentare con certezza se debbano essere intese simultaneamente oppure in sequenza temporale. Le donne sono fuggite e *oltre a ciò* in seguito non hanno detto nulla a nessuno, oppure non hanno detto nulla *mentre fuggivano*? Ciò che il narratore intende sottolineare è sempli-

---

[8] Consideriamo «sintagma» la minima combinazione di monemi che formano una certa unità sintattica.

cemente il fatto: la visita al sepolcro si conclude con la loro fuga e il loro silenzio.

Osservando la *motivazione dell'agire delle donne*, il parallelismo delle azioni fa emergere la correlazione tra la locuzione τρόμος καὶ ἔκστασις (*c*) e il verbo ἐφοβοῦντο (*c'*). La locuzione viene a riassumersi e a caratterizzare il verbo finale espresso in forma assoluta: la stessa esperienza e lo stesso sconvolgimento sono dunque causa sia della fuga che del silenzio (il duplice γάρ)[9].

Il fatto che *c'* si presenti in modo più concentrato evidenzia un ritmo sintattico accelerato verso il γάρ finale, e crea una brusca interruzione. Il ritmo è ulteriormente accelerato dalla singolare ricchezza di verbi (ben cinque in un solo versetto) e dal consueto uso marciano del καί che non concede pausa fra il primo e il secondo membro del parallelismo.

2.3 *Il dinamismo ternario di Mc 16,8*

Il dinamismo di Mc 16,8 porta a considerare con attenzione la configurazione ternaria costituita da I) uscita; II) fuga/«non dire»; III) paura[10].

Nel versetto il narratore focalizza le azioni dei personaggi. Dopo il participio iniziale, in ogni stico si alternano racconto (*b, b'*) e commento del narratore (*c, c'*)[11], corrispondenti alla sequenza focalizzazione esterna/focalizzazione interna, azione/percezione[12]. Il passaggio dall'azione (espressa sempre all'aoristo: ἔφυγον; εἶπαν) alla dichiarazione dei sentimenti che l'hanno causata (sempre all'imperfetto: εἶχεν; ἐφοβοῦντο) esprime una rilevante diversità qualitativa: a differenza delle azioni, la situazione emotiva appare come condizione considerata permanente e continuativa[13]. Il narratore non dice esplicitamente se il silenzio delle donne sia temporaneo o definitivo, assoluto o relativo, ma i rapporti tra i

---

[9] Proprio il parallelismo raccomanda questa interpretazione. Di conseguenza appare più appropriato attribuire a τρόμος καὶ ἔκστασις e ἐφοβοῦντο un valore sinonimico.

[10] Per «dinamismo» intendiamo la successione di eventi e situazioni raccontati nella narrazione.

[11] Questa tecnica alternata, che compare in Mc anche precedentemente (6,52; 12,17), è studiata da T.E. BOOMERSHINE – G.L. BARTHOLOMEW, «The Narrative Technique», 213-223.

[12] Nella categoria dell'azione consideriamo anche εἶπαν, poiché il fatto di «non dire» costituisce una (non)azione. Invece, per quanto espressa in una forma attiva, la preposizione εἶχεν γὰρ αὐτὰς τρόμος καὶ ἔκστασις è uno squarcio del narratore sul mondo emozionale dei personaggi, perciò la inseriamo nella categoria della percezione.

[13] Cf. M. ZERWICK, *Graecitas Biblica*, 79-94; F. BLASS – A. DEBRUNNER, *Grammatica del Greco*, 401-414.

tempi verbali sembrano offrire un suggerimento. Fuga e silenzio sono reazioni conseguenti a quanto visto e ascoltato nel sepolcro, reazioni descritte dal narratore in modo complessivo come «puntuali» e temporalmente chiuse. Le emozioni che le motivano costituiscono invece una situazione espressa in forma continua e nel suo prolungarsi nel tempo. Lo sconvolgimento delle donne è così potente da essere evidenziato da tre termini riconducibili al lessico della paura e da una descrizione che ne risalta la durata. Perciò, nonostante le ultime parole della narrazione marciana illustrino la singolare «uscita» delle donne dal sepolcro, è la percezione emotiva che risalta in primo piano, infatti: i commenti del narratore offrono una focalizzazione interna dei personaggi attraverso cui il lettore comprende le loro azioni; le azioni costituiscono gli effetti immediati di questo peculiare processo emozionale; la descrizione emozionale è di singolare potenza, sottolineata dalla forma attiva del verbo.

3. Lessicografia dell'uscita

Lo studio lessicografico nella caratterizzazione marciana è decisivo nel processo interpretativo. Procediamo scandendo tre parti, nel rispetto dell'articolazione di Mc 16,8: dapprima il motivo dell'«uscita»; quindi quelli della «fuga» e del «non parlare» presenti nelle proposizioni principali; infine il lemma della «paura» quale loro causa scatenante.

Benché il Vangelo secondo Mc presenti un uso frequente del verbo ἐξέρχεσθαι, l'accezione rimane per lo più generica e tradizionale. In gran parte delle ricorrenze marciane (trentuno su trentanove) assume il significato di «andar via», «uscire fuori», e indica un cambiamento di localizzazione dovuto a un movimento[14]. In questo modo il narratore annota gli spostamenti di Gesù durante il suo ministero, da solo o accompagnato dai discepoli (1,29; 1,35; 2,13; 5,2; 6,1; 6,34; 6,54; 7,31; 8,27; 9,30; 11,11.12; 14,26) o gli spostamenti di altri personaggi quali i discepoli (6,12; 14,16; 16,20; Pietro: 14,68), i beneficiari di guarigioni (1,45; 2,12), gli avversari di Gesù (3,6; 8,11), i parenti (3,21), la figlia di Erodiade che esce dalla stanza del banchetto di Erode (6,24). Una volta

---

[14] Il verbo ricorre 43 volte in Mt, 39 in Mc, 44 in Lc e 30 in Gv. Rispetto ai Sinottici, in Mc ἐξέρχεσθαι ricorre nei racconti di esorcismo più frequentemente, quattro volte come diretta ingiunzione di Gesù agli spiriti immondi (1,25; 5,8; 7,29; 9,25), quattro volte come come constatazione del narratore dell'esecuzione del comando (1,25; 5,13; 7,30; 9,26). Il significato locale del verbo ἐξέρχεσθαι è di gran lunga prevalente anche nei LXX dove rende ben sedici termini ebraici. Cf. J. SCHNEIDER, «ἐξέρχομαι», *GLNT*, III, 947-951 (*TWNT*, II, 676-677).

si tratta della fama di Gesù che si diffonde per la Galilea (1,28) o della δύναμις inaudita sprigionata da Gesù stesso (5,30).

Il verbo ricorre cinque volte negli insegnamenti di Gesù: determina la sua missione di annunciare il Regno di Dio (εἰς τοῦτο γὰρ ἐξῆλθον 1,38), descrive l'azione iniziale del seminatore della parabola (4,3), ritorna nelle raccomandazioni ai discepoli durante l'invio in missione (6,10), nell'insegnamento sulla preghiera quale arma contro i demoni (9,29) e nelle parole con cui Gesù stigmatizza coloro che lo arrestano (14,48).

In Mc 16,8 l'uscita delle donne dal sepolcro corrisponde all'uso più consueto del verbo. Lo spostamento marca un movimento che risponde al comando dato dal giovane: «andate» (ὑπάγετε 16,7). Quando il giovane termina di parlare, le donne «escono» dalla tomba in modo corrispettivo al suo invito. Si tratta di per sé della conseguente reazione che non suscita particolari interrogativi. Lo stupore del lettore nasce invece dall'inaspettato duplice sviluppo di questa azione.

L'«uscita» si configura come «fuga» e, visto che le donne «non dicono», essa si prolunga in un'evidente antinomia con il comando del giovane a «dire» (εἴπατε 16,7). Relegando il silenzio delle donne ad azione conclusiva, il narratore ha inteso chiudere in modo sorprendente, quasi con un colpo di scena.

4. Lessicografia della fuga

4.1 *I tre casi di fuga nel racconto marciano*

In Marco abbiamo cinque ricorrenze del verbo φεύγω[15]. Una ricorrenza si trova all'interno di parole pronunciate da Gesù nel contesto del discorso escatologico (13,14). Trattandosi di un detto in un contesto specifico, questa fuga legata agli eventi della fine e presentata da Gesù stesso come unico mezzo di salvezza per sottrarsi al pericolo mortale, non riveste un interesse diretto per la nostra ricerca[16]. Quattro ricorrenze

---

[15] Il verbo ricorre 7 volte in Mt, 3 volte in Lc e 2 in Gv. Nei LXX φεύγομαι (159 volte) è utilizzato nel significato comune di «fuggire, allontanarsi, correre via» e traduce soprattutto tre verbi ebraici sinonimi: נוס (120 volte), בָּרַח (29 volte) e נָדַד (6 volte). Lo spettro semantico è perciò limitato, senza alcuna spiccata applicazione teologica. Cf. S. SCHWERTNER, «נוס *nūs* fuggire», *DTAT*, II, 43-46; H. BALZ – G. SCHNEIDER, «φεύγω», *DENT*, II, 1782-1783; B. COSTACURTA, *La vita minacciata*, 238-250.

[16] Mc 13,14-18 costituisce un incitamento a fuggire non appena si manifesti «l'abominio della desolazione». Questa fuga viene descritta con le caratteristiche dell'immediatezza, della gran fretta (vv. 15-16) e della difficoltà (vv. 17-18) poiché la tribolazione è presentata come la più grande della storia (v.19), così spaventosa da indurre Dio ad abbreviarne la durata per salvare i suoi eletti (διὰ τοὺς ἐκλεκτοὺς οὓς

del lemma invece sono presenti in contesti narrativi come è quello di Mc 16,8 e ricorrono in tre episodi: la fuga dei mandriani di porci presenti all'esorcismo nella regione di Gerasa (5,14), la fuga di «tutti» i discepoli al momento dell'arresto di Gesù nel Getsemani (14,50) di cui si specifica anche quella di un giovane anonimo (14,52), e la fuga delle donne discepole uscite dalla tomba vuota (16,8).

Gesù, da parte sua non è mai soggetto del verbo. Nei vari contesti il significato del termine è sempre riconducibile al tradizionale senso di allontanarsi precipitosamente da qualcosa per porre una distanza o da qualcuno per evitarlo.

4.1.1 La fuga dei mandriani di porci

Il verbo compare per la prima volta nel racconto della liberazione dell'indemoniato di Gerasa (Mc 5,1-20). La fuga dei mandriani (ἔφυγον 5,14) attesta lo sconvolgimento che li ha colti dopo la scomparsa in mare dell'enorme branco di porci nei quali Gesù aveva cacciato un'intera legione di demoni (5,9). Dirigendosi in città e in campagna, essi si fanno annunciatori di ciò di cui sono stati testimoni (5,14). A livello diegetico, la loro fuga collega la scena della sensazionale liberazione dell'indemoniato (vv. 11-13) a quella della folla accorsa a verificare l'avvenimento, con l'imprevedibile reazione che causa l'allontanarsi di Gesù (vv. 15-17.18-20). Essa riveste perciò una duplice funzione: da un lato la reazione dei mandriani sottolinea lo straordinario potere di Gesù in cui si manifesta un aspetto fortemente minaccioso della sua autorità, potere a cui persino molti spiriti immondi insieme non possono resistere. Dall'altro la fuga diventa occasione per il diffondersi della «buona» notizia (ἀπήγγειλαν v.14) che proclama la liberazione di un uomo dal potere dei demoni.

4.1.2 La fuga dei discepoli

Nel racconto dell'arresto di Gesù (14,43-52) la fuga dei discepoli (ἔφυγον 14,50) rappresenta il momento più drammatico che sovverte la loro relazione con lui. Il narratore accentua la gravità del fatto ribaden-

---

ἐξελέξατο v. 20). Di un orrore che provoca desolazione parlano i testi di Dn 9,17; 11,31; 12,11; 1Mac 1,54; 6,7 riferendosi a un sacrilegio devastante del tempio di Gerusalemme da parte di un profanatore straniero. Il linguaggio ermetico apocalittico rende però difficile determinare esattamente a cosa alluda Mc 13,14. Cf. J. GNILKA, *Marco*, 706-712; G. BIGUZZI, *«Io distruggerò questo tempio»*, 88-96.

do che si tratta di un «abbandono» (ἀφέντες αὐτὸν) da parte di «tutti» (πάντες v. 50), unicamente preoccupati di mettersi in salvo lontani da lui. Questa fuga è una negazione radicale del discepolato poiché marca un movimento opposto alla sequela che per bocca degli stessi discepoli era stata qualificata come totale relazione a Gesù[17]. Nel corso di tutta la precedente narrazione questa stretta «appartenenza» e l'essenziale riferimento al protagonista trovano singolare espressione nella locuzione «suoi discepoli»[18]. È indicativo che a partire da questo momento Mc abbandoni una tale espressione, riprendendola soltanto nel messaggio pasquale (16,7)[19]. In questo modo la scena della fuga al momento dell'arresto di Gesù è sinonimo del fallimento totale e radicale del gruppo dei discepoli. Non si tratta però di un evento totalmente privo di luce: fuga e tradimento erano stati previsti e preannunciati da Gesù (14,27) attraverso la profezia di Zac 13,7 e la rassicurazione di un nuovo incontro in Galilea dopo la sua risurrezione.

Tale preannunzio gioca una funzione decisiva perché permette uno sguardo oltre lo smacco della fuga, e permea di ironia la reazione scandalizzata di Pietro e dei Dodici (14,29.31). È in forza di tale parola che il fallimento dei discepoli non può essere colto come definitivo e neppure come un rigetto da parte di Dio. Piuttosto, esso viene inscritto in un progetto più ampio di cui Gesù è l'interprete unico e veritiero, capace di riannodare le vicende umane alla volontà divina di cui egli è il rivelatore.

Questa «caratterizzazione dall'alto» funziona anche sul lettore, offrendogli le informazioni necessarie per la comprensione della storia, la cui unica sanzione viene da Dio per mezzo di suo Figlio[20].

Nel momento in cui la storia sembra giungere alla fine, Gesù apre a tutti nuove prospettive che permettono di cogliere un orizzonte più ampio, corrispondente alla volontà sorprendente di Dio.

---

[17] È Pietro a farsi portavoce del gruppo: «Noi abbiamo lasciato (ἀφήκαμεν) tutto e ti abbiamo seguito» 10,28 (cfr. «E subito, lasciate (ἀφέντες) le reti, lo seguirono» 1,18; «Li chiamò. Ed essi, lasciato (ἀφέντες) il padre Zebedeo sulla barca con i garzoni, lo seguirono» 1,20). In 14,50 il verbo che segnava l'avvio della sequela viene impiegato per indicare l'interruzione di tale rapporto. Cf. F. DE CARLO, «*Dio mio, Dio mio*», 129.

[18] La locuzione «suoi discepoli» ricorre in Mc 35 volte (2,15.16.23; 3,7.9; 5,31; 6,1.29.35.41.45; 7,2.5.17; 8,4.6.10.27[2x].33.34; 9,18.28.31; 10,23.46; 11,1.14; 12,43; 13,1; 14,12.13.14.32; 16,7), in Lc 22 volte e in Mt solo 8 volte.

[19] Cf. K. STOCK, *Marco*, 316.

[20] Per «caratterizzazione dall'alto» intendiamo che la costruzione del personaggio (Gesù) è realizzata da Dio, il quale, pur rimanendo velato, si manifesta attivo nel protagonista. Cf. M. VIRONDA, *Gesù nel Vangelo di Marco*, 127-135. Anche R. PESCH, *Il Vangelo di Marco*, I, 490; J. GNILKA, *Marco*, 296; K. STOCK, *Marco*, 95.

Segue immediatamente la breve scena del tentativo di arresto di un giovane (νεανίσκος) che fugge via nudo, abbandonando il lenzuolo che lo riveste (ἔφυγεν 14,52). L'episodio, assente in Mt e Lc, contribuisce ad ampliare il motivo della fuga creando un crescendo drammatico che sfocia nell'accentuazione dell'incomprensione dei discepoli e nella solitudine del protagonista. Con toni simbolici, il curioso episodio sembra rimarcare il tragico abbandono dei discepoli, la cui fuga lascia spogli di tutto[21]. In conclusione, la fuga dei discepoli mette fine a un cammino e a un rapporto che era nato all'inizio dell'attività pubblica di Gesù (1,16-20), lasciando quest'ultimo solo ad affrontare gli avvenimenti futuri. Assume però anche una funzione di veridizione, poiché segna il compiersi della predizione di Gesù stesso sul pastore percosso e la conseguente dispersione delle pecore e dei discepoli (14,27).

Poiché Gesù si conferma profeta, il lettore può supporre che si realizzerà anche l'ultima parte della predizione: «dopo la mia risurrezione, vi precederò in Galilea» (v. 28; cfr. 16,7). Nello smacco finale di questa fuga si riverbera così la possibilità di un nuovo inizio.

4.1.3 La fuga delle donne

In Mc 16,8 il verbo fuggire ricorre per l'ultima volta. Nel terminare il racconto della visita delle donne alla tomba vuota (16,1-8) il narratore pone al centro l'azione delle donne riferendo espressamente la loro reazione: esse fuggono (ἔφυγον) e non parlano (οὐδενὶ οὐδὲν εἶπαν). Si tratta di una singolare conclusione volta a enfatizzare il forte impatto provocato nelle donne discepole dall'esperienza appena vissuta.

La descrizione così concisa e rapida mette fine all'intera narrazione marciana (1,1–16,8) senza che le donne chiariscano il loro agire e con un commento del narratore parimenti di difficile interpretazione (εἶχεν γὰρ αὐτὰς τρόμος καὶ ἔκστασις... ἐφοβοῦντο γάρ). Il disorientamento può però essere superato mettendo a confronto il motivo della fuga in coloro che seguono Gesù da vicino: i discepoli e le donne.

4.1.4 La fuga dei discepoli e la fuga delle donne a confronto

Nella narrazione marciana, il lemma della fuga introduce e conclude gli ultimi eventi della storia di Gesù: a introdurli è la fuga dei discepoli, a concluderli è quella delle donne. L'inclusione attesta che il narratore

---

[21] Un'ordinata rassegna di interpretazioni dell'episodio in G. PEREGO, *La nudità necessaria*, 21-49.

attribuisce particolare valore a questo motivo connettendolo alla morte e risurrezione di Gesù.

Se la fuga dei discepoli matura in un contesto di passione e sofferenza, quella delle donne è l'epilogo di un racconto di risurrezione (l'unico nella narrazione letterariamente autentica 1,1–16,8). Se i discepoli fuggono dal Getsemani, luogo di tradimento, le donne discepole fuggono dal sepolcro, luogo di sepoltura. Se un giovane (νεανίσκος τις 14,51) è presente al momento della fuga dei discepoli, un giovane (νεανίσκος senza articolo 16,5) incontra le donne nella tomba vuota. Se con la loro fuga i discepoli escono di scena abbandonando Gesù, anche le donne escono di scena fuggendo, ma Gesù qui non è presente. Se la fuga dei discepoli è preannunciata da Gesù come dispersione delle pecore nel momento in cui il pastore è percosso (14,27), nulla di ciò che egli dice fa presagire la fuga delle donne nel tempo pasquale: essa colpisce inaspettatamente il lettore e lascia sorprendentemente sospesa la narrazione del Vangelo stesso. Infine la fuga dei discepoli e quella delle donne sono le azioni con cui gli uni e le altre si congedano dalla narrazione.

Nel Vangelo di Marco la fuga delle donne e quella dei discepoli sono dunque connesse attraverso parallelismi consistenti e contrasti netti che creano una serie di chiaroscuri in cui la fuga delle donne risalta nella sua peculiarità.

4.2 *La fuga dei discepoli e delle donne negli altri Vangeli*

Siamo interessati a verificare se il motivo della fuga riferito in particolare ai discepoli e alle donne discepole ricorra anche negli altri Vangeli o se esso costituisca invece un tratto redazionale specifico del racconto marciano[22]. In seconda istanza la verifica verte anche sulla portata e sulla funzione del motivo in Mt, Lc e Gv e cioè se, come in Mc, costituisca il vettore per la connessione e il confronto fra le figure dei discepoli e delle donne discepole. L'esito di tale confronto offrirà una più nitida prospettiva per il proseguo della ricerca.

4.2.1 Matteo

Rispetto a Mc, in Mt il motivo della fuga è presente in contesti più vari e generici. Il verbo φεύγω ricorre sette volte, di cui cinque in discorsi

---

[22] Al di fuori di Marco, il verbo φεύγω nel NT ricorre 24 volte, di cui 7 in Mt, 3 in Lc e 2 in Gv. Negli altri libri neotestamentari ricorre 2 volte in At e 2 volte in 1Cor; una sola in 1Tm; 2Tm; Eb; Gc; 4 volte in Ap.

pronunciati da vari personaggi: un angelo, Giovanni Battista, Gesù (tre volte)[23].

Solo due volte Mt descrive una fuga all'interno di testi narrativi, e in questi casi si tratta sempre di paralleli a Mc: la fuga dei mandriani di porci (ἔφυγον 8,33: episodio che, a differenza di Mc e Lc, Mt ambienta a Gadara e non a Gerasa, e vede la presenza di due indemoniati invece di uno solo), e la fuga dei discepoli al Getsemani (ἔφυγον 26,56) che costituisce l'ultima ricorrenza del verbo. La notizia della fuga dei discepoli è data in modo molto simile a Mc, senza però fare alcun accenno a un giovane che fugge.

Mt 26,56: Τότε οἱ μαθηταὶ πάντες   ἀφέντες αὐτὸν ἔφυγον
Mc 14,50: Καὶ   ἀφέντες αὐτὸν ἔφυγον πάντες

Le differenze si limitano alla particella introduttiva e al fatto che Mt enfatizza il soggetto annotando esplicitamente che si tratta di «discepoli». Al contrario Mc dà enfasi all'aspetto universale della fuga, ponendo il «tutti» al termine della frase.

In netto contrasto con Mc, nel racconto della visita delle donne al sepolcro di Mt (28,1-10) non c'è fuga. Le donne si allontanano repentinamente e corrono a dare l'annunzio ai discepoli (ἀπελθοῦσαι ταχὺ ἀπὸ τοῦ μνημείου 28,8). Sulla via il Risorto si fa loro incontro e conferma l'incarico dell'angelo. Dal momento che in 28,16 il narratore commenta la venuta degli Undici sul monte della Galilea, come «il luogo indicato loro da Gesù», ne deriva che certamente le donne hanno eseguito l'incarico. Il fatto che in Mt non ci sia una fuga delle donne non permette una connessione con la fuga dei discepoli e mostra il minore interesse di questo Vangelo per tale tema.

4.2.2 Luca

Sono tre le ricorrenze lucane del verbo φεύγω (Lc 3,7; 8,34; 21,21) e tutte presenti in testi paralleli a Mc e/o Mt. L'uso del termine è generico. Lc non racconta la fuga dei discepoli nel Getsemani in modo conforme al suo interesse redazionale teso ad attenuare i loro aspetti più problematici per presentarli soprattutto in funzione esemplare. I discepoli, presenti in grande numero in Gerusalemme al momento dell'ingresso di Gesù (ἅπαν τὸ πλῆθος τῶν μαθητῶν 19,37), sono presenti «a distanza» anche al momento della sua morte (23,49). Infatti

---

[23] Cf. Mt 2,13; 3,7; 10,23; 23,33; 24,16.

l'espressione «tutti i suoi conoscenti» li include e costituisce un richiamo scritturistico teso a sottolineare la comunione che li lega al Maestro (Sal 38,11; 88,9)[24].

Fra di essi, a pieno titolo, Lc comprende anche le donne immediatamente ricordate: «*e* così le donne che lo avevano seguito dalla Galilea». La congiunzione «e» ha qui valore inclusivo: le donne, infatti, non sono citate come aggiunta, ma selezionate con una menzione speciale perché ora esse diventano gli attori importanti nelle due narrazioni che seguono, la sepoltura di Gesù e la scoperta della tomba vuota.

Nei confronti di Mc il racconto lucano della visita delle donne al sepolcro (24,1-11) segna un contrasto ancor più netto di Mt. Infatti Lc non solo non ha il tema della fuga delle donne (semplicemente esse «tornano» dal sepolcro, αἱ ὑποστρέψασαι ἀπὸ τοῦ μνημείου Lc 24,9)[25], ma pur non ricevendo alcun incarico il narratore dichiara in modo esplicito che le donne «annunziarono tutto questo agli Undici e a tutti gli altri» (ἀπήγγειλαν ταῦτα πάντα τοῖς ἕνδεκα καὶ πᾶσιν τοῖς λοιποῖς v. 9), rivelandosi così come discepole assolutamente fedeli.

In Lc dunque il motivo della fuga non riveste alcuna importanza.

4.2.3 Giovanni

Come Lc e Mt, nemmeno Gv parla di una fuga delle donne: solo Maria di Magdala si reca al sepolcro (20,1) e, alla vista della pietra ribaltata, non «fugge» ma «corre» (τρέχει οὖν καὶ ἔρχεται 20,2) ad avvisare i discepoli[26].

Ancora in modo conforme a Lc, anche in Gv non troviamo il racconto della fuga dei discepoli, è però possibile cogliere un'implicita allusione al motivo nel discorso in cui Gesù presenta se stesso come «buon pastore» che offre la vita per le sue pecore (10,1-21). L'immagine è contrapposta al «mercenario» che nel momento del pericolo le «abbandona» e «fugge» (καὶ ἀφίησιν τὰ πρόβατα, καὶ φεύγει v. 12) con la conseguenza che «il lupo le rapisce e le disperde».

---

[24] L'espressione πάντες οἱ γνωστοὶ αὐτῷ è un *hapax* lucano. Nei sinottici l'aggettivo verbale, non attestato in Mt e Mc, torna solo in Lc 2,44 a proposito dei genitori che durante il viaggio di ritorno dal tempio cercano Gesù tra «parenti e conoscenti» (ἐν τοῖς συγγενεῦσιν καὶ τοῖς γνωστοῖς). Il termine γνωστός ricorre anche 2 volte in Gv, 10 in At e una volta in Rom.

[25] Nel NT il verbo ὑπεστρέφειν ricorre 35 volte: 21 volte in Lc e 11 in At. Le altre tre ricorrenze in Gal 1,17; Eb 7,1 e 2Pt 2,21. Non figura in Mt, Mc e Gv.

[26] In Gv il verbo φεύγω ricorre due volte (10,5.12).

Nel linguaggio figurato di Gesù[27] le immagini del pastore che muore e delle pecore che si disperdono sono le stesse presenti in Zac 13,7, la profezia citata esplicitamente da Gesù in Mc 14,27, per preannunciare l'abbandono e la fuga dei discepoli. In Mc il discorso è infatti focalizzato sullo «scandalo» che causerà la morte di Gesù portando alla dispersione delle pecore[28], Gv rivolge invece lo sguardo al legame che unisce il pastore alle pecore e Gesù al Padre, legame così profondo che non può essere spezzato. Alle pecore che ascoltano la sua voce Gesù dà «la vita eterna e non andranno mai perdute e nessuno le rapirà dalla mia mano» (10,28), dal momento che «il Padre mio che me le ha date è più grande di tutti e nessuno può rapirle dalla mano del Padre mio. Io e il Padre siamo una cosa sola» (10,29-30). Ne consegue che la dispersione delle pecore adombrata lungo il discorso non può essere che temporanea, destinata a essere superata proprio in forza del legame col Pastore. Tutto ciò trova in qualche modo corrispondenza nella seconda parte della predizione fatta da Gesù in Mc 14,28: «ma, dopo la mia risurrezione, vi precederò in Galilea».

Entrambi i testi confermano che, nonostante la momentanea defezione, la sequela continuerà, forte del legame che Gesù stesso garantisce. Il fatto che sotto la croce Gv descriva la presenza del «discepolo che Gesù amava» (19,26) sembra l'iconica rappresentazione del legame descritto da Gesù in Gv 10: nessuno potrà mai rapire dalla sua mano questa «pecora» che sempre ha ascoltato e seguito la sua voce[29].

4.3 *La caratterizzazione marciana del motivo della fuga*

Rispetto agli altri Vangeli Mc mostra un maggiore interesse per il motivo della fuga. In tutti casi, gli attori umani fuggono perché si trovano davanti a qualcosa di sconvolgente. La fuga delle donne non è un allontanamento precipitoso da un pericolo, né abbandonano Gesù come inve-

---

[27] Il narratore definisce questo discorso come παροιμία (v. 6). Senza entrare in merito alla questione del genere letterario di Gv 10,1-21 noi utilizziamo l'ampia espressione «linguaggio figurato». Una panoramica della discussione in R.E. BROWN, *Giovanni*, I, 509-510; R. SCHNACKENBURG, *Il Vangelo di Giovanni*, II, 466-470.

[28] Mc 14,27 cita Zac 13,7 con le seguenti parole: πατάξω τὸν ποιμένα, καὶ διασκορπισθήσεται τὰ πρόβατα. La congiunzione καί qui ha valore consecutivo: la disperisone delle pecore è la conseguenza del fatto che il pastore viene percosso. Cf. F. BLASS – A. DEBRUNNER, *Grammatica del Greco*, 533.

[29] D'altra parte, mentre «il pastore delle pecore» conosce e chiama ciascuna pecora per nome (v. 3), le pecore non seguono «un estraneo», non riconoscendone la voce, anzi «fuggiranno via da lui» (φεύξονται ἀπ' αὐτοῦ v. 5).

ce avviene nella fuga dei discepoli al Gestemani (14,50-52)³⁰. Questa fretta sembra più riferibile all'urgenza di «andare a dire» la buona notizia ai discepoli e a Pietro, (16,7), insieme a uno sconvolgimento che le assale, reazione avvicinabile a quella dei mandriani nel racconto dell'esorcismo dell'indemoniato di Gerasa (5,1-20).

Mc è l'unico Vangelo a narrare una fuga delle donne che ha connessioni con quella dei discepoli.

Le due fughe gettano un ponte fra il naufragio della sequela degli uni nella passione e quanto fanno le donne nel tempo della risurrezione. A livello diegetico i due tipi di personaggi si succedono: l'improvvisa comparsa delle donne sul Golgota viene in qualche modo a colmare il vuoto lasciato dai discepoli fuggiti e la descrizione della loro figura li richiama, come ricorda l'annotazione sulla fedeltà e il servizio con cui esse hanno perseverato fino alla croce (15,40-41).

Elementi di collegamento tra la fuga dei discepoli e quella delle donne sono ravvisabili nella figura di un giovane (νεανίσκος) presente sia al momento dell'arresto di Gesù (14,51-52) che nella visita delle donne al sepolcro (16,5-7); nell'ininterrotta sequela, dagli inizi in Galilea fino a Gerusalemme, dei discepoli e delle donne che il narratore rivela nell'analessi di 15,41; nella scarsa aspettativa inerente alla risurrezione di Gesù che entrambi i gruppi manifestano sebbene, salendo verso Gerusalemme, Gesù stesso l'abbia esplicitamente insegnata come destino del Figlio dell'Uomo (8,31; 9,31; 10,34; 14,26)³¹; infine, nel fatto che la paura dei discepoli e quella delle donne sono reazioni immediate a quanto si realizza in Gesù.

Al contempo emergono differenze. Poiché le donne ricevono l'esortazione a non temere già nel v. 5 e si trattengono nel sepolcro per tutta la

---

³⁰ Anche la fuga descritta da Gesù nel discorso escatologico costituisce un allontanamento da un pericolo che minaccia la vita (13,14).

³¹ I Vangeli sono concordi su questo punto. In Mc con la fuga i discepoli escono di scena e sono ricordati di nuovo solo in 16,7: in questo intervallo essi non sono più «suoi discepoli». Mt lascia intuire che neppure l'annuncio pasquale recato dalle donne riesce a vincere completamente la loro scettica frustrazione dal momento che all'incontro con il Risuscitato ancora «alcuni dubitavano» (28,17). Lc annota che gli Undici giudicano il racconto delle donne «un vaneggiamento» e non vi prestano fede (24,11). In Gv dichiara che solo dopo aver visitato il sepolcro vuoto Pietro e l'altro discepolo iniziano a credere, poiché «non avevano ancora compreso la Scrittura, che egli cioè doveva resuscitare dai morti» (Gv 20,9). Riguardo alle donne, una scarsa aspettativa della risurrezione ravvisabile nell'intenzione «di imbalsamare» il corpo di Gesù (16,1), proposito ravvisabile anche in Lc 24,1. Mt parla solo di una loro visita (28,1), così Gv nei confronti di Maria di Magdala (20,1).

durata del messaggio del giovane, la loro fuga non può essere compresa come il tentativo di sottrarsi a un pericolo mortale: è difficile capire quale pericolo possano ormai correre una volta uscite dal sepolcro. Che il veloce allontanamento sia uno smacco all'annuncio kerygmatico è dubbio, poiché tutto dipende da come vengono intesi il silenzio e la paura a esse attribuiti. L'analisi lessicale sul lemma della fuga suggerisce un'interpretazione sfumata per quella delle donne in 16,8 e orienta la nostra ricerca verso un raffronto più specifico con la fuga dei discepoli (14,50) e con quella del νεανίσκος (14,51-52). Inoltre il carattere peculiare di quanto le donne fanno uscendo dalla tomba interroga sul ruolo e sull'esito dell'incarico che qui viene loro affidato e sulla natura dello sconvolgimento che le assale.

5. Lessicografia del «non dire»

Con l'espressione «οὐδενὶ οὐδὲν εἶπαν» Mc riporta l'ultima azione compiuta dalle donne, azione che preferiamo definire letteralmente un «non dire», piuttosto che «silenzio». Nella vastità del materiale evangelico, esistono svariate espressioni dai tratti cangianti, il cui significato va di volta in volta colto all'interno dei diversi contesti. Diventa dunque necessario chiarire termini come «silenzio», «tacere», «non rispondere», «non parlare», «tenere un segreto»: essi non sono del tutto equivalenti e vanno dunque considerati nella loro specificità.

5.1 Il «non dire» a livello terminologico

Presentiamo dapprima una tavola sinottica che riporta le espressioni del «non dire» presenti nei Vangeli. In base alla terminologia forniremo una classificazione formale utile per orientare la comprensione del «non dire» delle donne.

5.1.1 Tavola sinottica

Mc 16x	Mt 9x	Lc 11x	Gv 4x
—	—	1,20: ἔσῃ σιωπῶν	—
—	—	1,20: μὴ δυνάμενος λαλῆσαι	—
1,25: φιμώθητι	—	4,35: φιμώθητι	—

CAP. I: LE PAROLE DI MC 16,8

1,34: οὐκ ἤφιεν λαλεῖν	—	**4,41**: οὐκ εἴα αὐτὰ λαλεῖν	—
1,44: μηδενὶ μηδὲν εἴπῃς	**8,4**: μηδενὶ εἴπῃς	**5,14**: μηδενὶ εἰπεῖν	—
3,4: οἱ δὲ ἐσιώπων.	—	—	—
3,12: ἵνα μὴ αὐτὸν φανερὸν ποιήσωσιν	**12,16**: ἵνα μὴ φανερὸν αὐτὸν ποιήσωσιν	—	—
4,39: σιώπα	—	—	—
4,39: πεφίμωσο	—	—	—
5,43: ἵνα μηδεὶς γνοῖ τοῦτο	—	**8,56**: μηδενὶ εἰπεῖν	—
7,24: οὐδένα ἤθελεν γνῶναι	—	—	—
7,36: ἵνα μηδενὶ λέγωσιν	—	—	—
8,30: ἵνα μηδενὶ λέγωσιν	**16,20**: ἵνα μηδενὶ εἴπωσιν	**9,21**: μηδενὶ λέγειν	—
—	—	—	**7,13**: οὐδεὶς μέντοι παρρησίᾳ ἐλάλει
—	—	—	**7,26**: οὐδὲν αὐτῷ λέγουσιν
9,9: ἵνα μηδενὶ ἃ εἶδον διηγήσωνται	**17,9**: μηδενὶ εἴπητε	**9,36**: ἐσίγησαν	—
—	—	**9,36**: οὐδενὶ ἀπήγγειλαν οὐδὲν	—
9,34: οἱ δὲ ἐσιώπων	—	—	—
10,48: ἵνα σιωπήσῃ	**20,31**: ἵνα σιωπήσωσιν	**18,39**: ἵνα σιγήσῃ	—
—	—	**19,40**: ἐὰν οὗτοι σιωπήσουσιν	—
—	—	**20,26**: ἐσίγησαν	—

	22,12: ὁ δὲ ἐφιμώθη		
	22,34: ὅτι ἐφίμωσεν		
14,61: ὁ δὲ ἐσιώπα	26,63: ὁ δὲ Ἰησοῦς ἐσιώπα		
14,61: οὐκ ἀπεκρίνατο οὐδὲν			
15,5: οὐκέτι οὐδὲν ἀπεκρίθη	27,14: οὐκ ἀπεκρίθη		
		23,9: οὐδὲν ἀπεκρίνατο αὐτῷ	
			19,9: ἀπόκρισιν οὐκ ἔδωκεν
			19,10: ἐμοὶ οὐ λαλεῖς;
16,8: οὐδενὶ οὐδὲν εἶπαν			

Rispetto a quanto accade nella narrazione di Mc, espressioni relative a un «non dire» negli altri Vangeli ricorrono con minore frequenza: a fronte delle sedici annotazioni marciane, in Mt ne abbiamo elencate solo nove, per Lc undici, per Gv quattro. Il «non dire» è certamente un elemento particolarmente frequente in Mc.

5.1.2 «Non parlare»

Sono le espressioni più frequenti in ogni Vangelo e sono costruite con particelle negative (μηδέν, οὐ, οὐδέν, οὐκ, οὐκέτι) legate a verbi riconducibili al «dire» (ἀπαγγέλλω, διηγέομαι, λαλέω, λέγω).

Quando sono rette da un verbo di comando, il soggetto è sempre Gesù che esprime un'ingiunzione a non parlare ai demoni (Mc 1,34; cf. anche Lc 4,41), ai beneficiari (Mc 1,44; cf. anche Mt 8,4; Lc 5,14) e a quanti assistono a sue azioni prodigiose (Mc 7,36; cf. anche Lc 8,56), o ai discepoli (Mc 8,30; 9,9; cf. anche Mt 16,20; 17,9; Lc 9,21)[32].

Quando invece il testo notifica un «non parlare» senza altra speci-

---

[32] Verbi di comando che introducono un'ingiunzione a non parlare sono: ἐπιτιμάω (Mc 8,30; Lc 4,41; 9,21), (οὐκ) ἀφίημι (Mc 1,34), διαστέλλομαι (Mt 16,20; Mc 7,36; 9,9), ἐντέλλομαι (Mt 17,9), ὁράω (Mt 8,4; Mc 1,44), παραγγέλλω (Lc 5,14; 8,56; 9,21).

ficazione lessicale, solo il contesto può aiutare a interpretare un tale «non dire»: per esempio le donne in Mc 16,8, i discepoli in Lc 9,36, la folla in Gv 7,13 e i capi in Gv 7,26.

5.1.3 «Mettere la museruola»

In Mc il verbo φιμόω ricorre solo all'imperativo, sempre per bocca di Gesù in racconti dai tratti esorcistici (Mc 1,25; 4,39; cf. Mt 22,12; 22,34; Lc 4,35). In modo figurato esso esprime un comando di Gesù carico di particolare autorità e forza: un ordine al silenzio assoluto corrispondente a un «taci e non fiatare neppure!». Di fronte a un tale comando le forze avversarie non possono che ubbidire immediatamente (cf. Mc 1,26; 4,39b).

5.1.4 «Tacere» o «non rispondere»

Come risposta a espliciti interrogativi, in alcune situazioni viene annotato un silenzio espresso in vari modi: attraverso il verbo σιωπάω (Mc 3,4; 14,61; cf. Mt 23,63) oppure con espressioni del tipo οὐ λαλέω, οὐκ ἀποκρίνομαι οὐδέν (Mc 14,61; 15,5; cf. Mt 27,14; Gv 19,9; 19,10). In tali casi è il contesto a determinare come debba essere inteso un tale tacere.

5.1.5 «Ammutolire» o «diventare muto»

I verbi σιωπάω e σιγάω e l'espressione μὴ δύναμαι λαλεῖν esprimono anche l'impossibilità di parlare (Mc 4,39; cf. Lc 1,20; 9,36; 20,26) o il non saper cosa dire (Lc 20,26).

5.1.6 «Non far conoscere»

Precedute da un verbo di comando o da un verbo che esprime volontà, più che un «non dire» alcune espressioni sottolineano l'ingiunzione a un «non far conoscere» (μηδεὶς/οὐδένα γιγνώσκω Mc 5,43; 7,24) o «non rendere manifesto» (μὴν φανερὸν ποιέω Mc 3,12 cf. Mt 12,16)[33]. Un tale divieto, sempre emanato da Gesù, sottolinea una conoscenza acquisita che non deve essere divulgata.

---

[33] Verbi che comandano di «non far conoscere»: ἐπιτιμάω (Mc 3,12, cf. Mt 12,16), διαστέλλομαι (Mc 5,43). In Mc 7,24 si descrive che Gesù «non voleva» (θέλω) che alcuno sapesse.

5.1.7 Silenzi che sono pause narrative

Alcuni interventi di Gesù terminano con domande (Mc 8,17-21; 12,37) oppure con richiami all'uditorio (Mc 7,13; 8,33), presumenti una presa di posizione o una risposta che il narratore però non riporta[34]. Più che «silenzi» essi costituiscono «pause narrative» che impegnano il lettore a livello retorico. Come tali essi non rientrano nel nostro schema che analizza invece i segnali terminologici.

5.2 *Il «non dire» a livello psicologico*

La linguistica moderna ha messo in evidenza che il silenzio non può essere identificato con la mera assenza di suoni o con il vuoto di comunicazione[35]. Nell'ambito dei rapporti interpersonali il silenzio è un vero «segno» non facile da decifrare ma carico di senso.

In quanto «comunicazione non verbale» il silenzio in sé costituisce un contrappunto alla parola e si carica di una pluralità di significati. Un silenzio infatti può essere rivelatore di differenti reazioni ed emozioni, e viene a caratterizzare situazioni molto differenti: può essere eloquente ma anche imperscrutabile, preludio di rivelazione ma anche chiusura a ogni comunicazione, può aprire alla riflessione e implicazione di un consenso, ma anche essere segnale di una totale opposizione. La natura del silenzio è ambigua e complessa[36].

Attraverso un'ampia terminologia e varie locuzioni e immagini, il linguaggio biblico attesta le molteplici funzioni che un silenzio può assumere e le situazioni psicologiche che esso può presupporre.

Le radici ebraiche che esprimono il silenzio sono דמם, דמה, דום un gruppo semantico strettamente legato all'idea di immutabilità e quiete a cui si deve il significato di «stare in silenzio» e «rimanere tranquillo». Molte locuzioni esprimono un «non parlare» con un'accezione negativa, altre riflettono invece gli aspetti postivi di un silenzio carico di attenzione[37].

---

[34] Mc 8,17-21 è forse l'esempio più caratteristico.

[35] Cf. R. SIMONE, «Linguistica», *EncE*, VI, 924-927; U. GALIMBERTI, «Silenzio», *Dizionario di Psicologia*, 873-874; J. CHEVALIER – A. GHEERBRANT, «Silenzio», *Dizionario dei Simboli*, II, 389; G.P. JACOBELLI, *Scomunicare*, 10-11; G. BARRUSO, *El silencio. Análisis y Estructura*; N. POLLA-MATTIOT, *Riscoprire il silenzio*.

[36] Cf. S. J. BÁEZ, *Quando tutto tace*, 19.

[37] Un silenzio può supporre esclusione, odio o paura (cf. Gen 37,4; Gdc 8,1; 2Sam 3,11) tradire un'imposizione o perplessità (cf. Pr 24,4; Ger 11,21; Am 2,12). In positivo, un silenzio può essere indice di riflessione e predisposizione all'ascolto (cf. Gb 33,31.33; Sal 77,7-8; Sir 6,33), o custodire un segreto (cf. Ne 2,12; Est 2,20; Pr 10,19;

Nel Vangelo di Mc gran parte dei «silenzi» sono contenuti in un'ingiunzione a tacere. Per undici volte il comando è dato da Gesù[38]; una volta invece si tratta del tentativo della folla di far tacere il cieco Bartimeo (10,48). In tre occasioni il narratore esplicitamente annota che il comando dato da Gesù non viene rispettato (1,44; 7,24.36), così anche il cieco Bartimeo non ubbidisce alla folla e grida «più forte» (10,48).

A volte il comando al silenzio è espresso da Gesù in modo assolutamente autorevole e non ammette repliche, né viene infranto. Si tratta di situazioni riguardanti i demoni (φιμώθητι 1,25; οὐκ ἤφιεν λαλεῖν 1,34; πολλὰ ἐπετίμα 3,12), la tempesta (σιώπα, πεφίμωσο 4,39) e i genitori della bambina riportata in vita (διεστείλατο αὐτοῖς πολλὰ 5,43).

In quattro situazioni il silenzio costituisce un rifiuto a rispondere ad interrogativi. In due casi si tratta di silenzi opposti a Gesù: i farisei tacciono quando Gesù chiede se sia lecito salvare una vita in giorno di sabato (3,4), anche i discepoli tacciono quando Gesù li interroga circa l'argomento di una loro discussione. Essi infatti avevano discusso su chi fosse il più grande tra loro (9,34). Si tratta di silenzi carichi di imbarazzo che manifestano una distanza da quanto Gesù insegna e compie. In due casi è invece Gesù che non risponde alle domande: quella del sommo sacerdote (ὁ δὲ ἐσιώπα καὶ οὐκ ἀπεκρίνατο οὐδέν 14,61) e quella di Pilato (οὐκέτι οὐδὲν ἀπεκρίθη 15,5).

In tutta la narrazione marciana l'unico caso di un silenzio non imposto e che non è reazione ad alcun interrogativo è quello descritto in 16,8. Quello delle donne è perciò un silenzio singolare non immediatamente riconducibile a circostanze e situazioni precedentemente descritte in questo Vangelo.

5.3 *I contesti del «non dire» in Mc*

In Mc sono ravvisabili tre contesti in cui il narratore sottolinea il «non parlare» da parte degli attori: i comandi di tacere negli esorcismi e nelle guarigioni; i comandi di tacere dati da Gesù ai discepoli, infine, i silenzi di Gesù.

11,12-13). Il silenzio riveste anche un aspetto religioso: come atteggiamento davanti al mistero e alle manifestazioni divine (Cf. Es 15,16; Gb 40,3-5; Mi 7,15-16), come preghiera (cf. 1Sam 1,13; Sal 63,7-8), o come espressione tragica della fine con cui si manifesta il castigo di Dio (Cf. Ger 51,13; Lam 4,18; Am 8,2), o beffarda manifestazione per deridere l'inconsistenza degli idoli (1Re 18,26-29; Sal 115,5; Ger 10,5). Dio stesso è silenzio (1Re,19,9-18), metafora che viene ripresa per esprimerne la trascendenza e il mistero (Dt 4,28; 1Re 18,20-40; Ab 2,18-20).

[38] Cf. 1,25.34.44; 3,12; 4,39.39; 5,43; 7,24.36; 8,30; 9,9.

5.3.1 I comandi di tacere negli esorcismi e nelle guarigioni

Nei racconti di esorcismi (1,25; 1,34; 3,12) e guarigioni (1,44; 5,43; 7,24; 7,36; 10,48), il narratore annota otto volte un comando a non parlare. Si tratta sempre di imposizioni al silenzio in contesti in cui gli attori si interrogano sull'autorità e sull'identità di Gesù, così come esse traspaiono dalle sue azioni. A eccezione di 10,48 dove la folla vorrebbe far tacere il cieco Bartimeo, in tutti gli altri casi è Gesù che chiede o impone il silenzio. Sono le classiche ricorrenze che gran parte degli esegeti riconducono al cosiddetto «segreto messianico»[39]. La loro disposizione mostra che l'interesse per tale tema è attivo prevalentemente nella prima metà del Vangelo. Il comando di Gesù al silenzio interessa tutti gli attori diegetici: non permette di parlare ai demoni imponendo loro di tacere (1,25; 1,34; 3,12), comanda di tacere anche ai testimoni o ai diretti beneficiari delle sue azioni potenti (1,44, 5,43, 7,36), vuole che sia tenuta nascosta la sua presenza (7,24). Spesso questo comando è esplicitamente violato (1,44; 7,24.36) o appare problematico anche solo ipotizzarne l'obbedienza (5,43)[40]. Quasi con enunciazione riassuntiva, in Mc 7,36 il narratore sembra conferire sistematicità alla violazione di questo segreto: «Egli comandò loro di non dirlo a nessuno; ma quanto più lo comandava, tanto più quelli lo divulgavano».

Nel racconto della guarigione del cieco Bartimeo (10,46-52), il silenzio che la folla vorrebbe imporre al cieco accentua la contrapposizione tra colui che siede mendicante lungo la strada e quelli che seguono Gesù e i discepoli verso Gerusalemme. Con fine ironia il narratore conduce il lettore a scoprire il modo in cui il cieco riesce a raggiungere Gesù nonostante la generale opposizione, percorso che diventa l'occasione per puntualizzare importanti proclamazioni messianiche su Gesù[41]. Nono-

---

[39] Il problema del volontario occultamento col quale Gesù circonda le sue opere e soprattutto la propria identità di Figlio di Dio e di messia è discusso a partire da W. WREDE, *Das Messiasgeheimnis in den Evangelien*. Cf. anche G. MINETTE DE TILESSE, *Le secret messianique*; D.-A. KOCH, *Die Bedeutung der Wundererzählungen*; K. STOCK, «Gesù è il Cristo», 242-253; V. FUSCO, *Nascondimento e Rivelazione*; R. WEBER, «Christologie und "Messiasgeheimnis"», 108-125; C. TUCKETT (ed.), *The Messianic Secret*.

[40] Gesù comanda «insistentemente che nessuno lo venisse a sapere» (5,43), ma come avrebbero potuto i genitori della bambina morta ubbidire di fronte a tutta la «gente che piangeva e urlava» e faceva trambusto in casa per il lutto (5,39)?

[41] Il racconto contrappone l'atteggiamento della folla e quello del cieco: mentre tutti sono in cammino verso Gerusalemme (v. 46a), Bartimeo è immobile, seduto ai margini della strada fuori dal villaggio. La sua infermità lo costringe a mendicare (v. 46b). Questa marginalità è ulteriormente sottolineata dal supponente disprezzo con

stante Bartimeo sia caratterizzato da marginalità sociale, egli risulta essere il più lucido di tutti gli attori presenti sulla scena. Mentre la folla parla di «Gesù Nazareno» (v. 47a), identificandolo semplicemente in base alla provenienza d'origine, egli grida per due volte un ben più alto titolo che riconosce Gesù come Messia («Figlio di Davide, Gesù abbi pietà di me!» vv. 47b.48), contrasto accentuato anche dal suo non lasciarsi intimorire («molti lo sgridavano per farlo tacere ma egli gridava più forte» v. 48). Proprio questo cieco che «vede più in profondità» della folla, una volta riavuta la vista da Gesù sarà l'unico a seguirlo nel cammino divenendo un suo discepolo (v. 52). Questo silenzio si distingue perciò per il suo valore sociale e la sua insita ironia. In ultima analisi, nell'economia del racconto la sua funzione è orientata cristologicamente poiché finalizzata alla proclamazione messianica del «Figlio di Davide».

5.3.2 I comandi di tacere ai discepoli

Per due volte Gesù impone il silenzio anche ai discepoli (8,30; 9,9). In entrambi i casi, il comando di tacere impartito dopo la proclamazione cristologica di Pietro e dopo l'episodio della trasfigurazione riguarda l'identità della sua persona. Collocati all'inizio del cammino verso Gerusalemme, queste imposizioni sembrano avere una funzione pedagogica. Tutta la sezione (8,27–10,52) si caratterizza infatti per l'interesse prevalente di Gesù a istruire i discepoli sul proprio destino, insegnato come rifiuto e messa a morte del Figlio dell'Uomo, a fronte di fallaci e ambigue aspettative che essi custodiscono. A Pietro, Giacomo e Giovanni, il gruppo più intimo di discepoli presenti alla manifestazione gloriosa della trasfigurazione, oltre che comandare il silenzio Gesù esplicita anche il limite temporale di questa disposizione, ossia fino alla risurrezione dai morti del Figlio dell'Uomo (9,9)[42].

5.3.3 I silenzi di Gesù

Emergono in particolare nel contesto della passione. Quando le autorità interrogano Gesù, per due volte il narratore annota il fermo silenzio che egli oppone al sommo sacerdote (14,61) e al prefetto romano Pilato (15,5). Si tratta della sdegnata reazione nei confronti delle false accuse

---

cui la folla intende farlo tacere (v. 48). Sono tratti che evidenziano la condizione disonorante di Bartimeo e la sua esclusione sociale.

[42] Cf. S. FREYNE, *The twelve disciples*; K. STOCK, *Boten aus dem Mit-Ihm-Sein*; Id., *I discepoli nel Vangelo di Marco*; C. FOCANT, «L'incompréhension des disciples», 161-185; E. BEST, *Disciples and discipleship*.

portate in giudizio e al tempo stesso questi silenzi si configurano come strategici, perché funzionali a un dibattito processuale teso più che ad accertare la verità, a mettere in difficoltà l'imputato per ottenere un pretesto per la condanna. In entrambe le circostanze questi silenzi sono correlati a espliciti e pubblici pronunciamenti cristologici di Gesù sulla propria persona (14,62; 15,2), essi perciò contrassegnano le autorivelazioni di Gesù più importanti in tutta la narrazione marciana.

Dopo aver reagito alla domanda di Pilato (15,2: σὺ λέγεις), Gesù non risponderà e non parlerà più a nessuno, fino al momento della sua morte, quando rivolgerà a Dio la sua ultima domanda (15,34). Durante la passione al suo silenzio si contrappongono molte voci: il grido aggressivo del popolo istigato dai capi dei sacerdoti (πάλιν ἔκραξαν 15,13; οἱ δὲ περισσῶς ἔκραξαν 15,14), gli oltraggi dei soldati (15,16-20), gli insulti dei passanti, dei sommi sacerdoti e degli scribi, e perfino dei due crocifissi con lui (15,29-32). Voci che con drammatica ironia mettono comunque in luce importanti aspetti dell'identità di Gesù.

5.4 Il «non dire» negli altri Vangeli

In Mt e Lc gran parte delle espressioni riguardanti un «non dire» ricorrono in paralleli di Mc, mettendo in luce una grande dipendenza nei riguardi di tale motivo. Solo due testi redazionali sono propri di Mt (22,12.34) e tre di Lc (1,20; 19,40; 20,26). Gv non ha alcun parallelo con i sinottici e presenta solo quattro ricorrenze del motivo.

5.4.1 Matteo

Riguardo a un «non dire», il Vangelo di Mt presenta varie situazioni e diversi soggetti che non denotano alcuna peculiarità. Rispetto a Mc la più grande differenza è che il comando a tacere non riscorre negli esorcismi. Mt non mostra dunque particolare interesse per questo motivo[43].

5.4.2 Luca

A differenza di Mt, il Vangelo secondo Luca presenta due volte Gesù che impone il silenzio ai demoni: a Cafarnao nell'esorcismo in sina-

---

[43] In Mt due comandi di tacere sono dati da Gesù in occasione di guarigioni (8,4; 12,16). Due volte il silenzio è imposto ai discepoli (16,20; 17,9). Due volte Gesù tace davanti alle autorità (26,63; 27,14). Tre espressioni di «non parlare» hanno un soggetto differente da Gesù: la folla (20,31), un tale (22,12). Infine il narratore commenta che, saputo che Gesù ha zittito i sadducei, i farisei si adoperano per metterlo alla prova (22,34).

goga (4,35) e in un sommario della sua attività (4,41). In questo caso Lc si conferma più vicino a Mc rispetto a Mt, ma come quest'ultimo non connette strettamente il motivo all'identità di Gesù. Soggetti e situazioni sono vari[44].

5.4.3 Giovanni

Il Vangelo secondo Giovanni non presenta mai Gesù che impone di tacere ad alcuno, né insiste sui suoi silenzi. Conforme al proprio interesse redazionale, il Gesù giovanneo viene descritto come colui che rivela apertamente se stesso con ampi discorsi, spesso in un linguaggio figurato. In tal modo la sua maestosa identità risplende subito e ovunque: una prospettiva che distanzia notevolmente Gv dai sinottici[45].

Rispetto ai Vangeli di Mt, Lc e Gv, quello di Mc presta più attenzione al motivo del «non dire» e orienta il tema «cristologicamente» mostrando così un peculiare interesse per il motivo.

5.5 I «non dire» espressi con una doppia negazione

5.5.1 I «non dire» con doppia negazione in Mc

Dal punto di vista formale il *«non dire»* delle donne viene espresso dal narratore attraverso una doppia negazione: καὶ οὐδενὶ οὐδὲν εἶπαν. Nella narrazione marciana in altri due casi si esprime un silenzio con una doppia negazione: quello imposto da Gesù a un lebbroso guarito (1,44)[46] e il silenzio tenuto da Gesù davanti a Pilato (15,5). Vogliamo

---

[44] In Lc Gesù ordina di tacere a un lebbroso guarito (5,14) e ai genitori della fanciulla riportata in vita (8,16). Due ingiunzioni a tacere sono date da Gesù ai soli discepoli (9,21; 9,36). Gesù non risponde alle domande di Erode (23,9), episodio che gli altri sinottici non riportano. Due annotazioni riguardano «silenzi» imposti da altri personaggi: la folla (18,39) e i farisei (19,40). Luca è anche l'unico evangelista che riporta un'ingiunzione a tacere in un discorso diretto che non sia dato da Gesù, ma dall'angelo del Signore a Zaccaria (1,20).

[45] Le quattro espressioni giovannee relative a un «non parlare» ricorrono in tre episodi (7,13; 7,26; 19,9.10).

[46] E.S. MALBON, «Fallible Followers», 29-48, ha insistito sulla connessione formale fra la descrizione del silenzio in 16,8 e quella in 1,44 limitandosi però a osservare che quanto nei due casi non avrebbe dovuto essere detto, diventa comunque noto. Per R. VIGNOLO, «Una finale reticente», 167-168, il raffronto fra le due trasgressioni in singolare contrasto, getta ironia su 16,8 mostrando come l'incontenibilità dell'evento di Gesù non sembri arginabile da alcuna barriera. Se il silenzio infranto dal lebbroso non riesce a danneggiare l'attività di Gesù, in modo analogo il piano di Dio non subisce un colpo di freno dal silenzio delle donne.

verificare se l'uso di questa particolare locuzione implichi anche un giudizio inerente la «qualità» del silenzio evocato.

5.5.2 Il silenzio del lebbroso

Il racconto della guarigione del lebbroso (1,40-45) segue il *topos* dei racconti delle guarigioni miracolose[47]. Dopo averlo guarito, Gesù si rivolge a lui intimandogli «di non dire niente a nessuno» (1,44), raccomandandogli invece di presentarsi al sacerdote e di offrire un sacrificio di purificazione.

1,44	16,8
καὶ	καὶ
λέγει αὐτῷ· ὅρα	
μηδενὶ μηδὲν εἴπῃς	οὐδενὶ οὐδὲν εἶπαν

La locuzione sul silenzio di 1,44 è molto simile a quella delle donne in 16,8: l'ordine di «non dire» è preceduto dalla formula di commiato con l'imperativo di ὑπάγω (ὕπαγε 1,44; ὑπάγετε 16,7), in entrambe si utilizza lo stesso verbo all'aoristo (εἴπῃς 1,44; εἶπαν 16,8). In 1,44 l'ordine di tacere è seguito da tre imperativi che comandano azioni:

ὅρα μηδενὶ μηδὲν εἴπῃς,
          ἀλλὰ   ὕπαγε...
                    δεῖξον...
              καὶ προσένεγκε...

Il comando di Gesù a «non dire» evidentemente è limitato a un periodo, fino a quando il sacerdote non abbia attestato la guarigione del lebbroso. Gesù perciò non ha ordinato al lebbroso guarito di non parlare mai ad alcuno di quanto avvenuto, ma di presentarsi subito al sacerdote senza attardarsi lungo la via per raccontare quanto gli è successo. Ciò è avvalorato dalla conclusione del racconto in cui il narratore sotto-

---

[47] Abbiamo: a) un'introduzione: incontro del malato con Gesù che supplica di essere risanato (v. 40); b) esaudimento della supplica (v. 41); c) constatazione dell'avvenuta guarigione (v. 42); d) formula di commiato ampliata dal comando di segretezza (vv. 43-44); e) conclusione con la disobbedienza al comando, ampliata nelle conseguenze che ne derivano per Gesù (v. 45).

linea che invece il lebbroso disattende al comando subito dopo essersi allontanato da Gesù (ὁ δὲ ἐξελθὼν ἤρξατο κηρύσσειν 1,45)[48].

Si tratta dunque di un silenzio subordinato all'urgenza, finalizzato a uno scopo[49]. L'analogia formale data dall'uso della doppia negazione tra Mc 1,44 e Mc 16,8 permette di meglio comprendere l'interpretazione proposta da alcuni esegeti che spiegano il «non dire» delle donne con la frenesia che le coglie una volta uscite dalla tomba. Esse non si sarebbero attardate per strada. Preoccupate di consegnare subito il messaggio ai discepoli, come era stato loro comandato, le donne non hanno perso tempo nel parlare ad alcuno[50].

5.5.3 Il silenzio di Gesù davanti a Pilato

Dopo aver udito le accuse mosse dai sommi sacerdoti, il procuratore romano interroga Gesù al riguardo, «ma Gesù non rispose più nulla» (15,5). Rispetto a 1,44, in rapporto al «non dire» delle donne la locuzione interprete di questo tacere è meno rigorosa

15,5	16,8
ὁ δὲ Ἰησοῦς οὐκέτι οὐδὲν ἀπεκρίθη	καὶ οὐδενὶ οὐδὲν εἶπαν

Diversa è la negazione (οὐκέτι 15,5; οὐδενί 16,8), differente è anche il verbo (un aoristo passivo di ἀποκρίνω in 15,5; un aoristo attivo di λέγω in 16,8). Gesù non replica e non si difende dalle molte accuse ricadute su di lui[51].

---

[48] L'inadempienza del lebbroso guarito è introdotta dalla particella avversativa δέ. Altrettanto potremmo aspettarci, se la reazione delle donne in 16,8 avesse il carattere di esplicita disobbedienza all'invio: «andate a dire... *invece* esse (δέ) ». Anche se Mc non segue scrupolosamente questa distinzione resta comunque più difficile pensare che nella chiusa narrativa l'eventuale forte contrasto nel versetto finale della narrazione non sia stato sottolineato da specifiche congiunzioni che Mc utilizza abitualmente. In 16,8 un semplice καὶ paratattico simile a quello di 1,44d collega alle parole del giovane.

[49] Cf. A.Y. COLLINS, *Mark*, 179.

[50] Questo particolare aspetto è sostenuto da D. CATCHPOLE, «The Fearful Silence», 3-10; J.L. MAGNESS, *Sense and Absence,* 100; T. DWYER, *The Motif of Wonder,* 191-192, che cita altri autori che sostengono la stessa opinione.

[51] R. PESCH, *Il Vangelo di Marco,* II, 668 e A.Y. COLLINS, *Mark*, 713-714, sono tra gli autori che in tale silenzio colgono un rimando alla figura del Servo sofferente (Is 53,7).

La struttura del racconto (15,1-5) ha alcuni riferimenti all'intervento del sommo sacerdote durante l'interrogatorio di Gesù davanti al sinedrio (14,60-64) e presuppone una connessione fra i due momenti che si articolano in modo pressoché parallelo. Ogni interrogatorio è strutturato in due momenti e si conclude con una sentenza di condanna supportata da un ampio consenso: quello del sinedrio prima, e quello della folla poi. Ogni momento è intervallato dalla reazione di Gesù che una volta tace, un'altra risponde.

Intervento del sommo sacerdote (14,60-64)	Intervento di Pilato (15,1-5)
Prima interrogazione (v. 60) οὐκ ἀποκρίνῃ οὐδὲν τί οὗτοί σου καταμαρτυροῦσιν;	Prima interrogazione (v. 2a)
Silenzio di Gesù (v. 61a) Ὁ δὲ ἐσιώπα, καὶ οὐδὲν ἀπεκρίνατο	Risposta di Gesù (v. 2b)
Seconda interrogazione (v. 61b)	Seconda interrogazione (v.4) οὐκ ἀποκρίνῃ οὐδέν ἴδε πόσα σου κατηγοροῦσιν.
Risposta di Gesù (v. 62)	**Silenzio** di Gesù (v. 5) ὁ δὲ Ἰησοῦς οὐκέτι οὐδὲν ἀπεκρίθη
Conclusione del sommo sacerdote e sentenza di condanna (vv. 63-64)	Stupore di Pilato e appello alla folla. Sentenza di condanna (vv. 5-15)

Nell'annotare il silenzio si utilizza la stessa tecnica: prima vengono riportate le parole del personaggio (sommo sacerdote 14,60; Pilato 15,4), poi quelle del narratore (14,61; 15,5) che in questo modo riconferma il motivo facendolo risaltare. Il silenzio del protagonista provoca però due diverse reazioni e occupa differenti posizioni.

Collocato all'inizio nell'interrogatorio del sommo sacerdote esso induce alla domanda inerente l'identità di Gesù (πάλιν 14,61), nell'interrogatorio con Pilato costituisce invece la reazione con cui Gesù smette il colloquio meravigliando Pilato (ὥστε 15,5)[52]. In entrambi i casi il silenzio è preceduto dalla stessa domanda οὐκ ἀποκρίνῃ οὐδέν (14,60; 15,4). Essa fa riferimento alle accuse di testimoni «falsi» (14,55-59), accuse

---

[52] F. DE CARLO, *«Dio mio, Dio mio»*, 165,181.

riprese dai sommi sacerdoti davanti a Pilato (15,3), come dimostra la domanda del procuratore: «Sei tu il re dei Giudei?» (15,2). Gesù era stato condannato dal sinedrio per aver affermato di essere «il Cristo, il Figlio di Dio benedetto» (14,61b-62) titolo espressamente religioso. Egli non aveva invece mai sostenuto, come farebbe supporre la domanda di Pilato, di essere «il re dei Giudei», qualifica ambigua, ascrivibile anche al contesto politico, che in seguito influenza il comportamento di Pilato e dei soldati nei confronti di Gesù, a tal punto da apparire nel titolo sulla croce (15,2.9.12.18.26). Evidentemente, davanti all'autorità romana il sinedrio ha deciso di sostenere una (falsa) accusa, capace di raccogliere la preoccupazione dei romani[53].

Nel duplice confronto con le autorità religiosa e politica Gesù reagisce opponendo un risoluto silenzio, espresso però in modo non del tutto corrispondente:

14,61:   Ὁ δὲ ἐσιώπα, καὶ   οὐδὲν   ἀπεκρίνατο
15,5:   ὁ δὲ Ἰησοῦς   οὐκέτι οὐδὲν ἀπεκρίθη

In 14,61 troviamo due verbi: in forma positiva il primo esprime che Gesù taceva, mentre il secondo, in forma negativa, che egli non rispondeva nulla. In 15,5 l'espressione amplia la locuzione negativa di 14,61 riprendendone il verbo, ma enfatizzando con una doppia negazione il fatto che Gesù rifiuti di rispondere. Nei due passi è possibile cogliere una progressione di intensità nella descrizione del silenzio di Gesù. Visto il ripetersi delle medesime circostanze che già hanno caratterizzato l'interrogatorio davanti al sinedrio, la reazione di Gesù durante l'indagine di Pilato è più marcata: egli non intende assolutamente rispondere alle false accuse, e al tempo stesso si sottrae a un colloquio il cui scopo non è accertare la verità, ma indurlo a tradirsi con le sue stesse parole. Al tempo stesso, almeno nelle intenzioni, il silenzio di Gesù obbliga i giudici a indagare più a fondo per far emergere la verità.

Questi silenzi di Gesù fanno da contrappunto ad autodichiarazioni di eccezionale valore rivelativo (14,61-62; 15,2) e mostrano la franchezza,

---

[53] Il narratore stigmatizza il comportamento del sinedrio attraverso fugaci particolari: il processo del sinedrio contro Gesù si prolunga anche dopo la sentenza (15,1) e suggerisce una strategia che il sinedrio intende adottare prima di consegnare Gesù all'autorità romana. Davanti a Pilato i sommi sacerdoti muovono «*molte* accuse» (15,3). Al lettore non è dato sapere quali siano essendo la sentenza di condanna sostenuta da un'unica motivazione religiosa a cui Pilato non fa alcun cenno. Evidentemente il preventivo consiglio strategico doveva averne steso una (falsa) lista (cf. Lc 23,2).

la lucidità e la libertà che Gesù conserva, nonostante sia incatenato e totalmente nelle mani dei suoi nemici. Non si addentra in pregiudizievoli confronti nel tentativo di salvarsi, ma risponde al sommo sacerdote e a Pilato quando lo interrogano sulla sua identità (14,62; 15,2). Dobbiamo perciò concludere che il silenzio davanti a Pilato, espresso dal narratore con una duplice negazione, è circostanziato e relativo: Gesù non tace per sempre, ma solo nei riguardi di false accuse presentate pretestuosamente.

5.5.4 I «non dire» con doppia negazione negli altri Vangeli

Negli altri Vangeli l'unico silenzio espresso con una doppia negazione è quello dei tre discepoli dopo la trasfigurazione nel racconto lucano (Lc 9,36).

Καὶ αὐτοὶ ἐσίγησαν
   καὶ **οὐδενὶ ἀπήγγειλαν** ἐν ἐκείναις ταῖς ἡμέραις **οὐδὲν**
                                                        ὧν ἑωράκασιν

E essi tacquero
   e *a nessuno* raccontarono in quei giorni *niente*
                                       di quello che avevano visto.

Il narratore utilizza la duplice negazione in un'espressione formata da due frasi principali coordinate: la prima in forma positiva, la seconda in forma negativa, seguite da una subordinata relativa. Il versetto è la conclusione del racconto della trasfigurazione (9,28-36) e descrive un silenzio che in Lc, a differenza dei paralleli di Mc (9,9) e Mt (17,9) non è comandato da Gesù. Si tratta della reazione spontanea dei discepoli all'eccezionale evento epifanico a cui hanno assistito e soprattutto costituisce l'adeguata risposta al comando della voce proveniente dalla nube: «Questi è il Figlio mio, l'eletto; ascoltatelo» (Lc 9,35). In modo conforme all'interesse redazionale di questo Vangelo che riconosce ai discepoli una funzione esemplare, il silenzio di Pietro, Giovanni e Giacomo costituisce il giusto atteggiamento interiore da adottare davanti alla volontà espressa da Dio: si tratta di custodire e meditare quanto egli ha inteso rivelare[54]. Anche qui è evidente che la locuzione con la doppia negazione esprime un silenzio limitato temporalmente e circostanziato nell'oggetto: i discepoli tacciono ἐν ἐκείναις ταῖς ἡμέραις e riguardo ὧν ἑωράκασιν.

---

[54] Cf. Lc 1,20; 2,19.51; 3,21; 4,42; 5,16; 6,12; 11,39; 22,40.41.

5.5.5 Valutazione finale

Nei due casi marciani (e in Lc 9,36) in cui si utilizzano locuzioni del «non dire» costruite con una doppia negazione il contesto mostra che si tratta sempre di un silenzio circoscritto e temporaneo. Di conseguenza sembra probabile che anche il «non dire» delle donne vada interpretato in questa direzione.

In ogni caso sostenibile affermare, come fanno alcuni esegeti, che una lettura «letterale» del versetto indicherebbe un silenzio assoluto per sempre, spiegabile solo come mero artificio letterario per demandare al lettore quanto le donne non farebbero (comunicare il messaggio)[55].

Anche un'interpretazione *ad litteram* di οὐδενὶ οὐδὲν εἶπαν non permette una tale conclusione, la locuzione in sé esprime un silenzio che non impedisce l'esecuzione dell'incarico ricevuto e che dunque non lascia cadere nel nulla l'annuncio della risurrezione.

5.6 *Conclusione: il peculiare interesse marciano*

L'interesse marciano a marcare di silenzi la narrazione connette questo motivo al progressivo svelarsi dell'identità di Gesù.

Non sempre le imposizioni di Gesù vengono rispettate. Ciò che viene divulgato però, ha sempre a che fare con la potente *performance* di Gesù: le sue azioni prodigiose sono così straordinarie da avere un effetto incontenibile su quanti vi assistono e per questo non vengono taciute. Al contrario, quando l'ingiunzione a tacere concerne direttamente la sua identità o il suo destino (1,25.34; 3,12; 8,30; 9,9), allora il silenzio non è mai rotto a livello diegetico. Ne consegue che in questo tipo di comandi determinante è l'oggetto del tacere: quando è riferito alle azioni prodigiose di Gesù, la violazione del silenzio non fa che confermare ed estendere la portata rivelatrice insita in esse; invece, quando l'ingiunzione a tacere riguarda l'identità e il destino di Gesù, la sua osservanza mette a fuoco e lascia sospesi aspetti della sua persona che, a livello diegetico, faticano a essere recepiti e necessitano una ripresa e un approfondimento. Poiché la narrazione marciana inizia informando

---

[55] È stato N.R. PETERSEN, «Point of view in Mark's Narrative», 97-121, a sostenere per primo due differenti approcci di lettura di Mc 16,8. Da un lato una lettura «alla lettera», che smentirebbe tutto il Vangelo e renderebbe inaffidabili sia il protagonista che il narratore; dall'altro una lettura «tra le righe» che si limita a cogliere un sottile velo di ironia. Pare però poco plausibile leggere la chiusa narrativa di Mc come un espediente ironico che distrugge le vere asserzioni della storia. Cf. R. BAUCKHAM, *Gospel Women*, 289; R. VIGNOLO, «Una finale reticente», 168-169.

il lettore sull'identità di Gesù (1,1), è evidente che il «segreto» è attivo solo a livello intradiegetico, per cui il cammino di Gesù con i suoi è, al tempo stesso, un cammino euristico dei discepoli alla progressiva scoperta dell'identità di Gesù «fino a quando il Figlio dell'Uomo non fosse risuscitato dai morti» (9,9)[56].

L'annotazione «non dissero niente a nessuno» (16,8) informa su un silenzio custodito dalle donne che non è riconducibile ai silenzi imposti o richiesti da Gesù (il cosiddetto «segreto messianico»). A livello diegetico, giunge inaspettato e improvviso e segna il termine della narrazione. Nulla nel testo permette di ricondurlo all'esito di un timore dovuto alla condizione sociale delle donne[57], né può essere considerato un mero artificio letterario. La sua enigmaticità non è però assoluta, dal momento che è riconducibile all'identità di Gesù: infatti, le donne tacciono dopo aver udito l'annuncio kerygmatico del giovane che rivela loro che Gesù è risuscitato (16,6).

Maggiori analogie sono invece riscontrabili con i silenzi di Gesù che accompagnano le discussioni sulla sua identità in momenti solenni (14,61; 15,5; 15,29-32). Questi si manifestano nei momenti finali della storia di Gesù: la passione e la risurrezione. Hanno a che fare con pronunciamenti riguardanti la sua persona: davanti al sommo sacerdote si tratta dell'identità di Gesù come «il Cristo, il Figlio di Dio benedetto» che, come Figlio dell'Uomo, sarà visto «seduto alla destra della Potenza e venire con le nubi del cielo» (14,61-62); davanti a Pilato si tratta della sua regalità messianica (15,2); per le donne infine si tratta di «Gesù, il nazareno, il crocifisso, il risuscitato» (16,6).

Sono silenzi che precedono o seguono pronunciamenti posti sulle labbra di personaggi autorevoli: il sommo sacerdote, la massima autorità religiosa a capo del sinedrio, Pilato la massima autorità romana; il giovane la cui funzione è chiaramente di messaggero divino e perciò latore della massima autorità della narrazione.

Si tratta di silenzi in qualche misura strategici e funzionali alla dinamica del racconto che obbligano gli attori e/o il lettore a prendere posizione nei confronti di Gesù. Infine, un aspetto ironico del silenzio delle donne può essere colto nel raffronto con l'incarico ricevuto di «andare e dire» (v. 7): il messaggio della risurrezione da portare ai discepoli le lascia senza parole.

---

[56] Cf. M. Vironda, *Gesù nel Vangelo di Marco*, 220-230.

[57] Pur accogliendo le osservazioni dell'esegesi femminista sulla condizione delle donne nel contesto sociale dell'epoca, a livello testuale questo aspetto non emerge.

È dunque specifico di Mc utilizzare il motivo del «non dire» in rapporto al processo di svelamento dell'identità di Gesù. Tra le numerose espressioni ricorrenti nel Vangelo, quella di 16,8 si caratterizza per la sua peculiarità dal momento che si verifica dopo la risurrezione di Gesù e viene a sottolineare quanto le donne conoscono su Gesù dalle parole del giovane messaggero (16,6-7).

6. Lessicografia della paura

In due frasi parallele, la reazione delle donne è dapprima motivata con la locuzione τρόμος καὶ ἔκστασις, poi con il verbo ἐφοβοῦντο. Il fatto stesso che il narratore utilizzi tre termini mostra già il particolare interesse a determinare con precisione il sentimento che avvolge le donne e le caratterizza a fine narrazione in una situazione che si prolunga continuativamente nel tempo.

6.1 *La locuzione τρόμος καὶ ἔκστασις*

È opportuno analizzare singolarmente i due termini anche se formano chiaramente una specie di endiadi. L'interpretazione ne risulterà più compiuta.

6.1.1 Il valore marciano del termine τρόμος

L'uso del sostantivo è un *hapax* di Mc: negli altri Vangeli il termine non ricorre. La radice τρεμ- riappare nel verbo τρέμω in Mc 5,33, questa volta in coppia con φοβέω, per esprimere la reazione della donna emorroissa che è riuscita a ottenere la guarigione toccando il mantello di Gesù (5,25-34). L'espressione φοβηθεῖσα καὶ τρέμουσα, composta da un primo participio all'aoristo passivo e un secondo participio all'indicativo attivo, segna un deciso cambio di atteggiamento della donna che non può essere ricondotto al semplice timore psicologico, visto che fino a questo momento la narrazione ha messo in luce la sua forte determinazione. Ella, infatti, ha realizzato il suo piano in modo coraggioso e deciso, rompendo ogni convenzione: presentandosi tra la folla e non temendo di toccare Gesù (vv. 25-28) nonostante la Legge le vieti qualsiasi contatto in quanto donna e per di più resa impura dal flusso di sangue (Lv 15,25-30). Il narratore onnisciente ne svela anche la risolutezza di pensiero nel cercare la «salvezza» («σωθήσομαι» Mc 5,28). Ora, nel v. 33 «impaurita e tremante», la donna «si prostra» davanti a Gesù (προσέπεσεν αὐτῷ 5,33). Il verbo principale manifesta, esteriormente e pubblicamente, una qualche consapevolezza di essere stata raggiunta dal potere di Dio. Questa sua pubblica manifestazione di fede riceve conferma da Gesù stesso che, rivolgendole direttamente la parola, afferma che la sua guarigione (5,29) è effettivamente «salvezza» perché corrispettiva a un processo di comprensione che si caratterizza come «fede» (ἡ πίστις σου σέσωκέν σε 5,34). Il suo tremore perciò ha un carattere positivo ed esprime una coscienza che si apre alla fede[58]. Alla luce dell'atteggiamento della donna emorroissa guarita, sembra che nemmeno il tremore in 16,8 indichi una paura psicologica di fronte alla morte o a un pericolo. Piuttosto, esso fa comprendere che le donne sono totalmente avvolte dall'impatto con il νεανίσκος incontrato nella tomba vuota e dal suo messaggio, che vi reagiscono con percezione del livello rivelativo. Ora le donne sono consapevoli dell'azione stupefacente con cui Dio ha resuscitato Gesù e del progetto che le chiama a un incarico per i discepoli e per Pietro.

6.1.2 Il valore marciano del termine ἔκστασις

In Mc il sostantivo ἔκστασις ricorre solo in 16,8 e in 5,42 dove esprime l'enorme stupore dei genitori e dei tre discepoli che vedono Gesù far tornare in vita una fanciulla morta (Mc 5,21-24.35-43). L'intensità della reazione è posta in rilievo da una accurata espressione in cui ἔκστασις ricorre come oggetto indiretto del verbo ἐξίστημι, ulteriormente rafforzato dall'aggettivo «grande» (καὶ ἐξέστησαν [εὐθὺς] ἐκστάσει μεγάλῃ). L'ἔκστασις di cui si parla non è un atteggiamento di paura, esprime piuttosto sbalordimento, sorpresa, ammirazione per quanto Gesù ha compiuto. Di fatto il gesto di Gesù supera i normali limiti umani e ricorda episodi di Elia e Eliseo a proposito del risuscitamento di un morto (1Re 18,17-24; 2Re 4,8-37)[59].

6.1.3 L'uso del verbo «stupirsi» in Mc

La radice εκστ- ricorre in Mc tre volte nell'uso del verbo ἐξίστημι, sempre in forma intransitiva. In due passi esprime la reazione di quanti assistono ad azioni di Gesù: la folla a Cafarnao dopo il perdono e la

---

[58] Per ben due volte Marco ha cura di evidenziare che la donna «sa» cosa le è capitato (29b «ἔγνω τῷ σώματι ὅτι ἴαται ἀπὸ τῆς μάστιγος» e 33a «ἡ δὲ γυνὴ φοβηθεῖσα καὶ τρέμουσα, εἰδυῖα ὃ γέγονεν αὐτῇ»). Tale precisazione non ha corrispettivo nei paralleli di Mt e Lc e apre lo spazio a un processo cognitivo credente.
[59] Cf. R. PESCH, *Il Vangelo di Marco*, I, 488; E.M. BORING, *Mark*, 442.

guarigione di un paralitico (2,12); i discepoli sul lago dopo aver visto Gesù camminare sull'acqua (6,51)⁶⁰.

A Cafarnao, di fronte alla guarigione di un paralitico, un forte sbigottimento carico di riconoscenza spinge la folla a rendere gloria a Dio (ὥστε ἐξίστασθαι πάντας καὶ δοξάζειν τὸν θεὸν 2,12), a tal punto da proclamare: «non abbiamo mai visto nulla di simile!» (λέγοντας ὅτι οὕτως οὐδέποτε εἴδομεν). Una tale reazione non è giustificata solo dalla guarigione prodigiosa: l'azione di Gesù, infatti, conclude una disputa suscitata da alcuni scribi, scandalizzati dal perdono dei peccati che egli ha assicurato al malato (v. 5). In ciò essi ravvisano gli estremi della bestemmia, poiché si tratta di una pretesa che può appartenere solo al «Dio unico» di Israele (τί οὗτος οὕτως λαλεῖ; βλασφημεῖ· τίς δύναται ἀφιέναι ἁμαρτίας εἰ μὴ εἷς ὁ θεός; v. 7)⁶¹ alla cui altezza Gesù sembra implicitamente porsi. Per nulla intimorito, Gesù oppone espressamente che la guarigione che sta per compiere sul paralitico dimostra la sua autorità di Figlio dell'Uomo che rimette i peccati già qui sulla terra (2,10-11).

La reazione conclusiva di stupore della folla è perciò di grande rilevanza, in quanto si pone come un giudizio finale nella diatriba. Affermando che non si era «mai visto nulla di simile», la folla sentenzia che non si era «mai» vista la guarigione di un paralitico, ma anche che non si era era «mai» vista la remissione dei peccati operata «sulla terra» da un uomo, e segna il totale dissenso riguardo all'accusa di bestemmia rivolta dagli scribi a Gesù. In modo simile a Mc 5,45, anche l'uso del verbo ἐξίστημι in 2,12 esprime perciò una valenza positiva e ribadisce l'interesse del narratore a sottolineare uno stupore così grande da destrutturare le categorie umane e rimandare unicamente a Dio. Qui, questa grande meraviglia è l'umano riflesso dell'estrema vicinanza di Gesù al Dio unico di Israele e l'attestazione del potere della sua parola⁶².

---

⁶⁰ La ricorrenza del verbo in Mc 3,21 non è di rilievo alla nostra ricerca non descrivendo una diretta reazione a Gesù, ma solo una diceria che preoccupa i familiari, ed essendo assunto nel significato di «essere pazzo» e non di «stupirsi».

⁶¹ La locuzione εἰ μὴ εἷς ὁ θεός conclude con enfasi le parole degli scribi. Essa ricorre in modo analogo anche in Mc 10,18 sulle labbra di Gesù stesso (parallelo in Lc 18,19) e in Rom 3,30 dove di nuovo permette un'allusione all'unicità del Dio di Israele.

⁶² Nel parallelo Mt si mostra meno attento al processo emozionale e utilizza il più generico φοβέομαι (οἱ ὄχλοι ἐφοβήθησαν 9,8); Lc presenta una costruzione tripartita più raffinata, dove la lode di Dio è incorniciata da frasi contenenti i sostantivi ἔκστασις e φόβος (καὶ ἔκστασις ἔλαβεν ἅπαντας καὶ ἐδόξαζον τὸν θεὸν καὶ ἐπλήσθησαν φόβου 5,26).

Un'assoluta meraviglia interiore coglie i discepoli che hanno visto *Gesù camminare sull'acqua* (ἐν ἑαυτοῖς ἐξίσταντο 6,51). Il racconto (6,45-52) punta a mettere in risalto il processo emozionale dei Dodici in un crescendo di intensità che avanza per tappe. Una prima reazione di smisurato terrore coglie i Dodici davanti all'azione prodigiosa di Gesù (πάντες γὰρ αὐτὸν εἶδον καὶ ἐταράχθησαν v. 49), il cui camminare sull'acqua ricorda le bibliche epifanie di Dio[63]. Nessuno dei discepoli riesce a credere a quanto vede, e con paura tutti pensano di trovarsi davanti a un «fantasma». Si tratta di una reazione rivelatrice della scarsa considerazione che ancora essi hanno di Gesù, a cui non si riconosce la capacità di una tale manifestazione. Una seconda reazione fa seguito alle parole di Gesù, una rivelazione autorevolissima, contenente un decisivo «Io sono» incorniciato da due imperativi che esortano a superare la paura (θαρσεῖτε, ἐγώ εἰμι· μὴ φοβεῖσθε v. 50)[64]. Tale dichiarazione riceve immediata conferma dal fatto che la tempesta ha fine nel momento in cui Gesù sale sulla barca e provoca la meraviglia dei Dodici (v. 51), ora accompagnata dall'esplicito commento del narratore inerente l'incapacità di comprendere a causa del «loro cuore indurito» (v. 52). Da un lato, la grande meraviglia dei Dodici tradisce la difficoltà ad accogliere una tale rivelazione, dall'altro evidenzia l'impossibilità di nascondere una qualche consapevolezza che l'uomo Gesù di cui sono al seguito appartiene al mondo divino, poiché egli agisce e parla come Dio stesso, e la sua figura si riconferma perciò estremamente vicina a Dio. Per i discepoli in lui si apre il mondo di Dio.

6.1.4 Senso marciano di ἔκστασις e stupirsi

Visto l'uso che Mc fa puntualmente del termine, anche la ricorrenza di ἔκστασις in Mc 16,8 può essere interpretata secondo le caratteristiche emerse in tutta la narrazione. «L'essere fuori di sé» delle donne è il

---

[63] Nell'AT l'azione di camminare sull'acqua è la caratteristica con cui Dio si manifesta con potenza in alcuni contesti salvifici (Es 14,15-31; Gb 9,8.11; 38,16; Sal 76,17.20; Sir 24,5). Nel racconto di Mc Gesù come *Yhwh* viene dal monte (Dt 33,2; Ab 3,3). Il significato della sua venuta ai discepoli è reso comprensibile dal motivo dell'aiuto di Dio alla fine della notte, quando sorge il giorno (Es 14,24). L'intenzione di passare oltre la barca allude al passare oltre di Dio in alcune manifestazioni epifaniche (Es 33,19-23; 34,5-8; 1Re 19,11).

[64] È una peculiarità di Marco fare un impiego specifico dell'espressione, ἐγώ εἰμι nella forma assoluta. Nelle tre ricorrenze in cui Gesù è soggetto (6,50; 13,6; 14,62) denota sempre un'accezione «forte» simile all'uso giovanneo, che rimanda alla formula veterotestamentaria con cui Dio rivela la propria identità (Es 3,14; Is 43,10).

risultato di un'esperienza di particolare intensità che va riferita a Gesù proclamato risorto. In questa proclamazione le donne hanno percepito il potere di Dio all'opera. La loro incontrollata reazione accentua la singolare portata di ciò che hanno sperimentato e conosciuto. Alla luce della grande meraviglia attestata in 5,42 possiamo argomentare ulteriormente. Il sostantivo ἔκστασις compare in due contesti che fanno riferimento a una vittoria sulla morte, un'esperienza che il narratore riconduce all'«alzarsi» dopo la morte (5,41: ἔγειρε; 16,6: ἠγέρθη). Nel racconto del ritorno alla vita della figlia di Giairo, in forma allusiva il verbo evoca un «risveglio dal sonno» che Gesù è in grado di operare (5,39); nel racconto delle donne al sepolcro ricorre invece come affermazione definitiva ed esplicita compiuta in Gesù da Dio stesso (16,6 ἠγέρθη è un passivo teologico)[65].

È questa notizia comunicata dal giovane nel contesto del sepolcro vuoto, a spingere le donne «fuori di sé»: una vertigine teologica ed emotiva in cui la reazione umana ha la funzione di sottolineare la rivelazione culminante di tutto il Vangelo.

6.1.5 Τρόμος ed ἔκστασις nella letteratura biblica

Al di fuori di Mc, nel NT *il sostantivo τρόμος* è presente in quattro testi della letteratura paolina, sempre in binomio con φόβος. Si tratta di contesti in cui il termine è assunto in un'accezione positiva.

Nei tre sicuramente attribuibili all'Apostolo, designa il suo atteggiamento in rapporto al ministero (1Cor 2,3)[66] o esprime la peculiarità con cui il cristiano vive i rapporti ecclesiali (2Cor 7,15) e si relaziona alla salvezza (Fil 2,12). Nella lettera agli Efesini caratterizza i legami sociali fra schiavi e padroni animati dalla fede in Cristo (Ef 6,5)[67].

Nei LXX invece, l'uso di τρόμος si carica di un significato generalmente negativo. Nella maggior parte dei casi esso ricorre in coppia con φόβος/φοβέω, quasi sempre in contesti di forte opposizione prevalentemente bellica, e designa l'atteggiamento di quanti subiscono l'ira del nemico o di Dio[68].

---

[65] Cf. A. OEPKE, «ἐγείρω», GLNT, III, 23 (TWNT, II, 334).

[66] Paolo in 1Cor 2,3 parla della propria umile condizione in rapporto al compito che gli è stato affidato in cui si manifesta la potenza dell'evangelizzazione.

[67] Al di fuori di Mc il verbo τρέμω ricorre solo in Lc 8,47) e in 2Pt 2,10.

[68] Nei LXX a τρόμος (31 ricorrenze) vengono ricondotte le radici dei termini ebraici più comuni per esprimere il tremore e l'agitazione: אֵימָה (Es 15,16); וּמוֹרָא (Gen 9,2); מְחִתָּה (Is 54,14); עִיר (Ger 15,8); פַּחַד (Dt 2,25); רֶטֶט (Ger 49,24); רַעַד (Sal 54,5); רְעָדָה

L'uso marciano del lemma τρόμος si distanzia dall'uso veterotestamentario avvicinandosi invece all'uso paolino. Non ha a che fare con la percezione di una situazione di pericolo e non appare in un'accezione negativa. Esprime piuttosto la trepidazione e il timore riverente con cui il credente vive un evento in un contesto di fede. Più che appartenere ai «timorosi», esso è proprio dei «timorati» di Dio.

Al di fuori di Mc *il sostantivo* ἔκστασις ricorre 5 volte, solo nelle opere lucane: una nel Vangelo (5,26) e quattro in At (3,10; 10,10; 11,5; 22,17). Benché le ricorrenze siano maggiori, il loro utilizzo attesta un uso più generico rispetto a quello riscontrato nel secondo Vangelo[69].

In Lc 5,26 (καὶ ἔκστασις ἔλαβεν ἅπαντας) il termine ricorre in un testo parallelo a Mc 2,12 (qui però si utilizza il verbo: ὥστε ἐξίστασθαι πάντας) per indicare lo stupore della folla dopo la guarigione di un paralitico a cui Gesù assicura il perdono dei peccati.

In Atti, le quattro ricorrenze del sostantivo descrivono la meraviglia della folla di fronte alla guarigione operata da Pietro su uno storpio che entra nel tempio «camminando, saltando e lodando Dio» (ἐκστάσεως 3,10) e le esperienze «estatiche» proprie di Pietro (ἔκστασις 10,10; ἐκστάσει 11,5) e Paolo (ἐκστάσει 22,17)[70].

Nei LXX ἔκστασις ricorre 29 volte e traduce alcune radici ebraiche dall'ampia gamma di significati, da «spavento, terrore» a «sbigottimento, orrore, essere fuori di sé, stupore». La caratteristica dell'utilizzo in genere pone l'accento su uno stato d'animo dovuto alla percezione visiva, una reazione rispondente a uno stimolo precisabile e delimitato, visto o immaginato. Per la maggior parte, i contesti sono negativi[71].

(Sal 47,7). Oltre al frequente binomio φόβος-τρόμος, qualche volta τρόμος ricorre anche in coppia con δέος (2Mac 15,23); σπουδή (Ger 15,8); φρίκη (Gb 4,14); φωνή (Gb 38,34).

[69] Rispetto a Mc un uso più generico è attestato anche per il verbo ἐξίστημι che al di fuori del secondo Vangelo ricorre 13 volte: 1 ricorrenza in Mt (12,23); 3 in Lc; 8 in At; 1 in 2Cor. Ciò mostra che lo «stupirsi» non è un motivo a cui Mt e Paolo riservino particolare attenzione. Nelle opere lucane il verbo ricorre in diversi contesti e varie accezioni senza rivelare un uso specifico. Gv non presenta alcuna attestazione né del sostantivo, né del verbo.

[70] Nella nostra ricerca non indaghiamo quali esperienze siano descritte esattamente in Atti: «estasi visionarie» o «rapimenti spirituali»? Né se riflettano esperienze storiche o soltanto temi della letteratura apocalittica. Per la discussione si rimanda a M. LATTKE, «ἔκστασις», *DENT*, I, 1121-1123 e A. OEPKE, «ἔκστασις», *GLNT*, III, 323-349 (*TWNT*, II, 447-456).

[71] Tali contesti negativi possono essere distinti in tre ambiti: sbigottimento per la resa dei conti che Dio opera nella storia (Dt 28,28; Ab 3,14; soprattutto con la locuzione «ἔκστασις κυρίου» 1Sam 14,15; 2Cro 14,13); smarrimento di fronte a situazioni improvvise di timore o orrore (1Sam 11,7; Ger 5,30); turbamento giusto che vive la

Il sostantivo si trova in un contesto positivo solo in due testi di Genesi dove ἔκστασις corrisponde al torpore che Dio fa cadere sull'uomo nel momento in cui la sua misteriosa azione creatrice è all'opera: nella creazione della donna (Gen 2,21) e nella stipulazione dell'alleanza con Abram (Gen 15,12). Rispetto a Mc, l'impiego del lemma nelle opere lucane è meno specifico perché descrive lo stato psichico di chi è fuori di sé per lo stupore o per il timore causato da molteplici agenti e fattori riconducibili non solo alle azioni di Gesù, ma anche allo Spirito Santo e agli Apostoli. In Lc l'accezione del termine è comunque sempre positiva, in ciò avvicinandosi a Mc e distinguendosi dai LXX.

6.1.6 L'uso specificatamente marciano della coppia τρόμος καὶ ἔκστασις

Rispetto all'uso generico e tradizionale attestato in tutta la letteratura biblica, Mc rivela una singolare attenzione ai termini τρόμος e ἔκστασις. Essi fanno sempre riferimento a uno stupore nei confronti di Gesù per ciò che dice e fa, e tradiscono la meraviglia con cui i personaggi riconoscono la sua singolare vicinanza a Dio. I due vocaboli acquistano dunque un alto valore rivelativo perché puntualizzano manifestazioni di Gesù in qualche modo «epifaniche», una sorta di fulgore divino che riluce con particolare intensità in ciò che Gesù compie.

Inoltre rispetto alla coppia «φοβέω–τρέμω» che è più comune, la locuzione «τρόμος καὶ ἔκστασις» di Mc 16,8 è un *hapax* biblico che letterariamente tradisce la volontà di esprimere la reazione ad un avvenimento sbalorditivo e senza uguali. Dal momento che il sentimento descritto in questa locuzione fa seguito all'uscita dalle donne dalla tomba, bisogna dedurre che questa «paura» è provocata da quanto visto e udito al suo interno: sono dunque la figura del giovane e le sue parole a costituire l'eccezionale evento che sconvolge le fedeli discepole.

Come tutti gli evangelisti, anche Mc non descrive la risurrezione di Gesù, limitandosi a coglierne l'impatto che la sua proclamazione ha nel mondo percettivo dei personaggi del racconto. Ed è in tale descrizione che emerge la singolarità e la potenza dell'evento raccontato.

---

prova (Sal 30,23; 116,11). Quanto detto per il sostantivo in modo analogo vale anche per il verbo evxi,sthmi che nei LXX ricorre 75 volte in vari significati e in accezioni prevalentemente negative. Le accezioni positive del verbo riguardano lo stupore carico di ammirazione di Israele che riconosce di essere visitato da Dio (Es 18,9; Lv 9,24; Gdt 13,17; Is 60,5; Os 3,5; 11,11); oppure il cuore estasiato davanti alle meraviglie della creazione (Sir 43,18) o al prezioso apparato del tempio (1Mac 15,32).

In Mc 16,8 il narratore non utilizza termini e locuzioni note e già consolidate, per quanto pregnanti e significative potessero essere.

Sebbene la tradizione biblica presenti un ampio lessico, egli ha optato per una costruzione lessicale nuova, la cui originalità riflette in qualche modo l'unicità e la portata dell'evento descritto. Se l'esito ha prodotto una locuzione di non facile determinazione, ha però consegnato a livello letterario una preziosa testimonianza dell'impatto perturbante dell'evento della Risurrezione di Gesù nella vita dei primi cristiani, così come le donne lo hanno vissuto e come Marco ha cercato di trasmettercelo.

Proprio l'inusuale espressione costituita da questi due particolari termini del lessico marciano, per di più collocata al termine della narrazione, riflette la luce stupefacente di tale evento eccezionale[72].

6.2 Il verbo φοβέομαι

Nelle dodici ricorrenze del verbo φοβέομαι possiamo distinguere tre contesti in cui si manifesta il sentimento della paura: a) la paura nel contesto di azioni o manifestazioni potenti di Gesù; b) la paura degli avversari di Gesù; c) la paura dei discepoli a fronte dell'insegnamento di Gesù. Il verbo non è mai applicato a Gesù[73]. La disposizione delle ricorrenze mostra che φοβέομαι accompagna tutto il corpo centrale della narrazione, riguardante il ministero pubblico di Gesù e il suo cammino con i discepoli verso Gerusalemme, mentre non compare nei primi tre capitoli e nel racconto della passione. Mc 16,8 è l'ultima attestazione[74].

6.2.1 La paura nel contesto di azioni e manifestazioni di Gesù

Nel contesto di guarigioni prodigiose (5,15.33.36; 6,50) o manifestazioni potenti (4,41; 9,6) di Gesù, la paura che emerge in alcuni testimoni

---

[72] R. VIGNOLO, «Una finale reticente» 162, n. 72.

[73] Le ricorrenze marciane di φοβέομαι sono 4,41; 5,15.33.36; 6,20.50; 9,32; 10,32; 11,18.32; 12,12; 16,8. A queste aggiungiamo 9,6: dove i discepoli sono presi da paura (ἔκφοβοι) davanti alla trasfigurazione di Gesù. L'aggettivo (un *hapax* evangelico) è infatti composto dalla stessa radice del nostro verbo.

[74] Nel Vangelo di Mc i discepoli appaiono esclusivi destinatari di un'azione di Gesù solo in 4,41 e qui emerge per la prima volta la loro «grande paura» (ἐφοβήθησαν φόβον μέγαν). Il racconto della passione (14,1–15,47) presenta la scena drammatica della preghiera di Gesù al Getsemani (14,32-42): il contesto è certamente di paura e tradimento, ma il narratore descrivendo il sentimento di Gesù non utilizza il verbo φοβέομαι (14,33). Anche il momento della fuga dei discepoli (14,50) non viene motivato esplicitamente con la paura. In tal modo φοβέομαι viene a caratterizzare soprattutto il tempo in cui i discepoli seguono Gesù nel suo cammino fino a Gerusalemme.

come anche nei discepoli indica sconcerto e/o stupore e ha a che fare con l'identità di Gesù: mentre in alcuni casi apre alla fede, in altri denota la difficoltà a comprendere e a credere.

La paura dei discepoli durante manifestazioni potenti di Gesù affiora per la prima volta nel racconto della *tempesta sedata* (Mc 4,35-41), un episodio dal taglio epifanico riservato unicamente ai discepoli.

Il verbo qui mostra subito la sua funzione: non illustra semplicemente la reazione dei seguaci di Gesù, ma per la prima volta mette a fuoco una domanda diretta ed esplicita sulla sua identità «chi è dunque costui, al quale anche il vento e il mare obbediscono?» (4,51). La «grande paura» dei discepoli (ἐφοβήθησαν φόβον μέγαν), scaturisce da un'azione rivelatrice della potenza di Gesù su una «grande tempesta» (λαῖλαψ μεγάλη): dunque la «grande paura» è speculare alla «grande tempesta». La vittoria sulle potenze ostili della natura era una prerogativa che l'AT riservava a Dio, riconoscendone l'azione creatrice e salvifica[75].

Nella narrazione marciana, l'avvenimento viene descritto col lessico tipico delle scene di esorcismo, in particolare quello compiuto da Gesù nella sinagoga di Cafarnao (1,21-28)[76]. Di fronte a Gesù che esorcizza il vento la reazione di sconcerto (4,41) rende i discepoli simili alla folla di Cafarnao (1,23-28). Mentre però gli interrogativi della gente vertevano sull'autorità (ἐξουσία) e sull'insegnamento (διδαχή) di Gesù (τί ἐστιν τοῦτο; 1,27), qui i discepoli si interrogano direttamente sulla sua persona (τίς ἄρα οὗτός ἐστιν; 4,41). La «paura smisurata» (ἐφοβήθησαν φόβον μέγαν) accompagna proprio questa domanda (4,41), contribuendo così a porre l'interrogativo essenziale della narrazione e rivelando al tempo stesso una inadeguata comprensione di Gesù, oltre che lo spavento di fronte alla fede incondizionata che egli esige.

Nel racconto dell'*indemoniato di Gerasa* (5,1-20*)*, un episodio ricco di colpi di scena, il verbo φοβέομαι si carica di ironia mostrando come la fede in Gesù muoia sul nascere non solo per la difficoltà a comprendere

---

[75] Il racconto riprende anche tratti dalla storia di Giona con l'allusione anche al Sal 107,23-32. Cf. R PESCH, *Il Vangelo di Marco*, I, 428-441. M. MATJAŽ, *Furcht und Gotteserfahrung*, 61-66.

[76] Gesù «sgrida» il vento (ἐπετίμησεν 4,39) come «sgrida» lo spirito immondo (ἐπετίμησεν 1,25); impartisce al mare il comando di «tacere» (πεφίμωσο 4,39) come fa tacere il demonio (φιμώθητι 1,25). Il mare e il vento «obbediscono» ai rimproveri di Gesù (ὑπακούει αὐτῷ 4,41), e lo stesso fanno i demoni (ὑπακούουσιν αὐτῷ 1,27). R. PESCH (*Il Vangelo di Marco*, I, 433) è categorico nel concludere che «l'azione di Gesù contro il vento e il mare è esorcistica». In questo modo il racconto epifanico mostra che «in Gesù agisce Dio».

la sua persona, ma anche per motivi meno nobili. Dopo aver narrato la liberazione dell'uomo (5,1-13), il racconto prosegue verso un finale a sorpresa. Il narratore descrive attentamente la reazione della gente procedendo per gradi. Constatando l'incredibile trasformazione dell'indemoniato liberato, inizialmente la folla accorsa è presa da ammirazione, una sorta di timore religioso (ἐφοβήθησαν 5,15). Quando però i testimoni oculari narrano tutta la vicenda, inaspettatamente la gente prega Gesù di andarsene (5,16-17).

Con un'attenta e funzionale disposizione delle parole, il narratore svela il motivo: solo ora la gente apprende tutti i particolari della vicenda, ivi compreso ed enfatizzato «quanto accaduto ai porci» (καὶ διηγήσαντο αὐτοῖς οἱ ἰδόντες πῶς ἐγένετο τῷ δαιμονιζομένῳ καὶ περὶ τῶν χοίρων v. 16). È proprio quest'ultimo particolare a essere illuminante: non sopportando la perdita implicita in tale liberazione, la folla si mostra più interessata ai porci che al riscatto di un uomo tanto sofferente e che nessuno poteva aiutare. Il prodigioso evento perciò non ottiene l'effetto sperato: come era già accaduto ai discepoli (4,41), facendo esperienza della potenza salvifica e sovrumana di Gesù, la gente in terra pagana è presa da paura e non raggiunge l'adesione di fede. Tuttavia non mancano alcuni frutti: l'ossesso liberato riceve da Gesù il compito di un annuncio circoscritto «alla tua casa, dai tuoi» (5,19)[77]. L'episodio si conclude ponendo il binomio paura-incredulità e mostrando come l'incontro con Gesù provochi uno sconcerto che raggiunge tutti, anche i pagani.

Nel racconto della *donna emorroissa* (5,25-34) il verbo φοβέομαι appare in coppia con τρέμω nella locuzione «timorosa e tremante» («φοβηθεῖσα καὶ τρέμουσα» 5,33), ed esprime un profondo timore religioso (non paura) legato alla fede in Gesù. Infatti, toccando il suo mantello «lei, che nessun medico poteva aiutare, ha provato nel proprio corpo la presenza della potenza di Dio»[78] e l'ha accolta con fede.

Una contrapposizione tra fede e paura appare di nuovo nelle parole di incoraggiamento che Gesù rivolge a *Giairo, capo della sinagoga,* dopo che gli è stata annunciata la morte della figlia. Gesù lo esorta a «non temere, continua solo ad aver fede!» (μὴ φοβοῦ, μόνον πίστευε 5,36). In modo positivo, l'imperativo a credere integra la formula di consolazione espressa in forma negativa. Richiamando in vita la bambina,

---

[77] Questo invio circoscritto esprime forse la presenza di un annuncio evangelico, indipendentemente dall'azione diretta di Gesù e dei Dodici chiamati a collaborare con lui, in terra pagana. R. PESCH, *Il Vangelo di Marco*, I, 465».
[78] K. STOCK, *Marco*, 97.

Gesù conferma quanto le sue parole hanno implicitamente espresso sulla sua potenza. Infatti le parole rassicuranti di Cristo che nega la potenza della morte («Perché fate chiasso e piangete? La fanciulla non è morta, ma dorme» 5,39) sono la straordinaria rivendicazione di Dio stesso, che secondo Mc 12,27 è Dio dei viventi e non dei morti. A tale pretesa si contrappongono lo scetticismo e la derisione della gente in lutto nella casa (5,38.40). La «paura» di cui Gesù parla a Giairo corrisponde perciò a «incredulità». Il racconto pone in rilievo la forza della fede che tramite Gesù è in grado di ottenere azioni così potenti da infrangere i limiti del consueto e dell'umano: tutto ciò ha come scopo ultimo (e perciò come intento primario) una caratterizzazione di Gesù intesa a enfatizzare la sua autorevolezza.

Nel racconto di *Gesù che cammina sull'acqua* (6,45-52), il verbo φοβέομαι ritorna nelle paole che Gesù rivolge ai discepoli attoniti e spaventati: «Coraggio, sono io, non abbiate paura» (θαρσεῖτε, ἐγώ εἰμι· μὴ φοβεῖσθε 6,50c). Gesù applica a sé la formula con cui Dio rivela il suo essere (Es 3,14) e stabilisce l'autorità della sua parola come fondamento della sua promessa. La locuzione μὴ φοβεῖσθε è un *hapax* del Vangelo marciano. Nei LXX traduce la forma negativa del verbo ebraico אַל־תִּירָא (אַל־תִּירָא). In senso teologico (circa 60 volte su 75) assume un carattere molto più intenso rispetto ad altre formule consolatorie, poiché rivela l'attività di Dio in riferimento alla causa più profonda di una particolare afflizione umana o spinge a una dimensione religiosa più potente. L'uso teologico si trova in prevalenza nel Deuteroisaia (Is 41,10.13.14; 43,1.5; 44,2; 54,4) in Geremia (30,10; 46,27.28) e nel Deuteronomio (3,2; 7,18; 20,1; 31,8). Dato che l'appello μὴ φοβοῦ si presenta nella maggioranza dei casi in forma assoluta in espressioni pronunciate da Dio, esso viene sovente associato all'auto-presentazione ἐγώ εἰμι, acquistando un carattere rivelativo (*Offenbarugsformel*). In questi casi, infatti, svela la natura divina al suo massimo grado, precisamente attraverso l'assicurazione della salvezza e di un futuro assoluto[79].

Infine davanti alla *trasfigurazione di Gesù* che lo mostra personaggio più che terreno (9,2-9), la paura di Pietro, Giacomo e Giovanni (ἔκφοβοι γὰρ ἐγένοντο 9,6b) spinge a parole inopportune[80]. Il narratore

---

[79] Cf. L. KÖHLER, «Die Offenbarungsformel "Fürchte dich nicht!"», 33-39; J. J. BEGRICH, «Das priesterliche Heilsorakel», 81-92; S. PLATH, *Furcht Gottes* ירא, 113-122; J. BECKER, *Gottesfurcht im Alten Testament*, 50-55.

[80] La proposta di Pietro di costruire tre capanne è del tutto inadeguata: per Gesù non è ancora il tempo di dimorare stabilmente nello splendore celeste, e Mosè ed Elia

commenta che la proposta di Pietro di costruire tre capanne è segno della sua mancata comprensione dell'avvenimento «non sapeva infatti che cosa dire» (οὐ γὰρ ᾔδει τί ἀποκριθῇ 9,6a). La reazione di paura tradisce la consapevolezza di essere testimoni di un fatto epifanico e di essere stati afferrati dal suo carattere trascendente.

Le azioni e le manifestazioni potenti di Gesù stupiscono e sconvolgono tutti: la folla, i gentili, i discepoli, gli stessi beneficiati. La paura e lo sconcerto denotano l'incapacità a comprendere la potenza percepita che si manifesta nell'agire di Gesù e che traspare dalla sua persona. Il motivo sottolinea il progressivo imporsi degli interrogativi sull'identità di Gesù e sulla dimensione trascendente della sua persona.

6.2.2 La paura degli avversari di Gesù

Viene descritta in quattro episodi: una ricorrenza fa riferimento a Erode che teme Giovanni (6,20)[81], tre ricorrenze (11,18.32; 12,12) riguardano invece la paura nei confronti di Gesù e del popolo che assale le autorità dopo alcuni scontri avuti con Gesù che insegna nel tempio di Gerusalemme (11,1–13,37)[82].

Con stile vivace e drammatico, la narrazione mostra come *la cacciata dei mercanti* e la seguente dichiarazione di Gesù sul tempio (11,15-17) provochino la forte contrarietà di sommi sacerdoti e scribi e, al contempo, mette in luce il grande entusiasmo della folla (ἐξεπλήσσετο ἐπὶ τῇ διδαχῇ αὐτοῦ). Ciò spiega perché, pur volendolo eliminare, le autorità religiose preferiscano rimandare i loro propositi. Esse sono prese da una duplice paura: verso di lui (ἐφοβοῦντο γὰρ αὐτόν) e verso

---

non possono più dimorare sulla terra perché appartengono al cielo da cui sono apparsi (9,4). Invece è la voce proveniente dalla nube a svelare il motivo della presenza dei tre discepoli alla trasfigurazione: «ascoltatelo!» (ἀκούετε αὐτοῦ 9,7). Per i discepoli non si tratta di fare ma di ascoltare e comprendere Gesù alla luce dello splendore che hanno visto e della voce che lo rivela Figlio prediletto. Cf. R. PESCH, *Il Vangelo di Marco*, II, 123-125; K. STOCK, *Marco*, 170.

[81] Non rientrando in un contesto che fa diretto riferimento a Gesù, della paura di Erode è sufficiente annotare che scaturisce comunque dalla percezione di trovarsi davanti a una qualche manifestazione eccezionale dal momento che Erode riconosce Giovanni giusto e «santo» (6,20).

[82] Nel Vangelo secondo Marco l'attività di Gesù a Gerusalemme ha la sua localizzazione decisiva nel τὸ ἱερόν (11,11a.15b.27b; 12,35a; 13,1a.3a) il centro cultuale d'Israele. Distribuita su tre giornate l'attività di Gesù a Gerusalemme comprende l'arrivo e l'ispezione nel tempio (11,1-11); la maledizione del fico e la cacciata dei mercanti (11,12-19); ulteriori insegnamenti (11,20–12,44). Cf. E. MANICARDI, *Il cammino di Gesù*, 113-129; K. STOCK, *L'attività di Gesù a Gerusalemme*, 2-5.

la folla che volentieri gli presta ascolto (πᾶς γὰρ ὁ ὄχλος v. 18). Questa «paura» attesta la distanza che separa le autorità religiose da Gesù, nonché il loro netto rifiuto nei riguardi della sua persona, del suo insegnamento e del suo operato.

Il giorno seguente, ancora nel tempio, *il sinedrio al completo chiede a Gesù ragione del suo comportamento* (11,27-33): l'interrogatorio, dal carattere ufficiale, mira a stabilire la natura (ἐν ποίᾳ ἐξουσίᾳ) e l'origine (τίς σοι ἔδωκεν) dell'autorità con cui egli si sente legittimato ad agire (11,28). Gesù subordina la propria risposta a una contro-domanda riguardante l'autorità divina (ἐξ οὐρανοῦ) o umana (ἐξ ἀνθρώπων) del battesimo di Giovanni. Non volendo contraddire il proprio atteggiamento ostile verso il Battista, gli interlocutori non rispondono, ma il loro ragionamento (11,31-32) tradisce la forte difficoltà ad accettare con schiettezza l'azione di Dio, diversamente dal popolo che ritiene Giovanni un vero profeta. In essi, la paura della gente (ἐφοβοῦντο τὸν ὄχλον v. 32) è più forte del timore di Dio e impedisce un'onesta presa di posizione pubblica. L'ammissione d'incapacità a giudicare l'autorità di Giovanni contenuta nell'imbarazzante «non lo sappiamo» (11,33) vanifica la pretesa di voler giudicare riguardo all'autorità di Gesù.

Sempre davanti al sinedrio, il *racconto parabolico del padrone della vigna* che da ultimo manda ai vignaioli «il figlio diletto» (12,1-12) si configura come risposta a 11,28 e costituisce l'apice della crescente polemica di cui ora si mostrano i motivi soggiacenti all'aggravarsi dello scontro. A coloro che si propongono di ucciderlo, Gesù fa intendere non solo di essere mandato da Dio, ma rispetto ai molti che lo hanno preceduto ed erano servi, di essere l'ultimo inviato e il diletto suo Figlio. Al tempo stesso identifica i capi come infedeli servitori della vigna del Signore che si oppongono ferocemente al suo inviato. Ricca di allusioni profetiche, la parabola procede fino alla minaccia di giudizio (12,9). Riconoscendosi nella raffigurazione della parabola, le autorità respingono questa interpretazione e si trattengono dal catturarlo solo per paura della folla (ἐφοβήθησαν τὸν ὄχλον 12,12). La sorte annunciata dalla parabola (12,18) si realizzerà dopo la cattura di Gesù, e proprio in forza della domanda che il capo del sinedrio gli porrà a proposito della sua identità (14,61-62). La paura marca la crescente ostilità delle autorità giudaiche nei confronti di Gesù fino al suo definitivo rifiuto. Costituisce perciò un vivace elemento drammatico con cui il narratore intesse la storia.

6.2.3 La paura dei discepoli a fronte dell'insegnamento di Gesù

Questa paura emerge nella sezione del «cammino» (8,27–10,52) ed è connotata da un diverso registro rispetto alla narrazione precedente: essa è infatti riferita esclusivamente ai discepoli ed è in stretta connessione con la proclamazione del destino di passione, morte e risurrezione del Figlio dell'Uomo preannunciato da Gesù (8,31-32; 9,30-32; 10,32-34). Il verbo φοβέομαι ricorre in due passi (9,32; 10,32) e segna un aggravarsi della tensione nella relazione fra Gesù e i discepoli: quanto Gesù insegna lungo il «cammino» spaventa i discepoli e rende sempre più incerto l'esito della loro sequela.

Il primo annuncio di Gesù sulla passione e morte del Figlio dell'Uomo (8,32) riceve il rimprovero di Pietro. Il narratore non riporta le parole del discepolo, precisa solo la contrapposizione fra Gesù che parla «apertamente» (παρρησίᾳ τὸν λόγον ἐλάλει) e il comportamento di Pietro che rimprovera «in disparte» (προσλαβόμενος 8,32). Il comportamento di Pietro è violento e al tempo stesso familiare e provoca una reazione fortemente contraria di Gesù che si conferma deciso a intraprendere il cammino appena annunciato[83].

Una reazione simile a quella di Pietro interessa tutti i discepoli dopo il secondo preannuncio di Gesù. Qui essa è descritta con maggiore intensità e caratterizzata da tre elementi: non comprensione, paura e silenzio («οἱ δὲ ἠγνόουν τὸ ῥῆμα, καὶ ἐφοβοῦντο αὐτὸν ἐπερωτῆσαι» 9,32). Il verbo ἐφοβοῦντο occupa la posizione centrale, sottolineando come la paura non sia un fenomeno secondario. La forma all'imperfetto la descrive come uno stato duraturo e va riferito alle parole che rivelano il paradosso di Dio che abbandona il destino del Figlio dell'Uomo nelle mani degli uomini e al loro potere mortale per poi farlo risorgere dopo tre giorni. I motivi dell'attuale timore non vengono esposti ma la situazione lascia presagire *un oltre*, che i discepoli non comprendono e temono.

Che la paura dei discepoli scaturisca da una crescente incomprensione emerge dalle ripetute espressioni noetiche che nella sezione del «cammino» esprimono una «non conoscenza»: nell'apostrofe di Gesù a Pietro: «οὐ φρονεῖς τὰ τοῦ θεοῦ ἀλλὰ τὰ τῶν ἀνθρώπων» (8,33); nel commento narrativo alle parole di Pietro durante la trasfigurazione «οὐ

---

[83] Le due azioni singolari di Pietro sono espresse con il verbo παραλαμβάνω che al medio indica un «prendere per sé», a proprio favore, e con il verbo ἐπιτιμάω «sgridare» che designa un rimprovero energico. Quello di Pietro è un colloquio privato rivelatore di un atteggiamento di superiorità con cui egli intende correggere i propositi di Gesù.

γὰρ ᾔδει τί ἀποκριθῇ» (9,6); in Mc 9,32 tramite il verbo ἀγνοέω, un *hapax* marciano «οἱ δὲ ἠγνόουν τὸ ῥῆμα». Tali espressioni hanno una connotazione esperienziale oltre che razionale e assumono un senso specificatamente teologico: non comprendere equivale a rifiutare, negare, dunque allontanarsi da quella comunione di vita e di destino che il discepolato di Gesù esige[84]. In questo modo il narratore stigmatizza tutto l'errato atteggiamento dei discepoli.

Nella *terza predizione* fatta in disparte ai Dodici (10,32-34), il motivo della paura precede le stesse parole di Gesù e determina l'atmosfera dell'ultima tappa verso Gerusalemme, qui menzionata per la prima volta come meta del viaggio («Ἦσαν δὲ ἐν τῇ ὁδῷ ἀναβαίνοντες εἰς Ἱεροσόλυμα, καὶ ἦν προάγων αὐτοὺς ὁ Ἰησοῦς, καὶ ἐθαμβοῦντο, οἱ δὲ ἀκολουθοῦντες ἐφοβοῦντο» 10,32). Questo timore carico di perplessità sembra ormai diventato uno stato permanente che accompagna il cammino dei discepoli a fianco di Gesù, le cui parole si fanno ora più esaurienti confermando quanto in precedenza il timore paventava. Prima è il narratore a sottolineare che Gesù parla del proprio destino («ἤρξατο αὐτοῖς λέγειν τὰ μέλλοντα αὐτῷ συμβαίνειν» 10,32) poi attraverso il «noi» Gesù stesso identifica il cammino proprio e dei Dodici con la sorte del Figlio dell'Uomo (ἰδοὺ ἀναβαίνομεν εἰς Ἱεροσόλυμα, καὶ ὁ υἱὸς τοῦ ἀνθρώπου παραδοθήσεται 10,33).

Nella sezione del viaggio di Gesù e dei discepoli verso Gerusalemme, il motivo della «paura» acquista dunque maggior peso: come unico soggetto ha sempre i discepoli e non si manifesta solo negli episodi epifanici, ma anche nei momenti di maggiore intimità, quando essi godono di una particolare vicinanza a Gesù oltre che del suo insegnamento. Questo progressivo accentuarsi del tema non svela semplicemente una fede manchevole, ma anche l'intensità della «durezza di cuore» segnalata dal narratore fin da 6,52 e richiamata con insistenza da Gesù stesso in 8,17.

Nonostante i discepoli abbiano ininterrottamente accompagnato Gesù nel suo cammino, un'invincibile paura li attanaglia: essa si acuisce nell'avvicinarsi a Gerusalemme e sfocia in un silenzio carico di diffidenza (9,32) che perdura nel viaggio (10,32). Pur nel suo aspetto negativo, questa «paura» dei discepoli esalta per contrapposizione la determinazione con cui Gesù persegue il volere di Dio ed evidenzia quanto profonda debba essere la relazione con lui affinché il discepolo riesca a

---

[84] Se riferito a Dio equivale a peccare. Cf. R. BULTMANN, «ἀγνοέω», *GLNT*, I, 309-327 (*TWNT*, I, 116-122); W. SCHMITHALS, «ἀγνοέω», *DTAT*, I, 54-56.

seguirlo nel suo cammino. L'insistenza con cui in tutta la sezione 8,27–10,52 Gesù prende la parola per interrogare e provocare i discepoli[85], sembra corrispondere all'esigenza di rompere l'assedio di timore di cui essi sono preda. La tensione si scioglierà tragicamente nel Getsemani, quando al sopraggiungere dell'«ora in cui il Figlio dell'Uomo viene consegnato nelle mani dei peccatori» (14,41), tutti si daranno alla fuga, abbandonando Gesù e ponendo termine al discepolato.

La paura che i discepoli manifestano di fronte all'insegnamento di Gesù nei riguardi del proprio destino costituisce uno degli elementi più drammatici della narrazione marciana. Descritta in modo crescente essa pervade i discepoli mostrando la loro incomprensione e la loro incapacità a seguire Gesù nella sua progressiva autorivelazione.

6.2.4 La paura delle donne discepole

Le ricorrenze marciane del verbo φοβέομαι mostrano chiaramente la sua funzione fondamentale nel processo di caratterizzazione della figura di Gesù. La paura suscitata dalla sua persona, dalle sue azioni e dalle sue parole attraversa tutti gli attori diegetici: gente, discepoli, autorità religiose, spiriti immondi e interroga sulla sua identità.

Il verbo assume tre accezioni differenti: a) a volte esprime una reazione «religiosa», carica di meraviglia che comporta un certo grado di fede e apre a essa; b) più spesso, quando il verbo è riferito ai discepoli, denota l'inadeguatezza della loro fede e l'incapacità di procedere nel comprendere. Essi faticano a perseverare nel seguire Gesù, soprattutto in prossimità di Gerusalemme quando la prospettiva della sua morte si fa sempre più incombente. Gli eventi al Getsemani segnano il punto di rottura: tutti i discepoli fuggono abbandonando Gesù al suo destino; c) quando riferito agli avversari di Gesù, il verbo esprime un timore che accompagna il loro netto rifiuto della sua persona e delle sue pretese.

La «paura» delle donne descritta in 16,8 non corrisponde del tutto alla «paura» dei discepoli. Del resto, se indubbie connessioni legano questi due gruppi di personaggi, profonde sono anche le differenze che segnano netti contrasti. Per i discepoli la paura denota l'incapacità di comprendere l'identità di Gesù e soprattutto di accettare il suo destino di morte. Per le donne rimaste invece fedeli fino alla croce, la paura scaturisce dalla proclamazione pasquale della risurrezione in un contesto in cui loro stesse sono chiamate a collaborare al progetto di Dio nel mistero pasqua-

---

[85] Cf. 8,27.29; 9,9.33; 10,23.24-25.32.38.42.

le. La «paura» delle donne non è perciò psicologica, dettata da un pericolo, né è un timore che scaturisce da qualcosa di sconosciuto.

Non si tratta neppure di una paura dovuta alle condizioni sociali del tempo che impedirebbe loro di parlare in pubblico, o attribuibile alla visione «maschilista» del narratore incline a rinchiuderle nello stereotipo della donna fragile e impaurita.

La paura delle donne presenta maggiori affinità soprattutto con quella della donna emorroissa guarita, un timore religioso che apre ed esprime la fede. Infatti, in entrambi i casi tornano i verbi τρέμω e φοβέομαι (5,33; 16,8). Per τρέμω si tratta delle uniche due ricorrenze in tutto il Vangelo, per φοβέομαι gli unici due casi in cui il verbo è applicato a delle donne. Inoltre, sia le donne alla tomba che la donna emorroissa appartengono ai personaggi minori del Vangelo, che insieme a Giairo (5,22), alla donna siro-fenicia (8,24), a Bartimeo il cieco di Gerico (10,46), alla povera vedova al tempio (12,42), alla donna del nardo profumato (14,3), a Simone di Cirene (15,21), a Giuseppe d'Arimatea (15,43), entrano ed escono dalla scena narrativa inaspettatamente, lasciando un'immagine positiva di sé. La paura delle donne sembra perciò meglio inquadrabile in un profondo timore «religioso» che deve essere compreso alla luce della forte caratterizzazione che il lemma φοβέομαι presenta in tutta la narrazione marciana. La sua ragione deve essere fatta risalire all'annuncio del giovane che «Gesù, il Nazareno, Crocifisso, è stato risuscitato» (16,6). Alla luce di tutte queste considerazioni, non stupisce che il narratore utilizzi questo verbo per chiudere il racconto: alle donne che volevano ungere il corpo di Gesù morto, viene rivelata l'inutilità di un tale gesto a causa dall'azione sbalorditiva che Dio stesso ha realizzato in Gesù. Da un luogo di morte proiettate in un annuncio di vita, le donne prendono coscienza di chi veramente sia colui che hanno seguito fin dalla Galilea (15,41) e si congedano dalla narrazione in religioso timore.

6.2.5 Il verbo φοβέομαι negli altri Vangeli

Al di fuori di Marco, nel NT φοβέομαι ricorre 83 volte, di cui 46 nei Vangeli. Altri termini riguardanti il temere compaiono più raramente[86].

---

[86] Il verbo φοβέομαι ricorre 18 volte in Mt, 23 in Lc; 5 in Gv; 14 in At, 9 volte nell'epistolario paolino; 14 nei rimanenti libri. Altri verbi riferiti alla paura: ἀδημονέω 3 volte (di cui 1 in Mc 14,33); ἐκθαμβέω 4 volte (tutte in Mc 9,15; 14,33; 16,5.6); ἐκπλήσσω 13 volte (di cui 5 in Mc 1,22; 6,2; 7,37; 10,26; 11,18), θαμβέω 3 volte (di cui 1 in Mc 1,27); ταράσσω 18 volte (di cui 1 in Mc 6,50); τρέμω 3 volte (di cui 1 in

Nel Vangeli di Mt e Lc i soggetti, i referenti e le situazioni legate al verbo sono vari e delineano un ampio uso del lemma. Il verbo φοβέομαι ricorre più volte negli insegnamenti di Gesù e, soprattutto in Lc, come esortazione a non temere[87]. In Gv il verbo φοβέομαι, ricorre solo cinque volte (6,19.20; 9,22; 12,15; 19,8), denotando scarso interesse per il motivo[88].

6.3 *La caratterizzazione marciana del motivo della paura*

In Mc il lemma della «paura» appare in cristologici punti-chiave, denotando l'interesse redazionale a illustrare la complessa relazione che intercorre tra Gesù e i discepoli in cui la «paura» occupa un posto di rilievo. Suscitata da Gesù, immette l'uomo nella rivelazione di Dio, rivelazione che in Gesù stesso si manifesta e si compie. L'occasione concreta del motivo della paura è data dalla singolare identità di Gesù.

A livello intradiegetico, nei soggetti che entrano in relazione con Gesù la paura costituisce una sollecitazione alla fede: infatti, mentre da un lato testimonia una non adeguata comprensione, dall'altro suscita interrogativi che hanno lo scopo di ricondurre a essa. Al lettore invece, mostra che i personaggi sono afferrati dalla questione dell'identità di Gesù oltre le stesse possibilità umane di comprensione (funzione extradiegetica). Nella caratterizzazione delle autorità religiose il motivo della paura ha una colorazione negativa poiché essi rifiutano Gesù e gli si

---

Mc 5,33); ἐκφοβέω 1 volta. Il sostantivo φόβος ricorre 47 volte: 3 in Mt, 1 in Mc (4,41), 7 in Lc, 5 in At, 15 nell'epistolario paolino e 10 nei rimanenti libri. L'aggettivo ἔκφοβος ricorre due volte (di cui 1 in Mc 9,6). Altri termini. ἀφόβως (4 volte), ἔμφοβος (5 volte); φοβερός (3 volte), φόβηθρον (1 volta) non ricorrono in Mc. Nei LXX il verbo φοβέομαι è ben attestato come il verbo più comune e rappresentativo del lessico della paura. Le 650 ricorrenze traducono in gran parte la radice ebraica ירא (attestata 435 volte) il cui spettro semantico è ampio.

[87] Le ricorrenze del verbo φοβέομαι in Mt riguardano Giuseppe (2,22), i discepoli (14,30; 17,6); la folla (9,8) gli avversari di Gesù (14,5; 21,26.46; 27,54). Negli insegnamenti di Gesù il verbo ricorre in 10,26.28.31; 14,27; 15,29; 17,7. L'invito a non temere è rivolto anche da angeli (28,5.10). In Lc il verbo ricorre spesso negli insegnamenti di Gesù (9,45; 12,5; 19,21; come esortazione a non temere in: 5,10; 8,50;12,4.7.32; 18,2.4). L'esortazione a non temere è fatta anche da angeli (1,13.30; 2,10). Paura manifestano i discepoli (8,25; 9,34), la folla (8,25) gli avversari di Gesù (20,19; 22,2) e altri attori (1,50; 2,9; 23,40).

[88] In Gv il verbo φοβέομαι ricorre nel racconto di Gesù che cammina sull'acqua (6,19.20), in quello della guarigione del cieco i cui genitori hanno paura dei Giudei (9,22), nella ripresa della profezia di Zac 9,9 al momento dell'ingresso di Gesù in Gerusalemme (12,15) e infine è utilizzato per Pilato che ha paura della folla (19,8).

oppongono (funzione intradiegetica). Non perde però un carattere rivelativo superiore: sommi sacerdoti, scribi e anziani temono Gesù per l'ascendente che egli esercita sul popolo, ma proprio tale timore non fa che sottolinearne il fascino, la potenza e l'autorità (funzione extradiegetica)[89].

Ad ogni livello di lettura, l'utilizzo marciano del lemma gioca un ruolo essenziale nel rendere intellegibile il discepolato a Gesù e, di conseguenza, illumina la figura di Gesù stesso, mostrando che in lui si concentra per tutti, personaggi del racconto e lettore, l'esperienza del divino a cui gli uomini, nella fede e con timore, vengono resi partecipi. In tal modo, l'oscurità intradiegetica dell'incomprensione che i personaggi manifestano si trasforma in luce rivelativa per i destinatari extradiegetici del racconto.

Nei momenti epifanici cruciali i due piani di lettura si intersecano e il motivo della paura funziona da «evidenziatore». Attraverso locuzioni concise e insolite, la predilezione per lemmi rari o unici ed espressioni ricercate, Marco crea una sorta di gioco di specchi: alla paura e allo sgomento dei personaggi di fronte al potere che si manifesta in Gesù corrisponde lo stupore del lettore per come i personaggi reagiscono e per come si sviluppa la narrazione. La medesima tecnica appare anche in Mc 16,8. Il racconto delle donne al sepolcro (16,1-8) non presenta direttamente il personaggio Gesù sulla scena. La sua figura però è implicita nell'azione iniziale delle donne (16,1) e nella loro reazione finale (16,8), ed è esplicitamente ricordata dalle parole del giovane (16,6-7). Tutto il racconto (16,1-8) è perciò orientato e concentrato cristologicamente. La paura delle donne che segue la proclamazione di Gesù risorto colpisce il lettore che non può rinunciare a interrogarsi sul significato del v.8 che, in quanto chiusa, sospende la narrazione.

In 16,8 i tre termini riconducibili alla paura configurano un unico processo emozionale di straordinaria intensità distinto da qualsiasi paura descritta per altri personaggi che incontrano Gesù, discepoli compresi. Il timore scaturisce da quanto le donne vedono e sentono nella tomba vuota: la proclamazione pasquale sembra perciò riflettere la stessa potenza umana della figura terrena di Gesù. L'unicità di una tale situazione ha indotto il narratore a cercare un'espressione linguistica che meglio contribuisca a esprimerne la portata e l'esperienza. Il lessico

---

[89] Anche in Mc 6,20 φοβέομαι non perde, in qualche modo, questo tipico carattere teologico e noetico, poiché il timore di Erode per Giovanni è motivato dalla giustizia e santità che egli gli riconosce (εἰδὼς αὐτὸν ἄνδρα δίκαιον καὶ ἅγιον).

ordinario metteva a disposizione termini con un ampio e generico spettro semantico il cui uso, nei testi scritturistici, si prestava ad ambigue interpretazioni. Anche il verbo φοβέομαι, il più rappresentativo, esibiva un'impressionante ampiezza di accezioni e in questo caso neppure la religiosa caratterizzazione marciana era sufficiente.

Pur difficoltosa, la soluzione letteraria trovata da Marco non è priva di genialità. Per così dire, egli ha utilizzato antichi mattoni per dar forma a un nuovo edificio. Ha perciò ricuperato la locuzione «τρόμος καὶ ἔκστασις» in grado di orientare una peculiare comprensione di ἐφοβοῦντο, i cui elementi rari nel lessico ed eccezionali per intensità, rendessero evidente l'unicità dell'esperienza rivelatrice vissuta dalle donne al sepolcro. Nel processo narrativo proprio tale accentuazione costituisce il prezioso indicatore dell'originalità di questa «paura». La ripetizione di tre termini dello stesso campo semantico pone in rilievo il tema, la loro diversità obbliga alla riflessione, la singolarità dei primi due apre la via all'interpretazione.

Mc 16,8 rivela la ricerca di una categorialità adeguata a esprimere il fondamento della fede cristiana nel suo evento fondativo[90]. La novità della risurrezione di Gesù proclamata nelle parole del giovane è portatrice di un potere che sconvolge e rende necessario ri-creare un nuovo approccio religioso al mistero di Dio[91].

7. Conclusione: le connessioni tra fuga, silenzio e paura in Mc 16,8

7.1 *L'orientamento di Mc*

Lo studio lessicale di Mc 16,8 conduce a un primo fondamentale orientamento. Gli elementi raccolti indicano unanimemente che in Mc 16,8 la reazione delle donne viene intesa dal narratore in senso positivo e che l'insolita descrizione intende enfatizzare uno sconvolgimento di eccezionale intensità. I tre lemmi sono strettamente correlati: si tengono

---

[90] La questione di una categorialità adeguata in riferimento alle affermazioni pasquali neotestamentarie appartiene al problema della nascita della fede nella risurrezione di Gesù e coinvolge primariamente la teologia fondamentale. F. ARDUSSO, *La fede provata*, 217 osserva che nei racconti pasquali evangelici «un certo imbarazzo linguistico nel parlare della risurrezione di Gesù» dal momento che trattano di un evento che non ha analogie. Cf. anche F.G. BRAMBILLA, *Il crocifisso risorto*, 143-159; H. KESSLER, *La risurrezione di Gesù*, 121-216.

[91] Secondo J. ERNST, *Il Vangelo secondo Marco*, II, 784, l'annuncio della risurrezione di Gesù assolutamente inconcepibile e inafferrabile non solo per le donne. Lo che *shock* provoca fa saltare anche tutti i modelli letterari che tentano di darne una spiegazione.

e illuminano a vicenda, spingono a un'interpretazione coerente capace di render ragione di ciascuno, rimanendo in linea con la caratterizzazione marciana che emerge in tutta la narrazione.

Il lemma della paura è il più marcato ed è anche l'ultima pennellata con cui il narratore mette fine al racconto (ἐφοβοῦντο γάρ). I tre termini, τρόμος, ἔκστασις e φοβέομαι, sono significative connotazioni della particolare «paura» delle donne. Τρόμος mette in risalto un atteggiamento esteriore e ἔκστασις rimanda a una situazione interiore. Unendo i due termini, la locuzione τρόμος καὶ ἔκστασις crea una sorta di polarità che interpreta un totale e assoluto sconvolgimento ascrivibile, ma superiore, a un timore numinoso.

Una peculiare *«fuga»* e un peculiare *«non parlare»* scaturiscono da un tale timore e testimoniano la difficile gestibilità e l'intensità del processo emozionale. La loro esatta natura ha a che fare con quanto visto e udito nella tomba (16,6-7), un evento di tale potenza da sconvolgere queste donne discepole, i personaggi più fedeli al seguito di Gesù. La fuga delle donne ha connessioni con quella dei mandriani di Gerasa (5,14) e soprattutto con la fuga dei discepoli e di un giovane nel Getsemani (14,50-52).

L'annotazione «non dissero niente a nessuno» informa su *un silenzio* custodito dalle donne che non è riconducibile ai silenzi imposti o richiesti da Gesù (il cosiddetto «segreto messianico») pur avendo a che fare con la rivelazione della sua identità messianica svelata loro dall'annuncio del giovane. È tale la vertigine emozionale che si abbatte su di esse, da essere spinte «fuori di sé». Quanto le donne fanno uscendo dal sepolcro non è perciò imputabile a un condizionamento psicologico o alle pressioni sociali del tempo, e nemmeno al rifiuto di eseguire il comando. Sarebbe ingiusto liquidare così queste donne che hanno dimostrato un coraggio e una determinazione superiore a quella dei discepoli, oltre che un atteggiamento servizievole assunto fin oltre la morte di Gesù. Ancora una volta, la caratterizzazione marciana costituisce l'unica risposta in grado di unificare le correlazioni dei lemmi presenti in 16,8 puntando l'orientamento sulla nuova identità di Gesù proclamata nella tomba vuota. La reazione finale delle donne costituisce una più chiara reazione al progetto divino che in Gesù risorto trova compimento.

La singolare descrizione che non ha paralleli nella Bibbia (εἶχεν γὰρ αὐτὰς τρόμος καὶ ἔκστασις [...] ἐφοβοῦντο γάρ) esprime la peculiarità della «paura» di queste donne. Tale *timore* è ascrivibile a un timore numinoso che apre alla fede ed esprime fede, ma di intensità straordinaria, corrispondente al singolare potere che si manifesta nella risurrezione di Gesù ed è riflesso nelle parole del giovane. All'unicità dell'evento rivelato dall'annuncio corrisponde l'unicità della reazione degli attori umani. La reazione delle donne perciò non costituisce una chiusa fallimentare: si tratta invece di una reazione al mistero divino che si attua e si rivela nella Pasqua di Gesù.

7.2 *Possibili conferme in Mt e Lc*

Questa linea interpretativa trova una conferma nei *paralleli di Mt e Lc*.

Il *Vangelo secondo Matteo* sottolinea la fretta che spinge «subito» (ταχύ) le donne a uscire dal sepolcro e «correre» (ἔδραμον) dai discepoli (28,8)[92]. L'irrefrenabile corsa è determinata dalla «paura e gioia grande» (μετὰ φόβου καὶ χαρᾶς μεγάλης) che l'annuncio della risurrezione di Gesù ha in loro suscitato. Questa locuzione sostituisce il binomio marciano «τρόμος καὶ ἔκστασις» con termini più comuni (φόβος è più tradizionale e generico di τρόμος) e intelleggibili (χαρά rispetto a ἔκστασις). La locuzione matteana testimonia che il narratore ha inteso la «paura» marciana come un peculiare timore abbinato alla gioia. Matteo, infatti, non solo intende caratterizzare il sentimento pasquale come «gioia»[93], ma proprio sulla combinazione paura-gioia ha costruito l'intero episodio delle donne al sepolcro. Nella sua narrazione, il terremoto che fa da sfondo alla rimozione della pietra da parte dell'angelo suscita nelle guardie a custodia della tomba una «paura» tale, da rimanere «come morti» («ἐγενήθησαν ὡς νεκροί» 28,4). Alle donne, il messaggero rivolge invece parole rassicuranti: «non abbiate paura voi» (28,5). Il pronome personale posto in ultima posizione («ὑμεῖς») accentua la contrapposizione fra i due gruppi[94] e il tono apocalittico dell'episodio amplifica il senso intrinseco di questa distinzione: il tema del giudizio che la morte e risurrezione di Gesù originano nella storia. Il binomio paura-gioia viene subito dopo ripreso dal narratore nell'incontro di Gesù con le donne (Mt 28,9-10), un episodio che manca in Mc e

---

[92] La reazione subitanea delle donne corrisponde perfettamente a quanto è stato loro chiesto dall'angelo: « Καὶ ταχὺ πορευθεῖσαι εἴπατε τοῖς μαθηταῖς αὐτοῦ» (28,7)

[93] J. GNILKA, *Il Vangelo di Matteo*, II, 721. Le ricorrenze matteane del verbo χαίρω sono: 2,10; 5,12; 18,13; 26,49; 27,29; 28,9

[94] Nelle parole dell'angelo, la discriminante è data dalla «ricerca» di Gesù che anima le donne, ricerca che Mt giudica positivamente a differenza di Mc e Lc. In Mc la ricerca delle donne viene contrapposta all'annuncio della risurrezione («Voi cercate Gesù, il Nazareno, il crocifisso; è risuscitato, non è qui» Mc 16,6); in Lc due uomini pongono alle donne una domanda che suona come un rimprovero: «Perché cercate il Vivente tra i morti? Non è qui, è risuscitato».

Lc. Mentre la rassicurazione dell'angelo è espressa nella classica formula negativa delle epifanie (μὴ φοβεῖσθε ὑμεῖς 28,5), Gesù utilizza una duplice formulazione, anteponendo l'imperativo positivo della gioia (χαίρετε 28,9) al rassicurante invito a non temere (μὴ φοβεῖσθε 28,10). L'accentuazione del senso di gioia corrisponde alla caratteristica reazione che nella narrazione matteana contraddistingue gli attori umani di fronte allo svelarsi di azioni salvifiche di Dio (Mt 2,10; 13,20.44)[95]. Infine, Mt dichiara che le donne «corsero a dare l'annuncio ai discepoli» (28,8) ma non riferisce l'effetto che ne deriva, come invece fa Lc (24,11). La sua prospettiva resta fissa sulle donne: l'apparizione del Risorto le consacra testimoni attendibili e con una caratterizzazione che risulta più elevata rispetto a quella di Mc e Lc.

Nel Vangelo secondo Luca, di propria iniziativa le donne si recano dagli Undici e dagli altri annunziando ogni cosa (24,9), ricavandone però un esito negativo: esse non vengono credute e le loro parole giudicate un vaneggiamento (24,11). In Lc dunque, chi risulta essere reticente sono i discepoli, non le donne. La narrazione lucana attribuisce alle donne una paura ravvisabile solo prima dell'annuncio pasquale (24,5), una paura provocata dall'apparizione di uomini in vesti sfolgoranti che chiaramente incutono in loro un timore numinoso, come evidenzia «il volto chinato a terra» (κλινουσῶν τὰ πρόσωπα εἰς τὴν γῆν 24,5). Tuttavia l'annuncio che colui che cercano è risuscitato spazza via paura e incertezze.

Dopo l'invito finale dei messaggeri a ricordarsi delle parole di Gesù («μνήσθητε ὡς ἐλάλησεν ὑμῖν 24,6) segue il commento del narratore che attesta «ed esse si ricordarono delle sue parole» («ἐμνήσθησαν τῶν ῥημάτων αὐτοῦ» 24,8). La ripresa del motivo implicitamente riconosce e sottolinea nella dimenticanza delle parole di Gesù la causa dell'inadeguato comportamento iniziale delle donne e del loro stato emozionale. Recuperata la memoria, le donne possono tornare a raccontare «tutto questo agli Undici e a tutti gli altri» (24,9)[96]. Secondo Lc soltanto la memoria basata sulla parola di Gesù può portare a comprendere gli eventi a lui accaduti, e tale processo di comprensione deve attuarsi attraverso la fede nel Risuscitato. La memoria perciò non può che essere «kerygmatica», poiché la risurrezione è l'evento che compie la storia di Gesù.

I finali di Mt e Lc sembrano perciò un aiuto ad interpretare la linea intesa da Mc. Né Mt né Lc hanno ritenuto le donne colpevoli di reticenza

---

[95] S. GRASSO, *Il Vangelo di Matteo*, 673.

[96] L'insistenza sul tema della «memoria» è un interesse redazionale lucano. Mc e Mt non menzionano il tema del ricordo. Il verbo μιμνήσκομαι in Lc compare 6 volte; (più 2 in At), in Mt 3 volte in Gv 3 volte. Non compare in Mc.

e nemmeno hanno in qualche modo tentato di giustificarle. Benché mossi da differenti interessi redazionali, che allontanano notevolmente i rispettivi racconti dal testo marciano, i due Vangeli offrono unanimemente un'interpretazione positiva di quanto le donne fanno dopo essere uscite dalla tomba: esse hanno portato ai discepoli l'annuncio della risurrezione.

CAPITOLO II

Mc 16,8 come chiusa
del racconto delle donne alla tomba vuota (16,1-8)

Lo studio di Mc 16,8 come chiusa del racconto delle donne al sepolcro (Mc 16,1-8) ha un triplice scopo: 1) comprendere se e in quale modo il v. 8 costituisca la conclusione del racconto delle donne al sepolcro; 2) verificare se gli orientamenti emersi dalla ricerca lessicografica sono connessi e cogliere una più precisa semantica dei termini della chiusa del racconto; 3) raccogliere altre istanze diegetiche e lessematiche eventualmente riconducibili al v. 8 quale chiusa del versetto.

1. L'articolazione del racconto e la sua struttura

Riguardo alla struttura di Mc 16,1-8 gli esegeti avanzano due proposte: una suddivisione in due parti, e un'articolazione in tre scene.

1.1 *La struttura in due parti*

Considerando le donne come protagoniste, nel racconto alcuni esegeti distinguono una prima parte riguardante le operazioni funebri che esse mettono in atto (vv. 1-4) e una seconda parte concernente le loro reazioni all'annuncio della Pasqua di Gesù (vv. 5-8)[1].

In ognuna di queste due sezioni colgono poi tre brevi scene costruite in forma parallela. La sequenza centrale di ogni parte sarebbe costituita da un discorso diretto: quello delle donne (v. 3) e quello del giovane (vv. 6-7), rispettivamente incorniciati dalla descrizione della situazione (vv. 1-2/5) e dalla rispettiva conseguente reazione (vv. 4/8).

---

[1] Cf. U. WILCKENS, *Auferstehung*, 43-58; F.J. NIEMANN, «Die Erzählung vom leeren Grab ber Markus», 188-189; R. VIGNOLO, «Una finale reticente», 139-141; M.I. WEGENER, *Cruciformed*, 201-202; C. FOCANT, *L'évangile selon Marc*, 594.

La bipartizione è fatta anche argomentando un parallelismo concentrico con 15,42-47 (vv. 42-45: reazioni alla morte di Gesù; vv. 46-47: operazioni funebri di Giuseppe).

A 15,42-45 Reazioni alla morte di Gesù			
B 15,46-47 Operazioni funebri di Giuseppe			
B' 16,1-4 Operazioni funebri delle donne	a)	v. 1:	situazione introduttiva
	b)	v. 3:	discorso delle donne
	c)	v. 4:	reazione finale
A' 16,5-8 Reazioni all'annuncio della risurrezione	a')	v. 5:	situazione introduttiva
	b')	vv. 6-7:	discorso del giovane
	c')	v. 8:	reazione finale

Questa divisione bipartita suscita riserve: la struttura si concentra sulla presenza delle sole donne e non mette in adeguato risalto l'importante ruolo del giovane in vesti bianche. La successione dei personaggi non viene rispettata, la topografia data dal verbo ἔρχομαι ([1.2].5.8) appare forzata, e lo schema proposto (situazione/dialogo-monologo/reazione) non è confermato. Per esempio, il v. 4 (la visione della pietra rotolata via) difficilmente può essere considerato una reazione conclusiva della prima parte.

Inoltre la supposta unità di 15,42–16,8 e la conseguente bipartizione di 16,1-8 non tengono conto dei seguenti elementi: il versetto 15,47 rallenta il tempo del discorso e segnando una pausa sospensiva, sembra caratterizzarsi come elemento di transizione. Una decisa cesura si impone in 16,1 poiché dichiara finito il riposo sabbatico, a cui rimanda l'annotazione temporale in 15,42. L'enumerazione delle donne in 15,47 e 16,1 è meno comprensibile in una sequenza unificata, poiché la lista (tra l'altro senza che le identificazioni siano del tutto corrispondenti) viene ripetuta alla breve distanza di un versetto.

Infine 16,1 segna la transizione delle donne da un ruolo passivo (Ἦσαν δὲ καὶ γυναῖκες ἀπὸ μακρόθεν θεωροῦσαι 15,40; ἐθεώρουν ποῦ τέθειται 15,47) a uno decisamente attivo (16,1 ἠγόρασαν; 16,2 ἔρχονται; 16,3 ἔλεγον; 16,4 ἀναβλέψασαι θεωροῦσιν; 16,5 εἰσελθοῦσαι, εἶδον; 16,8 ἐξελθοῦσαι ἔφυγον).

Ciò permette di affermare che 16,1-8 presenta alcuni elementi di connessione con quanto precede, ma le indicazioni temporali, l'azione e i soggetti portano a concludere che esso costituisce un'unità distinta rispetto a 15,42-47.

1.2 *La struttura in tre scene*

Altri esegeti propongono una struttura tripartita[2].

16,1	*Introduzione*	v. 1 Καὶ διαγενομένου... ἵνα ἐλθοῦσαι ἀλείψωσιν αὐτόν.
16,2-4	A - *verso* il sepolcro - le donne - progetto da eseguire - frasi narrative	v. 2 καὶ λίαν... ἔρχονται ἐπὶ τὸ μνημεῖον v. 3 καὶ ἔλεγον ... v. 4 καὶ ἀναβλέψασαι... ἦν γὰρ μέγας σφόδρα.
16,5-7	B - *dentro* il sepolcro - il giovane - annuncio - discorso diretto	v. 5 Καὶ εἰσελθοῦσαι εἰς τὸ μνημεῖον εἶδον... καὶ ἐξεθαμβήθησαν... v. 6 ὁ δὲ λέγει... *μὴ* ἐκθαμβεῖσθε... *οὐκ* ἔστιν... *ἴδε* ὁ τόπος... v. 7 *ἀλλὰ* ὑπάγετε εἴπατε ... *ἐκεῖ* αὐτὸν... *καθὼς* εἶπεν...
16,8	A' - *via* dal sepolcro - le donne - reazione - frasi narrative	v. 8 καὶ ἐξελθοῦσαι ἔφυγον ἀπὸ τοῦ μνημείου... εἶχεν γὰρ αὐτὰς... καὶ οὐδενὶ... ἐφοβοῦντο γάρ.

Il racconto costituisce un trittico introdotto da un versetto-cerniera (v. 1). I tre piccoli quadri (vv. 2-4; 5-7; 8), in posizione concentrica (A-B-

---

[2] Per una struttura tripartita di 16,1-8: R. PESCH, *Il Vangelo di Marco*, II, 768-769; J. GNILKA, *Marco*, 916-917; J.P. HEIL, *The Gospel of Mark*, 345-350; K. STOCK, *I Racconti pasquali*, 63; F. PÉREZ HERRERO, *Pasión y Pascua*, 343-367; S. LÉGASSE, *Marco*, 847; F.J. MOLONEY, *The Gospel of Mark*, 339; W. LAMAR, *Marco*, 380; N. CASALINI, *Lettura di Marco*, 316; M.E. BORING, *Mark*, 442-449; J.R. DONAHUE – D.J. HARRINGTON, *Il Vangelo di Marco*, 407; M. NAVARRO PUERTO, *Marcos*, 575-576, parla di una composizione in due parti (vv. 1-4; 5-8) organizzata in una sequenza di tre momenti (vv. 1-4; 5-7; 8).

A'), sono evidenziati dai seguenti indizi: nel v. 1 il verbo di movimento ἐλθοῦσαι viene ripreso anche attraverso alcune sue derivazioni nel v. 2 ἔρχονται, nel v. 5 εἰσελθοῦσαι, e nel v. 8 ἐξελθοῦσαι (da notare i tre participi sempre alla forma dell'aoristo e al femminile plurale); l'ambientazione è sempre focalizzata sul sepolcro, ma da punti di vista differenti (ἐπὶ τὸ μνημεῖον v. 2, εἰς τὸ μνημεῖον v. 5, ἀπὸ τοῦ μνημείου v. 8); il cambio dei personaggi protagonisti: le donne al v.1, il giovane al v. 6 (ma introdotto in scena al v. 5), le donne al v. 8; tre differenti azioni: il proposito delle donne (1-4), la presentazione del giovane e le sue parole (5-7), la reazione delle donne (v. 8).

L'articolazione del racconto in tre scene appare più convincente. Essa infatti rende ragione del versetto introduttivo, rispetta la successione dei personaggi, delle indicazioni di luogo e dei movimenti delle donne.

Distingue le parti narrative dal discorso diretto che si colloca in posizione centrale. Le azioni dei personaggi sono meglio distinte: le donne sono attive nella prima e nella terza scena, nella scena centrale invece protagonista è il giovane.

2. Osservazioni sul testo

2.1 *Elementi sintattici e rimandi terminologici*

Dal punto di vista sintattico, le proposizioni principali riguardanti le donne sono sempre introdotte dal consueto καί paratattico marciano che lega i vv. 1.2.3.4.5.8, tutti in discorso narrativo[3]. Tre γάρ esplicativi compaiono nei vv. 4 e 8 (bis) in seconda posizione dopo il verbo e presentano informazioni successive (v.4b) e motivazioni (8b.8d) che concludono il primo e terzo quadro. I vv. 5-7 sono centrali e vedono il cambio del soggetto introdotto dalla congiunzione δέ, l'unica nel racconto: essi sono in gran parte costituiti dalle parole che il giovane pronuncia. La distinzione è accentuata dal fatto che, a differenza di quello narrativo, il discorso diretto trova il suo allineamento in numerose congiunzioni e forme avverbiali: μή, οὐκ, ἴδε, (v. 6b): ἀλλά, ἐκεῖ, καθώς (v. 7).

Le tre scene del racconto sono legate dal ripetersi di termini che danno compattezza all'articolazione del racconto: μνημεῖον (vv. 2.3.5.8) e i verbi ἔρχομαι (vv. 1.2.5.8) e λέγω (vv. 3.6.7a.7d.8). Quest'ultimo pone in connessione ciò che le donne dicono fra loro, ciò

---

[3] Nel racconto il καί paratattico ricorre una volta nei vv. 1.2.3.4; due volte nei vv. 5.8. Diverso è il καὶ del v. 7 poiché non introduce una frase, ma congiunge due complementi: εἴπατε τοῖς μαθηταῖς αὐτοῦ καὶ τῷ Πέτρῳ.

che il giovane impone alle donne di dire e il fatto che le donne non dissero nulla ad alcuno. Altri termini si ripetono nei vv. 1.2: σάββατον; 3.4: λίθος e ἀποκυλίω; 5.6: ἐκθαμβέω.

2.2 *Le tre scene del racconto*

2.2.1 Il versetto introduttivo (v. 1)

Il v. 1 racconta i preparativi delle donne[4]. L'indicazione temporale sulla fine del sabato concorda con la cronologia precedente[5] e stacca i vv. 2-8 legandoli a eventi del mattino del giorno successivo. Seguono i nomi delle tre donne protagoniste[6], l'acquisto degli aromi nel verbo reggente (ἠγόρασαν)[7] e una frase finale inerente l'andata al sepolcro per l'unzione[8]. Questo versetto è una cerniera narrativa: esso introduce il racconto e al tempo stesso connette alla precedente narrazione, in particolare alla scena della sepoltura di Gesù 15,42-47 a cui si lega mediante la coerente successione temporale (cf. 15,42), i personaggi femminili già comparsi sotto la croce e alla deposizione (15,40-41.47), e i riti funebri che devono essere conclusi. Vi sono infatti buone ragioni che possono far pensare a una sepoltura incompleta, prima fra tutte l'imminenza della Pasqua (15,42). Inoltre i possibili esiti incerti della richiesta

---

[4] Il codice D (k) e un manoscritto paleolatino (n) presentano un testo più breve che omette le parole διαγενομένου τοῦ σαββάτου Μαρία ἡ Μαγδαληνὴ καὶ Μαρία ἡ [τοῦ] Ἰακώβου καὶ Σαλώμη. L'omissione può essere un tentativo di semplificazione e di miglioria del testo: tra 15,47 e 16,1 elimina le incongruenze dei nominativi delle donne non coincidenti. Inoltre, togliendo l'annotazione temporale i due versetti risultano più meglio collegati. Il testo corto appare simile al parallelo Lc 23,56. La schiacciante preponderanza dei testimoni attesta la forma lunga del versetto.

[5] Cf. 14,1.10.17; 15,1.25.33.34.42.

[6] Alcune varianti nei testimoni aggiungono l'articolo ἡ davanti al nome Μαρία ἡ Μαγδαληνὴ (ℵ2, B*, L). Riguardo all'espressione Μαρία ἡ [τοῦ] Ἰακώβου attestata da ℵ2, A, B, K, Δ, 33, 2427 e altri, vi è incertezza sulla presenza dell'articolo τοῦ omesso dai seguenti testimoni ℵ*, C, W, Γ, Θ,Ψ, 700, 2542s e molti altri. L e pochi testimoni hanno Μαρία τοῦ Ἰακώβου. Invece E, f1.13, 28, 565, 579, 892, 1241, 1424 e pochi altri attestano Μαρία Ἰακώβου.

[7] Mentre la quasi totalità dei codici attesta ἠγόρασαν ἀρώματα, due varianti sono presenti in pochi e tardi testimoni: alcuni fanno precedere al verbo finito il participio congiunto πορευθεῖσθαι «andate» (D, 2542s, aur [c, ff2, n] bopt), altri sostituiscono l'espressione con πορευθεῖσθαι ἡτοίμασαν «andate prepararono» (Θ, 565).

[8] Alcune piccole varianti riguardano l'espressione ἐλθοῦσαι ἀλείψωσιν αὐτόν. Qualche testimone (D, it, e forse qualche manoscritto bohairico) antepone il pronome al verbo (ἐλθοῦσαι αὐτόν ἀλείψωσιν); W utilizza il participio εἰσελθοῦσαι in luogo di ἐλθοῦσαι; qualche testimone sostituisce al pronome αὐτόν il nome proprio τον Ιησουν (K, X, f13, 892mg, [1241] e altri manoscritti, vgcl).

di Giuseppe d'Arimatea che Mc definisce appunto «coraggiosa» (τολμήσας 15,43), così come l'acquisto di un lenzuolo, sia pure successivo all'autorizzazione di Pilato sembrano tradire frettolosità e improvvisazione (15,43-45).

2.2.2 Primo quadro (vv. 2-4)

Nei vv. 2-4 due verbi al presente indicativo (ἔρχονται v. 2; θεωροῦσιν v. 4) mettono in primo piano le azioni principali. Il movimento delle donne verso il sepolcro è incorniciato da due nuove precisazioni temporali (καὶ λίαν πρωΐ τῇ μιᾷ τῶν σαββάτων e ἀνατείλαντος τοῦ ἡλίου v. 2)[9]. La preoccupazione per la pietra che chiude l'ingresso è espressa in discorso diretto (v. 3)[10]. Segue la scoperta del sepolcro aperto con la tardiva spiegazione che la pietra era molto grande (v. 4)[11]. Narrativamen-

---

[9] Riguardo al v. 2, *N-A²⁷* presenta una triplice serie di varianti, tutte di importanza secondaria e ininfluenti alla comprensione del testo. Un primo gruppo di attestazioni riguarda l'espressione temporale iniziale. La scelta testuale predilige quella meglio garantita da autorevoli testimoni καὶ λίαν πρωΐ τῇ μιᾷ τῶν σαββάτων ἔρχονται (ℵ, L, A, Δ[*], Θ, Ψ, 33, 565, 892, [*l* 844, *l* 2211] e pochi altri. Citata anche da Eusebio di Cesarea). Pochi testimoni omettono l'articolo τῇ (B, W, f¹, 2427): fra questi W omette anche l'espressione καὶ λίαν, mentre f¹ omette anche l'articolo τῶν. Alcuni testimoni presentano varianti tese a migliorare il testo rendendolo più scorrevole: και λιαν πρωι της μιας σαββατων ερχονται (A, C, [K, f¹³], 𝔐, syʰ) oppure και ερχονται πρωι μιας σαββατου (D). Una seconda incertezza riguarda l'utilizzo di due termini sinonimi: μνημειον la maggior parte dei testimoni (ℵ², A, B, C³, D, L, Ψ, 083 f¹·¹³, 33, 2427, 𝔐, Eusebio di Cesarea), oppure μνημα (ℵ*, C*, W, Θ, 565). Quest'ultima variante può spiegarsi come influsso del testo parallelo di Lc 24,1. Infine alcuni testimoni della tradizione occidentale (D, itᶜ·ⁿ·ᑫ) hanno inteso migliorare la coerenza temporale del versetto rimpiazzando l'aoristo ἀνατείλαντος con il tempo presente ἀνατέλλοντος.

[10] Al termine del v. 3 l'antico *codex Bobiensis* della *Vetus Latina* (k, sec. IV-V) sostituisce le parole ἐκ τῆς θύρας τοῦ μνημείου con una descrizione della risurrezione di Gesù in cui si sottolinea il carattere sorprendente dell'apertura della tomba. Sembra si tratti di un'inserzione basata su una fonte apocrifa, probabilmente il *Vangelo di Pietro* (9,35 10,40).

[11] Rispetto alla maggior parte dei manoscritti, la variante attestata D, Θ, 565 e altri testimoni minori (c, ff², n, [sys], [Eusebio di Cesarea]) ἦν γὰρ μέγας σφόδρα καὶ ἔρχονται καὶ εὑρίσκουσιν ἀποκεκυλισμένον τὸν λίθον («perché era estremamente grande; ed esse andarono e trovarono la pietra rotolata via») rende più logica la sequenza del pensiero: l'osservazione circa la grandezza della pietra ora segue la domanda posta dalle donne (v. 3). Infine qualche testimone ([ℵ], B, L, 2427) invece di ἀποκεκύλισται attesta ἀνακεκύλισται: sembra preferibile la scelta della prima forma verbale poiché è l'immediata ripresa del verbo utilizzato nella domanda delle donne (ἀποκυλίσει) in 16,3 ed è la lettura alla base dei passi paralleli di Mt 28,2 e Lc 24,2. Invece il verbo ἀνακυλίω non compare nel Nuovo Testamento.

te il testo è funzionale alla tensione: visto che, l'ostacolo è rimosso, si affacciano nuovi interrogativi: chi, come e perché ha rotolato via la pietra? Dov'è il corpo di Gesù?

2.2.3 Secondo quadro (vv.5-7)

Il v. 5 è un versetto di transizione: segnala che le donne giungono alla tomba e prepara la cornice per l'accoglimento del messaggio pasquale[12]. Soggetto sono ancora le donne che «vedono» (εἶδον) e «stupiscono», (ἐξεθαμβήθησαν); ma viene introdotta la figura del giovane (νεανίσκον) descritto nella sua collocazione spaziale («a destra») e nel suo abbigliamento («avvolto in una lunga veste candida»). Questo nuovo personaggio diviene soggetto a partire dal versetto che segue.

Introdotte da un presente storico (λέγει v. 6a) le parole del giovane occupano quasi due versetti (6b-7): si tratta di un messaggio dal carattere rivelativo che costituisce l'apice del racconto e di cui possiamo offrire uno schema esplicativo:

vv. 6b-7	Struttura	Dimensione temporale	Le parole del giovane
Rassicurazione	A *esortazione*	*presente*	μὴ ἐκθαμβεῖσθε
Dichiarazione	B *frase dichiaratoria*	*presente*	Ἰησοῦν ζητεῖτε τὸν Ναζαρηνὸν τὸν ἐσταυρωμένον
Annuncio	C *affermazione chiave*	*passato*	ἠγέρθη, οὐκ ἔστιν ὧδε· ἴδε ὁ τόπος ὅπου ἔθηκαν αὐτόν
Comando	C' *affermazione chiave*	*presente*	ἀλλὰ ὑπάγετε εἴπατε τοῖς μαθηταῖς αὐτοῦ καὶ τῷ Πέτρῳ
Dichiarazione	B' *frase dichiaratoria*	*presente*	ὅτι προάγει ὑμᾶς εἰς τὴν Γαλιλαίαν
Rassicurazione	A' *promessa*	*futuro*	ἐκεῖ αὐτὸν ὄψεσθε, καθὼς εἶπεν ὑμῖν

La disposizione chiastica mostra che i vari elementi spaziano in tutte le dimensioni temporali: presente (A, B, C', B'), passato (C) e futuro (A').

---

[12] Il codice B e il minuscolo 2427 leggono ελθουσαι invece di εἰσελθοῦσαι. Probabilmente un errore di aplografia.

Spicca la presenza di ben tre imperativi alla seconda persona plurale, due presenti ἐκθαμβεῖσθε (v. 6b) e ὑπάγετε (7a) e uno aoristo εἴπατε (7a). Due *rassicurazioni* introducono (A: con ἐκθαμβεῖσθε, un imperativo presente) e concludono (A': con ὄψεσθε, indicativo futuro) il messaggio del giovane. In forma diretta la prima riguarda il timore delle donne, la seconda attesta la veridicità delle parole di Gesù. Due *frasi dichiaratorie* esprimono l'oggetto della ricerca delle donne (B) e il contenuto del messaggio da portare ai discepoli (B'). Nelle posizioni centrali troviamo le *affermazioni-chiave*: l'annuncio della risurrezione di Gesù (C) e la consegna dell'incarico (C').

L'intero messaggio del giovane ha una forte concentrazione cristologica: il nome proprio Gesù (Ἰησοῦν), unica ricorrenza nel racconto, è seguito dai titoli τὸν Ναζαρηνὸν τὸν ἐσταυρωμένον (v. 6)[13] e viene ripreso continuamente attraverso l'uso del pronome (αὐτόν vv. 6.7; αὐτοῦ v. 7)[14].

2.2.4 Terzo quadro (v.8)

Descrive le reazioni delle donne usando i verbi reggenti all'aoristo e esplicitando le relative motivazioni in frasi rette da forme verbali all'imperfetto[15].

2.3 *I personaggi del racconto: le donne, il giovane, Gesù*

Le donne e il giovane sono gli unici attori del racconto. *Le donne* sono soggetto della maggior parte dei versetti (vv. 1-5.8) che descrivono

---

[13] Per la critica testuale il v. 6 presenta due punti problematici. La più antica lettura attestata dalla maggior parte dei manoscritti riporta per Gesù l'appellativo τὸν Ναζαρηνόν. I codici ℵ* e D mancano di queste parole: può trattarsi di un'omissione accidentale o dovuta all'influenza del parallelo Mt 28,5, oppure è il tentativo di semplificare il testo. Una seconda questione riguarda la locuzione ἴδε ὁ τόπος attestata dalla maggior parte dei manoscritti. Alcune varianti D(*) c, ff², dall'intento chiarificatore, riportano la lettura ειδετε εκει τον τοπον αυτου («avete visto là il suo luogo»). Altre (W, Θ, 565) presentano un miglioramento con l'espressione ειδετε· εκει ο τοπος αυτου εστιν («avete visto, là è il suo luogo»). Contro la quasi totalità dei manoscritti, nel v. 7 la famiglia 1 dei codici minuscoli (f¹) e pochi altri presentano un'in- serzione che sottolinea l'evento della resurrezione: ὅτι ηγερθη απο νεκρων και ιδου προαγει ὑμᾶς («che è stato risuscitato dai morti e ecco vi precede»). Invece D e k semplificano il testo ponendo tutti verbi alla prima persona singolare, facendo così del giovane il soggetto di tutte le azioni ιδου προαγω ὑμᾶς εἰς τὴν Γαλιλαίαν· ἐκεῖ με ὄψεσθε, καθὼς ειρηκα ὑμῖν («ecco vi precedo in Galilea, là mi vedrete, come vi ho detto»).

[14] Anche al v. 1 il riferimento al corpo di Gesù è dato solo attraverso il pronome personale αὐτόν.

[15] Cf. sopra pp. 26-28.

prevalentemente le loro azioni. All'apice del racconto (vv. 6-7) si assume il loro punto di vista. Non c'è altro passo del Vangelo in cui la loro azione e la loro esperienza siano così dominanti[16]. Inoltre contrariamente a quanto accade per altri personaggi minori della narrazione marciana, delle tre donne discepole sono riportati i nomi, della prima si specifica anche la provenienza, della seconda la relazione familiare con Joses[17].

Il giovane, soggetto nei vv. 6-7, non compie invece alcuna azione se non quelle di comunicare il messaggio. Il suo aspetto e soprattutto le sue parole rivelano squarci di tipo soprannaturale. Questa figura è infatti dotata di onniscienza e di potere: riconosce e corregge il loro stato d'animo e il loro agire, manifesta le loro intenzioni, affida loro il messaggio, conosce il destino di Gesù e la sua promessa ai discepoli e prevede il loro congiungimento in Galilea. Egli è seduto, posizione tipica del maestro che insegna e che conferisce autorevolezza alla comunicazione[18]: le sue parole costituiscono l'apice del racconto.

In tutto il racconto *Gesù* è presente in modo «obliquo» ma continuo, poiché a lui sono finalizzati i pensieri e le azioni delle donne, a lui si riferiscono le parole del giovane che proclama esplicitamente il suo nome (v. 6). Le parole del giovane menzionano anche i discepoli e Pietro (v. 7).

2.4 *Il punto di vista del narratore*

Secondo la focalizzazione del narratore, nella rappresentazione dei personaggi emergono due differenti tecniche: nel primo e terzo quadro (A-A': vv. 1-4.8) il narratore si manifesta palesemente, privilegiando la strategia del raccontare (*telling*); nel quadro centrale (B: v. 5-7) egli sparisce utilizzando il punto di vista interno dei personaggi (*showing*) e proponendo al lettore le medesime conoscenze e percezioni.

---

[16] Cf. K. STOCK, *Marco*, 346.

[17] Generalmente Marco preferisce lasciare nell'anonimato le figure minori, per esempio: «un uomo» (1,21-28), «un paralitico» (2,1-12), «uno dei capi della sinagoga» (5,21-24.35-43), «una donna» (5,25-34 e 14,2-9), «un cieco» (8,22-26), «uno della folla» (9,14-27), «un tale» (10,17-22), «una vedova» (12,41-44). Il nome proprio, offre una puntualizzazione a personaggi il cui ruolo è superiore, anche se non sempre principale: per es. Giovanni (1,4-8); Gesù (2,9-11); Simone (Pietro), Andrea, Giacomo, Giovanni (1,16-20; 13,1-4); Pietro, Giacomo Giovanni (5,35-43; 9,1-8; 14,22-42); Pietro (9,22-30; 14,26-31; 14,66-72); Giacomo e Giovanni (10,35-40); Pilato (15,1-15); Simone di Cirene (15,21-22). Cf. J.D. HESTER, «Dramatic Inconclusion», 61-86; Y. BOURQUIN, *Marc, une theologie de la fragilité*, 298.

[18] Cf. R. PESCH, *Il Vangelo di Marco*, II, 775; J. GNILKA, *Marco*, 919; R. VIGNOLO, «Cercare Gesù», 96; K. STOCK, *I Racconti Pasquali*, 67; S. GRASSO, *Vangelo di Marco*, 380; R.T. FRANCE, *The Gospel of Mark*, 668.

L'immagine del giovane, soggetto nei vv. 6-7, è introdotto dalla percezione delle donne («videro» εἶδον v. 5). Il lettore è così condotto a vedere e sentire quello che le donne vedono e sentono, e con esse riceve l'annuncio della risurrezione, l'incarico e la missione.

In questo modo le donne fungono da mediatrici fra storia raccontata e lettore, e il loro processo emozionale se amplifica e accentua l'evento rivelativo che ha luogo nella tomba vuota, si ripercuote anche sul lettore.

Proprio questa comunicazione indiretta, che attraverso le donne si trasferisce dall'autore implicito al lettore, favorisce l'ironia e l'ambivalenza che attraversano tutto il racconto, fino alla conclusione dove paura, fuga e silenzio rappresentano l'ultima reazione da decriptare.In tal modo il narratore coinvolge il lettore, così da prepararlo a rispondere alla chiusa del racconto. Giunto a 16,8, tramite le donne il lettore ha visto il giovane e udito il messaggio, e delle donne ha anche conosciuto le emozioni e lo stato d'animo. Egli è perciò in grado di decifrare il loro agire e di fornire una risposta coerente con il testo e con la fede del narratore. Mc 16,8 si configura così come una coinvolgente conclusione del racconto, frutto di un'intenzionale strategia narrativa.

2.5 *Il dinamismo narrativo di Mc 16,1-8*

Il racconto si snoda mediante il dinamismo narrativo imposto dai verbi di movimento di cui le donne sono soggetto. Una pausa maggiore è data dalla presentazione del giovane e dalle sue parole, pause minori sono le frasi esplicative introdotte da γάρ (vv. 4b.8b.8d) la cui funzione è di rallentare la narrazione, creando una strategica successione di tappe in cui ognuna prepara la seguente[19].

La pietra rotolata, evento di cui i personaggi ignorano il perché, il come e il quando, prepara la scoperta della tomba aperta ma non prepara le donne a ciò che stanno per sperimentare, ossia la tomba vuota di Gesù, l'incontro con il giovane e l'annuncio pasquale. In forza dell'incarico che viene a esse affidato, questa seconda tappa suscita l'aspettativa di una fedele esecuzione piuttosto che di una conclusione così enigmatica. Procedendo in tal modo, l'estendersi del lessico riguardante la percezione degli attori assume particolare rilevanza nel conferire

---

[19] Le frasi esplicative 4b e 8d si caratterizzano per non essere strettamente necessarie alla dinamica del racconto. Che la pietra fosse molto pesante (v. 4b) si deduce dal fatto che già precedentemente le donne hanno manifestato preoccupazione in tal senso, e che le donne avessero paura (v.8d) viene già affermato nella precedente causale che le descrive come tremanti e fuori di sé (v. 8b).

coesione a tutto il complesso[20]. In questo racconto i termini relativi alle emozioni esplicitano esteriorizzazioni molto intense: «furono turbate», «non siate turbate» (ἐξεθαμβήθησαν v. 5; μὴ ἐκθαμβεῖσθε v. 6); «le possedeva tremore e vertigine» (εἶχεν γὰρ αὐτὰς τρόμος καὶ ἔκστασις v. 8); «temevano» (ἐφοβοῦντο v. 8), il che svela al lettore la trasformazione dei personaggi, il cambio delle situazioni, e il processo che si sviluppa dall'inizio alla conclusione.

La dinamica del racconto è ulteriormante arricchita dal *gioco di tensioni* creato dall'incontro delle donne con il νεανίσκος, fino a sfociare nella reazione finale delle donne. Se il giovane rassicura le donne raccomandando di non avere paura (16,6), le donne reagiscono alle sue parole con un nuovo e più grande timore. Le parole del giovane che proclamano Gesù risuscitato si contrappongono alla volontà delle donne di onorare il corpo morto di Gesù, e implicitamente attestano inutilità del loro agire. Infine, nei loro riguardi il giovane mostra una conoscenza superiore e onnisciente. Grazie a lui queste ricevono una rivelazione piena sull'identità di Gesù, cosicché la loro ricerca assume una nuova direzione: la meta non è più la tomba, ma i discepoli e Pietro.

Grazie all'orchestrazione delle correlazioni e delle tensioni il lettore percepisce un contrasto tra la descrizione di quanto le donne pensano, dicono e fanno e ciò che l'annuncio del giovane esprime ed esige. Il risultato è un crescendo di espressioni emozionali in registri differenziati e sfumati, fino al raggiungimento della sorprendente chiusa finale. La scena della tomba è un racconto estremamente carico di «*pathos* emozionale».

3. L'uscita

3.1 *La correlazione tra «andate» (v. 7) ed «(essendo)uscite» (v. 8)*[21]

L'«(essendo) uscite» (ἐξελθοῦσαι) delle donne trova adeguata corrispondenza nell'imperativo «andate» (ὑπάγετε) che avevano ricevuto in

---

[20] Appartengono al lessico della percezione le seguenti espressioni: «decidere» (l'acquisto di aromi v. 1), «dicevano fra sé» (ἔλεγον πρὸς ἑαυτάς v. 3); «levati gli occhi» (ἀναβλέψασαι v. 4); «osservano» (θεωροῦσιν v. 4); «videro» (εἶδον v. 5); «dice loro» (ὁ δὲ λέγει αὐταῖς v. 6); «cercate» (ζητεῖτε v. 6); «non è qui» (οὐκ ἔστιν ὧδε v. 6); «ecco il luogo» (ἴδε ὁ τόπος v. 6); «andate a dire» (ὑπάγετε εἴπατε v. 7); «là lo vedrete» (ἐκεῖ αὐτὸν ὄψεσθε v. 7); «come disse» (καθὼς εἶπεν ὑμῖν v. 7).

[21] Utilizziamo l'espressione «(essendo) uscite» per rendere più chiaro che la connessione è fra l'imperativo ὑπάγετε e *il participio* ἐξελθοῦσαι. La resa in italiano con «uscite» potrebbe ingenerare confusioni nel seguito dell'argomentazione.

16,7. Questo primo movimento delle donne segna il termine della rivelazione trasmessa dal messaggero[22]. In modo conseguente le donne escono secondo l'incarico ricevuto.

3.1.1 La formula di commiato con l'imperativo di ὑπάγω in Mc

In Mc, la formula di commiato espressa con l'imperativo di ὑπάγω ricorre 12 volte[23]. Chi impone il comando è sempre Gesù. In dieci casi il narratore annota l'esecuzione del comando[24]; in tre di essi attraverso la costruzione di un participio congiunto (1,44; 6,38; 7,29). Solo in due casi (5,34 e 8,33) manca l'annotazione sull'esecuzione del comando[25]. La formula appare in due contesti: rivolta ai beneficiati di azioni prodigiose dopo che sono stati guariti, o ai discepoli perché eseguano un incarico. Si tratta dunque sempre di ambiti positivi in cui il commiato è rivolto a personaggi che con fiducia si sono avvicinati a Gesù in condizioni di bisogno o che godono della sua intimità. Nella maggior parte dei casi la fomula è correlata al motivo della sequela: la si trova direttamente rivolta a discepoli (6,38; 8,33; 11,2; 14,13), o in contesti in cui si vorrebbe seguire Gesù (nel caso dell'indemoniato liberato 5,18), o in momenti in cui Gesù stesso invita a seguirlo (nel caso del ricco 10,21), oppure in presenza di qualcuno che si pone alla sua sequela (il cieco Bartimeo 10,52). Nella sua caratterizzazione marciana essa è perciò circoscritta ad ambiti specifici e delimitati.

---

[22] In tal senso il parallelo di Mt è ancor più chiaro: «ecco, ve l'ho detto!» (28,7).

[23] In Mc un imperativo del verbo ὑπάγω con valore di formula di commiato ricorre in: 1,44 rivolta a un lebbroso; 2,11 a un paralitico; 5,19 a un geraseno liberato dal demonio; 5,34 all'emorroissa; 6,38 ai discepoli; 7,29 a una donna siro-fenicia; 8,33 a Pietro; 10,21 a un ricco; 10,52 a un cieco; 11,2 ai discepoli; 14,13 ai discepoli; 16,7 alle donne discepole. Il verbo ricorre in Mc 15 volte ma in 6,31.33 e 14,21 non alla forma imperativa.

[24] L'impertivo di ὑπάγω è seguito dalla descrizione di un'esecuzione in 1,44; 2,11; 5,19; 6,38; 7,29; 10,21.52; 11,2; 14,13; 16,7.

[25] Per entrambi i casi si tratta di eccezioni motivabili. Il comando dato alla donna emorroissa guarita (ὕπαγε 5,34) è parte di un racconto che interrompe la storia della figlia di Giairo riportata in vita (5,21-24 [25-34] 35-43) e costituisce un elemento di ritardo dal momento che la bambina muore mentre Gesù si attarda con la donna malata. Il narratore non si dilunga perciò nel commiato dell'emorroissa sanata, invece enfatizza la notizia della morte della bambina che sopraggiunge subito dopo la guarigione della donna. La mancata descrizione dell'esecuzione dell'imperativo rivolto a Pietro (ὕπαγε ὀπίσω μου 8,33) si comprende come enfasi drammatica sul rimprovero fatto da Gesù stesso al discepolo. La realizzazione del comando è comunque implicita nel fatto che Pietro continuerà il cammino al seguito di Gesù (cf. 9,2.5; 10,28; 11,21; 13,3; 14,29.33.37.54.66.67.70.72; 16,7).

3.1.2 La forma imperativa di ὑπάγω negli altri Vangeli

Negli altri Vangeli un uso così specifico della formula di commiato con l'imperativo di ὑπάγω non è riscontrabile come invece accade in Mc.

In Mt il verbo ricorre 19 volte, in due casi non alla forma imperativa (13,44; 26,24)[26]. Delle 17 ricorrenze dell'imperativo, dieci non sono seguite da una annotazione sulla sua esecuzione. Chi impone il comando è Gesù ma anche Pilato (27,65). La formula ricorre anche rivolta ai demoni (4,10; 8,32); in detti di insegnamento (5,24.41; 18,15; 26,24), o in parabole (20,4.7.14; 21,82). In tali contesti illustrativi manca in genere l'annotazione sull'esecuzione del comando.

In Lc il verbo ὑπάγω non è frequente: solo 5 ricorrenze[27]. La forma imperativa ricorre in due casi (10,3; 19,30). In Lc 10,3 manca l'attestazione dell'esecuzione del comando.

In Gv il verbo ὑπάγω ricorre con maggiore frequenza: 32 volte[28], solo in quattro casi però alla forma imperativa (4,16; 7,3; 9,7.11). In due di questi non è Gesù a parlare, ma i suoi fratelli (7,3), e il paralitico guarito che alle autorità giudaiche ripete le parole di Gesù (9,11). In tutte le altre ricorrenze, il verbo è per lo più utilizzato in modo generico per esprimere il comune movimento di «andare».

Dunque nei Vangeli di Mt, Lc e Gv la forma imperativa di ὑπάγω viene usata in maniera generica per bocca di vari attori e in vari contesti. Solo Mc attesta un particolare interesse.

3.1.3 La singolarità della formula di commiato in Mc 16,7-8.

Mc è l'unico Vangelo in cui la formula di commiato ricorre esclusivamente nelle parole di Gesù, in contesti assolutamente positivi e che nella maggioranza dei casi hanno a che fare con il motivo della sequela. È anche il Vangelo che risulta particolarmente attento ad annotare l'esecuzione del comando. Tutto ciò permette di concludere che ritroviamo la caratteristica formula di commiato composta dall'imperativo ὑπάγετε seguito dall'annotazione della sua esecuzione ἐξελθοῦσαι anche in 16,7-8. In questo caso però, la singolarità sta nel fatto che non è Gesù ad imporre il comando, ma Dio stesso attraverso il suo messaggero.

---

[26] Le ricorrenze del verbo ὑπάγω in Mt sono: 4,10; 5,24.41; 8,4.13.32; 9,6; 13,44; 16,23; 18,15; 19,21; 20,4.7.14; 21,82; 26,18.24; 27,65; 28,10.
[27] Le ricorrenze lucane di ὑπάγω sono: 8,42; 10,3; 12,58; 17,14; 19,30.
[28] In Gv il verbo ὑπάγω ricorre in 3,8; 4,16; 6,21.67; 7,3.33; 8,14.14.21.21.22; 9,7.11; 11,8.31.44; 12,11.35; 13,3.33.36.36; 14,4.5.28; 15,16; 16,5.5.10.17; 18,8; 21,3.

La connessione fra l'uscita delle donne in 16,8 e il comando di andare a dire in 16,7 è elemento che caratterizza 16,8 come chiusa del racconto.

3.2 L'entrare e l'uscire delle donne dal sepolcro

L'entrata e l'uscita delle donne dal sepolcro incorniciano la rivelazione dell'agire di Dio su Gesù, una potenza che investe le donne e che ha il suo segno premonitore nella pietra rotolata via dall'ingresso della tomba. Ora ogni ostacolo è tolto e nulla impedisce il possibile svolgimento del compito loro affidato. Le due azioni delimitano il tempo del permanere delle donne nella tomba trovata aperta. Nel primo quadro (vv. 2-4) il narratore si dilunga nel descrivere dettagliatamente le donne come particolarmente attive negli ultimi preparativi funebri. Andando verso la tomba esse appaiono soprattutto preoccupate per l'ostacolo della grande pietra (λίθος 16,3.4) che ne sigilla l'ingresso. L'ultimo quadro del racconto registra invece l'uscita delle donne dal sepolcro con una breve conclusione accelerata (v. 8). La difformità delle due descrizioni evidenzia quanto sia grave per le donne la questione della pietra che sigilla la tomba, un problema ai loro occhi insormontabile. Implicitamente e dolorosamente il loro dialogo allude anche all'assenza dei discepoli. A seconda che la pietra sia «rotolata» all'entrata del sepolcro (προσεκύλισεν 15,46) o lontano (ἀποκεκύλισται 16,4), essa impedisce o permette l'accostamento al corpo di Gesù, tutto ciò che alle donne rimane dopo la sua morte. Sigillando l'ingresso della tomba la pietra imprigiona e separa definitivamente il corpo di Gesù dal mondo dei viventi e suggerisce la totale impotenza degli attori umani, incapaci di superare la demarcazione tra morte e vita, seppellendo i generosi propositi di cui le donne sono portatrici[29]. Il fatto che esse trovino la tomba aperta perché la pietra «era stata rotolata via» (ὅτι ἀποκεκύλισται ὁ λίθος v. 4: un passivo teologico)[30] suggerisce che Dio è entrato in azione cancellando la separazione tra morte e vita che la pietra rappresenta[31]. Si tratta di una sorta di pre-annunncio che anticipa le parole del giovane «è stato risuscitato (ἠγέρθη v.6: di nuovo un passivo teologico), non è qui!». Dio ha aperto un varco per condurre le donne nella tomba e proprio lì, nel

---

[29] S. GRASSO, *Vangelo di Marco*, 380.

[30] A favore di un passivo teologico: R. PESCH, *Il Vangelo di Marco*, II, 774; GNILKA, *Marco*, 918-919; J. ERNST, *Il Vangelo secondo Marco*, II, 779; K. STOCK, *I Racconti Pasquali*, 66; J. F. PÉREZ HERRERO, *Pasión y Pascua*, 351. Contrario: S. LÉGASSE, *Marco*, 380.

[31] G. ROSSÉ, «Questioni attorno alla tomba», riguardo al motivo della tomba aperta e della pietra rotolata via parla di «una simbolica narrativa» (p. 99).

memoriale della sepoltura, far risuonare la proclamazione della risurrezione[32]. Dopo aver ascoltato, le donne escono e si allontanano repentinamente: non esiste più alcun ostacolo che fermi le fedeli discepole incaricate di un annuncio in cui si riverbera la potenza di Dio.

L'entrata e l'uscita dal sepolcro delle donne incorniciano la rivelazione della vittoria con cui Dio sigilla la storia di Gesù e riverberano la portata che la risurrezione del Nazareno ha sulla storia degli attori umani. La potenza di tale annuncio investe le donne discepole, liberandole da ogni legame dal luogo in cui Gesù non deve più essere cercato e in cui non può essere trovato. L'uscita dalla tomba segna così la fine del racconto e l'uscita di scena delle donne stesse, proprio come il Risorto che già precede in Galilea.

3.3 *L'uscita come fine del racconto*

Con l'uscita delle donne dalla tomba viene implicitamente sottolineato che la rivelazione pasquale è terminata: le donne hanno udito e compreso tutto ciò che doveva essere detto loro.

Dopo il messaggio, questa prima reazione è marcata da una dissonanza: la visita alla tomba delle donne era iniziata nel segno di accurati preparativi contrastati dalla minaccia di non poter entrare nel luogo della sepoltura di Gesù. Tuttavia, la pietra che sigilla l'ingresso marcando il limite invalicabile tra il mondo dei morti e quello dei vivi «è stata rotolata via»; ciò suggerisce che Dio supera tale confine anche nella risurrezione di Gesù. Le parole del giovane ne daranno conferma. Le donne possono così «entrare» e «uscire»: nessun ostacolo può più essere loro di impedimento, perché Dio stesso ha aperto un varco nella tomba e facendo risorgere Gesù ha rivelato il suo potere. Il racconto conclude con la breve annotazione dell'uscita, ma questa annotazione finale è subito seguita da quanto le donne in seguito fanno inaspettatamente.

4. La fuga

L'uscita delle donne sfocia in «una fuga» e in un «non dire». Le due azioni vanno interpretate all'interno dell'esecuzione del comando del

---

[32] La pietra e il giovane nel racconto hanno un ruolo per certi versi analogo anche se con funzioni contrapposte: sigillando l'ingresso della tomba, la pietra impedisce di raggiungere il cadavere di Gesù; il giovane seduto alla destra dell'ingresso offre invece le informazioni necessarie a incontrare Gesù risorto. Se la pietra è un ostacolo definitivamente rimosso, il giovane rimane seduto nella tomba e non esce di scena, fisso nel suo ruolo di anello di congiunzione a Gesù risuscitato.

giovane «andate» (v. 7), quindi in linea con il loro «(essendo) uscite» (v.8) e non al di fuori o contro di essa.

4.1 La fuga «dal sepolcro»: quadro spaziale

Immediatamente rassicurate dal giovane (μὴ ἐκθαμβεῖσθε v. 6) nel loro sconcerto iniziale, le donne escono dalla tomba solo dopo essere state da lui congedate: esse perciò non fuggono dal giovane e dal suo messaggio[33].

La fuga delle donne è specificata con il complemento ἀπὸ τοῦ μνημείου che sottolinea una presa di distanza dal sepolcro. Si tratta perciò di un allontanamento «territoriale» che marca una frattura con il luogo[34].

Il termine μνημεῖον significa «monumento funebre» e definisce la tomba come un luogo di «ricordo»[35]. Gli insistenti riferimenti al luogo (16,2.3.5.8) conferiscono al racconto una velata tonalità funebre e nostalgica che investe la tomba di un forte valore metaforico[36]. Dal momento

---

[33] La fuga non è dettata dal timore di essere scoperte presso la tomba di un condannato: fin dalla loro prima entrata in scena (cf 15,41) il narratore ha esaltato il coraggio di queste donne e la loro pubblica determinazione nel Gesù fin oltre la sua morte. Questa fuga non corrisponde neppure a un agire inconsulto o frutto di improvvisazione. Le donne si dedicano scrupolosamente ai preparativi funerari: comprano gli oli aromatici, si organizzano per venire alla tomba, discutono su quanto le preoccupa, sono tutt'altro che caricature di donne sprovvedute in balìa degli eventi.

[34] M. HERRANZ MARCO – J.M. GARCÍA PÉREZ, Milagros y resurrección, 163, ritengono che non vi sia alcun motivo perché le donne, risalite dal sepolcro debbano darsi alla fuga piene di paura. Essi pensano a un errore di lettura in un originale aramaico. Il traduttore sarebbe caduto nel malinteso di intendere il verbo נפק, come «salendo», invece del più comune significato di «andare, incamminarsi». Confondendo la lettera ר con ד, avrebbe poi letto il verbo seguente ערק («appoggiarsi», «sorreggersi» le une alle altre) come ערק («fuggire»). Secondo i due esegeti la locuzione dell'originale aramaico doveva essere: ואנין נפקן עדקן di cui offrono la traduzione: «Ed esse se ne andarono dal sepolcro, sorreggendosi (le une alle altre), perché erano state prese da tremore e stupore». La soluzione ha un che di ingegnoso, ma non trova riscontri e non appare necessaria.

[35] Il NT attesta anche il termine τάφος (Mt 23,27.29; 27,61.64.66; 28,1; Rom 3,1) che invece definisce la tomba prima di tutto come «luogo di sepoltura». Il termine μνημεῖον ricorre 7 volte in Mt; 8 in Mc (5,2; 6,29; 15,46.46; 16,2.3.5.8); 8 in Lc; 16 in Gv e una volta in At. Nell'accezione originaria il sostantivo indica il «ricordo» come sentimento umano e, riferito ai defunti, acquista il senso di «monumento funebre». Nella pericope dell'indemoniato di Gerasa (5,1-20) Mc utilizza due diversi termini per indicare una «tomba»: μνημεῖον (5,2) e μνῆμα (5,3.5), si tratta di sinonimi derivanti dalla stessa radice.

[36] Mc fa un uso metanominico del termine μνημεῖον anche nella presentazione dell'indemoniato di Gerasa. L'uomo è descritto abitare tra i sepolcri (5,3), privo di controllo e posseduto da forze distruttrici foriere di morte: «Tutto accade come se gli spiriti impuri programmino la morte dell'uomo, ma una morte lenta, che prolunga i

in cui il corpo di Gesù viene deposto nel «memoriale» (15,46), tutto quanto le donne fanno è teso a onorare e mantenere il ricordo del Maestro crocifisso: la loro mente, i loro sentimenti, le loro azioni rientrano in una «logica sepolcrale» che nella tomba ha il suo polo attrattivo, senza lasciar intravedere alcuna aspettativa di risurrezione[37].

La tomba esprime plasticamente la condizione stessa di queste donne dopo la morte di Gesù: tutte protese verso di essa, appaiono avvolte da una prospettiva mortale, rassegnate e malinconiche nell'affetto che le lega al ricordo di Gesù. I movimenti intorno alla tomba sono registrati con particolare interesse:

16,1-4	A verso il sepolcro	v. 2 ἔρχονται ἐπὶ τὸ μνημεῖον
16,5-7	B dentro il sepolcro	v. 5 εἰσελθοῦσαι εἰς τὸ μνημεῖον εἶδον... v. 6 ζητεῖτε... v. 7 ἀλλὰ ὑπάγετε...
16,8	A' via dal sepolcro	v. 8 καὶ ἐξελθοῦσαι ἔφυγον ἀπὸ τοῦ μνημείου

In soli otto versetti le donne sono soggetto di ben sei verbi di movimento, sempre riferiti al μνημεῖον, e tre volte la preposizione precisa esplicitamente la direzione (ἐπὶ v. 2; εἰς v. 5; ἀπὸ v. 8). Questi verbi imprimono alla storia una sorprendente accelerazione. La particella avversativa ἀλλά (v. 7) separa i primi tre verbi che indicano il movimento verso il sepolcro (ἔρχονται v. 2; εἰσελθοῦσαι v. 5; ζητεῖτε v. 6), dagli ultimi tre (ὑπάγετε v. 7; ἐξελθοῦσαι ἔφυγον v. 8) che segnalano un allontanamento dal esso[38]. Il cambio di rotta avviene dentro il sepolcro, nei versetti 6-7 (ζητεῖτε... ἀλλὰ ὑπάγετε...), gli unici della pericope che vedono le donne perdere momentaneamente il loro ruolo attivo. Nel

---

suoi tormenti, una morte simbolizzata dai luoghi che frequenta». Cf. C. FOCANT, *L'évangile selon Marc*, 196.

[37] G. CIRIGNANO - F. MONTUSCHI, *Marco: un Vangelo di paura e di gioia*, 137-138.

[38] La particella ἀλλά è la prima congiunzione nel comando del giovane e contrappone l'invito ad andare a dire (ὑπάγετε εἴπατε) non alle affermazioni precedenti su Gesù risuscitato, ma all'azione delle donne anteriormente menzionata («voi cercate»). Le donne non devono più preoccuparsi della salma di Gesù, ora hanno un compito diverso: recarsi dai discepoli e portar loro un messaggio. Cf. K. STOCK, *I Racconti Pasquali*, 68.

versetto finale, l'ultima annotazione sul movimento delle donne è espressa con enfasi da una particolare locuzione intensiva, ottenuta unendo due verbi di movimento (ἐξελθοῦσαι ἔφυγον) e utilizzando come principale il più specifico verbo φεύγω che implica un immediato e repentino allontanarsi.

La fuga «dal sepolcro» segna nelle donne un improvviso cambio di registro[39]. Dopo le parole del giovane («non è qui, ecco il luogo dove lo avevano deposto» 16,6b) la tomba perde la propria attrattiva, dal momento che il Crocifisso è risorto e ha già abbandonato il luogo che custodiva il suo corpo. Questa fuga è un impaziente allontanarsi corrispondente alla potenza con cui le parole del giovane liberano queste donne dai legami con la tomba. Esse perciò ora «fuggono» il sepolcro, come luogo ormai superato dall'annuncio che Gesù è risorto e precede in Galilea. Trasformate da quanto hanno conosciuto, le donne abbandonano un «memoriale» non più significativo.

Nell'inaspettata conclusione di 16,8, la fuga delle donne non contraddice le parole del giovane: al contrario, proprio quel messaggio provoca in esse uno sconvolgimento che orienta il loro agire: in fin dei conti questa fuga dal sepolcro è in completa sintonia con Gesù vivo che precede in Galilela[40] e sposta l'attesa del lettore dalla tomba vuota alla presenza del Risorto là annunciata.

Proprio la Galilea si configura come nuovo orientamento, luogo di una nuova sequela di una nuova visione di Gesù risuscitato. Nel prospettato incontro le donne possono finalmente cogliere il paradosso di Dio che

---

[39] Fino a Mc 16,7 le donne sono descritte totalmente «afferrate» dalla tomba. Tale caratteristica emerge sia nella scena della sepoltura di Gesù dove le donne ricoprono un ruolo passivo (15,47) che in scene in cui si manifestano attive (16,1-5): comprano gli aromi per l'imbalsamazione (16,1), i loro discorsi hanno come unico riferimento la pietra tombale (16,3). Nelle loro azioni e nei loro pensieri non è ravvisabile alcuna aspettativa di risurrezione nonostante siano state al seguito di Gesù fin dalla Galilea condividendone il cammino e udendo più volte tale preannunzio (8,31; 9,31; 10,33-34).

[40] Il riferimento alla Galilea è stato interpretato in vari modi: a) Galilea luogo dell'apparizione del Risorto, cf. M.-J. LAGRANGE, *Évangile de Marc*, 477; b) la Galilea evoca la parusia cf. W. MARXSEN, *Der Evangelist Markus*, 47-77; c) Galilea luogo di missione della Chiesa verso i pagani, cf. N. PERRIN, *The Resurrection*, 26; d) Galilea punto d'appoggio caro a Gesù che accompagna l'avvenimento messianico, cf. L. LEGRAND, «La finale de Marc», 469; e) Galilea luogo che corregge il disastro della dispersione delle pecore annunciata in 14,27-28, cf. R. TANNEHILL, «The Disciples in Mark», 404; f) La Galilea dove il Risorto precede si oppone a Gerusalemme luogo dove Gesù è stato condannato e ucciso, cf. L. SCHENKE, *Auferstehungsverkündigung und leeres Grab*. Una panoramica in Y. BOURQUIN, *Marc, une théologie de la fragilité*, 311-319.

salva consegnando al potere mortale e nell'impotenza mostra il suo potere creatore e di salvezza[41].

4.2 *La fuga nella cornice cronologica del racconto*

Mc 16,1-2		Mt 28,1		Lc 24,1	
διαγενομένου τοῦ σαββάτου	passato il sabato	Ὀψὲ δὲ σαββάτων	passato il sabato	Τῇ δὲ μιᾷ τῶν σαββάτων	il primo giorno dopo il sabato
λίαν πρωΐ	di buon mattino	τῇ ἐπιφωσκούσῃ	all'alba	ὄρθρου βαθέως	di buon mattino
τῇ μιᾷ τῶν σαββάτων	il primo giorno dopo il sabato	εἰς μίαν σαββάτων	del primo giorno dopo il sabato		
ἀνατείλαντος τοῦ ἡλίου.	al levar del sole				

Il quadro spaziale della descrizione dei movimenti è inserito in un'attenta cornice cronologica.

L'annuncio pasquale è dato nel giorno dopo il sabato, mentre le tenebre del primo mattino lasciano posto alla luce del giorno. I primi versetti del racconto di Mc riportano ben quattro annotazioni temporali. Nei paralleli, Mt e Lc attuano una semplificazione che vede l'eliminazione di ripetizioni e una maggior scorrevolezza dei rispettivi testi. L'insistenza marciana suggerisce però un significato che va oltre il semplice interesse cronologico.

In Mc 16,1-2 due locuzioni temporali equivalenti, «di buon mattino» e «al levar del sole», incorniciano l'espressione τῇ μιᾷ τῶν σαββάτων[42]

---

[41] Nel v. 7 siamo orientati a comprendere il pronome ὑμᾶς e i verbi plurali di seconda persona in senso estensivo: l'invito all'incontro non è rivolto solo ai discepoli, ma anche a queste donne coinvolte in prima persona nel dinamismo che avvia la nuova sequela a partire dalla tomba vuota. Cf. G. THEISSEN – A. MERZ, *The historical Jesus*, 497-498, n.36; S. GRASSO, *Vangelo di Marco*, 382).

[42] Definire il primo giorno della settimana τῇ μιᾷ τῶν σαββάτων è un semitismo che probabilmente rimanda alla prassi delle celebrazioni liturgiche domenicali (At

di cui intendono precisare un particolare momento: il passaggio dalle tenebre al primo levar del sole. Più che essere una tautologia, questa costruzione corrisponde allo stile proprio del narratore che ama usare una seconda locuzione per precisare la prima[43].

Inoltre, poiché l'uso marciano dell'avverbio πρωΐ ha generalmente un carattere piuttosto indeterminato[44] e potrebbe intendere tanto il tempo che precede, quanto quello che accompagna o segue la salita del sole, si rende necessaria una nuova indicazione temporale che fornisca un'indiscutibile precisazione. Questa è appunto la funzione del genitivo assoluto ἀνατείλαντος τοῦ ἡλίου: l'aspetto incoativo dell'aoristo fissa il momento in cui il sole sta sorgendo[45], particolare precisazione cronologica che ha un chiaro riferimento biblico nell'intervento salvifico di Dio spesso celebrato di buon mattino al levar del sole[46]. Mc non è nuovo a tale suggestione: anche il racconto di Gesù che cammina sull'acqua (6,45-52) presenta un'analoga cornice cronologica[47]. Se la notte è simbolica minaccia della potenza mortale e del caos, la venuta di

---

20,7; *Did.* 14). Cf. J. GNILKA, *Marco*, 918; J. ERNST, *Il Vangelo secondo Marco*, II, 777. Secondo J. MATEOS J. – F. CAMACHO, *El Evangelio de Marcos*, III, 396, «l'uno della settimana» allude al primo giorno della creazione (יוֹם אֶחָד Gen 1,5) e indica la resurrezione di Gesù come l'inizio della creazione definitiva.

[43] Altri esempi in 1,32.35; 4,35; 10,30; 13,24; 14,12.30.43; 15,42; 16,2. J. GNILKA, *Marco*, 918, sostiene un valore tautologico. Di parere diverso J. ERNST, *Il Vangelo secondo Marco,* II, 778; S. LÉGASSE, *Marco*, 848-850; N. CASALINI, *Lettura di Marco*, 316; J.R. DONAHUE – D.J. HARRINGTON, *Il Vangelo di Marco*, 406.

[44] Cf. 1,35; 11,20; 13,35; 15,1.

[45] Così leggono anche alcuni testimoni della *Vetus Latina*, quantunque la *Vulgata* e *Neovulgata* preferiscano la traduzione «orto iam solem». Cf. F. PÉREZ HERRERO, *Pasión y Pascua*, 350.

[46] Il mattino è tradizionalmente il momento privilegiato per l'intervento creatore (Gen 1,1-5) e salvatore (Es 14,24.27; 16,7-8; Sal 30,5; Is 17,14; 60,1-3) di Dio, per annunciare la sua misericordia (Sal 92,2; 143,8) quindi per la preghiera (Sal 5,3; 55,17; 88,13). Il carattere simbolico è sostentuto da R. PESCH, *Il Vangelo di Marco*, II, 772; J. GNILKA, *Marco*, 918; F. PÉREZ HERRERO, *Pasión y Pascua de Jesús*, 379; G. O'COLLINS, «The empty tomb», 14; K. STOCK, *I Racconti Pasquali*, 64; C. FOCANT, *L'évangile selon Marc*, 595; G. BOSCOLO, «Le donne al sepolcro», in L. DE SANTOS – S. GRASSO, ed., *«Perché stessero con Lui»*, 251-268. Secondo C. COMBET-GALLAND, *Le Dieu du jeune homme nu*, 223.

[47] In 6,45-52 la tempesta scoppia verso sera (ὀψίας γενομένης v. 47), ma Gesù rimanda l'intervento di aiuto ai discepoli alla «quarta vigilia della notte» (v. 48), l'ultima secondo il computo romano, fra le tre e le sei del mattino, quando le tenebre cedono il passo alla luce. Cf. R. PESCH, *Il Vangelo di Marco*, I, 560; A.Y. COLLINS, *Mark*, 333.

Gesù sulle acque e la sua risurrezione corrispondono al sorgere del giorno e ricordano l'aiuto salvifico di Dio (Es 14,24)[48].

In 16,1-8 la proclamazione dell'annuncio kerygmatico e il conseguente abbandono del sepolcro sono dunque descritti concomitanti al progressivo venire alla luce del nuovo giorno, in modo tale che all'abbandono del sepolcro corrisponda l'allontanamento delle tenebre. La fuga delle donne è perciò inserita in un contesto positivo: esso fa da scenario a questo ultimo movimento che rende definitivo il passaggio dal tempo della memoria del luogo della sepoltura al tempo della sequela del Risorto che precede in Galilea.

4.3 *La fuga come fine del racconto*

La fuga delle donne sembra avere una adeguata spiegazione nella loro predisposizione al fedele servizio di Gesù: esse si fanno prontamente carico della missione ricevuta, perciò fuggono dal sepolcro non più utile per incontrare Gesù per dirigersi dai discepoli. Se di questa fuga il narratore non indica esplicitamente la meta è perché essa è stata indicata dalle parole del giovane. Si tratta del primo effetto dell'annuncio della risurrezione di Gesù e dell'incontro con lui benché rimandato a un prossimo futuro. Questa particolare fuga testimonia che le donne hanno capito che la tomba non serve perché Gesù, il crocifisso e il risorto, adesso cammina altrove.

5. Il «non dire»

5.1 *La correlazione tra «dite» (v. 7) e «non dissero» (v. 8)*

In sintonia con la continuità dell'uscita e della fuga, sembra probabile che nemmeno il silenzio delle donne rompa la continuità dell'esecuzione del comando dato dal giovane.

Da quanto abbiamo finora visto il «non dire» delle donne non è indice di incomprensione delle parole del giovane: ad esse infatti non fa seguito

---

[48] Anche il racconto esodiaco del miracolo del mare (Es 14,15-31) presenta una simile cornice cronologica: gli Egiziani raggiungono gli Israeliti mentre si stanno accampando di fronte al mare, verosimilmente alla sera. Il momento di maggior pericolo, l'inseguimento nel mare ad opera degli egiziani, coincide con il momento delle tenebre («tutta la notte» v. 21). L'intervento salvifico di avviene alle prime luci del mattino («alla veglia del mattino» v. 24; «sul fare del mattino» v. 27. Cosicché «in quel giorno il Signore salvò Israele» (v. 30) e «il popolo temette il Signore e credette in lui» (v. 31). Cf. J.L. SKA, *Le passage de la mer*.

alcuna replica o richiesta di delucidazione[49]. Il «non dire» delle donne non è neppure rifiuto delle parole del giovane: esse infatti escono dalla tomba su suo preciso comando e in sintonia con tali parole si allontanano dal sepolcro[50]. Appare riduttivo confinare il «non dire» a mero artificio letterario per consegnare direttamente al lettore l'incarico affidato alle donne. In ogni caso anche tacendo il compimento dell'incarico, il lettore ne ha comunque la prova per essere egli stesso depositario della «buona novella» trasmessa con il ricordo di quanto avvenuto alla tomba.

L'espressione «non dissero niente a nessuno» è strettamente connessa al comando del giovane «dite ai discepoli e a Pietro» e va compresa attraverso la modalità da lui specificata «come (Gesù) vi ha detto» (καθὼς εἶπεν ὑμῖν 16,7)[51]. Questo ampliamento finale forse apre la via per l'interpretazione. Il giovane fa riferimento alla predizione di Gesù (14,27-28) che introduce i discepoli agli avvenimenti che condurranno alla passione. Egli annuncia la futura defezione dei discepoli quando il Pastore sarà percosso (v. 27), e la ripresa della sequela quando Gesù, una volta risorto, tornerà a precedere in Galilea (v. 28)[52]. Alle donne però non è raccomandato solo di riportare fedelmente la predizione, ma anche di rispettarne le circostanze e le modalità: essa era riservata ai soli discepoli in un contesto di particolare intimità[53]. Perciò ora le donne

---

[49] In genere, quando nelle narrazioni bibliche Dio interviene direttamente nella storia interpellando gli attori umani, essi reagiscono con parole inadeguate che tradiscono incomprensione o con la richiesta di chiarimenti: cf. Pietro (vv. 5-6 in Mc 9,2-8 e paralleli). Per il NT cf. anche Zaccaria (v. 18 in Lc 1,5-25); Maria (v. 34 in Lc 1,26-38). Per l'AT: Caino (v. 12 in Gen 4,1-16); Sara (v. 12 in Gen 18,1-15); Mosè (v. 13 in Es 3,1-22); Gedeone (v. 13 in Gdc 6,11-24); Isaia (v. 11 in Is 6,1-13); Geremia (v. 6 in Ger 1,4-10).

[50] Con E. MANICARDI, *Il cammino di Gesù*, 181-182, n. 43. Che il «non dire» delle donne sia l'espediente di un redattore per giustificare «la tardività» di 16,1-8, un racconto che sarebbe stato sconosciuto ai destinatari del Vangelo, è ipotesi inverosimile.

[51] Il narratore specifica il «dire» del giovane e il «non dire» delle donne con rispettivi oggetti (ὅτι Προάγει ὑμᾶς εἰς τὴν Γαλιλαίαν· ἐκεῖ αὐτὸν ὄψεσθε v. 7; οὐδέν v. 8) e destinatari (τοῖς μαθηταῖς αὐτοῦ καὶ τῷ Πέτρῳ v. 7; οὐδενὶ v. 8). L'imperativo del giovane è poi ampliato dalla raccomandazione καθὼς εἶπεν ὑμῖν

[52] Rispetto al preannuncio di Gesù il giovane aggiunge ἐκεῖ αὐτὸν ὄψεσθε. L'affermazione indica un processo di comprensione e di fede e contribuisce alla comprensione del proa,gein inteso come offerta di una nuova possibilità di sequela. Cf. E. MANICARDI, *Il cammino di Gesù*, 176-182.

[53] Nel cammino verso Gerusalemme le prime due predizioni sul destino di morte e risurrezione del Figlio dell'Uomo sono rivolte ai soli discepoli (8,32; 9,31), la terza unicamente ai Dodici (10,32). Alla fine della cena pasquale (14,17-25), giunto al monte degli Ulivi, Gesù riserva ancora ai Dodici l'ultima predizione (14,27-28).

dovranno andare a dire ai discepoli e a Pietro e non ad altri, facendo «come» Gesù aveva fatto. Gli uditori della predizione di Gesù sono perciò gli stessi e i soli destinatari dell'annuncio delle donne. Proprio essi potranno valutare la credibilità di tale annuncio, che richiama alla loro memoria parole che Gesù aveva lasciato loro in dono e che solo essi possono conoscere[54]. Le donne sembrano aver compreso quanto richiesto dal giovane ed agiscono di conseguenza, perciò «non dissero niente a nessuno» al di fuori della cerchia dei discepoli[55].

Le parole del giovane distraggono l'attenzione delle donne dal sepolcro che, fino a questo momento occupava totalmente i loro pensieri (v. 3), svelandole discepole piuttosto dimentiche dei preannunci di Gesù sulla propria risurrezione: era loro intenzione infatti imbalsamare il suo corpo (v. 1)[56]. Quanto il giovane dice riconduce le donne verso i discepoli e Pietro e, al tempo stesso, le spinge a chiudersi in un «silenzio» in cui maturare una nuova consapevolezza su Gesù che è risorto e che precede in Galilea.

La necessità di un tempo di silenzio legato al motivo della risurrezione emerge anche in un altro testo di Mc. Di ritorno dal monte della trasfigurazione (9,9) Gesù ordina a Pietro, Giacomo e Giovanni «di non dire a nessuno» (ἵνα μηδενὶ διηγήσωνται) ciò che avevano visto fino a che «il Figlio dell'Uomo non fosse risuscitato dai morti» (εἰ μὴ ὅταν ὁ υἱὸς τοῦ ἀνθρώπου ἐκ νεκρῶν ἀναστῇ v. 9). Comunque si voglia intendere questo comando e il suo limite temporale, le perplessità dei discepoli circa «quel risuscitare dai morti» (τί ἐστιν τὸ ἐκ νεκρῶν ἀναστῆναι 9,10) attesta la necessità di un tempo di attesa e di riflessione necessario

---

[54] Le donne perciò sono messaggere di un compito delimitato: non sostituiscono i discepoli nell'annuncio e nella testimonianza. Per entrambe le cose mancano le premesse, poiché esse stesse non hanno visto il Risorto. Cf. J. ERNST, *Il Vangelo secondo Marco*, II, 782.

[55] Riguardo ai possibili significati da attribuire alla sequenza discepoli-Pietro cf. V. TAYLOR, *Marco*, 703; J. GNILKA, *Marco*, 920; F. LENTZEN-DEIS, *Comentario al evangelio de Marcos*, 471; K. STOCK, *I Racconti Pasquali*, 69, F. PÉREZ HERRERO, *Pasión y Pascua*, 361; R.W. HERRON Jr., *Mark's account of Peter's Denial of Jesus*, 143; R. MEYNET, *La Pasqua del Signore*, 395-396.

[56] Andando al sepolcro le donne mostrano un certo scompiglio e un evidente disorientamento. Dalle loro parole emerge infatti che la sfera affettiva contrasta con la razionalità necessaria nell'organizzazione dei preparativi. Traspare un'ansia di arrivare, di fare, di esprimere affetto e devozione. Questo concitato stato d'animo impedisce una perfetta organizzazione di quanto serve alla realizzazione del progetto. Le donne infatti hanno preparato tutto, ma hanno dimenticato l'essenziale: «Chi ci rotolerà via il masso all'ingresso del sepolcro?» (v. 3). Le parole del giovane correggono le discepole spingendole alla riflessione.

per comprendere lo straordinario risorgere del Figlio dell'Uomo. Dal momento che nella caratterizzazione marciana Gesù è il solo ad imporre di tacere, nel racconto delle donne al sepolcro un simile comando manca: Gesù infatti «non è qui» (16,6). Eppure le parole del giovane sulla visione del Risorto in Galilea suggeriscono che solo nella sequela che riprenderà in Galilea la comprensione di «cosa significhi *quel* risorgere dai morti» si aprirà agli occhi dei discepoli. Dunque interpretare il «non dire» delle donne come una sospensione della storia che non pregiudica l'esecuzione del comando ricevuto è in sintonia con la teologia di Mc, secondo cui una piena comprensione di Gesù risorto si avrà solo in Galilea, quando la sequela riprenderà ed in essa egli si mostrerà ai loro occhi[57].

5.2 Il «non dire» come fine del racconto

Le tradizioni dei Vangeli sono unanimi nell'attestare che i discepoli, uomini o donne, non comunicano la notizia della resurrezione al di fuori della cerchia di discepoli finché il Signore risorto non ordina loro esplicitamente di farlo.

Confrontando le parole del giovane in Mc con quelle parallele dell'angelo in Mt, emerge con evidenza la specificità marciana. In Mt dopo aver ricordato il contenuto delle predizioni di Gesù («E' risuscitato dai morti, e ora vi precede in Galilea; là lo vedrete») l'angelo conclude dicendo: «io ve l'ho detto» (ἰδοὺ εἶπον ὑμῖν 28,7), attestando di aver portato a termine la missione ricevuta. Invece, attraverso l'ampliamento finale della locuzione modale (καθὼς εἶπεν ὑμῖν), oltre all'oggetto (ὅτι Προάγει ὑμᾶς εἰς τὴν Γαλιλαίαν· ἐκεῖ αὐτὸν ὄψεσθε) in Mc il giovane raccomanda alle donne il carattere intimo e riservato di tali predizioni, poiché è proprio nel contesto più intimo del discepolato che Gesù ha parlato. In Mt esplicitamente si afferma che «le donne corsero a dare l'annunzio ai suoi discepoli» (28,8). In Mc l'annotazione sul loro «silenzio» non pregiudica l'esecuzione del comando, piuttosto esprime che la comunicazione del loro annuncio resta circoscritta ai destinatari comandati dal giovane (Pietro e i discepoli). Quello delle donne perciò è un «tacere» connesso alla Pasqua della risurrezione di Gesù. E anche un silenzio che spegne le luci della ribalta sulle fedeli discepole evidenziando che nel racconto l'annuncio pasquale del giovane è più importante dei discorsi e delle azioni delle donne. Le luci si riaccenderanno quando Pietro e i discepoli torneranno alla sequela.

---

[57] E. MANICARDI, *Il cammino di Gesù*, 176-182.

Anche la *duplice opera lucana* sembra implicitamente offrire un ulteriore apporto a questa interpretazione. Secondo il Vangelo di Lc nel giorno stesso della risurrezione Gesù appare a due discepoli in cammino verso Emmaus (24,13-35) e agli apostoli riuniti a Gerusalemme (24,36-44). Segue il breve racconto dell'ascensione (24,50-53). At 1,1-8 asserisce che tra risurrezione e ascensione intercorre un periodo di quaranta giorni (At 1,3) durante il quale Gesù risuscitato si manifesta «con prove» e conversa sul regno di Dio con i soli apostoli, preparandoli al dono dello Spirito Santo. Dunque l'annuncio della risurrezione al di fuori della cerchia dei discepoli ha luogo soltanto dopo la discesa dello Spirito Santo nel giorno di Pentecoste. Solo da questo momento gli apostoli diventano «testimoni a Gerusalemme, in tutta la Giudea e la Samaria e fino agli estreni confini della terra» (At 1,8). Secondo Luca l'annuncio kerygmatico è quindi preceduto da un periodo di «silenzio», assoluto e circoscritto, un tempo di speciale rivelazione riservata solo agli Apostoli, il che sembra corrispondere alla funzione del silenzio delle donne nella chiusa marciana[58].

I finali di Mt e Lc sono dunque in sintonia con il finale di Mc. D'altra parte non è verosimile che Mt e Lc abbiano «cambiato» Mc inventando di sana pianta un *happy end*: le loro conclusioni rappresentano piuttosto un ampliamento che esplicita ciò che Mc 16,8 lascia intuire[59].

6. La paura

6.1 *La comparsa del motivo della paura nel racconto*

Nel racconto il motivo della «paura» è introdotto dal verbo ἐκθαμβεῖσθαι (16,5.6) connesso per parentela lessicale con τρόμος, ἔκστασις e φοβέομαι.

Nelle donne questa paura si verifica alla vista del giovane: dal suo atteggiamento e dalla sua foggia esse devono aver intuito di trovarsi davanti a un messaggero celeste, rimanendone sgomente (ἐξεθαμβήθησαν v.5). La loro reazione spiega l'esortazione di questi a non temere (μὴ ἐκθαμβεῖσθε v. 6). Il motivo della paura torna in 16,8 e viene così ad incorniciare la proclamazione kerygmatica fatta dal giovane, enfatizzando l'apice del racconto.

---

[58] Cf. N.T. WRIGHT, *Risurrezione*, 729-730.

[59] Le tradizioni dei Vangeli sono unanimi nell'attestare che i discepoli, uomini o donne, non comunicano la notizia della resurrezione al di fuori della cerchia di discepoli finché il Signore risorto non ordina loro esplicitamente di farlo. Cf. R. BAUCKHAM, *Gospel Woman*, 290.

Studiando la reazione manifestata tra questo iniziale turbamento e la «paura» in 16,8 potremo meglio comprendere la reazione finale delle donne e la portata di 16,8 come conclusione del racconto.

6.2 L'uso marciano del verbo ἐκθαμβέω

Il verbo ἐκθαμβέω è la forma composta con valore intensivo di θαμβέω e indica un grande turbamento. Fissata la distinzione, riteniamo opportuno trattare insieme le due forme del verbo: il narratore marciano infatti mostra un particolare interesse a evidenziare un crescente generale sgomento che che pervade e accompagna «il cammino» verso Gerusalemme.

Nel Vangelo di Mc il verbo θαμβεῖσθαι ricorre tre volte (1,27; 10,24.32) ἐκθαμβεῖσθαι quattro (9,15; 14,33; 16,5.6), tutte e sette le ricorrenze sempre nella forma transitiva o passiva.

Cinque sono i contesti in cui tale sgomento emerge: nella folla (1,27), nella folla con i discepoli (9,15); in due situazioni un turbamento assale i discepoli a fronte dell'insegnamento di Gesù (10,24.32); nel Getsemani è Gesù stesso che prega in preda a un forte turbamento (14,33) infine un forte turbamento assale anche le donne una volta entrate nella tomba (16,5.6). A eccezione di Mc 14,33 (l'unica volta in cui Gesù è colto da paura), in tutte le altre è Gesù che provoca sgomento. Ciò che destabilizza è il suo agire potente e autorevole (1,27) e fortemente esigente (10,24.32), la vista della sua persona (9,15) o del misterioso giovane che riporta l'annuncio pasquale della sua risurrezione (16,5.6).

La forma composta ἐκθαμβέω ricorre solo nella seconda parte del Vangelo, con essa il narratore ravvisa l'intensificarsi dello stupore in alcuni testi compresi fra il cammino di Gesù e dei discepoli verso Gerusalemme e l'annuncio della risurrezione (8,27–16,8). Il verbo appare in tre momenti fondamentali della vita di Gesù: si tratta di situazioni legate al contesto della trasfigurazione, della preghiera al Getsemani e della scoperta della tomba vuota, tutti episodi fortemente rivelativi del progetto di Dio che si realizza in Gesù e che al tempo stesso illuminano sulla sua identità di Messia e Figlio di Dio.

6.2.1 Il turbamento della folla

Nel racconto dell'esorcismo nella sinagoga di Cafarnao (1,21-28), la reazione di meraviglia dei presenti conclude un episodio in cui tutti si interrogano sull'«insegnamento nuovo» impartito da Gesù e sulla straordinaria autorità con cui egli si presenta (διδαχὴ καινὴ κατ' ἐξουσίαν)⁶⁰. Il v. 22 riferisce una prima realtà di stupore (ἐξεπλήσσοντο) che coglie favorevolmente l'uditorio di fronte a Gesù che insegna «come uno che ha autorità e non come gli scribi». Si tratta di un implicito confronto che, a dispetto degli studiosi della Torà, depone a favore di Gesù: contrariamente agli scribi che legittimano l'autorità della loro dottrina in funzione del rapporto con la Legge che interpretano, Gesù ha invece in se stesso l'autorità per sostenere le proprie posizioni (cf. 11,27-33). Dopo l'azione esorcistica successiva all'insegnamento, una seconda reazione dei presenti viene espressa dal verbo θαμβεῖσθαι (ἅπαντες ἐθαμβήθησαν 1,27; par. Lc 4,36). In questo caso il verbo indica uno stupore superiore e anche qualitativamente differente dalla prima reazione, in quanto la radice θαμβ- evoca uno sconcerto religioso che qui è causato non solo dall'insegnamento di Gesù e dall'esorcismo da lui compiuto, ma anche dalla dichiarazione dello spirito immondo circa la sua identità: «Io so chi tu sei, il Santo di Dio» (v. 24). Tale autorevole rivelazione fa di Gesù un profeta e un carismatico superiore agli uomini di Dio presenti nel Primo Testamento⁶¹, offrendo la chiave per comprendere l'autorità che sta alla base del suo insegnamento e del suo operato. Lo sgomento di tutti i presenti assume dunque una funzione rivelativa, capace di condurre a una puntuale caratterizzazione dell'identità di Gesù.

6.2.2 Il turbamento dei discepoli e della folla

La forma intensiva del verbo compare la prima volta a sostegno del grande turbamento che coglie tutti i presenti nel veder tornare Gesù dal monte della trasfigurazione (ἐξεθαμβήθησαν 9,15).

I vv. 14-15 fungono da cerniera e legano l'episodio della trasfigurazione (9,1-13) al racconto della guarigione dell'epilettico indemoniato (9,14-29) costituendone l'introduzione. Giungendo insieme a Pietro,

---

⁶⁰ Questo è il solo punto in Marco dove compare la forma ἅπας (ἅπαντες) usata con espressioni di meraviglia per esprimere la totalità dei presenti (altrove sempre πᾶς 2,12; 5,20; 6,50; 9,15; 11,18). Nell'aggettivo ἅπας il prefisso ἁ è il residuato della forma ἅμα copulativo («insieme, nello stesso tempo») e viene a rafforzare l'idea di totalità e simultaneità (senza eccezioni) dell'aggettivo πᾶς. Cf. C. RUSCONI, «ἅπας, ἅπασα, ἅπαν», *Vocabolario del Greco del Nuovo Testamento*, 34.

⁶¹ Il titolo «il santo di Dio» (1,24; cf. anche Gv 6,69 e Lc 4,34) segna un totale contrasto con la locuzione «l'uomo posseduto da uno spirito immondo» (1,23). È possibile che vi sia un gioco di parole favorito dal termine Nazireo/Nazareno (Ναζαρηνέ). Cf. R. PESCH, *Il Vangelo di Marco*, 210-212; J. Gnlika, *Marco*, 96-97.

Giacomo e Giovanni, Gesù trova gli altri discepoli intenti a discutere pubblicamente con gli scribi sul fatto che essi non riescono a liberare l'indemoniato (9,14-18). Alla vista di Gesù, il profondo sbalordimento della folla è enigmatico e sembrerebbe immotivato: la narrazione non esplicita che esso dipende da fattori esteriori, o da qualche detto autorevole di Gesù, e nemmeno enfatizza l'esperienza numinosa della trasfigurazione dal momento che essa è già terminata e nulla trapela di quanto accaduto (9,9-10).

Diverse sono le interpretazioni degli esegeti[62], ma riteniamo particolarmente illuminante il rimando lessicale dell'unica ricorrenza di ἐκθαμβέω nei LXX. Si tratta di un proverbio in Sir 30,9 riguardante l'educazione dei figli:

τιθήνησον τέκνον καὶ ἐκθαμβήσει σε σύμπαιξον αὐτῷ καὶ λυπήσει σε	Còccola il figlio e ti sgomenterà scherza con lui e ti farà soffrire

Il detto mette in guardia da un'educazione troppo poco severa: essa fa temere cattive sorprese. Il parallelismo suggerisce che anche in Mc 9,15 si tratti di una paura causata dalla previsione di un avvenimento che crea sgomento[63].

---

[62] Lo stupore è dovuto all'improvviso apparire di Gesù (V. TAYLOR, *The Formation of the Gospel Tradition*, 396), al momento opportuno (B.H. BRANSCOMB, *The Gospel of Mark*), al riconoscimento del noto taumaturgo (L. SCHENKE, *Die Wundererzählungen des Markusevangelium*, 329). Gesù è sorprendente in se stesso (E. KLOSTERMANN, *Das Markusevangelium*, 90), lo stupore è provocato dalla sua numinosa presenza (R. PESCH, *Il Vangelo di Marco*, II, 142), evoca Mosè disceso dal Sinai con il volto raggiante (G. MINETTE DE TILESSE, *Le Secret messianique*, 116-117). L'arrivo di Gesù è descritto come un'epifania (J. GNILKA. *Marco*, 492), è ritratto come θεῖος ἀνήρ (D.-A. KOCH, *Die Bedeutung der Wundererzählungen*, 124, n. 52). W. SCHMITHALS, «Die Heilung des Epileptischen», 214, ritiene che il v. 15 sia la conclusione originaria del racconto della guarigione del cieco di Betsaida (8,22-26).

[63] Che si tratti di un grande e peculiare spavento, oltre che dalla forma intensiva del verbo, è sottolineato da vari particolari: l'avverbio εὐθύς, così comune in Mc, solo qui è riferito a una reazione di stupore; la locuzione πᾶς ὁ ὄχλος evidenzia che proprio «tutti» restano stupefatti, perfino gli scribi menzonati al v. 14; il participio ἰδόντες αὐτὸν è congiunto al verbo principale e focalizza la prospettiva su Gesù. Rispetto alla meraviglia manifestata dalla folla a Cafarnao (ἐθαμβήθησαν ἅπαντες 1,27) emerge una decisa intensificazione la cui causa va ricondotta a qualcosa di più profondo rispetto a quanto finora considerato: come le guarigioni o le azioni esorcistiche di Gesù, il suo insegnamento (1,22), il perdono dei peccati da lui attestato (2,12), le testimonianze a suo riguardo (5,20).

Il grande sconcerto assale tutti i presenti nel momento in cui Gesù con i tre «scende» dal monte della trasfigurazione (καταβαινόντων 9,9) per intraprendere il cammino verso il luogo teatro della sua passione. Il generale turbamento sembra perciò riferirsi a questo cammino che concretamente da avvio a un messianismo sofferente, come attestano le tre predizioni di Gesù sulla sua passione, morte e risurrezione.

A livello narrativo Mc 9,15 segna perciò una novità e un cambio di prospettiva che giustifica l'uso di ἐκθαμβεῖσθαι in una più precisa puntualizzazione cristologica. Come un esorcismo aveva introdotto il ministero di Gesù in Galilea (1,21-28) ora un esorcismo (9,14-29) introduce il cammino verso Gerusalemme, cammino caratterizzato dalle istruzioni riservate ai discepoli. L'avvicinarsi del Regno di Dio, fino a questo momento manifestatosi nella potenza delle parole e delle azioni di Gesù, ora sorprendentemente si manifesta durante una sua «discesa» che, in certo modo, prefigura e avvia quella del Cristo fino alla morte. In «tutti» gli attori sulla scena (folla, discepoli e scribi) tale cammino di Gesù genera un inconsapevole e misterioso sgomento mai provato prima. Già informato che Gesù è il Cristo (1,1; 8,29) e il Figlio di Dio (1,11; 9,7), a partire da questo momento il lettore impara a cogliere questa numinosa autorità in un nuovo contesto dominato dalla croce.

6.2.3 Il turbamento dei discepoli e del Dodici

Lungo il «cammino», *dopo aver incontrato un ricco (10,17-31)*, Gesù presenta un insegnamento che provoca turbamento[64]. Inizialmente i discepoli si stupiscono (evqambou/nto v. 24a) per l'affermazione sulla difficoltà a entrare nel Regno di Dio per coloro che hanno ricchezze (10,23). Uno spavento maggiore (οἱ δὲ περισσῶς ἐξεπλήσσοντο v. 26) li assale quando Gesù estende a tutti questa difficoltà («com'è difficile entrare nel Regno di Dio» v. 24b) e, ricorrendo alla metafora del cammello (v.25), nega la possibilità di rapporto fra ricchezza e Regno di Dio. «E chi mai si può salvare?» domandano i discepoli sgomenti, consapevoli di trovarsi di fronte a un ostacolo insormontabile.

---

[64] Che questo insegnamento sia riservato ai soli discepoli è rimarcato con enfasi da diversi elementi: in tutto il Vangelo solo qui viene esplicitamente utilizzata la locuzione οἱ δὲ μαθηταὶ (10,24) come soggetto di un verbo di stupore (solitamente il narratore utilizza il soggetto impersonale: 4,41; 6,51); unico è anche il fatto che il verbo di stupore sia specificato nella sua causa con l'espressione ἐπὶ τοῖς λόγοις αὐτοῦ. Infine è singolare e non presente altrove il titolo di «figli» (τέκνα v. 25) con cui Gesù definisce i discepoli: si tratta della manifestazione di una familiarità che elimina dalle sue esigenti parole una qualsiasi idea di indifferente distacco.

In risposta Gesù pronuncia una dichiarazione che in modo definitivo riconduce tutto a Dio: solo da lui viene la salvezza (10,27).

Alcuni elementi del vocabolario collegano in modo particolare questo testo a due episodi iniziali del ministero in Galilea, quando Gesù aveva suscitato meraviglia e perplessità tra la folla di Cafarnao (1,14-28) e fra i compaesani di Nazaret (6,1-6a)[65].

La caratteristica della pericope del ricco è quella di rileggere questi temi (dell'insegnamento autorevole di Gesù da seguire, del Regno di Dio che avanza, dello stupore che Gesù suscita) all'interno del motivo del «cammino» (10,17) che caratterizza la sezione 8,27–10,52 e di riferirli strettamente ai discepoli e a chiunque voglia seguire Gesù da vicino (10,21.28.30)[66].

Gesù dunque applica al discepolato le esigenze del Regno di Dio che avanza. Mentre è in cammino verso Gerusalemme egli dichiara ai discepoli che a chi intende seguirlo viene richiesta una fiducia assoluta in Dio. Davanti a ciò persino i discepoli, i più intimi, rimangono sgomenti. Per loro stare con Gesù diventa sempre più difficile: la totale disponibilità richiesta e la rivelazione che l'uomo non è in grado di guadagnare la salvezza costituiscono un insegnamento mai udito prima e sconvolgono chiunque segua «un cammino» il cui unico riferimento è la consegna incondizionata alle parole di Gesù, e la cui unica certezza consiste nel fatto che «tutto è possibile a Dio» (10,27).

La predizione di Gesù ai Dodici sul proprio destino insegnato come destino del Figlio dell'Uomo (10,32-34) ha un'inusuale introduzione: «mentre erano in cammino salendo verso Gerusalemme, Gesù cammi-

---

[65] Gli elementi di collegamento sono numerosi: Gesù è chiamato due volte «maestro» (διδάσκαλε 10,17.20), titolo la cui radice è più volte ripetuta nel racconto dell'esorcismo di Cafarnao a proposito del suo insegnamento autorevole (ἐδίδασκεν 1,21; διδάσκων 1,22; διδαχή 1,22.27) e all'inizio della sua venuta nella sinagoga di Nazaret (διδάσκειν 6,2). L'espressione «regno di Dio» (τὴν βασιλείαν τοῦ θεοῦ 10,23.24.25) rimanda al sommario programmatico 1,14-15. I verbi θαμβέομαι (10,24; cf. 1,27; 10,32) e ἐκπλήσσομαι (10,26; cf. 1,22; 6,2; 7,37; 11,18) si ritrovano uniti, ma in ordine inverso, nella pericope 1,21-28 (ἐξεπλήσσοντο 1,22; ἐθαμβήθησαν 1,27). Ἐκπλήσσομαι si ritrova anche in 6,2 (ἐξεπλήσσοντο). L'espressione πρὸς ἑαυτούς (10,26) utilizzata in un contesto di stupore ricorre ancora solo in 1,27 (ὥστε συζητεῖν πρὸς ἑαυτούς).

[66] Nel brano dell'incontro con il ricco (10,17-29) le tre espressioni «entrare nel regno di Dio» (10,23), «ottenere la vita eterna» (10,17) ed «essere salvato» (10,26), esprimono sempre la medesima realtà: la partecipazione alla pienezza della vita di Dio. Si tratta di motivi che nella sezione 8,27–10,52 ritornano continuamente: 9,43.45.47; 10,15.17.21.28.30. Cf. K. STOCH, *Marco*, 203.

nava davanti a loro ed essi erano stupiti (ἐθαμβοῦντο); coloro che venivano dietro erano pieni di timore (ἐφοβοῦντο). Prendendo di nuovo in disparte i Dodici, cominciò a dir loro» (v. 32). Qui i due i verbi legati al lessico della paura sono usati in espressioni parallele:

Ἦσαν δὲ ἐν τῇ ὁδῷ ἀναβαίνοντες εἰς Ἱεροσόλυμα
    a)   καὶ ἦν *προάγων* αὐτοὺς ὁ Ἰησοῦς
    b)   καὶ **ἐθαμβοῦντο**
    a')   οἱ δὲ ἀκολουθοῦντες
    b')   **ἐφοβοῦντο**
καὶ παραλαβὼν πάλιν τοὺς δώδεκα ἤρξατο αὐτοῖς λέγειν

Il tempo imperfetto delle forme verbali rende esplicito il prolungarsi della situazione: il narratore intende mostrare una condizione che perdura per tutto il tempo del «cammino».

Come siano da intendere i gruppi che seguono Gesù è questione dibattuta[67]. Comunque sia, i processi emozionali evocati da θαμβέω e φοβέω distinguono una diversa intensità psicologica insita nella montante opposizione a Gesù. Il contrasto risulta evidente: mentre Gesù consapevolmente e con risolutezza sta andando incontro a un destino di passione, morte e risurrezione, coloro che lo seguono mostrano una generale riluttanza, a partire dai più vicini. Ciò spinge Gesù a chiamare i Dodici in disparte per riconfermare che il cammino intrapreso porta a compimento il destino del Figlio dell'Uomo[68]. Il timore dei Dodici è una paura derivante dall'inadeguata comprensione del piano di Dio, paura che porta a

---

[67] La difficoltà è stata percepita fin dagli antichi manoscritti. I codici D K, i minuscoli f[13] 28 700 1010 e altri, omettono la frase οἱ δὲ ἀκολουθοῦντες ἐφοβοῦντο. Si tratta di una *lectio facilior* atta ad agevolare la lettura e la comprensione del versetto. La quasi totalità dei migliori testimoni propende per il testo lungo. Confrontando Mc 10,32 con Mc 11,9, un'analoga introduzione al racconto dell'entrata di Gesù in Gerusalemme in cui ricorrono di nuovo in coppia i verbi προάγω e ἀκολουθέω è probabile che in entrambi i casi si tratti di un unico gruppo numeroso di discepoli. In Mc 10,32 i più prossimi a Gesù, forse proprio i Dodici che Gesù subito dopo chiama in disparte, manifestano una paura ancor più grande rispetto agli altri che seguono. Sulla questione cf. R. PESCH, *Il Vangelo di Marco*, II, 229; J. GNILKA, *Marco*, 564; E. SCHWEIZER, *Il Vangelo secondo Marco*, 176-177; M. GRILLI, *L'impotenza che Salva*, 133-134; T. DWYER, *The Motif of Wonder*, 160; E. KLOSTERMANN, *Das Markusevangelium*, 105; C.E.B. CRANFIELD, *The Gospel According to St. Mark*, 335; S. GRASSO, *Vangelo di Marco*, 261.

[68] Gesù è il soggetto del verbo προάγω (come in 14,28 e 16,7) e la costruzione perifrastica (καὶ ἦν προάγων αὐτοὺς ὁ Ἰησοῦς) ne enfatizza la posizione davanti a tutti, suggerendo la piena accettazione del piano di Dio.

prendere le distanze anche da Gesù stesso. Un tale turbamento segna una divergenza e una separazione da quel deciso «precedere» che contraddistingue il protagonista.

6.2.4 Il turbamento di Gesù nel Getsemani

Il racconto della preghiera al Getsemani (Mc 14,32-42) è l'unica scena nei Sinottici in cui si descrive Gesù in preda alla paura[69].

Mc non esprime lo stato d'animo di Gesù attraverso il verbo comune φοβέομαι, ma ricorre a un'espressione composta da tre verbi ἤρξατο ἐκθαμβεῖσθαι καὶ ἀδημονεῖν (14,33), una specie di endiadi capace di evidenziarne l'aspetto specifico e del tutto singolare. In questo modo il narratore distingue la paura di Gesù da quella degli altri personaggi e sottolinea la profonda intensità del sentimento da lui provato: un'angoscia mortale (περίλυπός ἐστιν ἡ ψυχή μου ἕως θανάτου v. 34), espressione così orribile che Mt e Lc ne sono rimasti come scandalizzati e non l'hanno più ripresa[70]. In questo momento si concretizza la totale obbedienza di Gesù al Padre, un'obbedienza né scontata, né superficiale. Il v. 36 illumina la singolare «paura» di Gesù svelandone la causa attraverso il tema della preghiera. Accettando la passione e la morte in croce, Gesù è fortemente deciso a seguire la volontà di Dio, ma il breve lasso di tempo che ne precede il compimento rende ancora possibile la defezione[71]. La dimensione drammatica del momento si amplifica: solo la preghiera, in un totale affidamento al Padre (v. 36), permette a Gesù di superare l'angoscia mortale che lo assale[72]. La tecnica narrativa che ricorre a termini differenti e peculiari per mettere

---

[69] Cf. Mt 26,36-46; Lc 22,40-46. L'episodio manca in Gv.

[70] La locuzione ἐκθαμβεῖσθαι καὶ ἀδημονεῖν forma una specie di endiadi dove il primo verbo è una forma intensiva e il secondo un *hapax* marciano (oltre che nel parallelo di Mt il termine non compare altrove nella Bibbia). Nel parallelo Mt cambia la locuzione in λυπεῖσθαι καὶ ἀδημονεῖν (26,37), mentre Lc non ha un'espressione corrispondente. Cf. E. MANICARDI, «La paura di Gesù», 133-146.

[71] Nella conclusione del racconto marciano ricorre due volte il verbo παραδίδωμι (παραδίδοται v. 41; παραδιδούς v. 42). Esso unito alla forma verbale ἤγγικεν («viene colui che mi tradisce» v. 42) si ritrova in Mc 1,14-15 a proposito dell'arresto di Giovanni Battista (τὸ παραδοθῆναι) e dell'avvicinarsi del Regno di Dio (ἤγγικεν ἡ βασιλεία τοῦ θεοῦ). L'inclusione e il valore escatologico di ἤγγικεν suggeriscono un'analogia: come l'arresto del Battista segna l'inizio del ministero di Gesù e il sopraggiungere del potere regale di Dio tra gli uomini (1,14-15), così ora l'arresto di Gesù mostra che l'avvicinarsi del regno di Dio percorre il cammino del tradimento che egli patisce. «L'avvicinarsi» del regno di Dio e «l'avvicinarsi» della passione vengono a coincidere.

[72] Cf. E. MANICARDI, «La paura di Gesù», 133-146.

a fuoco un timore del tutto singolare si ripete nella descrizione della «paura» delle donne in Mc 16,8.

6.2.5 La caratterizzazione marciana di ἐκθαμβέω

Nel NT né ἐκθαμβέω né θαμβέω sono attestati al di fuori di Mc. La radice compare solo nei testi lucani e nella forma dei sostantivi ἔκθαμβος (At 3,11) e θάμβος (Lc 4,36; 5,9; At 3,10): in genere essa indica il profondo sbigottimento dell'uomo di fronte a una rivelazione del numinoso. Si tratta di un improvviso turbamento fondamentalmente associato alla percezione visiva[73].

Nelle sette ricorrenze marciane, (ἐκ)θαμβέω assume una forte funzione teologica e cristologica sia perché evidenzia la reazione di tutti di fronte alle azioni potenti di Gesù e all'autorevolezza dei suoi insegnamenti, sia perché nella forma intensiva caratterizza soprattutto la reazione dei discepoli in rapporto al suo destino di morte e risurrezione. Particolare rilevanza assume il turbamento di tutti i discepoli in 10,32 poiché esso è connesso al verbo προάγειν di cui Gesù è soggetto. Rimandando proletticamente a 14,28 e 16,7 questo turbamento viene a costituire un asse tematico che unisce il discepolato pre-pasquale a quello post-pasquale fondendoli in un'unica azione caratterizzata dal «seguire Gesù che precede».

La caratterizzazione marciana di ἐκθαμβεῖσθαι conferma che la paura delle donne è assunta come attestazione di fede: il verbo infatti esprime una reazione di fronte a qualcosa di assolutamente straordinario proveniente da Dio e che immette nella sua rivelazione, in modo analogo alla paura che assale Gesù al Getsemani nell'immi- nenza della passione (14,33)[74].

---

[73] Nella Bibbia greca i termini con radice θαμβ- sono poco frequenti, solo 15 ricorrenze (ἐκθαμβέω in Sir 30,9; il verbo θαμβεῖν 7 volte in Gdc 9,4; 1Sam 14,15; 2Sam 22,5; 2Re 7,15; 1Mac 6,8, Sap 17,3; Dn 8,17; il sostantivo θάμβος 6 volte in 1Sam 26,12: Qo 12,5; Ct 3,8; 6,4.10; Ez 7,18; l'aggettivo ἔκθαμβος una volta in Dn 7,7). In genere θαμβέω e θάμβος si alternano con φοβέομαι, τρέμω (τρόμος), ἐξιστάναι (ἔκστασις) e ταράσσομαι e hanno più o meno lo stesso valore senza riprendere un concetto determinato. Come fondamento propriamente teologico del neotestamentario (ἐκ)θαμβέω/θάμβος va considerata la tradizione veterotestamentaria della teofania. Cf. G. BERTRAM, «θάμβος», *GLNT*, IV, 147-158 (*TWNT*, III, 3-7); W. GRIMM, «θαμβέω», *DENT*, I, 1581; H. BALZ – G. SCHNEIDER, «ἐκθαμβέω», *DENT*, I, 1091.

[74] La paura di Gesù al Getsemani scaturisce dalla «consapevolezza assoluta della vicinanza di un tempo stabilito, unita all'incertezza sulla propria capacità di entrare nell'obbedienza pur conosciuta e desiderata» E. MANICARDI, «La paura di Gesù», 146.

6.3 *Il turbamento iniziale delle donne e la loro «paura»*

La paura che affiora nelle donne alla vista del giovane messaggero (ἐξεθαμβήθησαν 16,5) è conforme alla paura in genere esperessa nelle scene di epifanie del divino. Il turbamento che le assale non esprime semplicemente la sorpresa di incontrare uno sconosciuto nella tomba vuota, ma lascia percepire la consapevolezza di trovarsi davanti a un accadimento che rimanda a Dio. Tale stupore palesa anche una distanza che separa queste donne da tutto ciò che il giovane messaggero rappresenta. Giungendo alla tomba per imbalsamare il corpo di Gesù, esse pensavano di porre definitivamente fine alla storia del Maestro, aggiungendo alla fedele sequela un ultimo gesto di affetto e devozione.

Proprio questa «distanza» che lo sgomento manifesta sembra essere richiamata dalle parole introduttive che il giovane rivolge alle donne (μὴ ἐκθαμβεῖσθε v. 6)[75]. Esse devono superare non solo lo sconcerto per aver trovato la tomba aperta, ma anche le intenzioni con cui vi sono giunte, solo così potranno aprirsi alla proclamazione pasquale della risurrezione di Gesù che il giovane stesso sta per rivelare, e ricordare ciò che Gesù aveva predetto (8,31; 9,32; 10,32; 14,27-28). Proprio constatando il compiersi di quelle parole le donne potranno accogliere il kerygma e superare la distanza che le separa dal Risorto. Che questo terrore sia superato dalle donne lo dimostra il fatto che esse si trattengono nella tomba per tutto il tempo della rivelazione.

Attraverso l'incarico che ora viene loro affidato anche i discepoli vengono invitati a colmare la distanza (non solo spaziale) che li separa da Gesù, tornando a incontrarlo su un cammino che da Gerusalemme li riporta in Galilea, dove Gesù sempre precede (16,7). Rispetto al precedere di Gesù in 10,32 le parole del giovane sottolineano il legame del discepolato con il Risorto: la croce non è l'ultima meta della sequela e Gesù rifulge sempre di numinosa determinazione. L'iniziale grande turbamento delle donne segna perciò l'immissione in questa rivelazione: esse per prime sono partecipi del paradosso evangelico secondo cui nell'impotenza di Gesù si rivela la vera potenza del Signore. Una nuova paura assale però le donne al termine del messaggio del giovane (16,8). Questa volta si tratta di un timore diverso, più potente, più durevole, di tipo religioso e dovuto alle parole del giovane.

---

[75] La locuzione μὴ ἐκθαμβεῖσθε (v. 6) risulta essere inusuale e per questo degna di particolare attenzione: infatti non ricorre mai altrove nella Bibbia. Generalmente nelle epifanie la formula rassicuratrice è sempre μὴ φοβοῦ ο μὴ φοβεῖσθε, qualunque sia il verbo utilizzato per descrivere la paura (Cf. Mc 6,50; Lc 1,12.29; At 27,24; Ap 1,17).

Questo esprimere emozioni per gradi, secondo un modello collaudato che vede il passaggio da un iniziale turbamento che viene rincuorato (v. 5) a un timore più forte (v. 8), è una strategia che il narratore ha adottato anche altrove[76].

Le donne nella tomba sono rese partecipi di una rivelazione straordinaria in cui Dio attesta il proprio agire a favore di Gesù crocifisso. Ne sono fortemente colpite e sprofondano in un timore senza eguali.

Le ricorrenze di ἐκθαμβέω arricchiscono dunque il già nutrito lessico della paura abbondantemente presente nella chiusa (τρόμος, ἔκστασις e φοβέομαι) introducendo la carica emozionale che pervade il racconto[77]. Tali termini presenti nella narrazione marciana laddove qualcuno sperimenti la singolare potenza di Gesù (4,41; 5,15.33; 6,50) o il mistero del ritorno alla vita (5,42) sono concentrati concentrati dal narratore in 16,1-8.

Il risultato finale consegna un racconto in cui la puntuale descrizione della sfera emotiva dei personaggi viene costruita attraverso un'accurata e graduata scelta lessicale inerente alla paura, cosa che non trova riscontro nel resto del Vangelo e neppure in tutta la letteratura biblica.

Proprio la carica emozionale della scena finale da corpo a un crescendo drammatico: né sotto la croce, né durante la sepoltura di Gesù, né nel recarsi delle donne alla tomba era mai emerso tale interesse (cf. 15,40–16,4). Solo dopo il loro ingresso nella tomba la paura appare nel verbo ἐκθαμβέω (v. 5) subito seguito dalla formula rassicuratrice (μὴ ἐκθαμβεῖσθε v. 6). Un timore torna a emergere appena le donne escono dal sepolcro (τρόμος καὶ ἔκστασις) e raggiunge il culmine nell'ἐφοβοῦντο γάρ finale. Questo progressivo processo emozionale crea la giusta tensione in cui il narratore inserisce l'annuncio del giovane, così da

---

[76] Nell'episodio della tempesta sedata (4,35-41) all'iniziale paura dei discepoli intuibile dalla domanda di Gesù (τί δειλοί ἐστε; v. 40) segue un timore più grande (ἐφοβήθησαν φόβον μέγαν v. 41). Similmente in 5,35-43 Giairo teme (implicito alla luce del v. 36) quando gli viene annunciata la morte della figlia. Questa paura è confortata (v. 36) e dopo che Gesù ha risuscitato la bambina, appare un timore carico di stupore. Nel racconto di Gesù che cammina sull'acqua (6,45-52) a un iniziale smarrimento dei discepoli alla «vista» di un «fantasma» (v. 49) segue «subito» (εὐθὺς v. 50) un conforto, che però precede un timore più grande (v. 51).

[77] Il legame tra i vv. 5-8 in cui si sviluppa il tema della paura è avvalorato dallo stile e dal lessico che rende più che probabile una loro appartenenza alla narrazione tradizionale. In genere gli autori pensano che la reazione descritta nei vv. 5-6 sia propria di un'angelofania, ma che verosimilmente Mc l'abbia riscritta con l'uso del verbo ἐκθαμβεῖσθαι a lui particolarmente caro. Per il v. 8 caratteristiche redazionali sono ravvisabili nei due γάρ esplicativi, nella doppia negazione οὐδενὶ οὐδέν, e nei lemmi ἔκστασις e φοβέομαι.

sortire un duplice effetto: da un lato esso sorprende il lettore che vede tradite le sue prevedibili attese di una facile accoglienza del kerygma, dall'altro mette a fuoco il totale disorientamento causato da ciò che non è spiegabile in termini razionali, dando così enfasi alla proclamazione kerygmatica.

6.4 *La paura delle donne nella carica emozionale del racconto*

Nel primo quadro del racconto il mondo dei sentimenti delle donne prevale sulla fredda razionalità. Anche nel quadro finale (v. 8) la razionalità è soffocata dal tumulto emozionale dei personaggi: timore e sbigottimento raggiungono la vertigine e non lasciano spazio a parole e progetti. Il vortice dell'accelerazione è frenetico, a tal punto da condurre a una chiusa tanto improvvisa quanto sconcertante. In questo finale interrogativi e speculazioni sono rimandati a dopo la lettura, non appartengono al mondo del racconto i cui personaggi sono posseduti da una irrefrenabile potenza (εἶχεν γὰρ αὐτὰς v. 8). L'irrequietezza della prima scena non corrisponde però alla carica emozionale della terza, dal momento che un nuovo evento scatenante conferisce al processo emotivo un salto di qualità e un differente orientamento.

Il momento decisivo si realizza nel secondo quadro del racconto (vv. 5-7), quello in cui le donne abbandonano preoccupazioni e propositi per lasciare spazio alla quiete e all'ascolto: qui la loro «passività» non corrisponde a quella che le caratterizza nelle prime apparizioni sulla scena narrativa. Alla morte e sepoltura di Gesù esse «osservano» (ἦσαν θεωροῦσαι 15,40; ἐθεώρουν 15,47) senza che alcuno rivolga loro una parola. Diversamente, dopo averle rassicurate, il giovane onnisciente rivela loro ogni cosa e spazzando via ogni ambigua supposizione offre la chiave interpretativa fondamentale per la comprensione di quanto le donne stanno vivendo.

Come un potente terremoto, i vv. 6-7 segnano per le donne una parabola emotiva in cui crollano le certezze e sfumano i progetti con cui sono venute alla tomba.

vv. 6-7   οὐκ ἔστιν **ὧδε**
            ἴδε ὁ τόπος ὅπου ἔθηκαν αὐτόν
                    ἀλλὰ ὑπάγετε εἴπατε...
            ἐκεῖ αὐτὸν ὄψεσθε
                    καθὼς εἶπεν ὑμῖν.

Il loro turbamento è preludio di parole tanto potenti da produrre in loro un totale cambio di rotta, perché Gesù «non è qui», né qui tornerà mai più. Nelle parole del giovane, le particelle avverbiali svolgono un ruolo importante: esse segnalano il momento preciso della svolta che fa seguito alla rassicurazione per poi suscitare un timore ancor più grande e di diversa natura. Emerge una contrapposizione spaziale «qui»/«là» (ὧδε/ἐκεῖ), corrispondente a tomba/Galilea, e una contrapposizione temporale fra la situazione presente (ἔστιν) e quella futura (ὄψεσθε). La tomba è «il luogo dove lo avevano posto» e corrisponde a quanto le donne hanno constatato personalmente al momento della sepoltura (15,47). Anche il «come aveva detto» riconduce alla loro esperienza: questa volta però il fulcro è la parola di Gesù conosciuta nella sequela. Il comando centrale (ὑπάγετε εἴπατε) è l'endiadi a cui la chiusa corrisponde e innesca il passaggio dalla realtà presente alla condizione futura, provocando il cambio di rotta delle donne: dalla tomba, la loro attenzione si rivolge a una nuova visione di Gesù risorto. La preposizione ὑπο, prefissa all'«andate» (ὑπάγετε) marca già l'allontanamento dal sepolcro. All'esperienza segnata dalla limitatezza della condizione umana, si sostituisce ora l'evidenza della parola di Gesù che apre nuove prospettive, nuovi orizzonti e un nuovo futuro: proprio come τρόμος καὶ ἔκστασις e ἐφοβοῦντο che si sostituiscono a ἐκθαμβέω, un varco che la parola di Gesù apre alle donne, offrendo loro un «oltre» di cui lui stesso si fa guida e meta (προάγει ὑμᾶς).

Per le donne, nelle parole del giovane evento e parola si fondono dando origine al «racconto della storia di Gesù» come Dio la racconta. Finalmente ora esse giungono a vedere e intendere secondo la prospettiva di Dio stesso, l'unica vera e affidabile, che fin dall'inizio ha mosso l'intera narrazione e ne sono rapite, come possedute. Grazie alla focalizzazione interna, il lettore vive lo stesso processo percettivo delle donne: ciò che le donne vedono è quanto vede il lettore (εἶδον v.5), ciò che le donne ascoltano è anche tutto ciò che il lettore viene a conoscere (ὁ δὲ λέγει αὐταῖς v. 5). Attori e lettore procedono parallelamente e il lettore, se capace di aprirsi all'annuncio del Risorto, nello sconvolgimento delle donne vede ciò che lo attende. Conoscenza degli attori e conoscenza del lettore finalmente collimano con quanto rivela l'autorità suprema della narrazione permettendo d'ora in poi un proseguo della storia all'unisono: ciò che le donne diranno ai discepoli e a Pietro è la stessa lettura della storia di Gesù fatta da Dio, storia che corrisponde al Vangelo ricevuto dal lettore. «L'inizio del Vangelo» (1,1) qui matura una nuova fase: da accadimento, la storia di Gesù diviene racconto che

Dio ispira alle donne (il testo), e tramite esse al lettore. L'ermeneutica del Vangelo trova qui la sua prima e completa organizzazione. Il processo emozionale che legava le donne al cadavere di Gesù viene definitivamente interrotto[78] da una diversa percezione, radicalmente nuova perché radicalmente «cristiana». Di tale strategia emozionale le donne non sono semplici strumenti: esse stesse infatti passano dalla morte alla vita, dal limite della propria esperienza all'esperienza senza limiti del potere di Dio riconosciuto in Gesù crocifisso risuscitato, invitando a ciò anche i discepoli, Pietro e il lettore.

Limitando la chiusa del racconto a un solo versetto (v. 8), la concentrata descrizione delle ultime azioni delle donne imprime alla conclusione una forte accelerazione che sottolinea ulteriormente la portata dell'annuncio kerygmatico. In questo modo il narratore certifica che la proclamazione della risurrezione di Gesù manifesta tutta la potenza di un'azione eccezionale e singolare di Dio, capace di sconvolgere anche queste fedeli discepole. L'interesse cristologico del narratore emerge prepotentemente: il Gesù risuscitato è prova della verità della sua parola, e la sua parola attesta il potere di Dio mostrato, spiegato e percepito in Gesù stesso.

6.5 *La paura come fine del racconto*

Attraverso la duplice annotazione di una paura in 16,5 e 16,8 il narratore descrive due timori qualitativamente diversi. In 16,5 si esprime sconcerto e stupore alla vista del giovane dai chiari connotati di personaggio celeste. È il terrore delle epifanie che viene superato in forza dell'esortazione rassicurante del giovane stesso. In 16,8 ἐφοβοῦντο γάρ esprime invece una paura ugualmente straordinaria ma di carattere religioso, la paura di chi si affida alla rivelazione ricevuta dal messaggero e perciò ingressiva alla fede. Una paura che se esternamente ha manifestazioni comuni (τρόμος), interiormente si connota come ἔκστασις, che

---

[78] Il cambiamento ha inizio al v. 4 con il participio ἀναβλέψασαι (il verbo significa «alzare gli occhi» 6,41; 7,34 e anche «riacquistare la vista» 8,24; 10,51). Le donne escono dal loro mondo interno e incominciano a notare ciò che è fuori di loro. In 16,4-5 dominano i verbi del vedere (ἀναβλέψασαι, θεωροῦσιν, εἶδον). In 16,6-7 parla il giovane e alle donne spetta l'ascolto. Cf. K. STOCK, *I Racconti Pasquali*, 65. E.M. BORING, *Mark*, 444, richiamandosi all'uso del termine in Mc 8,34, intende il verbo come «potente metafora» per significare una «divina guarigione della cecità»: in questo caso prepara le donne, prossime a ungere senza speranza un corpo morto, all'annuncio pasquale così da «ristabilire in loro una vista autentica» su ciò che Dio sta compiendo nella morte e resurrezione di Gesù.

nasce dalla comprensione e dall'accoglimento di una rivelazione che non può essere semplicemente contenuta dalle categorie umane.

6.5.1 Una paura dai riflessi escatologici

Secondo alcuni autori[79] la rappresentazione fatta dal narratore ricalca le descrizioni apocalittiche bibliche. I brani di riferimento più comunemente indicati sono: Dn 10,7; Zac 14,13; Sap 5,2.

Nei tre testi il linguaggio della paura è inserito in contesti apocalittici dai toni più o meno accentuati. Essi fanno riferimento alla venuta di Dio negli ultimi giorni (Zac 14,13), a quanti sono presenti alla visione data da Dio al profeta (Dn 10,7) e alla reazione degli empi che nel giorno del giudizio vedono vicino a Dio il giusto che hanno perseguitato (Sap 5,2). È soprattutto Dn 10,7 a destare interesse a causa di tre termini comuni anche a Mc 16,8: ἔκστασις, ἔφυγον e φόβος.

Dn 10,7	καὶ εἶδον ἐγὼ Δανιηλ μόνος τὴν ὀπτασίαν καὶ οἱ ἄνδρες οἱ μετ' ἐμοῦ οὐκ εἶδον τὴν ὀπτᾶ σίαν ἀλλ' ἢ ἔκστασις μεγάλη ἐπέπεσεν ἐπ' αὐτούς καὶ ἔφυγον ἐν φόβῳ	Soltanto io Daniele vidi la visione; gli uomini che erano con me non videro la visione, ma un grande spavento si impossessò di loro e fuggirono a nascondersi

Se si accolgono questi suggerimenti, Mc 16,8 viene a tingersi di nuove allusioni. I rimandi gli conferiscono infatti una luce escatologica che segnala l'inizio di una nuova epoca in cui si realizza definitivamente la signoria di Dio annunciata nel sommario programmatico iniziale (1,14-15). Se con la venuta di Gesù il regno di Dio si è avvicinato agli uomini, ora l'annuncio della risurrezione compiuta da Dio da un lato conferma l'identità di Gesù come Figlio prediletto, dall'altro fa del riscatto dalla morte la prova del conferimento di un potere assoluto. Il Risuscitato che precede i suoi incarna il potere dinamico che questo Regno assume nella storia, un potere salvifico che può essere incontrato e sperimentato in una nuova sequela.

Anche lo straordinario sbigottimento finale viene di conseguenza a colorarsi di toni escatologici: quell'indominabile paura carica di stupore è cifra del meraviglioso intervento di Dio.

---

[79] Il suggerimento è stato offerto da H.C. KEE, *Community of the New Age*, 46-68.

6.5.2 Una paura che coinvolge nel piano di Dio

Il timore numinoso non deriva solo dal contenuto cristologico dell'annuncio, ma deve essere ricondotto anche all'improvvisa scoperta degli attori umani di trovarsi attivamente coinvolti in un mistero superiore a qualunque capacità umana e razionale di comprensione: il Crocifisso risuscitato precede i suoi in Galilea e chiama le donne a recare ai discepoli una notizia che ribalta tutti i fili narrativi giunti a conclusione nella morte di Gesù. Un nuovo inizio si profila oltre gli umani limiti.

Nel nuovo scenario che la risurrezione di Gesù sta costituendo le donne, fino ad ora descritte servire in modo discreto, si trovano a essere il tramite essenziale fra il Risuscitato e i discepoli: ora esse sono sulla ribalta narrativa. Il v. 8 che doveva semplicemente registrare il compiersi di un loro gesto pietoso e devoto nei confronti del morto, viene invece a trasformarsi nella testimonianza del più straordinario impatto con cui Dio rinnova la storia.

6.5.3 Una paura che riflette una sconvolgente rivelazione di Dio

Il messaggio del giovane è una rivelazione sconvolgente di Dio stesso. La proclamazione pasquale è corroborata solo da un rimando alle parole di Gesù terreno («come vi aveva detto» 16,7). Nei libri biblici Dio non aveva mai motivato il proprio agire richiamandosi all'autorità di altri, ora invece la parola di Gesù terreno è da Dio stesso posta come riferimento ultimo alla base della propria azione (il passivo teologico ἠγέρθη 16,6): Dio perciò sembra sottomettersi a quella parola. A livello narrativo avviene un passaggio che vede l'autorità suprema della storia passare da Dio a Gesù, o più esattamente, succede che Dio rimanda alle parole di Gesù attestanti il compiersi in lui della volontà divina. Ciò getta ulteriore luce sulla reazione finale delle donne in 16,8 e permette di comprendere perché il loro sconvolgimento sia totale. Qui si tratta di una rivelazione stupefacente e incredibilmente nuova, mediata dalla modalità con cui Dio rivela se stesso agendo a favore di Gesù. Questo finale sottomettersi di Dio a Gesù, il quale è a sua volta tutto sottomesso a Dio, è una rivelazione che non ha eguali nella narrazione marciana e nemmeno in tutte le Scritture. Si tratta di un vertice rivelativo inatteso poiché innalza Gesù a un'autorevolezza suprema a cui persino Dio sembra inchinarsi.

Ciò giustifica ulteriormente l'immediato allontanarsi delle donne dal sepolcro e l'attenta esecuzione del comando secondo i dettami ricevuti. Per le donne si tratta infatti di ubbidire alla parola di Gesù che ora acquista ai loro occhi un'autorità nuova, non solo perché in diretto rapporto con la parola di Dio, ma perché capace perfino di guidarne l'agire e il volere. Così il timore che le accompagna non può essere che superiore a qualunque tipo di timore numinoso descritto nella Bibbia.

Una «vertigine» (τρόμος καὶ ἔκστασις) appunto, che riflette l'aspetto sconvolgente insito in tale annuncio, un timore che non può non assalire e avvolgere le fedeli discepole che fin dalla Galilea hanno servito e seguito Gesù tanto da vicino.

7. Conclusione: la funzione strategica di Mc 16,8 come chiusa del racconto

Fuga, silenzio e paura delle donne a conclusione del racconto sono le conseguenze di un confronto con il potere che si rivela nell'annuncio della risurrezione di Gesù. Compreso quanto è loro successo e ciò che è stato detto, nell'ultimo versetto del racconto le donne sono pronte a compiere il servizio richiesto. Con la stessa passione che le aveva guidate alla tomba, ora fuggono via, consapevoli di custodire una notizia che ai discepoli deve essere affidata. Di fatto esse la consegnano solo a loro.

A livello letterario le tre azioni descritte in Mc 16,8 sono connesse a quanto il giovane chiede alle donne (16,7) e si spiegano in continuità con l'esecuzione del suo comando.

All'imperativo ὑπάγετε corrisponde l'«*(essendo) uscite*» (ἐξελθοῦσαι): hanno compreso che il giovane ha assolto al suo compito consegnando loro il messaggio. Esse ora escono da quella tomba prima sigillata e che Dio ha aperto facendo rotolare via la pietra. Niente più ostacola lo svolgimento del compito a cui sono state chiamate.

La fuga che ne consegue è presa di distanza «dal sepolcro». Dal momento che Gesù «non è qui» (16,6) nulla trattiene più le fedeli discepole presso il memoriale della sepoltura. Alla tomba vuota si sostituisce l'annuncio di un suo prossimo incontro in Galilea dove il Risorto già precede. Le donne abbandonano il sepolcro, lo fuggono per dirigersi dai discepoli mentre le tenebre lasciano posto alla luce del pieno giorno. L'irrefrenabile frenesia che le coglie è manifestazione della trasformazione originata in loro da quanto conosciuto nella tomba del Risuscitato.

L'espressione «*non dissero niente a nessuno*» è corrispettiva al «dite ai discepoli e a Pietro» e va compresa attraverso la locuzione «come vi ha detto». Alle donne viene ricordata la predizione di Gesù riguardo al pastore percosso, alla dispersione del gregge e al suo nuovo procedere da Risorto in Galilea: si richiama anche che tale predizione era riservata ai soli discepoli (14,27-28). Così, non dicendo nulla ad alcuno se non a

Pietro e ai discepoli, le donne mostrano di aver inteso attentamente l'incarico ricevuto. Questo «silenzio» dunque attesta la fedeltà di queste discepole, ma conferma anche che una piena comprensione di Gesù risorto si avrà solo in Galilea, quando la sequela riprenderà e in essa egli si mostrerà ai loro occhi.

In tal modo Mc 16,8 evidenzia la fondamentale importanza delle donne, la cui funzione mediatrice è essenziale all'incontro fra il Risorto e i discepoli, senza per questo sostituirsi al loro compito di annunciatori ufficiali. Grazie a queste donne i fili spezzati dall'infedeltà dei discepoli vengono riannodati e la loro reazione finale suggerisce importanti elementi per la comprensione del discepolato postpasquale.

La paura finale si inserisce in un singolare processo emozionale che attraversa tutto il racconto.

Entrate nella tomba, un primo grande terrore assale le donne alla vista del messaggero (16,5): si tratta del terrore tipico nelle scene di epifanie del divino. Esso viene subito superato in forza delle parole del giovane stesso che invita le donne a non temere (16,6). Una nuova paura assale le donne dopo che hanno udito il messaggio del giovane (16,8). Questa volta si tratta di un timore diverso, di intensità straordinaria ma di carattere religioso. Se esteriormente le donne manifestano il sintomo comune del tremore (τρόμος), esso è però effetto di un'esperienza di singolare potenza che le ha coinvolte e trasformate, un'esperienza che non può essere semplicemente contenuta nelle categorie umane (ἔκστασις). Una vertigine appunto, che nel gioco emozionale del racconto scaturisce dal messaggio e qui raggiunge il suo vertice emotivo (ἐφοβοῦντο γάρ). Si tratta infatti della reazione all'apice narrativo in cui, rivelando di agire a favore di Gesù, Dio lo innalza a un'autorevolezza suprema a cui egli stesso sembra inchinarsi.

Questo vertice, raggiunto in una scena in cui paradossalmente Gesù non è presente ma semplicemente riflesso nella descrizione solo tratteggiata della reazione delle donne, è un vero colpo di genio del narratore, un asso nella manica giocato a fine partita e mai riproposto dagli altri evangelisti[80]. In un solo versetto (16,8) egli chiude il racconto e il Vangelo, svelando l'effetto provocato sugli attori umani dalla sorprendente dichiarazione con cui Dio parla della sua incomparabile vicinanza a Gesù.

---

[80] Del resto se Mc è il più antico Vangelo, gli altri evangelisti non avrebbero più potuto avvantaggiarsi dell'effetto sorpresa dovuto a questo tipo di descrizione mai apparsa prima nella Bibbia.

Attraverso la descrizione della reazione delle donne il versetto contribuisce significativamente a puntualizzare l'annuncio kerygmatico e, di conseguenza, la definitiva e piena caratterizzazione cristologica di Gesù. L'ultima immagine che il narratore consegna al lettore è l'istante immediatamente successivo all'incontro con il giovane, non l'adempimento del loro servizio. L'attenzione resta sulla proclamazione dell'annuncio e della missione, non sull'esecuzione del comando, in coerenza con un interesse redazionale sempre focalizzato su Gesù e sulla sua identità. Come sono apparse improvvisamente, così queste donne improvvisamente scompaiono, lasciando dietro di sé solo silenzio e religioso timore.

Indubbiamente 16,8 mostra una chiusa reticente, ma non a livello diegetico. Il narratore interrompe la narrazione troncando aspettative che proprio il finale aveva suscitato: non racconta di un incontro con il Risuscitato in Galilea nonostante il giovane ne abbia fatto chiara allusione (ἐκεῖ αὐτὸν ὄψεσθε v.7), non riporta il viaggio dei discepoli e neppure la loro reazione alla notizia della risurrezione. Anche il compimento dell'incarico delle donne perciò può essere taciuto: il lettore ne ha comunque la prova per essere egli stesso depositario della «buona novella» trasmessa con il ricordo di quanto avvenuto alla tomba. Se il narratore ha raccontato l'episodio delle donne al sepolcro con la loro conseguente reazione è proprio perché l'incarico che hanno ricevuto deve essere stato eseguito! In tal senso è 16,1-8 stesso a qualificare 16,8 e a presupporre che le donne siano andate ai discepoli e che questi ultimi abbiano incontrato Gesù in Galilea. Le donne perciò non hanno mancato, ma non è questo il punto.

Il silenzio che accompagna il grande timore finale avvolge il lettore, lasciandolo di nuovo e per sempre nella focalizzazione interna dei personaggi femminili, di nuovo catapultato nel loro processo emozionale (ἐφοβοῦντο γάρ). Ora si tratta di una reticenza attiva, perché esige risposte che ogni lettore è chiamato a dare partendo dalla sua comprensione di tutta la narrazione marciana e dalla propria disposizione di fede. Mc 16,8 rappresenta perciò una conclusione originale, poiché la reazione positiva delle donne è espressa in modo tale da lasciar intendere un colpo di scena che obbliga il lettore a «pensare».

Infine, l'oculata scelta lessicale che conduce alla concentrazione di particolari termini inerenti la paura, nella chiusa accresce il forte impatto a livello extradiegetico: grande sorpresa coglie il lettore e lo orienta verso nuove aspettative[81]. La vertigine delle donne continua a sorprendere e scuotere anche il lettore moderno. Così, con quel gusto del non scontato che gli è proprio, il narratore termina il racconto con una chiusa per nulla fallimentare, anche se certamente provocatoria.

---

[81] J.-N. ALETTI, «La construction du personnage Jésus», 19-42. Secondo l'autore il processo di caratterizzazione della figura di Gesù trova la sua conclusione nelle parole del giovane. Se ciò è vero, molto resta però aperto sul fronte della sequela.

CAPITOLO III

Mc 16,8 come conclusione della narrazione marciana autentica (1,1–16,8)

Intendiamo studiare ora Mc 16,8 come frase finale della narrazione marciana letterariamente autentica (1,1–16,8). Indaghiamo: 1) le funzioni e le connessioni che fuga, silenzio e paura delle donne assumono nell'intera narrazione; 2) quale apporto essi determinano alla storia; 3) quale ruolo rivestono le donne discepole in Mc autentico.

1. La fuga

L'incontro con il messaggero e l'ascolto dell'annuncio della risurrezione costituiscono un evento di portata straordinaria di fronte al quale le donne reagiscono con una fuga che può essere confrontata con quella dei mandriani di Gerasa (5,1-20). Entrambe le fughe sono infatti la reazione di fronte a un evento prodigioso in cui in Gesù si manifesta una singolare potenza. Per i mandriani si annota che «portarono la notizia» (ἀπήγγειλαν 5,14), elemento che manca nella descrizione della fuga delle donne, la cui enfasi ricade tutta sull'abbandono del sepolcro: la breve chiusa intende infatti esaltare non l'esecuzione del comando ma il messaggio kerygmatico. Maggiori comparazioni sono ravvisabili fra la fuga delle donne e quella dei discepoli (14,50). Esse emergono da una verifica speculare e dalla figura del νεανίσκος che appare improvvisamente sulla scena nel contesto delle due fughe.

1.1 *La fuga dei discepoli e quella delle donne*

1.1.1 Fuga per quale causa?

Ciò che induce i discepoli alla fuga è l'arresto di Gesù, la prima azione violenta con cui gli avversari si impossessano di lui dando avvio alla sua passione: «gettarono su di lui le loro mani e lo ebbero in loro potere» (ἐπέβαλον ἐπ' αὐτὸν τὰς χεῖρας αὐτῶν, καὶ ἐκράτησαν αὐτόν 14,46). Da protagonista attivo della storia, capace di tener testa alle autorità e di guadagnarsi il favore del popolo, i discepoli vedono Gesù soccombere sotto i suoi avversari. Travolti dal ribaltamento della storia, essi che già lungo il cammino verso Gerusalemme hanno manifestato paura e incomprensione, si danno alla fuga abbandonando Gesù al proprio destino. Anche la fuga delle donne scaturisce da un evento in cui su Gesù agisce una forza irruente, questa volta però di matrice positiva. Si tratta dell'agire di Dio che attesta di aver risuscitato «il nazareno crocifisso» (τὸν Ναζαρηνὸν τὸν ἐσταυρωμένον ἠγέρθη)[1]. Il riferimento al luogo d'origine sottolinea il carattere umano di Gesù che i discepoli e le donne hanno potuto cogliere. Il participio perfetto articolato «il Crocifisso», indica il termine della vicenda umana di Gesù corrispondente al destino da lui stesso annunciato (8,31; 9,12-13; 10,33-34; 14,27) e che i discepoli, non le donne, hanno rifuggito. Attraverso l'aoristo passivo ἠγέρθη Dio mostra di agire in favore di Gesù rivendicando suo Figlio[2]. Nella tomba vuota alle donne, per prime, Dio mostra come nel suo piano la contrapposizione tra croce e risurrezione trovi unità nella persona di Gesù[3]. Ad esse viene anche svelato il compito che loro ora spetta: andare a annunciare a Pietro e ai discepoli. Fuggendo dal sepolcro le donne mostrano la frenesia e l'urgenza che le spinge a svolgere tale incarico.

1.1.2 Fuga da dove?

Alcuni esegeti associano i due eventi interpretando entrambi come una battuta d'arresto nella relazione con Gesù[4].

---

[1] Marco utilizza quattro volte l'espressione «il Nazareno»: 1,24; 10,47; 14,67; 16,6, sempre nella forma. Ναζαρηνός (in Mt, Gv e At appare sempre Ναζωραῖος) e forse sottintende una connotazione dispregiativa dal momento che non si trova mai sulle labbra dei discepoli o degli amici di Gesù. L'appellativo «il Crocifisso» ricorre nel parallelo Mt 28,5 e solo in scritti paolini sicuramente autentici (1Cor 1,23; 2,2 e Gal 3,1) in contesti di annuncio alle genti, sempre legato al nome/titolo «Cristo» o al doppio nome «Gesù Cristo». Esso sottolinea la morte in croce come punto assolutamente necessario alla proclamazione cristiana. Cf. F. PÉREZ HERRERO, *Pasión y Pascua*, 355.

[2] Solo in Mc troviamo l'immediata contrapposizione τὸν ἐσταυρωμένον ἠγέρθη: le due forme del passivo esprimono ciò che Gesù ha sofferto da parte degli uomini e ciò che egli ha sperimentato da parte di Dio Padre. I due momenti sono strettamente legati poiché soltanto la risurrezione rende pienamente manifesto il rapporto tra Dio e Gesù. Cf. K. STOCK, *I Racconti Pasquali*, 68.

[3] J.H. MORALES RÍOS, «"Le cose viste"», 226.

[4] G. PEREGO, *La nudità necessaria*, 207.

La fuga delle donne ha però in sé particolari elementi che inducono a una diversa interpretazione.

16,8   καὶ ἐξελθοῦσαι   ἔφυγον ἀπὸ τοῦ μνημείου

14,50 καὶ ἀφέντες αὐτὸν   πάντες ἔφυγον.

14,52 ὁ δὲ καταλιπὼν τὴν σινδόνα γυμνὸς ἔφυγεν.

Quella delle donne è una «fuga dal sepolcro» (16,8), i discepoli e il giovane (14,50.52) fuggono invece da Gesù. La fuga delle donne ha un esplicito indicatore «di luogo» (ἀπὸ τοῦ μνημείου), quella dei discepoli e del giovane è invece espressa con la forma assoluta del verbo che segna il naufragio totale della sequela: al Getsemani Gesù è abbandonato da tutti i discepoli (πάντες 14,50). La fuga dei discepoli è una chiara presa di distanza che contraddice le esigenze della sequela, quella delle donne è invece un movimento in direzione del Risorto.

1.1.3 Fuga verso dove?

La fuga dei discepoli al Getsemani non ha una meta, l'unica cosa che conta è salvarsi lontano da Gesù. Semplicemente essa si oppone alla sequela ed esprime il rifiuto di perseverare dietro a Gesù e di condividerne il destino. La fuga delle donne è dettata dall'urgenza di incontrare i discepoli e Pietro, non dal rifiuto del messianismo sofferente: esse hanno perseverato fin sotto la croce e hanno persino cercato il corpo morto di Gesù. La loro fuga scaturisce da un annuncio che supera lo smacco della croce e che le spinge lontano dal sepolcro, nel fuggirlo si dispongono all'incontro personale col Risorto.

1.1.4 Fuga con quale scopo?

La fuga dei discepoli ha un unico scopo: mettersi in salvo lontano da Gesù. Quella delle donne è finalizzata al recupero dei discepoli perduti e di Pietro, così da ridare origine a una comunità riconciliata e impegnata in una rinnovata sequela a Gesù. L'incarico che il giovane assegna alle donne orienta dunque tutti verso la Galilea, in un unico cammino in cui Gesù risorto precede[5]. Questa sorta di circolarità che da Gerusalemme riconduce al luogo in cui la sequela ha avuto origine (1,14), non intende

---

[5] L'indicazione della Galilea come nuovo luogo di incontro del Risorto con i suoi, forse implicitamente suggerisce anche un giudizio severo su Gerusalemme, il luogo dove Gesù è stato rifiutato.

suggerire la ripetizione di un cammino dal momento che l'accento è sul prossimo incontro con il Risorto. Piuttosto esso raccomanda la comprensione di tale via alla luce della Pasqua colta come riferimento necessario[6]. Senza questo ritorno pasquale imposto dalla risurrezione di Gesù e avviato dalla fuga delle donne, in Mc non sarebbe possibile il discepolato post-pasquale e neppure la missione.

1.1.5 Conclusione: due fughe diverse

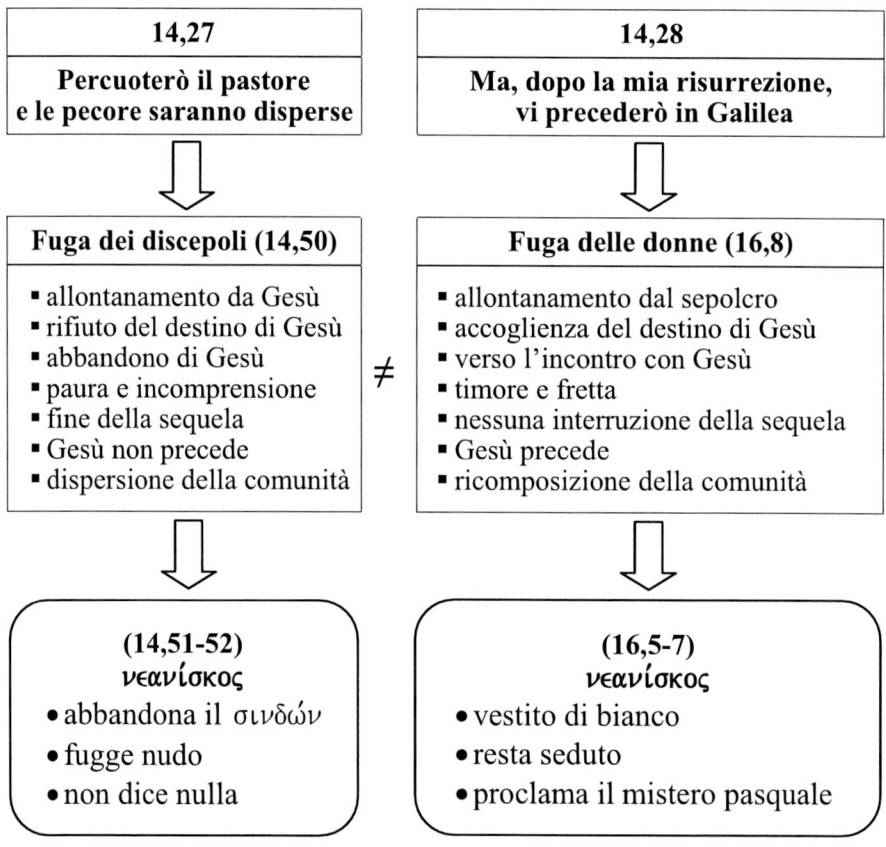

---

[6] Il concetto di «circolarità» viene così espresso da C. FOCANT, *L'évangile selon Marc*, 57: «Se la composizione è circolare, nell'esperienza del lettore però non si tratta di un circolo vizioso, ma piuttosto di una spirale... Infatti dopo aver letto il Vangelo una prima volta senza ben comprenderlo, egli può rifare l'intero cammino, ma questa volta avendo occhi per poter vedere e orecchi per intendere (4,12; 8,18)».

Nonostante emerga un indubbio interesse della narrazione a ritrarre il motivo della fuga sia nel comportamento delle donne che in quello dei discepoli, in Mc l'agire degli uni e delle altre non può essere associabile. Pur essendo speculare a quella dei discepoli, la fuga delle donne si distingue nettamente: le correlazioni esistenti non fanno che sottolinearne la diversità. «Il fuggire» dei discepoli e quello delle donne non hanno perciò lo stesso significato e la stessa portata. Le due fughe costituiscono il compimento dei due eventi collegati alla morte e alla resurrezione di Gesù che egli stesso ha predetto ai discepoli dopo l'ultima cena (14,27-28). La fuga dei discepoli mostra la dispersione del gregge nel momento in cui il pastore viene percosso (14,27); la fuga delle donne è un movimento che si comprende dentro quello di una nuova sequela che il Risorto realizza precedendo in Galilea (14,28). Le due fughe sono differenziate per opposte matrici, eppure inseparabili dal momento che insieme confermano il punto normativo che regge tutta la storia del Vangelo. Quanto fanno le donne e i discepoli sottolinea infatti l'autorità del protagonista che mostra di conoscere anticipatamente il suo destino e vi si conforma nella consapevolezza di accettare la volontà del Padre espressa nelle Scritture (cf. Mc 14,27-28 che riprende Zac 13,7)[7].

1.2 *La figura del νεανίσκος*

In Mc la figura di un giovane uomo (νεανίσκος) è presente nel Getsemani al momento della fuga dei discepoli e nel sepolcro dove incontra le donne. Si tratta di una figura peculiare, elemento di connessione fra i due episodi.

1.2.1 Interpretazioni proposte

Sono numerose le interpretazioni della figura del νεανίσκος. Per argomentare al suo riguardo, in genere gli autori partono dalla sua prima apparizione nel racconto del Getsemani (14,51-52)[8]. Si possono distinguere tre tipi interpretativi: alcuni hanno identificato il νεανίσκος con un personaggio storico, altri hanno pensato a un riferimento scritturistico simbolico, altri ancora hanno cercato una risposta nell'ambito della narrazione del Vangelo stesso di Mc.

---

[7] Cf. M. VIRONDA, *Gesù nel Vangelo di Marco*, 114.
[8] G. PEREGO, *La nudità necessaria*, 25-48, offre una rassegna delle diverse posizioni. Cf. anche l'*excursus* di A.Y. COLLINS, *Mark*, 688-693.

a) L'esegesi cristiana antica ha puntato all'identificazione della figura del giovane che fugge nudo. Nel νεανίσκος si coglie il ritratto di Giovanni discepolo prediletto[9], o di Giacomo il fratello del Signore[10]. Nel XX secolo in lui si è visto Giovanni Battista[11], poi Lazzaro[12], e ancora Pietro[13] o Paolo[14], o lo stesso evangelista Marco[15] o un non meglio identificato testimone oculare[16].

b) Alcuni autori trattano Mc 14,51-52 partendo da un brano scritturistico. Sono due i testi maggiormente citati. Con riferimento a Am 2,16 il νεανίσκος incarna il segno del «giorno del Signore» annunciato dal profeta, che si compie in modo pieno nel mistero pasquale di passione, morte e risurrezione di Gesù[17]. Rifacendosi a Gen 39,12 altri colgono una similitudine con il patriarca Giuseppe che preferisce restare fedele a Dio dandosi alla fuga nudo, piuttosto che cadere nelle braccia della moglie del suo signore Potifar[18].

---

[9] Cf. AMBROGIO DI MILANO, *Explanatio Psalmi XXXVI*, 53 (ed. L.F. Pizzolato, 215); BEDA IL VENERABILE, *In Marci Evangelium Expositio*, 969-970 (CChr.SL 70, 619-621); GIOVANNI CRISOSTOMO, *Le Omelie su Giovanni Evangelista, LXXXIII* (ed. C. Tirone, IV, 354-355); GREGORIO MAGNO, *Moralia in Job XIV*, 57 (CChr.SL 143.A, 732); PIETRO CRISOLOGO, *Sermones. Sermo LXXVIII* (CChr.SL. 24.A, 477-482).

[10] EUTIMIO, *Commentarius in quator evangelia. In Matthaeum XXVI*, (PG 129, 694); PSEUDO-GIROLAMO, *Breviarium in Psalmos. Psalmus XXXVII*, (PL 26, 939); TEOFILATTO, *Enarratio in evangelium S. Marci XIV*, (PG 123, 658).

[11] F. SIEG, «Ewangelia (Mk 16,1-8)», 111-137.

[12] H.E. ALEXANDER, *L'évangile selon Marc*, 136; M.J. HAREN, «The Naked Young Man», 525-531.

[13] W. SCHENK, *Der Passionsbericht nach Markus*, 209-212.263-264.268.

[14] K. HANHART, *The open tomb*, 341-392.

[15] H. OLSHAUSEN, *Die Leidensgeschichte des Herrn den vier Evangelien*, 124. J. WEISS, *Das älteste Evangelium*, 405-408; W. BARCLAY, *The Gospel of Mark*, 347-348; W. HENDRIKSEN, *The Gospel of Mark.*, 599-602; F. RIENECKER, *Das Evangelium des Markus*, 254; R.A. COLE, *The Gospel according to Mark*, 301-302; J.E. WALSCH, «The Two Linen Cloths», 63-66.

[16] D.A. CALMET, *Les Evangiles de S. Marc e de S. Luc*, 138-139; V. TAYLOR, *The Gospel according to St Mark*, 562; R. SCHNACKENBURG, *Vangelo secondo Marco*, II, 267-268; R. PESCH, *Il Vangelo di Marco*, II, 593; E. BEST, *Mark, the Gospel as story*, 26; H. ANDERSON, *The Gospel of Mark*, 324; B. SAUNDERSON, «Gethsemane: The Missing Witness», 224-233; D.H. JUEL, *Mark*, 200-201; K. KERTELGE, *Markusevangelium*, 335.

[17] A. LOISY, *L'évangile selon Marc*, 424; L.W. HURTADO, *Mark*, 243.246; E. LINNEMAN, *Studien zur Passionsgeschchte*, 52; H. WAETJEN, *A reordering of power*, 217-218; E. BIANCHI, *Evangelo secondo Marco*, 287-288; B. MAGGIONI, *I racconti evangelici della Passione*, 77-78.

[18] BEDA IL VENERABILE, *In Marci*, (PL 92, 279); A.W. ARGYLE, «Joseph the Patriarch in Patristic Teaching», 199-201; H. WAETJEN, «The Ending of Mark», 114-131.

c) Altri autori hanno cercato una risposta indagando *il contesto stesso del Vangelo di Mc*. Le principali proposte emerse sono: il simbolismo battesimale che coglie nel νεανίσκος la figura del catecumeno invitato a spogliarsi dell'abito vecchio per rivestirsi di Cristo[19]; il simbolismo cristologico che vede nel giovane un riferimento anticipato alla passione, morte e risurrezione[20]; il simbolismo della sequela che vede concentrati nel misterioso personaggio gli atteggiamenti, le paure e le promesse dei discepoli. Di conseguenza il giovane diventa una figura letteraria tesa a sottolineare quanto sia esigente il cammino della sequela e quanto arduo sia esservi coerenti, senza aver prima personalmente e profondamente sperimentato la forza del mistero pasquale. È questa la tendenza più accreditata negli ultimi quarant'anni[21].

1.2.2 La descrizione del νεανίσκος nella narrazione

La descrizione del νεανίσκος nella tomba vuota evoca certamente quella del giovane che fugge nudo nel Getsemani (νεανίσκος τις 14,51-52) e rappresenta un collegamento fra la fuga dei discepoli (14,43-52) e quella delle donne (16,1-8). Si tratta di un contrasto dialettico di

---

In misura minore sono stati citati come possibili richiami anche 1Sam 17,51: la fuga dei Filistei di fronte alla vittoria di Davide su Golia; 2Mac 7: i sette giovani fratelli che affrontano la morte senza fuggire; Is 31,8-9: all'avvento del «giorno del Signore» anche i giovani guerrieri si daranno alla fuga; Is 40,30 (LXX): a giovani spossati il Signore dà forza per correre senza affannarsi; Dn 12: l'uomo vestito di lino che annuncia eventi escatologici.

[19] R. SCROGGS – K.I. GROFF, «Baptism in Mark», 531-548; J.D. CROSSAN, «Empty Tomb», 135-152; B. STANDAERT, *L'évangile selon Marc*, ID., *L'évangile selon Marc*, 103-104; D. ATTINGER, *Evangelo secondo san Marco*, 140-141; P. LAMARCHE, *Évangile de Marc*, 398.

[20] J. KNOX, «A Note on Mark 14,51-52», 27-30; è il primo a intravedere nel giovane che fugge nudo un anticipo della risurrezione di Cristo che: lasciando la sindone nel sepolcro, egli sfugge alla presa della morte. L'ipotesi è ripresa e sviluppata da A. VANHOYE, «La fuite du jeune homme nu», 401-406; M.-E. BOISMARD, *Jésus, un homme de Nazareth*, 162; J. RADERMAKERS, *Lettura pastorale del Vangelo di Marco*, 307.335; M. QUESNEL, *Comment lire un évangile*; M. GALIZZI, *Vangelo secondo Marco*, 273; R.E. GUNDRY, *Mark*, 861-863, 881-882.

[21] R.C.H. LENSKI, *The Interpretation of St Mark's Gospel*, 651-654; F.M. HEREDIA, «Un enigma en el arresto de Jesús», 269-281; M.D. HOOKER, *The Gospel according to Saint Mark*, 352-353; A.Y. COLLINS, *The beginning*, 108; J.P. HEIL, *The Gospel of Mark*, 308-310; R.E. BROWN, *The death of the Messiah*, I, 303; J.D. HESTER, «Dramatic Inclusion», 61-86; M.A. TOLBERT, *Sowing the Gospel*, 181.258.276; S. LÉGASSE, *Marco*, 770-772.

particolare interesse per la coesistenza di elementi discordanti, e di altri di evidente connessione:

- i discepoli   fuggono   → il giovane è nudo
- le donne   «fuggono» → il giovane è vestito d'una veste bianca

Anche a livello lessicale i due passi presentano corrispondenze.

Mc 14,50-52	Mc 16,5.8
Καὶ ἀφέντες αὐτὸν πάντες **ἔφυγον**. καὶ **νεανίσκος** τις *συνηκολούθει αὐτῷ* **περιβεβλημένος** *σινδόνα ἐπὶ γυμνοῦ,* καὶ κρατοῦσιν αὐτόν ὁ δὲ καταλιπὼν *τὴν σινδόνα* <u>γυμνὸς</u> **ἔφυγεν** ἀπ' αὐτῶν.	Καὶ εἰσελθοῦσαι εἰς τὸ μνημεῖον εἶδον **νεανίσκον** *καθήμενον ἐν τοῖς δεξιοῖς* **περιβεβλημένον** *στολὴν λευκήν,* καὶ ἐξεθαμβήθησαν... καὶ ἐξελθοῦσαι **ἔφυγον** ἀπὸ τοῦ μνημείου, εἶχεν γὰρ αὐτὰς τρόμος καὶ ἔκστασις· καὶ οὐδενὶ οὐδὲν εἶπαν· ἐφοβοῦντο γάρ.

Nel confronto fra i due testi sono posti in **neretto** gli elementi di connessione; in *corsivo* gli elementi di dissintonia. Sono invece <u>sottolineati</u> gli elementi che creano dissintonia sia all'interno del proprio contesto che in rapporto all'altro brano.

Elementi di connessione fra i due testi sono rappresentati dalla figura del giovane, dal fatto che si parli del suo abbigliamento e dalla fuga, duplice nel primo testo (i discepoli e il giovane), delle sole donne nel secondo. La dissintonia si evidenzia in alcuni particolari che specificano le connessioni: il giovane nel primo quadro è descritto sempre in movimento, prima mentre segue Gesù, poi mentre fugge. Nel secondo quadro il personaggio è fermo, «seduto alla destra». Un semplice lenzuolo riveste il primo giovane che fuggendo rimane nudo, il giovane in 16,5 è descritto in una veste bianca[22]. Il primo giovane entra ed esce dalla scena (συνηκολούθει αὐτῷ/ἔφυγεν ἀπ' αὐτῶν) con movimenti il cui

---

[22] Il verbo περιβάλλω è usato in Mc solo in 14,51 e 16,4 e sempre nella forma del participio perfetto medio.

orientamento è in funzione di personaggi già presenti nel racconto. Del giovane alla tomba non si sa come arrivi sulla scena: improvvisamente «viene visto» dalle donne e non si descrive neppure un suo allontanamento. Il giovane al Getsemani non è però figura parallela a quella del giovane nella tomba. La fuga dei discepoli si caratterizza come uno sconvolgimento assoluto e di tutti (πάντες v. 50) che ha culmine in quella del giovane che fugge nudo: la sua fuga amplifica quello che i discepoli fanno. Il νεανίσκος nella tomba vuota invece svolge la sua funzione prima dell'uscita delle donne dalla tomba e, con il suo annuncio, costituisce la causa della loro reazione. Egli resta immobile nel sepolcro dopo aver avviato, attraverso la fuga delle donne, il movimento che condurrà i discepoli di nuovo alla sequela di Gesù. Se dunque il primo segue e sottolinea l'abbandono di Gesù da parte di tutti i discepoli, il secondo ha un ruolo attivo ed è la ragione di quanto le donne fanno, una funzione più alta rispetto al primo.

Infine il giovane di 14,51-52 conclude il racconto dell'arresto di Gesù, ma la sua presenza non ha alcuna incidenza sull'intreccio narrativo: se i versetti che lo riguardano fossero omessi, il *plot* non subirebbe alcun contraccolpo. Il giovane presente nella tomba è invece soggetto dei versetti apice del racconto e le sue parole sono imprescindibili non solo per la comprensione dell'episodio, ma anche per sciogliere le tensioni fondamentali della narrazione marciana.

È evidente che la descrizione della figura del giovane nella tomba vuota richiama quella del giovane al Getsemani. Entrambi appaiono in due momenti cruciali della narrazione: nell'istante in cui Gesù viene arrestato e nel momento in cui si proclama la sua risurrezione.

È altrettanto evidente però che la figura del giovane che incontra le donne è avvolto da un alone di solennità che gli conferisce un valore meno riscontrabile nel giovane al Getsemani.

1.2.3 La figura del νεανίσκος nel Getsemani

Il pronome indefinito τις (14,51) riferito al *giovane presente nel Getsemani* suggerisce che il narratore non è particolarmente interessato alla sua identità. Ciò a cui mira è piuttosto la determinazione psicologica, sociale e religiosa del personaggio e il ruolo che egli occupa nel racconto. Per la Bibbia la giovinezza è l'età dell'educazione, del rispetto e dell'osservanza dovuti al consiglio degli anziani, dell'iniziazione alla pietà verso Dio e alla sapienza. «Qualcuno» sta seguendo Gesù, qualcuno che vive l'età in cui si fanno scelte importanti che determinano i tratti futuri della personalità[23]. Mentre i discepoli si sono dati alla fuga, questo giovane continua a seguire il Maestro con maggiore fedeltà (συνηκολούθει αὐτῷ, l'imperfetto esprime durata nel tempo) e sembra voglia dargli sostengo[24]. Il narratore offre un particolare utile alla determinazione di questa figura: il suo abbigliamento lo pone in stretta relazione con la morte di Gesù. Il giovane infatti è rivestito solo di un σινδών, un capo di vestiario usato come abito da notte sul corpo nudo (ἐπὶ γυμνοῦ,) o come lenzuolo nel quale venivano avvolti i defunti[25]. Quest'ultima accezione è meglio applicabile al Vangelo di Mc in cui il termine ricorre solo quattro volte: due per il giovane (14,51.52) e due per il corpo di Gesù calato dalla croce (15,46.46). Dal punto di vista letterario un cambio di prospettiva è segnato dalla particella avversativa δέ nel v. 52 che, nel momento dell'arresto del giovane, si carica di importanza nell'evidenziare un imprevisto: lasciato il lenzuolo, fugge nudo. Si tratta di una circostanza inaspettata, una svolta improvvisa all'interno della narrazione.

Questa nudità segna il passaggio da una situazione di sequela che si prospettava fedele a una fuga senza alcuna direzione, come depone l'uso del verbo nella forma assoluta. Si tratta di un vuoto che riprende quello lasciato dai discepoli e che anticipa anche il rinnegamento di Pietro. Nella passione Gesù resta completamente solo, il suo arresto segna la discriminante che fa emergere l'autenticità o meno della sequela e svela chi siano i veri discepoli. La figura del νεανίσκος τις in 14,51-52 ne è la rappresentazione simbolica: essa indica il momento decisivo del «discepolato messo alla prova», chiamato a una scelta fra essere conforme alla vita di Gesù, o fuggirla rifiutandone la passione. Fuggendo nudo, il giovane perde ogni protezione esterna oltre che la sua dignità, venendo a esprimere una sequela ingenua, fragile e dunque fallimentare[26]. La sua figura evidenzia il contrasto fra l'atteggiamento di Gesù che fedelmente alla volontà del Padre si consegna nelle mani dei peccatori (14,41), e quello dei discepoli che di fronte alla medesima prospettiva rinunciano alla propria identità[27].

---

[23] Cf. H.F. FUHS, «נער», *TWAT*, V, 507-518; V. HAMILTON, «נער», NIDOTThEx 3, 124-127; K. STOCK, *I Racconti Pasquali*, 67; G. PEREGO, *La nudità necessaria*, 63-66.

[24] Cf. R.E. GUNDRY, *Mark*, 862. B. STANDAERT, *L'évangile selon Marc*, 157 propone di considerare συνηκολούθει un imperfetto di *conatu*: «egli cercava di seguirlo».

[25] Si tratta di un tessuto di lino o di cotone di ampia forma rettangolare e di manifattura egizia o sira. Cf. G. PEREGO, *La nudità necessaria*, 70.

[26] F. DE CARLO, *«Dio mio, Dio mio»*, 130-131.

[27] G. PEREGO, *La nudità necessaria*, 82-84.

1.2.4 La figura del νεανίσκος nella tomba vuota

Il racconto marciano delle donne al sepolcro si differenzia da quelli di Mt e Lc in quanto evita una esplicita angelofania. Mc, infatti, non definisce il giovane come «angelo» pur conoscendo il termine e utilizzandolo altrove[28]. I rimandi biblici ed extrabiblici riportati dagli esegeti testimoniano che a volte il termine νεανίσκος è utilizzato in riferimento a una figura angelica, la cui identità viene però generalmente confermata in modo esplicito nel corso della narrazione, cosa che nel racconto marciano non avviene[29]. Per di più un tale uso è difficilmente riconducibile a Mc poiché nell'altro passo in cui il sostantivo viene utilizzato (14,51-52) senza alcun dubbio non si tratta di un angelo, né sono ravvisabili tratti angelici. Bisogna aggiungere che nessuna angelofania è presente in tutto il resto del Vangelo di Mc.

Abbandonando il rimando all'angelofania come elemento caratterizzante il νεανίσκος, è preferibile porre attenzione ai tratti descrittivi che il narratore mette in luce. Questi sembrano sostenere un diverso orientamento. Il fatto che sia «seduto alla destra» (16,5), una posizione di autorità, normalmente viene considerato un'allusione al Sal 110,1 che Mc utilizza anche in 12,36 e in 14,62 (e implicitamente in 10,37.40)[30]. Poichè questo salmo è regolarmente riferito a Cristo ed esprime una condizione di trascendenza e vicinanza a Dio oltre che di partecipazione alla sua sovranità, la figura del νεανίσκος in 16,1-8 si carica di condizione di stabilità connessa al mistero pasquale del Cristo glorioso. Anche la veste (στολή) bianca ha una grande forza simbolica e si avvicina all'uso che troviamo in Ap, dove qualifica coloro che hanno seguito Cristo fino ad assumere in sé il mistero della sua passione, morte e

---

[28] Cf. Mc 1,2.13; 8,38; 12,25; 13,27.32.

[29] Cf. Tb 5,5.7.10; 2Mac 3,26.33. Nel *Pastore di* ERMA sei νεανίσκοι vengono descritti come « angeli santi, che furono creati in principio» (*Il Pastore*, Vis. III, 1,6.8; 2,5; 4,1 [SC 53bis, 100-109]; GIUSEPPE FLAVIO, *Antichità giudaiche*, V, 277 (ed. B. Niese, I, 346), descrive l'apparizione di «un angelo di Dio nei tratti di un giovane bello (νεανίᾳ καλῷ)». Sono a favore di un'identificazione angelica: R. SCHNACKENBURG, *Vangelo secondo Marco*, II, 318; V. TAYLOR, *Marco*, 702; R. PESCH, *Il Vangelo di Marco*, II,775; R. VIGNOLO, «Cercare Gesù», 96; W. LAMAR, *Marco*, 380. Contro: F. LENTZEN-DEIS, *Comentario al evangelio de Marcos*, 471; B.M.F. VAN IERSEL, *Marco*, 450; S. LÉGASSE, *Marco*, 850.

[30] L'espressione di Mc 16,5 (ἐν τοῖς δεξιοῖς περιβεβλημένον) rispetto al Sal 110 (κάθου ἐκ δεξιῶν μου) presenta alcune anomalie: utilizza il plurale δεξιοῖς, inserisce l'articolo τοῖς, e sostituisce la preposizione ἐκ con ἐν. Secondo R.H. GUNDRY (*Mark*, 991), il narratore in questo modo enfatizza la posizione del giovane come vicino a Dio in una posizione di favore.

risurrezione³¹. Possiamo perciò concludere che in 16,1-8 il νεανίσκος rappresenta la figura del discepolo maturo, pienamente immerso nel mistero pasquale di Cristo e perciò raggiunto dal dinamismo della salvezza.

1.2.5 Il νεανίσκος figura di contrappunto

Il giovane di 16,1-8 si distingue da quello descritto in 14,51-52, soprattutto segna una contrapposizione: se il νεανίσκος di 14,51 era avvolto in una sindone di morte, quello in 16,5 è rivestito di una veste bianca. Se il vestito abbandonato in 14,52 traduce simbolicamente il culmine della dissociazione tra i discepoli e Gesù, la veste bianca in 16,5 evidenzia un'istanza narrativa esteriore persino al mondo del racconto, poiché ora il giovane è latore di un messaggio di Dio che riannoda il discepolato a Gesù risuscitato e, al tempo stesso, rappresenta un «discepolato redento»³². Il primo si dà alla fuga, tradendo la sua paura di essere totalmente coinvolto nel destino di Gesù, il secondo resta seduto nel sepolcro, in una posizione regale, esprimendo tutta la forza del mistero pasquale.

La figura del νεανίσκος costituisce perciò un contrappunto illuminante alla fuga dei discepoli e a quella delle donne.

Fuggendo nudo al Getsemani il νεανίσκος sottolinea l'abbandono dei discepoli: qui la figura è negativa. Il νεανίσκος di 16,5-7 è invece figura positiva: vestito e glorioso rimane nella tomba quando le donne escono e si allontanano, sottolineando che la ripresa della sequela è assicurata proprio da questa uscita. Il giovane in bianche vesti ritrae dunque il dinamismo della risurrezione e la sua potenza che tramite le donne reintegra i discepoli e Pietro nella sequela. Non descrivendone l'uscita di scena, il narratore fissa la sua figura all'ingresso del sepolcro anche quale monito per il lettore, affinché come le donne si allontani da quel luogo dopo averlo visitato, custodendo la proclamazione della risurrezione di Gesù e la garanzia di poterlo ancora incontrare insieme alla comunità dei suoi discepoli.

---

³¹ Nei LXX il termine στολή descrive soprattutto i paramenti sacerdotali di Aronne, dei suoi figli ed eredi e dei leviti (Es 28,2; 29,5.21.29; 2Cro 5,12; 1Mac 10,21; Sir 45,7.10; 50,11). Delle circa 100 ricorrenze bibliche solo due testi fanno riferimento all'abito di un angelo (Ez 10,2.6.7 e 2Mac 5,2). Nel NT ricorre nove volte: 2 in Mc (12,38; 16,5); 2 in Lc (15,22; 20,46); 5 in Ap (6,11; 7,9.13.14; 22,14). La locuzione «veste bianca» oltre che in Mc 16,5 ricorre solo in Ap 6,11; 7,9.13 attribuita alla comunità dei credenti che celebra la propria salvezza. Cf. U. VANNI, *L'Apocalisse*, 44.

³² L'espressione è in G. PEREGO, *La nudità necessaria*, 217.

Nel complesso del Vangelo questa peculiare figura marciana illustra gli esiti del discepolato messo alla prova. Quando il discepolo abbandona Gesù, pur salvando la propria vita perde ogni cosa rimanendo senza nulla, quando invece abbraccia il mistero pasquale della morte e risurrezione di Gesù, raggiunge la sua pienezza e resta «cristologicamente» trasfigurato. In 16,1-8 la figura del νεανίσκος è anche kerygmatica, latrice dell'annuncio pasquale. Ciò permette al lettore di scorgere in essa il volto della comunità cristiana da cui ha ricevuto l'annuncio del Vangelo di Gesù Cristo (1,1)[33].

1.3 *La fuga delle donne come chiusa narrativa*

La fuga dei discepoli, così come quella delle donne, deve essere compresa all'interno del più ampio movimento con cui il Risuscitato riconduce in Galilea, e corrisponde pienamente alla previsione fatta da Gesù in 14,27-28 in base alla profezia di Zac 13,7. Il rimando alla parola di Dio fornisce una caratterizzazione autorevole che garantisce non solo l'avverarsi della dispersione delle pecore a causa della persecuzione del pastore, ma conferma anche il suo superamento nella ripresa di un nuovo cammino in Galilea, dove Gesù torna a precedere i suoi. È tale predizione, richiamata dalle parole del giovane nella tomba vuota (16,7), che getta la base per la comprensione della stessa fuga delle donne.

Essa va inscritta e compresa nel piano di Dio sulla storia, mostrando la coerente strategia del narratore che lascia al protagonista la determinazione dei personaggi e delle loro azioni. La fuga delle donne perciò non è parallela a quella dei discepoli, ma vi si rapporta soprattutto per contrasto, in quanto strumentale alla risoluzione della narrazione e al compimento della profezia assunta da Gesù stesso a interpretazione della propria missione. Ciò viene avvalorato dalla presenza del νεανίσκος, figura di contrappunto: fugge nudo quando i discepoli abbandonano Gesù, rimane invece glorioso quando le donne escono dal sepolcro.

Se la fuga dei discepoli è interruzione e naufragio della sequela, la fuga delle donne non è una rottura di rapporto con Gesù, ma un inizio in cui il Risorto, per loro stesso tramite, recupera i discepoli in fuga. Questo nuovo inizio corrisponde a un nuovo cammino. Si conferma perciò che l'allontanamento delle donne dal sepolcro costituisce una decisa presa di distanza dal luogo del seppellimento di Gesù inteso come

---

[33] Gli eventuali tratti angelici che il νεανίσκος può solo secondariamente evocare sono semplicemente finalizzati a conferirgli il ruolo di messaggero di un divino annuncio.

«conclusione» della sua storia. Il loro allontanarsi non intende cancellare o misconoscere la morte di Gesù, mostra che la sua morte in croce non costituisce uno smacco definitivo e neppure la meta a cui il cammino di Gesù conduce. Esattamente come il Risuscitato che precede in Galilea non cancella il suo essere crocifisso.

Le donne sono le prime che possono comprendere i due aspetti dell'unico mistero pasquale e sono le prime a corrispondere al piano di Dio che in esso si manifesta tramite le parole dettate dal giovane.

Fuggendo, le donne si incamminano verso i discepoli indirizzando le aspettative di attori e lettore verso la Galilea, lontano da Gerusalemme che implicitamente viene oscurata. È altrettanto vero però che pur allontanandosi dalla città, la nuova comunità di discepoli non abbandona il mistero della morte di Gesù in croce di cui le donne stesse sono testimoni, poiché esso è custodito nel cammino che il Crocifisso risorto apre in Galilea. Illuminato e trasfigurato dalla potenza della risurrezione operata da Dio, questo cammino riceve una suprema conferma: solo chi sarà disposto ad accoglierlo e farlo proprio secondo la parola di Gesù potrà incamminarsi in un discepolato finalmente riuscito e definitivo.

2. Il «non dire»

Il «non dire» delle donne si avvicina a una serie di «silenzi» che accompagnano autorevoli rivelazioni sull'identità di Gesù. Si tratta di interventi di Dio o autorivelazioni di Gesù stesso che nella storia scandiscono tappe importanti nella costruzione dell'identità cristologica del protagonista. In tali contesti il tacere degli attori umani riveste molteplici funzioni: prima di tutto sottolinea la grandezza di ciò che è rivelato e l'autorevolezza di colui che lo rivela, di fronte ai quali i testimoni restano senza parole. Il tacere mostra anche l'incapacità degli attori umani a comprendere compiutamente sia quanto rivelato su Gesù, sia il piano di Dio che in lui si realizza. Infine si tratta anche di silenzi con una funzione extradiegetica poiché segnalano al lettore momenti-chiave per la comprensione della storia quale «Vangelo di Gesù Cristo» (1,1), momenti su cui egli non deve sorvolare.

2.1 *Il «non dire» delle donne: un'ultima reazione agli interventi di Dio*

Concludendo la narrazione marciana il «non dire» delle donne costituisce l'ultima reazione agli interventi autorevoli con cui Dio si presenta direttamente nella storia di Gesù. A livello di discorso, tali interventi creano un arco di tensione a partire dal primo versetto del Vangelo fino alla sua conclusione in 16,8: l'inizio del Vangelo (1,1.2-13), infatti, rimanda immediatamente al suo finale (16,1-8)[34]. Entrambi questi momenti sono però connessi al racconto della trasfigurazione (9,2-13): insieme costituiscono i tre punti nodali, gli unici, in cui il lettore incontra direttamente l'istanza più autorevole di tutta la narrazione, con dichiarazioni divine che sanciscono l'identità di Gesù. In quanto portatrici di una consapevolezza speciale rispetto a quella degli attori umani del racconto, tali dichiarazioni offrono informazioni di particolare importanza per il lettore e contribuiscono a «strutturare» in modo irreversibile il destinatario della narrazione rendendolo più consapevole della realtà singolare della figura di Gesù.

In queste tre scene, diversi elementi strategicamente correlati fra loro preparano la scena finale (16,1-8) come vertice risolutivo a tutta la narrazione e mettono in luce il fatto che una stessa logica di misteriosa trascendenza alle umane aspettative caratterizza la persona e la storia del Gesù prepasquale e di Gesù risorto in stretta unità[35]. Tali istanze offrono ulteriori contributi alla comprensione della reazione delle donne in 16,8. E' quanto intendiamo cogliere, senza riprendere un'analisi completa dei testi.

2.1.1 Correlazioni fra gli interventi di Dio

In Mc le correlazioni fra il prologo (con il racconto del battesimo di Gesù), il racconto della trasfigurazione e quello delle donne alla tomba vuota sono numerose.

La descrizione degli abiti caratterizza alcuni personaggi presenti nei rispettivi racconti. Giovanni il Battista «era vestito di peli di cammello,

---

[34] A partire dal primo versetto 1,1 tutta la narrazione marciana appare indubbiamente orientata verso la risurrezione, poiché essa esprime in maniera piena l'identità di Gesù. Dal punto di vista dello stile, l'interruzione finale del Vangelo (16,8) non è più brusca dell'*incipit* del primo versetto. Mc 1,1 è infatti un inizio paradossale poiché che Gesù Cristo sia il Figlio di Dio può essere affermato solo a conclusione di ciò che è descritto in seguito. Inoltre solo per questo finale, e a partire da esso, il narratore può decidere che è un inizio (ἀρχή), compimento della promessa di Gesù di precedere i discepoli in Galilea. Cf. J.L. MITCHELL, *Beyond Fear and Silence*, 15.

[35] La risurrezione inaugura il tempo della proclamazione della verità fino a tale momento taciuta, in questo modo Mc 1,1 resta l'attestazione di un duplice movimento basilare della proclamazione nel periodo post-resurrezionale: da una parte, l'annuncio rinvia sempre «all'inizio/fondamento del Vangelo di Gesù, il Messia, il Figlio di Dio» (1,1) come compendio del suo unico contenuto; dall'altra, esprime quanto è necessario comprendere di Gesù dal momento della sua comparsa (1,9) fino al suo ritorno finale (13,26-27).

con una cintura di pelle attorno ai fianchi» (1,6); di Gesù una volta giunto sul monte si annota che «le sue vesti divennero splendenti bianchissime» (9,3); il giovane nella tomba è «vestito d'una veste bianca» (16,5). Secondo lo stile marciano la descrizione delle vesti non solo permette la decodificazione del personaggio, ma costituisce anche un prezioso apporto all'interpretazione di tutta la scena secondo il gioco della simbologia: in quanto richiamo all'abbigliamento di Elia, l'abito di Giovanni lo pone sotto la luce della profezia, rafforzando il ruolo che il Battista ricopre nella narrazione. La bianchissima veste di Gesù trasfigurato rimanda alla veste bianca del giovane nella tomba ponendo entrambe le scene sotto la luce della glorificazione che sul monte è manifestazione della sua identità, e nella tomba è rivelazione dell'azione di Dio[36].

Lo sfondo profetico di Giovanni Battista ispirato a Elia e la presenza di questi accanto a Gesù nella scena della Trasfigurazione, danno importante peso alla novità profetica insita nella risurrezione. Gesù continua la linea dei grandi profeti di Israele e al contempo rompe con essi, poiché inaugura una realtà differente. La tradizione dice che Elia fu rapito (cf. 6,15 e 1Re 19,2) e non si conosce dove sia la sua tomba. Di Giovanni Battista, invece, si racconta morte e sepoltura. Di Gesù, in modo unico si proclama l'azione con cui Dio l'ha risuscitato e il fatto che, lasciata la tomba vuota, già precede i suoi.

Il racconto della trasfigurazione funge da collegamento tra inizio e conclusione del Vangelo. Recuperando analetticamente l'affermazione dell'identità di Gesù come Figlio di Dio, proclamata dalla voce celeste subito dopo il battesimo (1,11), al tempo stesso, costituisce una prolessi della risurrezione attraverso cui Dio dichiara in modo definitivo questa identità. Prolessi che, se è ininfluente a livello diegetico poiché non prepara gli attori umani al momento finale, aiuta però il lettore a intuire la portata della risurrezione di Gesù, senza per questo esplicitarne le modalità. Solo se previamente ha ascoltato la voce al battesimo e quella alla trasfigurazione, il lettore può intendere in modo congruo la dichiarazione del giovane alla tomba vuota, trovando conferma dell'identità di Gesù proclamata all'inizio dell'opera (1,1).

Esiste anche una similitudine fra il timore dei discepoli nella scena della trasfigurazione (9,6) e il primo turbamento delle donne nella

---

[36] Avevamo già notato nel precedente capitolo come il particolare delle vesti fosse un elemento determinante per la comprensione della figura del νεανίσκος e del suo ruolo in 14,51-52 e 16,1-8.

tomba (16,5): in entrambi i casi si tratta del terrore di testimoni di manifestazioni epifaniche. In quanto rivelazioni di gloria e risurrezione, si tratta di fatti che debordano l'immaginazione umana e vanno al di là delle esperienze religiose, delle speranze e delle credenze proprie del giudaismo[37]. Non essendo riconducibili ad alcuna umana esperienza, esse impediscono un'adesione immediata e spontanea.

2.1.2 Il «silenzio» delle donne nelle correlazioni fra prologo ed epilogo

Nel Vangelo di Marco deserto e tomba sono i luoghi cha fanno da sfondo rispettivamente al prologo (1,1-13) e al racconto finale (16,1-8). Hanno in comune la condizione di pericolo e di sterilità in quanto luoghi di distruzione e di morte[38]. Il deserto dove Gesù è tentato (1,12-13) e la tomba dove egli risuscita sono anche i luoghi in cui egli si manifesta profondamente unito a Dio e dove Dio ratifica al riguardo qualcosa di nuovo nella vita di Gesù. Nel prologo e nell'epilogo infatti, Gesù vive una trasformazione che conferisce un significato nuovo alla propria presenza: al battesimo, dando avvio al suo ministero pubblico e nel racconto finale, inaugurando il tempo del Risorto. In entrambe le situazioni ciò che è successo e come sia avvenuto non è mostrato, ma il «vuoto» è così significativo da chiamare il lettore a un accesso indiretto[39]. Deserto e tomba sono anche luoghi marginali, fuori dalla civilizzazione, in cui agiscono due autorevoli messaggeri di Dio: all'inizio del Vangelo Giovanni il Battista, al termine il giovane nella tomba[40].

---

[37] Cf. R. VIGNOLO, «Una finale reticente», 156-158.

[38] In forza delle tradizioni dell'Esodo, il deserto si configura come luogo di passaggio, di tempo limitato in attesa del compimento delle promesse divine. Questo sembra in qualche modo configurare il senso del racconto della sepoltura di Gesù e quello della scoperta della tomba vuota, come momenti di transizione al compiersi del piano di Dio.

[39] In ciò il racconto delle tentazioni di Mc differisce profondamente da Mt e Lc.

[40] È anche possibile paragonare il ruolo delle donne discepole a quello di Giovanni Battista nel Prologo. In entrambi i casi le rispettive azioni sono fondamentalmente racchiuse in uno spazio narrativo limitato (1,2-3 e 16,1-8). Entrambi i personaggi hanno il compito di un annuncio decisivo di un annuncio che introduce in una nuova epoca: Giovanni introduce il ministero terreno di Gesù; le donne introducono i discepoli al tempo in cui il Risorto precede i suoi. In entrambi i casi nulla viene sottratto al ruolo di testimoni riservato ai discepoli, dal momento che il ministero di Giovanni si chiude prima che Gesù inizi il suo ministero pubblico (1,14-15). E per quanto riguarda le donne, dopo aver adempiuto l'incarico tacciono senza che esse abbiano più a intervenire come protagoniste. Mentre però il tempo della preparazione affidato a

Entrambi descritti nell'abbigliamento e nell'aspetto fisico, essi hanno il compito di annunciare Gesù con messaggi che non appartengono semplicemente all'ordine delle parole terrene. Giovanni annuncia chi sta per venire in termini di posteriorità in riferimento a sé (ὀπίσω μου 1,7), mentre il giovane nella tomba lo fa in termini di precedenza in relazione ai discepoli (προάγει ὑμᾶς 16,7): in ogni caso il messaggio di entrambi riguarda un nuovo inizio che prende avvio attraverso l'incontro con Gesù.

Se però nel prologo Dio annuncia in modo mediato tramite le Scritture (1,2-3), nel racconto finale del Vangelo Dio rivela direttamente la risurrezione tramite le parole del giovane. Ciò conferisce a questa proclamazione finale una pretesa e un'autorevolezza più grande e costituisce un annuncio più diretto e di maggiore impatto non solo rispetto all'affermazione meramente umana del centurione (15,39), ma anche rispetto alle rivelazioni la cui comprensione è mediata dalle Scritture (come nei preannunzi della risurrezione fatte da Gesù negli insegnamenti sul destino dei Figlio dell'Uomo). Dal punto di vista formale appare superiore anche alle solenni proclamazioni con cui la voce dai cieli al momento del battesimo (1,11) o quella della nube alla trasfigurazione (9,7) attestano l'identità di Gesù quale Figlio ὁ ἀγαπητός (1,11; 9,7): qui infatti, a differenza delle parole del giovane, si usano comunque elementi di derivazione biblica[41].

La narrazione termina dopo l'intervento di Dio che annuncia il Risorto senza prolungarsi con discorsi di attori umani, neppure con le parole delle donne ai discepoli. L'attenzione deve rimanere sul messaggio del kerygma pasquale quale ultima parola di Dio nella storia di Gesù e sulla storia di Gesù, in modo da sancire che quanto è avvenuto ha origine, sostegno e conclusione nella volontà che Dio stesso attesta agli uomini. La vicinanza che il prologo lasciava solo intuire nel dialogo fra Dio e un misterioso *Tu* (1,2) a cui un messaggero avrebbe aperto la via, nella tomba viene resa manifesta da un nuovo messaggero il cui annun-

---

Giovanni Battista ha termine con la sua morte, la via intrapresa e annunciata dalle donne non termina: garantita dalla risurrezione, permane infatti come cammino che Gesù ha aperto per sempre ai suoi discepoli.

[41] Le dichiarazioni che le voci fanno riguardo a Gesù al momento del battesimo e della trasfigurazione sono collezioni di citazioni dell'AT. Nella definizione alla tomba invece non vi sono citazioni né allusioni all'AT, piuttosto l'espressione viene a ridefinire le precedenti collezioni di citazioni (Cristo morto e risorto è Figlio unico, partecipe della gloria del Padre nella via della croce e risurrezione).

cio lascia trasparire la profonda intimità che sta alla base di quel dialogo e del cammino che quel *Tu* ha percorso fino alla croce e alla risurrezione. Tale rivelazione fa muovere le donne verso i discepoli e, al tempo stesso, le trattiene in una presa di coscienza che può avvenire solo nella sequela di colui che, Risorto, precede. Giunto a fine lettura, il lettore stesso è obbligato a entrare nel «silenzio» che queste discepole hanno aperto per maturare con loro e con i discepoli una risposta di fede. Se il discepolato prepasquale si era spento nel silenzio dell'abbandono, il discepolato postpasquale nasce da un nuovo silenzio, generatore di un nuovo processo cognitivo. Tramite le donne anche i discepoli e tutti i lettori avranno per sempre dischiusa la via per ricevere tale dono.

2.1.3 Il «silenzio» delle donne
nelle correlazioni fra trasfigurazione ed epilogo

Particolari connessioni emergono fra la scena della Trasfigurazione e quella della tomba vuota.

I due racconti (16,1-8; 9,2-8) iniziano con un riferimento temporale. In entrambi sono presenti discepoli al seguito di Gesù: uomini nel primo caso, donne nel secondo (9,2; 16,1). In entrambe le scene si parla di vesti bianche del personaggio più autorevole (9,3; 16,5) e si racconta la reazione di paura dei presenti (9,6; 16,5.8). La rivelazione ha sempre una connotazione visiva (9,2b-4;16,5) e una uditiva (9,7; 16,6-7). Il lessico della trasfigurazione comprende termini presenti nella scena della tomba o a essi riconducibili etimologicamente[42]. Una correlazione ancora più immediata appare tra le donne alla tomba e i tre discepoli, Pietro, Giacomo e Giovanni, presenti alla trasfigurazione. Si tratta infatti di due gruppi che seguono Gesù all'interno di gruppi più ampi: i tre discepoli appartengono al gruppo dei Dodici, e le donne sono tre fra «molte altre» al seguito di Gesù (15,41), tutti sono testimoni di eventi di eccezionale importanza. Mc mette in risalto il ruolo particolare che questi personaggi ricoprono nella vicenda di Gesù: sia le donne che i tre discepoli sono ricordati con i loro nomi propri e godono di particolare

---

[42] Si tratta del nome Giacomo (cf. 9,2; 16,1), il bianco delle vesti (cf. 9,3; 16,5), l'enfasi nell'indicare il luogo (ὧδε cf. 9,5; 16,6), il verbo vedere (cf. 9,4.8; 16,5.7), la paura (cf. 9,6; 16,8); una costruzione con doppio γάρ (οὐ γὰρ ᾔδει τί ἀποκριθῇ, ἔκφοβοι γὰρ ἐγένοντο 9,6; εἶχεν γὰρ αὐτὰς τρόμος καὶ ἔκστασις· καὶ οὐδενὶ οὐδὲν εἶπαν· ἐφοβοῦντο γάρ 16,8) e una locuzione espressa con una doppia negazione (οὐκέτι οὐδένα εἶδον 9,8; οὐδενὶ οὐδὲν εἶπαν 16,8).

intimità e confidenza da parte di Gesù, ne è prova il fatto che ricevono rivelazioni esclusive[43]. Nel racconto della trasfigurazione, Pietro è ricordato per primo fra i discepoli ed è l'unico a prendere la parola (9,5); nel racconto delle donne alla tomba vuota egli viene distinto dagli altri discepoli (εἴπατε τοῖς μαθηταῖς αὐτοῦ καὶ τῷ Πέτρῳ v. 7). Nei due racconti perciò Pietro occupa un posto di rilievo: alla trasfigurazione quale portavoce degli altri due discepoli (καλόν ἐστιν ἡμᾶς 9,5) e nei confronti del compito delle donne quale elemento essenziale al suo pieno svolgimento, come se l'incarico ai discepoli rimanesse incompleto senza la presenza di Pietro.

La funzione del racconto della trasfigurazione, non è tanto quella di preparare i discepoli alla risurrezione[44], ma di porre le premesse per la soluzione finale del Vangelo.

Mentre Pietro e gli altri due discepoli ricevono la consegna al silenzio e vi si attengono (9,10), le donne ricevono il comando di recare il messaggio pasquale ai discepoli a Pietro e di esse si annota il loro «non dire». L'annuncio delle donne sancisce la fine del silenzio imposto a Pietro e compagni dopo la trasfigurazione. Infatti proprio la missione delle donne può rendere consapevoli i tre di cosa significhi «il risuscitare dai morti» del Figlio dell'Uomo (9,9) e che è giunto il momento di dare avvio alla propria testimonianza. Questa a sua volta non potrà che offrire attendibilità alle parole delle donne, permettendo ai discepoli di comprenderne a fondo il significato. Così, dopo aver svolto il loro compito, sono ora le donne che si consegnano al silenzio (16,8) segnalando al lettore l'inizio dell'annuncio del Vangelo. Pietro risulta essere l'unico discepolo identificato per nome in entrambi gli episodi e costituisce perciò un collegamento tra la rivelazione alla trasfigurazione e quella alla tomba vuota. La sua figura riceve particolare rilievo ed è connessa agli interventi di Dio: nella trasfigurazione come testimone diretto, nel racconto delle donne alla tomba vuota quale principale garante dell'autenticità di quello che le donne riferiscono.

Mc ha legato la presentazione, la missione e il destino delle tre donne a Pietro e agli altri discepoli, conferendo alle une e agli altri un ruolo

---

[43] Se i tre discepoli appaiono in scene contraddistinte dalla presenza e vicinanza di Gesù (5,37; 9,2-8; 14,33) le donne appaiono in scene dominate dalla sua lontananza o assenza (15,40-41.47; 16,1-8). Cf. M. NAVARRO PUERTO, *Marcos*, 581.

[44] Il racconto della trasfigurazione prepara il lettore a una profonda comprensione della rivelazione del giovane nella tomba vuota, non prepara invece i tre discepoli ad attendere la risurrezione di Gesù, come dimostra la loro crescente incomprensione lungo il cammino verso Gerusalemme e la loro fuga al Getsemani.

complementare. Il dinamico rapporto che li lega e li coinvolge non fa che mettere in risalto la sapiente regia di Gesù, l'autorevole protagonista che assegna tempi e azioni, e distribuisce ai personaggi funzioni e conoscenze.

2.2 *I silenzi di Gesù e il «non dire» delle donne a fine narrazione*

Mentre tace nei confronti delle false accuse (14,61; 15,5), Gesù non teme di rispondere sulla propria identità quando è interrogato dal sommo sacerdote e dal procuratore romano (14,62; 15,2): in tal modo i suoi «silenzi» contrassegnano importanti autorivelazioni. Non più velate dalla metafora, le solenni dichiarazioni di Gesù concludono i suoi insegnamenti e sono la porta d'ingresso alla sua passione. Dopo la condanna promulgata da Pilato il narratore fa tacere Gesù e lascia invece che parlino gli altri attori umani.

Nella passione, a parlare sono soprattutto i falsi testimoni (14,56-58), i sommi sacerdoti (14,60.63; 15,3.31), alcuni del sinedrio (14,65), la folla (15,11.13.14), Pilato (15,2.4.9.12.14), i soldati romani (15,18.20) e i passanti sulla via della croce (15,29): questi personaggi sono gli inconsapevoli attori che confermano le parole di Gesù e generano quella sottile ironia attestante l'assoluta autorità del protagonista. In tale prospettiva, la proclamazione del centurione (15,39) sancisce il riconoscimento definitivo e supremo della relazione fra Dio e Gesù da parte degli attori umani. Dunque nel racconto della passione il «silenzio» mantenuto da Gesù non fa che evidenziare che gli ultimi eventi si sviluppano esattamente secondo le predizioni fatte ai discepoli lungo il cammino verso Gerusalemme e dopo l'ultima cena (14,27-28).

La «voce» di questo silenzio è fortemente profetica e ironica, poiché rimanda al piano di Dio che si realizza nonostante e proprio grazie alle trame che gli avversari tessono contro il Figlio dell'Uomo.

Nel contesto pasquale invece, nessuno dei personaggi attivi durante la passione e la morte di Gesù entra in scena: ora sono essi a rimanere avvolti dal «silenzio»[45]. Solo Dio parla: egli consegna un messaggio alle fedeli discepole il cui ruolo, fino al racconto della visita alla tomba,

---

[45] Diversamente, in Mt le guardie (28,11), i sommi sacerdoti (28,11), gli anziani (28,12) tornano a essere presenti e attivi nel contesto pasquale, così come è di nuovo ricordato il governatore (28,14). In questo caso Lc si mostra più vicino a Mc: dopo l'annuncio della risurrezione di Gesù, la narrazione si focalizza sulle apparizioni senza più mostrare gli avversari di Gesù come personaggi attivi. Essi vengono però ricordati nelle parole dei discepoli di Emmaus (24,20).

è stato di grande marginalità. Esse ascoltano e pur portando la notizia ai discepoli e a Pietro (non ad altri) «non dicono», lasciando che nell'epilogo sia Dio a colmare con la sua parola il vuoto che morendo Gesù ha lasciato. Il loro «non dire» è in qualche modo analogo al «silenzio» di Gesù durante la passione e ne condivide la funzione: ricondurre a Dio l'intreccio narrativo evidenziando che sua è la soluzione ultima di tutto il Vangelo. Al tempo stesso questo loro «non dire», come i silenzi di Gesù che contrassegnano le sue autorivelazioni, mostra che non vi è nulla da aggiungere a quanto il messaggero ha detto: l'annuncio del Vangelo che i discepoli e Pietro avvieranno non avrà altro contenuto, se non le stesse parole che Dio ha trasmesso alle donne e le donne a Pietro e ai discepoli: «Gesù il Nazareno crocifisso è risuscitato».

2.3 *Il «non dire» delle donne come chiusa narrativa*

Le complesse correlazioni fra prologo, racconto della trasfigurazione ed epilogo mostrano che il «non dire» delle donne chiude il Vangelo secondo una strategia che unisce dinamicamente tutta la narrazione. Il narratore sa «dosare» gli interventi di Dio affinché nella tomba vuota si abbia l'apice rivelativo[46].

Nel prologo Mc apre con una citazione esclusivamente extradiegetica (1,2-3): il lettore sente la voce divina che si rivolge a un «tu» di cui non è data immediata identificazione. Nel battesimo, attraverso una voce che proviene dai cieli (φωνὴ ἐγένετο ἐκ τῶν οὐρανῶν 1,11), Dio si rivolge al solo Gesù (non si citano altri spettatori) utilizzando di nuovo il «tu» come nella citazione iniziale. Ora il lettore comprende che Dio è Padre di Gesù, il Figlio diletto (ὁ υἱός μου ὁ ἀγαπητός 1,11) e che Gesù dal Padre ha ricevuto tale conoscenza. Ancora tramite una voce, questa volta dalla «nube adombrante» (νεφέλη ἐπισκιάζουσα 9,7), nella trasfigurazione Dio rivela a tre discepoli il proprio rapporto di Padre di Gesù. Ora essi diventano i depositari decisivi del mistero di Gesù, ma rimane loro oscuro il concetto di «Figlio dell'Uomo che deve risorgere dai morti». È su questo che Gesù impone il silenzio, dal che si evince che al quadro cristologico complessivo mancano ancora importanti tasselli.

---

[46] L'espressione Ἰησοῦν τὸν Ναζαρηνὸν τὸν ἐσταυρωμένον «rappresenta un vertice insuperabile di "personalizzazione" e di "storicizzazione" dell'oggetto cristologico della ricerca, qui espresso con pregnanza inaudita». Costituisce perciò una sintesi efficace del Vangelo direttamente focalizzata sul protagonista di tutta la narrazione. Cf. R. VIGNOLO, «Cercare Gesù», 98-99.

Finalmente, nella tomba vuota il giovane trasmette alle donne il messaggio di Dio che, nell'annunciare la risurrezione, offre una ricapitolazione della storia di Gesù che è il Vangelo stesso, così come sarà annunciato dal kerygma cristiano. Il «non dire» delle donne quale chiusa della più alta attestazione di Dio su Gesù chiama il lettore a una intelligente rilettura che, evitando una fantasia arbitraria, sappia attenersi fedelmente alla logica e agli indizi del racconto marciano. A questo punto, mentre il narratore può finire, l'opera del lettore inizia adesso «la reazione delle donne diventa un prisma attraverso il quale tutto il racconto precedente deve essere riveduto»[47]. Sollecitato, il lettore può colmare il vuoto lasciato dall'intreccio bruscamente interrotto. La chiusa evita di esplicitare una conclusione scontata.

3. La paura

Nel Vangelo marciano è possibile scorgere una progressione formale del motivo della paura che ha il suo apice nella chiusa narrativa. La descrizione della paura dei discepoli durante l'attraversata del mare in tempesta ricorre a una locuzione poco frequente dal carattere intensivo: si tratta del raddoppiamento della radice φοβ- presente nel verbo e nell'oggetto interno ἐφοβήθησαν φόβον μέγαν (4,41). L'esortazione a credere che Gesù rivolge a Giairo è invece costituita da un'espressione articolata in due elementi complementari: il primo negativo, il secondo positivo (μὴ φοβοῦ/μόνον πίστευε 5,36). Nella rassicurazione di Gesù ai discepoli che lo hanno visto camminare sull'acqua trova spazio un'espressione più raffinata, composta da tre elementi disposti in modo concentrico con gli imperativi in prima e terza posizione intorno alla formula di rivelazione (θαρσεῖτε/ἐγώ εἰμι/μὴ φοβεῖσθε 6,50). La paura di Gesù al Getsemani (14,33) viene formulata attraverso una singolare locuzione composta da tre verbi (ἤρξατο ἐκθαμβεῖσθαι καὶ ἀδημονεῖν), in cui il primo evidenzia l'inizio di un evento del tutto nuovo per Gesù, il secondo esprime una forma intensiva e il terzo è un *hapax* marciano. Infine, in 16,8 questa tecnica raggiunge l'apice grazie a un'accurata struttura parallela, all'elenco di tre termini riguardanti la paura, e a una singolare locuzione unica in tutto il contesto biblico (τρόμος καὶ ἔκστασις), il lemma τρόμος, che risulta essere un *hapax* nei Vangeli. Anche stilisticamente Mc 16,8 sembra perciò rappresentare il punto culminante e finale di una sapiente mente ordinatrice che intende presentare una visione dinamica e non scontata del processo di fede, processo

---

[47] Cf. N.R. PETERSEN, «When is the End not the End?», 153.

che non nasconde momenti di cedimento e che ha nell'ἐφοβοῦντο γάρ finale l'ultima e più alta attestazione ricapitolatrice. All'aspetto formale corrisponde un'ordinata composizione del motivo della paura, la cui individuazione permette di cogliere la chiave interpretativa del narratore per comprendere e valutare la paura degli attori.

3.1 *La paura nella narrazione marciana*

Il Vangelo di Marco tratta il tema della paura coniugandolo secondo tre registri: la paura dei discepoli, quella di Gesù e quella delle donne. La paura che attraversa discepoli e donne trova comune spiegazione nella paura che Gesù stesso sperimenta e rivela nel Getsemani (14,32-42).

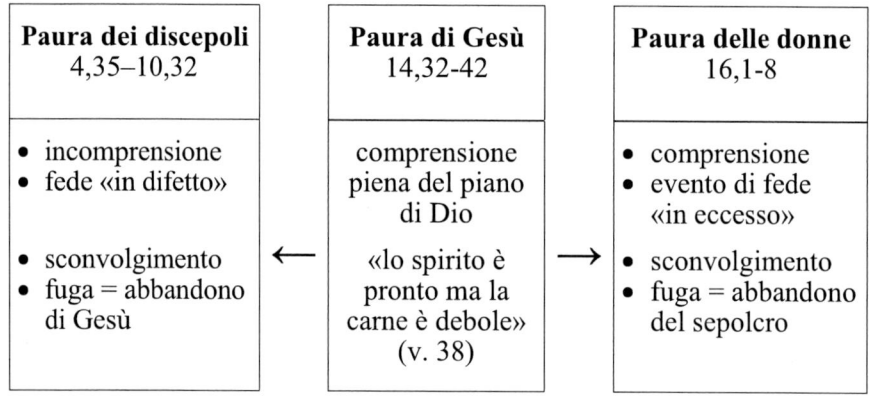

3.1.1 La paura di Gesù

Come in un trittico, la paura di Gesù è l'elemento determinante che focalizza e permette di valutare le paure degli attori umani, svelando una profonda diversità fra la reazione dei discepoli e quella conclusiva delle donne. Nel racconto della preghiera al Getsemani (14,32-42) Gesù stesso infatti offre la chiave interpretativa per comprendere le reazioni umane. La paura mortale che lo assale non scaturisce da una qualche incapacità di comprendere il piano di Dio nella storia: Gesù ha infatti ripetutamente insegnato il destino del Figlio dell'Uomo e predetto il suo imminente compimento durante la salita a Gerusalemme. Gesù perciò è perfettamente consapevole della volontà di Dio.

Invece il fatto che nel Getsemani per la prima volta egli non voglia rimanere solo nella preghiera, ma cerchi un conforto nel gruppo più intimo dei discepoli («prese con sé Pietro, Giacomo e Giovanni» 14,33) palesa una sorta di cedimento causato dalla terribile sofferenza che si abbatte su di lui per l'insopportabile attesa della passione, a tal punto che «cominciò a sentire paura e angoscia» (ἤρξατο ἐκθαμβεῖσθαι καὶ ἀδημονεῖν)[48]. In questo scenario Gesù sperimenta in prima persona quanto egli insegna ai discepoli: «vegliate e pregate: lo spirito è pronto ma la carne è debole» (τὸ μὲν πνεῦμα πρόθυμον, ἡ δὲ σὰρξ ἀσθενής 14,38). Si tratta perciò di una paura dovuta alla debolezza della natura umana. Nel momento prossimo al tradimento di Giuda e alla via dolorosa, Gesù sente il rischio che «la carne» non si lasci guidare dallo «spirito»: un pericolo che, come egli stesso svela, può essere superato solo nella preghiera al Padre («Padre, passi da me quest'ora»)[49].

Gesù dunque riconosce nella debolezza della natura umana la causa più profonda della paura che investe tutti i personaggi del Vangelo. La sua esortazione permette al lettore di conoscere il punto di vista ideologico del narratore e soprattutto di Dio stesso.

3.1.2 La paura dei discepoli

La paura dei discepoli viene illuminata retrospettivamente da quella di Gesù e dalle parole esplicative con cui egli la presenta. Se essi temono Gesù e non ne comprendono l'identità, è perché in lui si manifesta in crescendo una potenza che va oltre la comune comprensione della debole natura umana, e perché la sequela esige il totale affidamento della «carne» allo «spirito» dove solo la preghiera apre uno spazio per accogliere l'aiuto di Dio in situazioni umanamente impossibili da accettare. Mc evidenzia questa umana fragilità in tutta la narrazione.

La paura e l'incomprensione dei discepoli appaiono per la prima volta nel cap. 4. Quando essi chiedono spiegazione circa la parabola del seminatore, Gesù risponde: «Se non comprendete questa parabola, come potrete capire tutte le altre parabole?» (4,13). Proprio queste altre parabole (4,14-34) si snodano fino all'episodio della tempesta sedata che chiude sulla grande paura dei discepoli e sulla loro esplicita domanda

---

[48] Soltanto Mc utilizza qui un verbo che indica una forte «paura» (ἐκθαμβεῖσθαι), mentre Mt sembra considerarlo inappropriato in riferimento a Gesù e lo sostituisce con «tristezza» («cominciò a provare tristezza e angoscia» ἤρξατο λυπεῖσθαι καὶ ἀδημονεῖν Mt 26,37), senza per questo rendere meno drammatico il momento.

[49] Solo la preghiera permette di resistere alla sofferenza, consentendo il superamento della debolezza nel totale abbandono alla rinnovata fiducia nell'agire di Dio (14,36). A prova di ciò, i discepoli che incapaci di vegliare e pregare dormono, nell'ora della prova falliranno dandosi alla fuga e Pietro anche al rinnegamento.

circa l'identità di Gesù (4,35-41). Si tratta di un momento importante che nel Vangelo determina un salto narrativo: a respingere Gesù ora non sono più la folla o i capi, ma quanti gli sono più vicino e hanno deciso di seguirlo.

L'estendersi della paura a tutti gli attori umani della narrazione non fa che confermare quanto contenuto nelle parole rivelatrici di Gesù in Mc 14,38. All'espansione della paura corrisponde il progressivo intensificarsi di quella dei discepoli: essi temono sempre di più e comprendono sempre meno «essendo il loro cuore indurito» (6,52), espressione che nell'episodio della guarigione di un uomo dalla mano inaridita (3,1-6) esprimeva la causa della tristezza di Gesù (3,5) ed era riferita a tutti coloro che erano presenti di sabato nella sinagoga. Ora invece essa è applicata ai discepoli in barca con Gesù e denuncia la gravità del loro atteggiamento: nonostante lo seguano da vicino, i discepoli non si distinguono da tutti gli altri. A conclusione della prima parte del Vangelo, in barca Gesù rimprovera i discepoli, manifestando sofferenza a causa della loro incapacità di comprendere (8,14-21): le domande si susseguono a cascata e vengono ad addensare nubi sulla relazione discepolare proprio nel momento in cui i discepoli intraprendono con Gesù il cammino decisivo verso Gerusalemme (8,27–10,52).

Alcuni episodi narrati all'inizio della salita a Gerusalemme introducono un elemento che caratterizza la seconda fase del ministero di Gesù: la sua piena consapevolezza del piano di Dio su di sé. Si tratta di un nuovo registro drammatico non presente prima e che contraddistingue tutta la sezione (8,27–10,52). Dopo la proclamazione di Pietro «Tu sei il Cristo» (8,29) e il comando che lo stesso Pietro riceve di non parlare di ciò a nessuno, Mc annota «e cominciò a insegnare loro» (8,31). L'espressione sancisce che da questo momento l'attenzione di Gesù si concentra unicamente sui discepoli a cui è ora riservato il suo insegnamento: a loro egli svela il mistero della sua persona e della sua missione e anticipa il deciso rifiuto che gli sarà opposto dalle autorità del popolo. Mentre si avvicina il momento drammatico della croce, l'evidente preoccupazione di Gesù è che essi giungano a comprendere, così da rimanere in intesa con lui e con il disegno di Dio. A ciò si contrappone lo spavento continuo e crescente dei discepoli e dei Dodici (10,32): già incapaci di capire i discorsi precedenti, messi ora davanti a quest'ultima terribile prospettiva e resi consapevoli che «il Figlio dell'Uomo sta per essere consegnato», ancor più impauriti essi respingono le parole di Gesù, fino a deciderne l'abbandono. La paura dei discepoli è dunque causata dall'umana debolezza, proprio come sostenuto dalle parole di Gesù: la paura impedisce loro di accettare la prospettiva di una morte dolorosa e di capire come essa possa inscriversi nel Regno di Dio che Gesù realizza.

3.1.3 La paura delle donne

Pur dovendo essere ricondotta alla comune radice della debolezza umana, la paura delle donne non corrisponde alla reazione dei discepoli. Se la paura dei discepoli è segno di una fede manchevole (un «cuore indurito» 4,40; 6,52), quella delle donne è al contrario la paura di chi sperimenta «un eccesso» (ἔκστασις): si tratta del timore dell'umile, consapevole di percorrere un cammino misterioso e stupefacente consentito solo dalla potenza di Dio, qualcosa di talmente grande da superare ogni umana aspettativa. Terminando la propria narrazione con la paura delle donne (1,1–16,8), Mc mostra quanto sia sconvolgente l'annunzio kerygmatico della risurrezione di Gesù, in cui Dio gli riserva il posto accanto a sé, confermandone l'identità di Figlio, la missione e l'opera tra gli uomini. Perciò lo sconvolgimento delle donne testimonia il carattere veramente divino di questa rivelazione, come un sigillo finale di garanzia.

In tal senso la conclusione di Mc non è poi così sorprendente, e forse nemmeno giustifica la forte insistenza degli esegeti sulla sua reticenza poiché, in ultima analisi, non si tratta di una tecnica del tutto originale. Anche Mt, infatti, ha una conclusione aperta rapportabile a quella di Mc: egli termina il Vangelo con le parole di Gesù che parimenti includono un comando questa volta dato ai discepoli (Mt 28,18-20). Il narratore interrompe il racconto senza esplicitarne l'esecuzione che il lettore può solo supporre: come Mc, nemmeno Mt pone infatti in primo piano la risposta umana. Al contrario di Mt che come ultima istanza fa risuonare le parole autorevoli di Gesù, Mc ha voluto però mostrare la ripercussione dell'annuncio della risurrezione sulle donne, lasciando intendere quale potenza straordinaria esso rechi in sé.

3.2 *La paura nei discepoli e la paura nelle donne*

Paura dei discepoli e paura delle donne raffigurano l'inevitabile bivio a cui giunge la «debolezza umana». Penetrando il mistero di Gesù al discepolo è richiesta la fiducia di abbandonarsi alla sua parola: è a questo punto che la via del discepolato può sfociare in esiti differenti, negativo o positivo, che in ogni caso soggiacciono all'autorità di Gesù che non abbandona i suoi.

Quello dei discepoli è un esito negativo. Non comprendendo, pieni di paura essi rifiutano il piano di Dio abbandonando e rinnegando il Maestro: così il discepolato fallisce. Si tratta di una paura rapportabile a quella del faraone d'Egitto che «non aveva conosciuto Giuseppe» (Es 1,8): il nuovo re perciò non conosce le promesse che Dio ha fatto ai patriarchi e nemmeno il piano divino che in Genesi è stato rivelato, il che gli fa percepire la crescita demografica del popolo di Israele come una minaccia per sé e per il proprio popolo, senza cogliere in essa il realizzarsi del piano di Dio. Non sapendo di combattere contro Dio il faraone finirà con l'annientare il proprio regno, fallendo in maniera inesorabile e definitiva. Per i discepoli esiste invece possibilità di salvezza: nonostante le loro manchevolezze, la risurrezione di Gesù garantisce la riconciliazione e la ripresa della sequela.

Anche *la paura delle donne* al sepolcro deriva in qualche misura dall'incapacità umana di contenere la rivelazione del piano di Dio che si realizza in Gesù, ma è di *segno positivo*: la rivelazione dell'evento pasquale apre a una comprensione che lascia le donne sopraffatte dal grande dispiegarsi del potere di Dio e dallo scoprirsi chiamate a esserne attivamente partecipi. Anche nell'esodo è presente un timore di matrice positiva: nel miracolo del mare (Es 14) le parole che Mosè rivolge alle pavide invocazioni del popolo rimandano al potere di Dio ed esortano al coraggio: «Il Signore combatterà per voi, e voi starete tranquilli» (14,14). Sperimentando il potere salvifico di Dio, Israele supera la paura del faraone che ne minaccia la vita (14,10), recuperando la fede e il timore di Dio la cui capacità di salvezza va ben oltre le strategie di morte egiziane (14,31). Il cammino nel deserto sarà tempo di prove: nel nuovo timore di Dio il popolo imparerà ad affidarsi al Signore. È evidente che sia nel Faraone che in Israele la paura scaturisce dai limiti della natura umana, incapace di comprendere a fondo il rivelarsi di Dio. Solo Israele però può salvarsi perché, forte della parola del Signore conosciuta tramite Mosé, le si affida totalmente conquistando la via della salvezza. Allo stesso modo le donne accolgono le parole del giovane alla tomba: obbedendo al volere di Dio superano la paura e con un nuovo timore si apprestano ad adempiere l'incarico ricevuto.

3.3 *La paura delle donne come chiusa narrativa*

Nella chiusa del Vangelo, la singolare «paura» delle donne attesta che essa è realtà propria di chiunque voglia porsi in cammino alla sequela di Gesù e va letta specularmente alla paura dei discepoli. La paura infatti è «strutturalmente» parte del discepolato perché i discepoli sono uomini e donne naturalmente fallibili, ma essa è anche un'istanza profondamente teologica. L'annuncio di Gesù crocifisso e risorto, infatti, interpella direttamente la paura del discepolo e aiuta al suo superamento, avviando un cammino di riconciliazione entro una nuova sequela al di là di ogni fallimento. Come può minare la relazione di comunione fra Gesù e i suoi (i discepoli), la oaura può al tempo stesso essere via a un discepolato nuovo, a condizione che ci si affidi alla parola di Gesù e si accolga il progetto di Dio che in lui si rivela (le donne).

Attraverso l'incarico alle donne, la narrazione mostra che il piano messianico di Dio è capace di inglobare il fallimento dei discepoli. Il timore delle donne attesta che alla sua realizzazione sorprendentemente Dio chiama la stessa «debolezza della carne». Infatti, il nuovo inizio non è dato dalla diretta visione del Risorto, o dal suo incontro lasciato invece per il futuro, o dalla descrizione di un suo diretto operare, ma scaturisce da queste donne, personaggi fra i più umili al seguito di Gesù, ma che per prime si affidano al kerygma annunciato. Il potere divino non annulla la loro fallibile debolezza umana, ma la trasfigura nel mistero pasquale di Gesù così da superare il suo stesso fallimento presente nei discepoli[50].

Dunque incontrando in Gesù il mistero di Dio, uomini e donne provano paura, ma che il discepolato riesca o fallisca, dipende dalla disponibilità a fidarsi delle parole, delle azioni e della persona stessa di Gesù. La sequela impone un assoluto riferimento a lui, il cui potere deve essere compreso alla luce del suo mistero pasquale. Senza «il Crocifisso risuscitato», l'ubbidienza che la sequela di Gesù esige finisce per apparire una minaccia alla propria vita e al compimento del proprio destino.

Quello dei discepoli è un discepolato che per sfuggire alla morte annienta se stesso, quello delle donne è invece un discepolato che si trasfigura passando attraverso il mistero della morte e risurrezione di Gesù. Il discrimine è la parola di Dio che in Gesù apre nuovi orizzonti per chi le si affida e in essa persevera. Dunque, né la figura delle donne da sola è modello esemplare del vero discepolato, né quella dei discepoli riammessi alla sequela: solo il ritrovarsi insieme dei due gruppi, uniti nel comune impegno dell'incontro con il Signore, disegna la dialettica della sequela. Al termine della narrazione donne, discepoli e Pietro si

---

[50] Sulla «fallibilità» che caratterizza la figura dei discepoli cf. Cf. R.C. TANNEHILL, «The Disciples in Mark», 386-405; E.S. MALBON, «Fallible Followers», 29-48; J. PAINTER, *Mark's Gospel*; S. LÉGASSE, *Marco*, 856-857.

ritrovano uniti in un comune destino. In questo modo, Mc consegna al lettore l'immagine di una comunità alla sequela di Gesù Cristo purificata e perdonata, capace di ascolto e obbedienza, intenta all'edificazione di una nuova comunione sotto l'autorevole guida del Crocifisso risuscitato: in breve, una comunità nuova di discepoli redenti nel mistero pasquale.

Abbandonando in fretta il sepolcro in preda a un nuovo timore, le donne restano per il lettore e per tutti i futuri discepoli un forte monito a riconoscere nella proclamazione del Vangelo la gratuità di un dono così prezioso che solo Gesù di Nazareth, il Figlio di Dio crocifisso e risuscitato, ha potuto guadagnare agli uomini. Lo stesso timore attesta che la proclamazione del Vangelo esige la sua continua accoglienza: solo così il Crocifisso risorto continua a precedere, riunendo i suoi in un'unica comunità che nella sequela offre la propria testimonianza e vive la missione. Il Vangelo di Mc non è perciò la storia di un discepolato fallito[51], ma piuttosto l'illustrazione del discepolato redento, l'unico capace di incarnare la sequela di Gesù Cristo: un discepolato oltre se stesso, tutto e sempre proteso all'incontro con il Crocifisso risuscitato, nel cui timore ora il discepolo prende dimora.

4. Fuga, silenzio e paura e la tenacia misericordiosa di Dio

Fuga, silenzio e paura sono motivi che contribuiscono all'unità e alla coerenza della narrazione marciana ed enfatizzano la singolare unicità del suo protagonista. Legati all'ambito del discepolato essi mettono in luce la complessità del rapporto con Gesù e la difficoltà di una sua sequela che si caratterizza come cammino dalle esigenze assolute, in totale adesione alla volontà di Dio di cui Gesù è l'unico interprete.

La caratterizzazione di questi lemmi è conforme al rimando cristologico attivo in tutto il Vangelo e trova la sua più alta espressione nelle dirette attestazioni di Dio che segnano punti nodali della narrazione (cf. 1,2-3.11; 9,7; 16,6). Tali attestazioni si richiamano e si illuminano vicendevolmente rivelando l'autorità suprema del Vangelo che viene a

---

[51] Cf. M.A. TOLBERT, *Sowing the Gospel*, 295; W.J. HARRINGTON, *Mark: Realistic Theologian*. Secondo T.J. WEEDEN, *Mark. Traditions in conflict*, addirittura Gesù ripudierebbe i discepoli; W. MUNRO, «Women Disciples in Mark», 225-241, crede che Mc polemizzi con i discepoli e la famiglia di Gesù. P.L. DANOVE, «The Characterization and Narrative Function of the Women» 375-397; ID. «The Narrative Rhetoric of Mark's Ambiguous Characterization of the Disciples», 21-38, riconosce una funzione extradiegetica al fallimento dei discepoli: obbligare il lettore a risolvere nel suo tempo la mancata comunicazione del messaggio pasquale.

caratterizzare il protagonista: Gesù infatti riceve la propria sostanziale determinazione da Dio stesso cosicché la sua figura risulta totalmente sottomessa alla volontà divina. Il narratore lascia poi che sia Gesù, custode e portatore del punto di vista divino, a caratterizzare a sua volta gli altri personaggi[52]. Anche i discepoli e le donne ricevono la propria collocazione in riferimento a lui. Dal momento che la proclamazione pasquale del Crocifisso risuscitato costituisce l'ultima e definitiva istanza di questa strategia, i motivi della fuga, del silenzio e della paura presenti in 16,8 vengono a concludere e consolidare un disegno in cui i ruoli degli attori pur distinti sono coordinati.

La relazione tra Gesù e i discepoli risulta essere tutt'altro che perfetta, eppure un giudizio troppo severo sembra ignorare la portata della caratterizzazione cristologica. I racconti della chiamata alla sequela (1,16-20; 2,14), quello dell'istituzione dei Dodici (3,13-19) e l'invio in missione (6,7-13) presentano un inizio del discepolato radicato nell'assoluta libertà di scelta di Gesù («chiamò a sé quelli che egli volle» 3,13). Dei discepoli si constata l'obbedienza al Maestro e il buon esito del loro ministero, forte della sua competenza (6,13).

In Mc il discepolato è così presentato come totalmente dipendente da Gesù. La paura crescente dei discepoli mostra la loro incapacità a comprendere a fondo Gesù e il suo destino. Essi non riescono a cogliere il collegamento fra la potenza e l'identità di Gesù, gli annunci della passione, morte e risurrezione del Maestro provocano in loro un tale disorientamento da minare la comunione di vita e da scatenare la fuga di tutti, il tradimento di Giuda e il rinnegamento di Pietro. Nel quadro del totale abbandono di Gesù, la comparsa finale delle donne è un colpo di scena: introdotte all'improvviso esse hanno un ruolo importante che si evolve nel corso della narrazione.

Il brano conclusivo (16,1-8) rivela che il fallimento dei discepoli non mette la parola «fine» alla loro relazione con Gesù: l'annuncio della risurrezione di cui le donne sono latrici riannoda infatti i fili spezzati e apre la via al compimento delle parole di Gesù dopo l'Ultima Cena (14,27-28). Che il fallimento dei discepoli sia previsto da Gesù è importante perché significa che la via destinatagli dal Padre comprende l'abbandono degli uomini senza che ciò sancisca una loro condanna, dato che all'annuncio della dispersione segue immediatamente quello della continuazione postpasquale del loro rapporto («dopo la mia risurrezione vi precederò in Galilea» 14,28). In altri termini, riconfermandoli

---

[52] Cf. M. VIRONDA, *Gesù nel Vangelo di Marco*, 127-135.

nella sequela e tornando a camminare dinanzi a loro, Gesù lancia ai discepoli un messaggio di riconciliazione e ricostituzione, messaggio ribadito dalle parole di Dio stesso nell'annuncio del giovane alla tomba (16,7). Questa via di misericordia si rivela la strategia che soggiace a tutta la narrazione[53]. Essa supera la fuga, i silenzi e la paura dei discepoli con il tramite della fuga, del silenzio e della paura delle donne. Alla lacerazione aperta dalla reazione dei discepoli al Getsemani, fa fronte la reazione delle donne in 16,8. Questa «tenacia misericordiosa» ha il suo corollario conclusivo proprio nell'incarico assegnato alle donne in 16,7.

I discepoli certamente falliscono nel seguire Gesù, ma il lettore non può non riconoscere che con altrettanta risolutezza essi sono cercati da Gesù anche dopo la Pasqua, e proprio tramite le donne. Se quindi il lettore può rispecchiarsi nel fallimento dei discepoli, egli può altrettanto essere certo di essere sotto la guida competente del Risorto e partecipe del piano salvifico di Dio. Il compito che le donne adempiono a favore dei discepoli, costituisce dunque un messaggio di misericordia anche per i lettori che in Pietro e nei discepoli si riconoscono fallibili.

5. Le donne e la chiusa della narrazione marciana autentica

Pur appartenendo ai cosiddetti «personaggi minori»[54], l'importanza del ruolo che le donne rivestono non è secondaria. Le donne discepole sono legate al destino finale di Gesù: uniche fedeli custodi della rivelazione alla tomba vuota, esse costituiscono la più alta certificazione della potenza con cui Dio, nella risurrezione di Gesù, sovverte tutte le attese umane. Rispetto agli altri Vangeli, Mc rende più complessa la loro figura e rinuncia a rappresentazioni ideali: per quanto ritratte in chiave positiva, le donne non si sostituiscono ai discepoli maschi e non costituiscono un esempio di discepolato perfetto. Come i discepoli anche le donne, mostrano la difficoltà della sequela e l'inadeguatezza a comprenderla in pienezza[55].

---

[53] Cf. M. VIRONDA, *Gesù nel Vangelo di Marco*, 240-242.

[54] G. BONIFACIO, *Personaggi minori e discepoli in Marco 4–8*, 20, valutando l'impatto sulla trama, definisce come minori i personaggi che «hanno l'evidente tratto caratteristico di una presenza non ricorsiva nel racconto: occupano la scena brevemente e poi scompaiono del tutto. Ciò non significa che siano irrilevanti. Tutt'altro, a livello di discorso, godono di un'importanza per nulla secondaria e spesse volte si trovano in momenti chiave».

[55] A.T. LINCOLN, «The Promise and the Failure: Mk 16:7,8», 288-290, marca in maniera precisa il momento in cui i discepoli sarebbero rimpiazzati dalle donne: il

La narrazione marciana mette in luce il progressivo e rapido deterioramento della figura dei discepoli a causa di elementi negativi quali la paura, la fuga, il tradimento, tutte componenti che inducono il lettore ad assumere un atteggiamento critico nei loro confronti.

Essi non costituiscono modelli da imitare, né i loro comportamenti sono sempre immediatamente intelligibili: i discepoli appaiono piuttosto personaggi complessi in evoluzione. La loro descrizione contrasta sia con la breve apparizione dei fedeli discepoli di Giovanni Battista che non temono di prendere il cadavere del loro maestro per darvi onorevole sepoltura, sia con la figura delle donne presenti a fine Vangelo che, in qualche modo, vengono a colmare il vuoto lasciato dal loro abbandono: una nota di ironia, se solo si considera quanto poco fosse considerata nell'antichità la testimonianza femminile.

Il ruolo delle donne non è neppure corrispondente a quello dei discepoli. Alla loro prima apparizione, più che «discepole», esse sono osservatrici «a distanza» (ἀπὸ μακρόθεν 15,40) mostrando un certo distacco da Gesù che non corrisponde alla posizione del discepolo chiamato invece a seguirlo da vicino (ὀπίσω μου 1,17.20; 8,34).

La particolare sottolineatura suggerisce una certa affinità fra la posizione delle donne rispetto al crocifisso e quella di Pietro rispetto a Gesù condotto al sinedrio (ἀπὸ μακρόθεν 14,54). Fragile è la sequela di Pietro che pur seguendo cerca di non compromettersi, altrettanto debole sembra quella delle donne che nella morte di Gesù in croce vedono la definitiva conclusione della loro esperienza[56].

La sequela delle donne era già stata presentata con un'anomalia (15,40-41):

---

cambiamento avverrebbe nell'istante del rinnegamento di Pietro. Y. BOURQUIN, *Marc, un théologie de la fragilité*, 299-303, parla di un *transfer* in cui le donne, presentate con le caratteristiche migliori (fedeli e dedite al servizio), assumono il ruolo dei discepoli per poi fallire esattamente come loro (cf. 16,8). A nostro parere non vi è una così forte corrispondenza. Le donne possono solo confermare l'annuncio della risurrezione riferito dal giovane; Pietro e i discepoli devono invece entrare in comunicazione diretta col Risorto stesso, essi sono i testimoni principali. Cf. R. PESCH, *Il Vangelo di Marco*, II, 777; J. ERNST. *Il Vangelo secondo Marco*, II, 782.

[56] La connessione fra la presa di distanza di Pietro e quella delle donne sembra anche suggerire che il destino di Gesù finisce sempre col coinvolgere quelli che lo seguono, obbligando a prendere posizione sulla sua persona e sul suo messaggio. Pietro trova riparo nello stare «lontano» da Gesù, ma nel cortile della casa del sommo sacerdote gli eventi precipitano e, smascherato nella sua identità di discepolo, reagisce con il triplice rinnegamento (14,66-72). Anche le donne da passive spettatrici finiscono col trovarsi coinvolte in prima persona nell'annuncio della risurrezione.

αἳ ὅτε ἦν ἐν τῇ Γαλιλαίᾳ
     ἠκολούθουν αὐτῷ
   καὶ διηκόνουν αὐτῷ...
     συναναβᾶσαι αὐτῷ
           εἰς Ἱεροσόλυμα

Seguire-servire-salire sono le tre prerogative che sintetizzano l'anima del discepolato: tre azioni che le donne compiono in riferimento assoluto a Gesù, come mostra la triplice ripetizione del pronome αὐτῷ[57]. Fino a questo momento, la vita di queste donne ha ruotato totalmente intorno a lui, ma il servizio che Gesù insegnava ai discepoli non era un servizio a favore della propria persona, bensì tutto rivolto ai membri della sua comunità: per tre volte Gesù esortando al servizio aveva specificato «fra di voi» (ἐν ὑμῖν 10,43.43.44)[58]. Dopo aver riservato tutte le loro attenzioni solo a Gesù, di fronte alla sua morte le donne sembrano ormai svuotate di energia e motivazione, fisse solo in sguardi di morte. Ciò spiega l'allontanamento (ἀπὸ μακρόθεν) che le relega in una marginalità che contrasta con la bella e dinamica descrizione del loro passato. La loro attuale condizione le vede statiche e distaccate dalla scena, incuranti della fatica di Giuseppe d'Arimatea lasciato solo nei preparativi funerari.

Il contrasto tra la passività delle donne e l'iniziativa di Giuseppe fa emergere la figura di quest'ultimo, la cui comparsa è preceduta e seguita dalla descrizione delle discepole (15,41 [15,42-46] 15,47). Del membro autorevole del sinedrio il narratore descrive il rango sociale, l'importanza del ruolo che ricopre e la rettitudine che anima la sua pietà religiosa (v.42): sono però soprattutto le sue azioni e la determinazione che le accompagna a svelare l'importante ruolo svolto dalla sua fugace apparizione. Egli attende il regno di Dio (v. 43), corrispondendo alle

---

[57] Il pronome si riferisce a Gesù nominato in 15,37.

[58] Gesù era intervenuto a dirimere un dissidio scoppiato tra i discepoli a proposito di una richiesta di Giacomo e Giovanni, i figli di Zebedeo che pretendevano i posti d'onore nella sua gloria (10,35-45). Allo sdegno degli altri discepoli (v. 41), egli reagisce istruendoli sul servizio: essi non devono fare come i «capi delle nazioni» che concepiscono il potere come dominio. Segue una constatazione categorica: «fra di voi però non è così» (v. 43): il discepolo che vuol essere grande sarà «servo di tutti» (v. 44), sull'esempio del Figlio dell'Uomo «che non è venuto per essere servito, ma per servire e dare la propria vita in riscatto per molti» (v. 45). In questo modo Gesù stabilisce una regola fondamentale nella comunità dei discepoli (ἐν ὑμῖν v. 43.43.44), regola che intensifica il servizio vicendevole fino al dono della vita e che affonda le proprie radici nella missione stessa di Gesù.

parole con cui Gesù aveva inaugurato il suo ministero e presentato la sua venuta (1,15), agisce «coraggiosamente» (v. 43), compra con generosità il lenzuolo funebre, personalmente cala il corpo di Gesù e lo accoglie per deporlo nel sepolcro (v. 46). Contravvenendo alle prescrizioni della Legge sul contatto con i cadaveri, legge che soprattutto un eminente personaggio pubblico era tenuto a rispettare, Giuseppe compie un gesto caritatevole di pietà funebre dando onorevole sepoltura al crocifisso. La sua descrizione rimanda ai discepoli di Giovanni Battista che alla morte del profeta vengono a ritirarne il corpo per onorarlo con una degna sepoltura (6,29), contrapponendosi in modo stridente all'assenza dei discepoli di Gesù e alla passività delle donne[59]. In questo contesto discepoli e donne discepole non hanno la limpidezza della figura di Giuseppe. Nel tempo fra la morte di Gesù e la sua risurrezione, egli incarna il ruolo di discepolo che testimonia e custodisce la memoria della croce.

	6,29	Alla morte di Giovanni Battista	i suoi discepoli	vengono a prendere il cadavere	e lo pongono in un sepolcro	
Le donne entrano in scena e osservano 15,41		Alla morte di Gesù	**Giuseppe d'Arimatea**	viene a prendere il cadavere	e lo pone in un sepolcro	**Le donne** osservano 15,47
			15,42-46			

Pur accomunate da manifesta manchevolezza, la sequela dei discepoli e quella delle donne si evolvono in maniera differente. Attraverso i motivi della fuga, del silenzio e della paura, il narratore mostra un progressivo deterioramento della figura dei discepoli, enfatizzando una sempre più marcata presa di distanza da Gesù, fino a segnare l'interruzione della sequela nel momento del suo arresto al Getsemani (14,50-52). La figura delle donne discepole è invece caratterizzata da una crescente evoluzione positiva. Se all'inizio appaiono chiuse in un'estraneità sospetta,

---

[59] Col suo agire, implicitamente Giuseppe lascia anche intravedere un atteggiamento critico nei confronti del sinedrio e dell'autorità romana: egli testimonia pubblicamente una riverente venerazione per Gesù, non temendo di ricevere e abbracciare il suo corpo, nonostante sia già la sera della Parasceve (15,42).

nel racconto della visita alla tomba vuota esse si attivano come a volersi riscattare, anche se i loro servizi funerari appaiono tardivi poiché la tomba è ormai sigillata. Il progetto di imbalsamazione testimonia cura e venerazione per Gesù, ma mette in luce la distanza che separa queste donne da quanto il Maestro ha preannunciato sul proprio destino di morte e risurrezione. Solo dopo l'incontro con il giovane messaggero, uditone l'annuncio di risurrezione e ricevuto il comando a farsi annunciatrici presso i discepoli, le donne finalmente corrispondono alle aspettative e le loro azioni si conformano alle esigenze messe in luce dalla narrazione (16,8). Al termine del Vangelo, nel momento stesso in cui escono di scena, esse appaiono finalmente discepole attente e fedeli. La loro figura cresce perciò in un processo che le vede illuminarsi di fede, mostrando al lettore che il credere matura solo nell'ascolto della parola di Gesù e nella totale disponibilità a seguire la volontà di Dio[60]. Rispetto ai discepoli alle donne va dunque riconosciuta una luce più favorevole che mette in risalto la loro poliedricità[61].

Le donne sono *testimoni della tomba vuota*. Presenti alla crocifissione di Gesù ne attestano la morte, garantendo anche che la tomba del seppellimento è la stessa che hanno trovato vuota la mattina della domenica di Pasqua[62]. Sono anche le uniche a certificare il messaggio pasquale ricevuto da Dio tramite il giovane messaggero. Esse rivestono perciò un ruolo fondamentale, poiché la testimonianza alla tomba vuota e il messaggio pasquale rimane unicamente a loro appannaggio. Nessun altro visitatore alla tomba, nemmeno uno degli Undici, può rendere tale testimonianza. Di conseguenza, le storie evangeliche della tomba

---

[60] In modo opposto P. DANOVE, «The Characterization and Narrative Function of the Women», 382 ritiene globalmente positiva la valutazione delle donne solo in 15,40-47; poi in 16,1-5b sarebbe marcata dall'ambivalenza e infine in 16,5c-8 essa risulterebbe nettamente negativa. E.K. BROADHEAD, *Prophet, Son Messiah. Narrative Form and Function in Mark 14–16*, 240, offre invece un'interpretazione fra le più positive della figura delle donne. Connettendo il silenzio delle donne in 16,8 con la promessa fatta alla donna di Betania in 14,9 conclude che il racconto della Passione è incorniciato dal servizio di donne discepole in modo da mostrare che l'annuncio del Vangelo non è compromesso da alcun ostacolo.

[61] E' soprattutto merito dell'esegesi femminista aver sottolineato tale aspetto. Cf. W. MUNRO, *Jesus, born of a slave*; S. MILLER, «"They Said Nothing to Anyone"», 88; H. KINUKAWA, *Women*, 107-122. Secondo Y. BOURQUIN, *Marc, une théologie de la fragilité*, 297; M.A. TOLBERT, *Sowing the Gospel*, 292.

[62] Presumibilmente anche le guardie della storia di Mt sanno questo, ma dato che Mt non specifica che la loro storia sia venuta a conoscenza di altri, fatta eccezione per le autorità giudaiche, esse non fungono da testimoni alla stessa maniera delle donne.

vuota perpetuano la testimonianza delle donne, a tal punto che Mc non può narrare questo racconto se non dal loro punto di vista, riportando ciò che fanno e vedono (16,1-5), ciò che viene detto loro (16,6-7) e come reagiscono (16,8). Ogni lettore dovrà sempre confrontarsi con questa testimonianza distintiva.

Le donne restano comparse volutamente riservate dal narratore per il momento finale della vicenda, dove assurgono al ruolo decisivo di *destinatarie e propagatrici del kerygma ai discepoli*. Nei loro confronti esse esercitano un servizio di riconciliazione. Al tempo stesso l'annuncio limitato ai soli discepoli e a Pietro, di cui sono depositarie, non viene a inficiare il ruolo che questi rivestiranno in quanto annunciatori ufficiali del Vangelo. Legate alla scoperta della tomba vuota le donne saranno sempre ricordate come testimoni del primo annuncio del Crocifisso Risuscitato. La reazione delle donne è rivelatrice prima di tutto per i discepoli stessi e per Pietro. Ricordando le proprie reazioni di paura alle rivelazioni e manifestazioni di Gesù terreno, proprio nello sconvolgimento delle donne i discepoli potranno riconoscere la prova dell'autenticità delle loro parole.

Le donne discepole sono *garanzia di continuità tra Gesù crocifisso e Gesù risorto*, tra Gerusalemme e la Galilea[63]. Non raccontando le apparizioni, il ruolo delle donne è posto ancor più in risalto. Grazie a loro, la conclusione evangelica getta un ponte che permette di leggere e comprendere in modo consequenziale e congruente la storia del Gesù terreno fino alla sua risurrezione. Rispetto al tema del discepolato in Mc, le donne mostrano che la sequela di Gesù non può dimenticare la via della croce. Riferendosi alle precedenti parole di Gesù durante l'ultima cena (14,28), il messaggio dato dal giovane alle donne (16,6-7) riporta il lettore indietro nel Vangelo, laddove le possibilità di fallire nel discepolato rimangono ancora una realtà. Le donne mostrano però che il riavvio della sequela è in atto.

Fra i seguaci di Gesù, Marco ha deliberatamente distinto il ruolo dei discepoli e quello delle donne discepole. Ciò gli consente di descrivere il discepolato secondo due punti di vista: da una parte un percorso di fallimento e restaurazione, dall'altra di fedeltà e trasformazione. Non è casuale che i due gruppi siano distinti per genere: nel contesto socio-culturale dell'epoca è più probabile che siano stati gli uomini, e non le donne, a peccare di esagerata fiducia nelle proprie capacità di seguire

---

[63] Cf. H. RITT, «Die Frauen und die Osterbotschaft. Synopse der Grabesgeschichten», 129-130.

Gesù fino alla morte (ben esemplificata da Pietro 14,29-31). Fedeltà attenta e presenza discreta anche nel momento della sofferenza e della morte sono prerogative culturalmente più ascrivibili alle mansioni femminili[64], tuttavia non esiste alcuna prova attestante che il ruolo delle donne nelle storie della risurrezione sia stato svalutato o limitato[65].

La questione della perseveranza nel discepolato attraversa il Vangelo e dimostra quanto, per chiunque si pone alla sequela, sia difficile comprendere profondamente l'identità di Gesù. Attraverso i motivi della fuga, del silenzio e della paura, la narrazione marciana mette in luce che in entrambi i percorsi, quello dei discepoli e quello delle donne, la sequela di Gesù non è scontata, né si sviluppa in modo lineare. Ogni punto di vista umano viene sconvolto, poiché la via che il Messia percorre destabilizza e scardina ogni sicurezza e ogni precomprensione: ciò che si impone è il totale affidamento alla volontà di Dio che Gesù stesso rivela e per primo realizza. I discepoli diventano annunciatori del Crocifisso risorto attraverso fallimento e restaurazione, le donne attraverso l'incontro profondamente turbativo del numinoso messaggio pasquale che trasforma la loro fedeltà in qualcosa di più che un semplice ruolo culturalmente accettato: essa diviene vocazione a partecipare attivamente all'evento della risurrezione. A differenza di Mt (27,1; 28,2), Mc non parla di un grande tremore cosmico, ma descrive il grande sconvolgimento che investe le donne (τρόμος καὶ ἔκστασις) mostrando che accostarsi al mistero della risurrezione può solo significare esserne sopraffatti.

6. La funzione delle donne nel «gioco immaginativo» del finale aperto

Un finale «immaginato» non significa un finale determinato in modo assoluto. Le donne alla tomba vuota funzionano da «levatrici di fede»[66],

---

[64] Avrebbe potuto essere meno pericoloso per le donne che per gli uomini discepoli rimanere presenti alla croce: gli uomini avrebbero probabilmente corso un maggiore rischio di essere arrestati in qualità di sospetti insurrezionisti.

[65] Nei racconti pasquali dei Vangeli canonici, quando il pregiudizio maschile circa la non credibilità delle donne è esplicitamente evocato (Lc 24,11), ciò avviene affinché esso possa essere decisamente capovolto. Ovunque, l'effetto delle narrazioni è di rifiutare e rovesciare le asserzioni di priorità maschile e di inaffidabilità femminile, e suggerisce che, all'interno delle comunità cristiane stesse, il ruolo delle donne come testimoni era stato altamente rispettato.

[66] L'espressione «midwives of faith» è stata coniata da J.L. MITCHELL in *Beyond Fear and Silence*, 14.

figure poste a fine e a margine del racconto per consegnare il Vangelo ai lettori, aspettando che essi dialoghino col loro silenzio, interpretino la storia e sappiano rispondervi con fede.

Il narratore ha sapientemente avvolto questi personaggi femminili di un'aurea misteriosa: la sorpresa con cui vengono introdotte sotto la croce trova piena corrispondenza nel modo in cui abbandonano il racconto in 16,8. Se la loro inaspettata comparsa arricchiva il quadro delle presenze al seguito di Gesù, costringendo il lettore a ripensare retrospettivamente il racconto per arricchirlo di questa nuova presenza, il finale coinvolge il lettore ancor più intensamente poiché al silenzio delle donne si sovrappone il silenzio con cui il narratore conclude il suo racconto. Facendosi solidale con i suoi personaggi e scegliendo anche lui di tacere, egli obbliga il lettore a scendere in campo e a prendere posizione, rielaborando la conclusione.

In questa ricerca, le indicazioni che il lettore può cogliere non conducono a risposte immutabili: esse si configurano piuttosto come stazioni di un tragitto passibile di molteplici arricchimenti. All'interno di questa mappatura ogni lettore può liberamente muoversi, cogliendo differenti istanze e offrendo un ulteriore contributo. Pur giungendo a risultati condivisi, tale processo di ricostruzione resta aperto a sensibili differenziazioni non necessariamente contraddittorie fra loro, dato che in ogni caso, pur potendosi intuire il felice proseguo della vicenda, un finale completo e definitivo non è comunque stato scritto.

La strategia narrativa innescata dalla chiusa in 16,8 è seducente come testimonia la storia dell'interpretazione di questo versetto. Il finale inaspettato di Marco ha portato molti lettori a inscriversi personalmente nel dramma evangelico e ad assumerlo in modo tale da rinascere ogni volta credente alla sua propria risposta. Lasciando solo sfumata la reazione delle donne in 16,8, il narratore si congeda dal lettore consegnandolo al messaggio pasquale che resta il tema culminante e il punto focale di tutto il Vangelo, il più alto avvenimento rivelato e rivelatore. La singolarità marciana non consiste nella mancata descrizione della risurrezione (dal momento che nessun Vangelo canonico la riporta), o nel fatto di non riportare alcun incontro del Risuscitato con i discepoli, sebbene il lettore ne abbia conferma dalle parole del giovane nel sepolcro e da alcuni preannunzi di Gesù stesso. Senza le apparizioni, l'esperienza pasquale che il lettore può cogliere si riassume in un'unica parola: «ἠγέρθη» (16,6). Questo verbo contiene ed esprime il fatto più trascendente di tutta la storia: il crocifisso è in una condizione di vita assolutamente unica poiché con tutta la sua umanità è entrato nella pienezza della vita divina. Per Mc questa novità è tale da superare qualunque esperienza umana: essa è in qualche modo comprensibile solo in forza di una proclamazione divina (16,6-7). Impossibilitato perciò ad aggiungere altro, mostra il suo effetto dirompente sulle prime testimoni. Descrivendo con concisa sobrietà il più totale sconvolgimento che si abbatte sulle donne che hanno sempre seguito e servito Gesù, egli intende sconvolgere lo stesso lettore che difficilmente può vantare un passato illustre come il loro, rendendolo in qualche modo partecipe della potenza che sta a fondamento del τοῦ εὐαγγελίου Ἰησοῦ Χριστοῦ (1,1) annunciato fin dal primo versetto. Alla fine, è qui, in 16,8, che il lettore comprende in quale senso convenga intendere la prima parola del Vangelo: questo non è che l'inizio, e su questo fondamento tutto resta da costruire.

È anche facile riconoscere che la paura così insistentemente ribadita dal Vangelo di Mc evochi quella del pubblico per cui scrive, probabilmente preoccupato a causa del progressivo invecchiamento e della relativa scomparsa dei discepoli testimoni oculari[67]. Senza di essi diventava urgente offrire un'adeguata risposta al problema di come garantire la fedeltà e la continuità delle comunità cristiane al messaggio di Gesù.

Concludendo il Vangelo col silenzio delle donne, Marco riconosce che in futuro la soluzione sarà data attraverso questa narrazione scritta, il che spiega ulteriormente perché non venga esplicitamente narrato il momento della testimonianza resa dalle donne ai discepoli: il lettore viene rinviato direttamente alla rivelazione custodita in Mc 16,6-7, l'unica che possa realmente continuare a garantire quanto la testimonianza apostolica asserisce. La chiusa marciana costituisce perciò un'abile soluzione letteraria: adombrando la testimonianza umana, il testo rinvia esclusivamente alla forza probante dell'intervento di Dio custodito nella conclusione della narrazione evangelica stessa, a cui tutti i credenti in futuro potranno attingere[68]. La conclusione del vangelo di Marco non è un messaggio di fallimento, ma una risonante affermazione della potenza di Dio e della grandezza del kerygma in cui la fede deve crescere e articolarsi: per questo essa sollecita il lettore a una rinnovata intelligenza della storia di Gesù e del suo Vangelo. Divenendo destinatario del kerygma, prima ancora di Pietro e dei discepoli, il lettore è chiamato assieme a loro a farsene direttamente carico[69].

---

[67] Cf. J.L. MITCHELL, *Beyond Fear and Silence*, 13.
[68] N. CASALINI, *Lettura di Marco*, 325.
[69] R. VIGNOLO, «Una finale reticente», 148-149.

In questo modo il testo narrativo invita il lettore a un «saper agire» che passi però attraverso il più rigoroso «saper leggere»[70]. È esclusa qualsiasi ingenua identificazione fra lettore e personaggi, fatta in termini emotivi e sostitutivi. Piuttosto egli è chiamato a cogliere il dispositivo innescato da Mc 16,8 e che determina un avvincente arricchimento: permetterà infatti di constatare la piena affidabilità di tutta la storia di Gesù narrata e certificarla quale origine e fondamento della diffusione del Vangelo. In tal modo si sentirà anche chiamato a riconoscere Gesù nella sua vera identità, a seguirlo in un più consapevole discepolato e a farsi carico dell'annuncio del Vangelo.

Dunque Mc 16,8 spinge a una rilettura intelligente del Vangelo: fuga, silenzio e paura che nella chiusa sono concentrati nella reazione finale delle donne, sono motivi facenti parte di istanze disseminate nell'opera che permettono al lettore di progettarne la soluzione finale in coerenza con la prospettiva di fede assunta dal narratore. Questo seducente gioco immaginativo conduce il lettore alla consapevolezza che le promesse di Gesù non si compiono solo nel testo, ma anche e soprattutto nella propria esperienza di fede: il Vangelo di cui Marco racconta l'inizio non è chiuso nei limiti narrativi, ma è avvenimento che continua nella sua proclamazione. Questa prospettiva fonda una nuova sequela di Gesù che si attua a partire da un processo di intelligenza narrativa del Vangelo di cui Mc 16,8 costituisce l'efficace detonatore.

---

[70] R. VIGNOLO, «Una finale reticente», 182.

CAPITOLO IV

La narrazione deuterocanonica di Mc 16,9-20: prolungamento e variazione della finale

In alcuni antichi manoscritti onciali molto preziosi, come il Sinaitico e il Vaticano, e secondo le testimonianze di Clemente di Alessandria, Eusebio di Cesarea, Girolamo e Origene, il Vangelo di Mc originariamente terminava in 16,8. Gran parte dei manoscritti di Mc però dopo 16,8 attesta l'aggiunta di dodici versetti, il cosiddetto «Finale Lungo» (16,9-20), che danno origine a una nuova unità (1,1–16,20) e cambiano significativamente il finale del Vangelo[1].

Pur non impegnandosi a definirne l'autenticità letteraria, il Concilio di Trento pronunciandosi sulla canonicità di tutti i libri scritturistici raccolti nella Vulgata «nella loro integrità e con tutte le loro parti», ha implicitamente sancito la canonicità del Vangelo secondo Marco inteso come narrazione che va da 1,1 a 16,20[2].

---

[1] K. e B. ALAND, *Il Testo del Nuovo Testamento*, 322, calcolano che il 99% dei manoscritti greci e del resto della tradizione riporta il FL. M.W. HOLMES, «To be continued», 19, fornisce una percentuale leggermente inferiore (95%). B.M. METZGER, *A Textual Commentary on the Greeek New Testament*, 125, ricorda che nell'impressionante numero di attestazioni una buona parte presenta asterischi o altri segni con cui i copisti segnalano il carattere spurio dei vv. 9-20. Il fatto che il FL manchi in ℵ e B, le testimonianze patristiche e alcune evidenze interne alla narrazione come il lessico e lo stile, hanno indotto la quasi totalità degli esegeti a ritenere non autentico il FL. Tra gli editori a partire da TISCHENDORF, soltanto MERK e BOVER riportano il FL senza riserve, gli altri lo pongono tra parentesi quadre semplici o doppie. $N\text{-}A^{27}$ non solo lo colloca tra parentesi quadre doppie, ma lo contrassegna allo stesso modo della «chiusa breve» che lo precede.

[2] Cf. il decreto *De Canonicis Scripturis* del CONCILIO DI TRENTO (8 aprile 1546, *Ench. Bib.* 60).

Testimoni antichi del testo e pronunciamento del Concilio di Trento inducono a riflettere sul processo evolutivo che ha interessato il finale marciano e le sue conseguenze anche in rapporto a 16,8 e alla sua funzione nel nuovo «Mc canonico».

Per affrontare la questione del «finale» del Vangelo di Mc alla luce di quanto l'aggiunta del FL suggerisce, ci domandiamo cosa essa sia e cosa provochi esattamente nel testo e nella teologia della narrazione marciana originaria[3]. Nel presente capitolo prendiamo in esame l'aggiunta (16,9-20) indagandone l'articolazione nei vari aspetti suggeriti dalla struttura, dalla progressione narrativa, dal lessico e dallo stile. Particolare attenzione è posta al modo in cui l'aggiunta si unisce al Vangelo marciano e alle peculiarità che distinguono 16,9-20 dalla narrazione marciana originaria. Attraverso ciò tenteremo di individuare il ri-orientamento che di fatto si opera su tutto il Vangelo.

Grazie alle conclusioni di tale indagine, nel capitolo seguente torneremo al centro specifico del nostro lavoro così da cogliere le funzioni e il significato che Mc 16,8 assume nella nuova narrazione canonica (1,1–16,20).

1. Caratteristiche e articolazione di Mc 16,9-20

1.1 La progressione narrativa

Espressioni temporali introducono ogni scena scandendo le tre apparizioni in successione cronologica: «dapprima» (πρῶτον v. 9), «dopo ciò» (μετὰ δὲ ταῦτα v. 12), «da ultimo» (ὕστερον v. 14). Un'indicazione temporale introduce anche il quadro conclusivo: «dopo aver loro parlato» (μετὰ τὸ λαλῆσαι αὐτοῖς v.19).

Gesù risorto appare tre volte (vv. 9-11; 12-13; 14-18), quindi viene elevato in cielo mentre i discepoli danno avvio alla proclamazione del Vangelo (vv. 19-20).

I racconti delle prime due apparizioni hanno la medesima struttura parallela e presentano sempre tre elementi: a) Gesù appare a uno o più personaggi (v. 9: Maria di Magdala; v. 12 «due di loro»); b) costoro recano ai discepoli l'annuncio della manifestazione avvenuta (vv. 10.13a); c) i discepoli reagiscono con incredulità (vv.11.13b).

---

[3] Del FL non intendiamo ripercorrere le questioni storico-critiche e neppure siamo interessati a verificare tutte le relazioni letterarie di cui questo FL è debitore alla letteratura biblica e a quella cristiana antica: si tratta di strade già fruttuosamente percorse da altri come testimoniano opere come quella di J.A. KELHOFFER, *Miracle and Mission*.

La terza apparizione (v. 14a) coinvolge direttamente gli Undici ai quali è rivolto un severo rimprovero per l'incredulità che nemmeno le testimonianze delle prime due apparizioni sono riuscite a vincere (v. 14b). Al rimprovero rivolto ai discepoli fa seguito un discorso introdotto dall'espressione καὶ εἶπεν αὐτοῖς (v.15a): tale locuzione crea uno stacco con tutto ciò che la precede e mette in rilievo le parole di Gesù, conferendo loro particolare importanza. Il discorso di Gesù si articola ponendo l'accento sul mandato in missione e le sue dimensioni (v. 15), sui due esiti opposti dell'annuncio (v. 16) e sull'indicazione dei segni che accompagneranno i credenti (vv. 17-18).

A conclusione del FL il quarto quadro (vv. 19-20) presenta l'elevamento di Gesù al cielo (v. 19), cui segue una sorta di sommario sull'attività missionaria e sulla sua riuscita (v. 20)[4].

1.2 Compattezza della pericope e insistenze nel lessico

Il ripetersi di vari termini conferisce compattezza alla pericope. Le prime tre apparizioni sono fra loro legate dal verbo πορεύεσθαι (vv. 10.12.15) e da vocaboli formati dalla radice πιστ- (vv. 11.13.14.14.16. 16.17). Il verbo ἀπαγγέλλειν lega la prima apparizione alla seconda (vv. 10.13), mentre il verbo φανεροῦν lega la seconda alla terza (vv. 12.14)[5]. La prima apparizione e la terza sono concatenate dal verbo θεᾶσθαι (vv. 11.14) e dalla locuzione ἐκβάλλειν δαιμόνια (vv. 9.17) che costituisce un'inclusione delle tre scene di apparizione[6]. Il discorso diretto si collega all'ultima scena grazie al verbo κηρύσσειν (vv. 15.20), alla sottolineatura universale attribuita a tale verbo (εἰς τὸν κόσμον ἅπαντα... πάσῃ τῇ κτίσει v. 15, πανταχοῦ v. 20) e tramite il richiamo insistente ai segni che accompagnano la missione (σημεῖα v. 17, σημείων v. 19). Solo nell'ultimo quadro Gesù è espressamente citato con la locuzione ὁ κύριος Ἰησοῦς (v. 19), il titolo κύριος viene ripetuto al v. 20 in forma assoluta.

Elemento comune che lega le tre apparizioni è il motivo dell'incredulità degli Undici, espresso una volta tramite il verbo ἀπιστεῖν (ἠπίστησαν v.11) e due volte attraverso una frase negativa retta dal

---

[4] Cf. A.Y. COLLINS, *Mark*, 807; V. TAYLOR, *Marco*, 706; E. MANICARDI, «La "Finale lunga" del Vangelo secondo Marco», 163-177.

[5] Il verbo φανεροῦν ricorre nei LXX una sola volta nel senso di «mostrare» (Ger 40,6). Nel NT generalmente fa riferimento all'incarnazione o alla parusia. Solo il FL e Gv 21,14 lo utilizzano per le apparizioni pasquali testimoniando un uso tardivo.

[6] Il fatto che con l'espressione ἐκβάλλειν δαιμόνια in Mc 16,9 si usi la preposizione παρά (e non ἐκ) è un caso unico in tutto il NT.

verbo πιστεύειν (οὐδὲ ἐπίστευσαν v.13; οὐκ ἐπίστευσαν v. 14). Il tema fede/incredulità viene esplicitamente ripreso da Gesù nel rimprovero rivolto agli Undici (τὴν ἀπιστίαν v. 14) e nelle sue parole riguardanti la salvezza dei credenti contrapposte a quelle di condanna per chi rifiuta l'annuncio, parole in cui ricorrono tre participi: ὁ πιστεύσας, ὁ ἀπιστήσας (v.16), τοῖς πιστεύσασιν (v. 17)[7].

vv. 9-11 Apparizione a Maria di Magdala	[9] ἐφάνη...πρῶτον Μαρίᾳ τῇ Μαγδαληνῇ ... ἐκβεβλήκει ἑπτὰ δαιμόνια [10] ... πορευθεῖσα ἀπήγγειλεν ... [11] ... ἐθεάθη ... <u>ἠπίστησαν.</u>
vv. 12-13 Apparizione a due discepoli	[12] Μετὰ δὲ ταῦτα δυσὶν ἐξ αὐτῶν... ἐφανερώθη ... πορευομένοις ... [13] ... ἀπήγγειλαν ... <u>οὐδὲ ἐκείνοις ἐπίστευσαν.</u>
vv. 14-18: Apparizione agli Undici	[14] Ὕστερον... αὐτοῖς τοῖς ἕνδεκα ἐφανερώθη ... <u>ἀπιστίαν</u> ... τοῖς θεασαμένοις ... <u>οὐκ ἐπίστευσαν.</u> [15] καὶ εἶπεν αὐτοῖς· πορευθέντες.. ἅπαντα κηρύξατε [16] <u>ὁ πιστεύσας</u> ... <u>ὁ δὲ ἀπιστήσας</u> ... [17] σημεῖα δὲ <u>τοῖς πιστεύσασιν</u> ... δαιμόνια ἐκβαλοῦσιν...
vv. 19-20: Esaltazione del Risorto e missione	[19] Ὁ μὲν οὖν κύριος Ἰησοῦς μετὰ τὸ λαλῆσαι αὐτοῖς [20] ... ἐκήρυξαν πανταχοῦ, τοῦ κυρίου ... σημείων.

---

[7] In Mc 1,1–16,8 il verbo ἀπιστεῖν non ricorre ed è sconosciuto anche nei Vangeli di Mt e Gv. È invece utilizzato da Lc (24,11.41; At 28,24). Il sostantivo ἀπιστία ricorre in Mc (6,6; 9,24; 16,14) e in Mt (13,58) ma non in Lc e Gv. Infine l'aggettivo ἄπιστος è presente in tutti e quattro i Vangeli: Mt 17,17; Mc 9,19; Lc 9,41 e 12,46); Gv 20,27.

L'aggiunta contiene un lessico singolare: una grande concentrazione di parole, ben sedici, mai usate in altre parti da Marco: πορεύομαι (vv. 10.12.15), πενθέω (v. 10), θεάομαι (vv. 11.14), ἀπιστέω (vv. 11.16), ἕτερος (v. 12), μορφή (v. 12), ὕστερον (v. 14), ἕνδεκα (v. 14), παρακολουθέω (v. 17), ὄφις (v. 18) θανάσιμον (v. 18), βλάπτω (v. 18), ἀναλαμβάνω (v.19), συνεργέω (v. 20), βεβαιόω (v. 20), ἐπακολουθέω (v. 20)[8]. Inoltre anche se attestati nel resto del Vangelo, nel FL alcuni termini assumono un diverso significato: in Mc 10,6 e 13,19 κτίσις indica l'atto creatore di Dio, «la creazione», mentre in Mc 16,15 indica «la creatura»; in Mc 14,64 φαίνω significa «sembrare», mentre in 16,9 ha il significato tecnico di «apparire»[9].

Il racconto presenta un proprio dinamismo narrativo: alla progressione delle tre apparizioni corrisponde il crescendo dell'incredulità dei discepoli. Dapprima a non essere creduta è una donna il cui passato poteva suscitare perplessità in «quelli che erano stati con lui» (τοῖς μετ' αὐτοῦ γενομένοις v. 10). Esito negativo conseguono però anche «due di loro» nonostante appartengano al gruppo degli Undici: «gli altri» (τοῖς λοιποῖς v. 13) infatti rifiutano la loro testimonianza[10]. Nell'apparire agli Undici, Gesù rimprovera severamente la loro reticenza, ma il mandato di invio in missione sancisce il superamento del loro fallimento: essi partono per predicare «ovunque» (πανταχοῦ v. 20) mentre si realizzano i segni promessi. Tutto il brano 16,9-20 è fortemente orientato alla missione e alla fede che essa intende suscitare.

Considerando lo stile, manca la tipica paratassi narrativa che caratterizza la narrazione marciana, i periodi sono più complessi e in essi prevale la subordinazione. Rispetto a Mc 16,1-8 il racconto è decisamente più veloce: esso prende l'andatura di un sommario, divenendolo propriamente in 16,20b. Non vi è alcun spazio per il malinteso e per l'ironia che hanno invece caratterizzato il racconto delle donne alla tomba vuota: qui il testo è monosemico, meno vivace e più solenne, marcato da serietà e gravità.

---

[8] J.R. EDWARDS, *The Gospel according to Mark*, 498, n. 4; J.K. ELLIOT, «The Text and Language of the Endings to Mark's Gospel», 258-262; J. VALLETTE, *L'Évangile de Marc*, 295.

[9] A. BELANO, *Il Vangelo secondo Marco*, 1117.

[10] Le espressioni «quelli che erano stati con lui» (v.10), «gli altri» (v.13), «gli Undici» (v. 14), si riferiscono al gruppo dei discepoli. La formulazione però non è marciana: Mc infatti predilige la locuzione «i suoi discepoli» (οἱ μαθηταὶ αὐτοῦ), che ricorre per l'ultima volta in 16,7.

1.3 *La struttura di Mc 16,9-20*

I) *Apparizione a Maria Maddalena (vv 9-11)*
    a) Il Risorto appare a Maria Maddalena (v. 9)
      b) Maria reca l'annuncio agli Undici (v. 10)
        c) Reazione di incredulità (v. 11)

II) *Apparizione a due discepoli (vv. 12-13)*
    a) Il Risorto appare a due discepoli (v. 12)
      b) I due recano l'annuncio agli altri (v. 13a)
        c) Reazione di incredulità (v. 13b)

III) *Apparizione agli Undici (vv. 14-18)*
    α) Apparizione del Risorto agli Undici e biasimo della loro incredulità (v. 14)
    β) Discorso di invio in missione (vv. 15-18)
      - comando della missione (v. 15)
      - gli esiti della missione (v. 16)
      - la promessa di segni a tutti i credenti (vv. 17-18)

IV) *Esaltazione del Risorto e missione degli Undici (vv. 19-20)*
    α) Elevamento e intronizzazione del Risorto (v. 19)
    β) Gli Undici attuano la missione con l'aiuto del Risorto e di segni prodigiosi (v. 20)

In base alle azioni, allo spazio, ai tempi e ai personaggi in Mc 16,9-20 sono distinguibili quattro unità: le prime tre sono segnate da altrettante apparizioni del Risorto, in successione a Maria di Magdala, a due discepoli e agli Undici con la sottolineatura del motivo dell'incredulità. La quarta è quasi un sommario che presenta in correlazione l'esaltazione di Gesù da una parte e l'attività missionaria dei discepoli dall'altra. L'ampiezza del discorso di invio in missione e la chiusa sulla riuscita dell'attività missionaria lasciano chiaramente trasparire il punto di vista del narratore[11].

---

[11] R. PESCH, *Il Vangelo di Marco*, II, 798.

1.4 *Specificità di Mc 16,9-20*

Elementi lessicali e diverso stile segnano in modo marcato una discontinuità con 16,1-8.

Sono constatabili corrispondenze con tradizioni presenti nei racconti pasquali degli altri Vangeli. Le più evidenti, riconosciute da gran parte degli esegeti per l'apparizione a Maria di Magdala (16,9-10) fanno riferimento a Gv 20,1.11-18, mentre il tema dell'incredulità dei discepoli (16,11) affiora in Lc 24,11. L'apparizione a due dei discepoli (16,12-13) evoca la pericope di Emmaus (Lc 24,13-38), mentre l'apparizione dei discepoli a tavola (16,14) sembra avere riferimenti in Lc 24,36-49 e At 1,4, forse anche in Gv 20,19-23. L'invio in missione degli Undici (16,15-16) richiama Mt 28,18-20, mentre i segni annunciati in 16,17-18 sembrano avere paralleli negli Atti degli Apostoli[12]. Infine l'elevamento al cielo (16,19) ricorda At 1,9 e Lc 24,50-53[13]. D'altra parte il narratore non si limita semplicemente a riprendere degli episodi, ma ne offre una rielaborazione propria, dandone una formulazione che spesso non trova riscontro altrove. Se ne ha conferma nel motivo dell'incredulità che lega tra loro le tre apparizioni e costituisce un'insistenza del FL pressoché assente nei racconti paralleli degli altri Vangeli. Perciò definizioni che riducono il FL a «una sintesi dei racconti di Pasqua»[14] o a «una compilazione di racconti della risurrezione fatta sulla scelta degli altri tre Vangeli»[15], non rendono giustizia a Mc 16,9-20. L'ampio quadro di convergenze e divergenze rende più plausibile concludere che in modo libero e proprio il FL ha attinto a tradizioni confluite anche in Mt, Lc e Gv. L'originalità del lessico e la compattezza della pericope depongono piuttosto per una sua origine autonoma e indipendente[16].

---

[12] L'espulsione di demoni (At 16,16-18), parlare in lingue nuove (At 2,1-11), prendere in mano serpenti senza danno (At 28,3-6), guarigioni di malati (At 3,1-10; 9,31-35; 14,8-10; 28,8-9).

[13] J.A. KELHOFFER, *Miracle and Mission*, 138-139, ha elaborato un meticoloso schema delle corrispondenze tra il FL e le tradizioni degli altri Vangeli e di Atti. Inoltre ha comparato il FL anche con forme analoghe della letteratura cristiana dei primi secoli (pp. 157-244). Cf. anche R. PESCH, *Il Vangelo di Marco*, II, 793-798; J. GNILKA, *Marco*, 935-937; C.F. EVANS, *Mark 8:27–16:20*, 545-547; E. MANICARDI, «La "Finale lunga"», 166-167; F.J. MOLONEY, *The Gospel of Mark*, 356-357; J.R. EDWARDS, *The Gospel According to Mark*, 499, n. 7; R.T. FRANCE, *The Gospel of Mark*, 686; J.R. DONAHUE – D.J. HARRINGTON, *Il Vangelo di Marco*, 411.

[14] E. SCHWEIZER, *Il Vangelo secondo Marco*, 307.

[15] B.M.F. VAN IERSEL, *Marco*, 461.

[16] L'identificazione dell'autore con Aristone è stata proposta da F.C. CONYBEARE, «Ariston», 241-254, sulla base di un manoscritto onciale armeno dei Vangeli del sec.

2. L'apparizione a Maria Maddalena (16,9-11)

Costituendo la prima scena del FL, il racconto dell'apparizione del Risorto a Maria Maddalena (16,9-11) è il punto d'aggancio dell'aggiunta al Vangelo marciano originario, unione che sigilla 16,1-8 con 16,9-20.

All'interno del nostro studio, tale caratteristica assume grande importanza: si tratta infatti di comprendere se tale giuntura derivi da uno specifico intento e, in ogni caso, quale sia la portata dell'operazione e cosa essa comporti nei riguardi di 16,1-8 e dell'intera narrazione marciana originale.

2.1 *La prima apparizione del Risorto (v. 9a)*

Mc 16,9-20 non si configura come il seguito naturale di 16,1-8. Il v. 9 non crea un legame diretto con il v. 8. Senza menzionarne il nome, il racconto mette in primo piano Gesù risorto. Il soggetto sottinteso stride col fatto che la precedente menzione di Gesù risalga a Mc 15,37: egli dovrebbe essere esplicitamente nominato anche perché non lui, ma le donne sono soggetto dei versetti immediatamente precedenti (16,7-8).

Il participio ἀναστάς è differente dal verbo appena utilizzato in Mc 16,6 per descrivere il Risorto (ἠγέρθη). Riferito alla risurrezione di Gesù Mc autentico utilizza il verbo ἐγείρω solo nei capitoli riguardanti la passione e la risurrezione di Gesù (14,28 e 16,7) e non ricorre mai al verbo ἀνίστημι. Per contro, troviamo il verbo ἀνίστημι nei tre annunci della passione (8,31; 9,31; 10,34), mentre non c'è traccia del verbo ἐγείρω. Mc autentico non utilizza mai il verbo ζάω riferito al Risorto[17]. Il Fl invece concentra in soli dodici versetti tutti e tre i verbi (ἀναστάς

X, dove Mc 16,8 è seguito da uno spazio bianco con la menzione *Ariston Eritzou* («del sacerdote Aristone») seguito dal FL. Tuttavia questa ipotesi resta fragile. Cf. J. HUG, *La Finale de l'Évangile de Marc*, 15-17; S. LÉGASSE, *Marco*, 862.

[17] In Mc autentico il verbo ἀνίστημι ricorre 16 volte. Di esse solo sette si riferiscono al motivo della risurrezione (8,31; 9,9.10.31; 10,34, 12,23.25). Il verbo ἐγείρω ricorre 18 volte. Il verbo ζάω ricorre in Mc autentico solo 2 volte (5,23; 12,27) ma mai riferito al Risorto. Mt utilizza ἐγείρω nel racconto della risurrezione (28,7) e anche negli annunci della Passione (16,21; 17,23; 20,19 e 27,63). Per indicare la risurrezione di Gesù non usa mai ἀνίστημι né ζάω. In Lc ἐγείρω ricorre in racconti della risurrezione (24,6.34) e nel primo annuncio della passione (9,22). Nel secondo annuncio Lc non menziona la risurrezione e nel terzo usa il verbo ἀνίστημι (18,33) che ricorre anche in 10,34; 24,7.46. Infine Lc esprime la risurrezione di Gesù anche con il verbo «vivere» (τὸν ζῶντα 24,5; ζῆν 24,23), terminologia che riprende nel prologo di At 1,3. Gv parla della risurrezione di Gesù due volte con il vebo ἐγείρω (2,22; 21,14) e una volta utilizzando ἀνίστημι (ἀναστῆναι 20,9). Per la risurrezione di Gesù egli non usa «vivere» benché sia spesso presente nel suo Vangelo.

v.9, ζῇ v. 11, ἐγηγερμένον v. 14). Attraverso il participio introduttivo ἀναστὰς, più che a 16,1-8 la scena dell'apparizione a Maria di Magdala sembra collegarsi agli insegnamenti di Gesù sul Figlio dell'Uomo (ἀναστῆναι 8,31; ἀναστήσεται 9,31; ἀναστήσεται 10,34), come a volerne offrire uno sviluppo proprio[18].

Significativa è anche la locuzione temporale πρωῒ πρώτῃ σαββάτου. Essa è conforme alla cronologia tradizionale sulla risurrezione[19], ma l'avverbio πρωῒ e il sostantivo σάββατον che si riallacciano a 16,1.2 (καὶ διαγενομένου τοῦ σαββάτου v.1; Καὶ λίαν πρωῒ τῆς μιᾶς σαββάτων v. 2) imprimono alla storia un «riavvolgimento» cronologico, come a far ripartire da capo il tempo pasquale, sovrapponendo quasi il racconto dell'apparizione a Maria Maddalena alla scena delle donne al sepolcro. In tal modo il FL si impone subito come finale in qualche modo «concorrente» a quello autentico capace di imprimere agli eventi della risurrezione di Gesù un diverso sviluppo rispetto a 16,1-8.

Il FL non si configura dunque come seguito naturale di 16,1-8 e lascia evidente una frattura stilistica. Ciò mostra che i vv. 9-20 non sono stati scritti come conclusione del Vangelo di Marco, né che per tale scopo vi sono stati aggiunti, dal momento che il redattore non si è preoccupato di armonizzare il v. 9 con il v. 8 come invece ha fatto il FB[20].

Il confronto fra questi due finali è illuminante. Per poter essere aggiunto senza contraddizioni il FB si lega strettamente a 16,8 omettendo le parole «ed esse non dissero niente a nessuno». In questo modo il FB sostituisce il silenzio delle donne con l'affermazione esplicita che pur impaurite e fuggitive esse hanno portato a compimento l'incarico ricevuto dal giovane: hanno annunciato ogni cosa ai discepoli (πάντα δὲ τὰ παρηγγελμένα τοῖς περὶ τὸν Πέτρον συντόμως ἐξήγγειλαν), così che «la salvezza eterna» trionfi per mezzo della sua «santa e incorruttibile proclamazione» (τὸ ἱερὸν καὶ ἄφθαρτον κήρυγμα τῆς αἰωνίου σωτηρίας). In una prospettiva kerygmatica il FB intende offrire un vero

---

[18] Mc autentico usa il participio aoristo attivo di avni,sthmi sei volte, sempre per denotare l'atto di alzarsi da una posizione seduta o sdraiata e mai riferito alla risurrezione (Mc 1,35; 2,14; 7,24; 10,1 e 14,57.60). Nei Vangeli o in At non c'è un uso participiale di ἀνίστημι che si riferisca alla risurrezione. In 16,19 dunque, questa forma del verbo è atipica anche nei confronti di tutto il NT.

[19] Si discute se questa indicazione temporale si rapporti al participio «risuscitato» o al verbo «apparve». Dal momento che segue il participio e che un'altra indicazione di tempo «dapprima» segue «apparve» a cui è certamente legata, bisogna concludere che essa vada connessa al participio. Cf. J. HUG, La Finale de l'Évangile de Marc, 45-46.

[20] Il FB è attestato solo nella *Vetus Latina* dal codice Bobbiense (k) datato fra il IV e V secolo, anche se il testo risale con ogni probabilità al II secolo.

e proprio finale al Vangelo di Mc. Il FL invece è accostato a 16,8 senza manometterne il testo, il che mostra una diversa prospettiva rispetto al FB: pur offrendo un nuovo sviluppo alla conclusione del Vangelo, esso non intende negare nulla di quanto 16,1-8 racconta. Piuttosto lo ingloba leggendo 16,8 come chiusa provvisoria e incaricandosi di offrire alla storia di Gesù risorto un ulteriore sviluppo.

2.2 *La nuova presentazione di Maria Maddalena*

Mentre le donne sono per via senza che ancora abbiano parlato ad alcuno (v. 8), Maria Maddalena è testimone dell'apparizione del Risorto. Maria Maddalena, già menzionata tre volte in Mc autentico senza alcuna precisazione (15,40.47; 16,1), viene ora identificata con un'annotazione sul suo passato, come se ella apparisse per la prima volta nel racconto: «dalla quale aveva scacciato sette demoni» (παρ' ἧς ἐκβεβλήκει ἑπτὰ δαιμόνια v. 9b). Si tratta di un particolare biografico che troviamo anche in Lc 8,2 e che non trova riscontro diretto in Mc, pur essendo in linea con il suo peculiare interesse per i demoni, gli esorcismi e gli esorcizzati[21]. Questa annotazione del personaggio accresce il contrasto con l'incredulità dei discepoli: colei che era posseduta da sette demoni è testimone della protofania e annunciatrice del Signore risorto, mentre gli Undici «che erano stati con lui» si ostinano a non credere, rifiutando l'annuncio della buona novella e persistendo nel lutto. Non vengono forniti particolari dell'apparizione, evocata nel modo più breve possibile (ἐφάνη), né si riporta alcuna parola del Risorto[22].

La reazione di Maria Maddalena all'apparizione è molto differente da quella delle donne alla proclamazione della risurrezione nella tomba. Mentre le donne ricevono un incarico a «dire» (εἴπατε 16,7), di propria iniziativa Maria «andò ad annunziare» (πορευθεῖσα ἀπήγγειλεν 16,10)[23], particolare che differenzia il racconto del FL anche da quello giovanneo (Gv 20,17). Il verbo «annunciare» è un verbo più ricco rispetto al semplice «dire» e presuppone un ruolo diverso quello appunto di

---

[21] Lc 8,2 non precisa l'autore dell'esorcismo mentre Mc 16,9 lo attribuisce a Gesù.

[22] In tutto il NT il verbo φαίνειν non è utilizzato altrove per descrivere un'apparizione del Risorto. Il suo uso è invece attestato presso gli apologisti del sec. II: in GIUSTINO, *Apologia* 67,1; *Dialogo con Trifone* 138,1 e nel *Testimonium Flavianum* in GIUSEPPE FLAVIO, *Antichità Giudaiche* XVIII, 64.

[23] Mentre il FL usa sempre la forma semplice del verbo πορεύεσθαι (10.12.15), Mc autentico usa invece sempre la forma composta: εἰσπορεύεσθαι (Mc 1,21; 4,19; 5,40; 6,56; 7,15.18.19; 11,2), ἐκπορεύεσθαι (Mc 1,5; 6,11; 7,15.19.20.21.23; 10,17.46; 11,19; 13,1), παραπορεύεσθαι (Mc 2,23; 9,30; 11,20; 15,29).

testimone del Risorto che ora Maria riveste. Ella si fa latrice di un annuncio nuovo e, in quanto originato dall'incontro personale con il Risorto, differente e di valore maggiore rispetto al comando dato dal giovane alle donne. In una prospettiva dal sapore lucano, ai discepoli la Maddalena sintetizza quanto accadutole attraveso due termini: «vivo» (ζῇ) esprime la condizione del Risorto[24], «visto» (ἐθεάθη ὑπ' αὐτῆς) richiama il requisito fondamentale che ora la caratterizza come testimone (16,11). La protofania avvia con ciò un racconto dalle caratteristiche teologiche differenti rispetto a 16,1-8.

Nel FL Maria Maddalena appare come una «nuova» Maria Maddalena, differente da quella menzionata nella precedente narrazione marciana (15,40.47; 16,1): non solo perché presentata come se apparisse per la prima volta (v. 9b), e ora attiva sulla scena senza altre compagne discepole, ma anche perché è colei che ha raccolto la protofania del Risorto, in modo simile a Gv 20,11-18 e differentemente da Lc 24,34 che assegna invece a Pietro tale rilevante ruolo.

L'apparizione a Maria costituisce un netto superamento del racconto delle donne alla tomba, della loro esperienza e del loro messaggio. Ciò dimostra che l'annuncio della risurrezione dato dal giovane nel sepolcro non è stato sufficiente a risolvere la narrazione[25], lasciando traspartire la necessità che il Risorto appaia direttamente a testimoni.

2.3 *Un nuovo proseguo della storia e le similarità con Mt 28*

Il FL sembra interpretare 16,8 come una conclusione parziale e provvisoria: sulla sospensione temporale della storia che in 16,8 termina descrivendo la fuga delle donne dal sepolcro, l'aggiunta inserisce l'apparizione a Maria Maddalena: sarà lei a recare l'annuncio ai discepoli mentre ancora sono «in lutto e in pianto» (16,9-10). Ciò permette un nuovo proseguo della storia secondo uno sviluppo che Mc 16,9-20 imprime attraverso elementi propri. E con il risultato di avvicinare il FL al finale del racconto matteano (Mt 28,8-20).

Una volta uscite e abbandonato il sepolcro, mentre ancora le donne non hanno comunicato l'annuncio ai discepoli, il Risorto si rende loro

---

[24] La proclamazione pasquale lucana caratterizza il Risorto come «il vivente» (Lc 24,5-6; cf. anche At 1,3). Nella tradizione biblica «il Vivente» per eccellenza è Dio stesso (cf. Gs 3,10; Sal 42,3), perciò l'applicazione di questo linguaggio al Risorto implica anche un'allusione discreta alla statura divina a lui partecipata ora più chiaramente (At 1,11).

[25] E. MANICARDI, «La "Finale lunga"», 171.

presente²⁶. Grazie ad esse l'annuncio raggiunge gli Undici (Mt 28,8; Mc 16,10)²⁷. Quindi il Risorto appare agli Undici proclamando un discorso di invio in missione (Mt 28,18-20; Mc 16,15-18).

Mt 28,8-20		Mc 16,8-20	
v. 8	*Le donne abbandonano il sepolcro*		v. 8
	con timore e gioia grande	afferrate da timore e stupore	
v. 9	*Mentre le donne sono per via*		v. 9
	il Risorto viene loro incontro	il Risorto appare a Maria Maddalena	
v. 8	*L'annuncio raggiunge i discepoli*		v. 10
	ad opera delle donne	ad opera di Maria Maddalena	
v. 16	*Apparizione agli Undici*		v. 14
	sul monte in Galilea	mentre stavano a mensa	
vv. 18-20	*Discorso di invio in missione*		vv. 15-18

Nella successione degli avvenimenti, nonostante le diversità che contraddistinguono il finale di Mt da quello canonico di Mc, le due narrazioni presentano indubbie similarità, anche se, a differenza di Mt, Mc canonico ha una protofania alla Maddalena che in ciò lo avvicina a Gv. In un recente passato la prossimità fra il finale canonico marciano e quello di Mt è stata sottolineata da alcuni esegeti come E. Schweizer che, ipotizzando una conclusione marciana andata perduta e quindi sostituita dall'aggiunta deuterocanonica, hanno cercato nel finale di Mt le tracce di quello perduto originario di Mc autentico²⁸. In questi ultimi decenni tale posizione ha perso progressivamente credito: in effetti, pur

---

²⁶ Mt ricorda che le donne abbandonano in fretta il sepolcro spinte da paura mista a gioia (χαρά Mt 28,8). Ciò sembra corrispondere al tremore e allo stupore (ἔκστασις Mc 16,8) descritto da Mc. In Mt Gesù appare alle (due) donne, in Mc a Maria Maddalena la prima nominata fra le tre donne. Entrambi attestano una protofania a testimoni femminili.

²⁷ Sia Mc che Mt citano i discepoli come gli «Undici» (Mt 28,16; Mc 16,14), raccontando di un'apparizione loro riservata (sul monte in Galilea secondo Mt 28,16; mentre stavano a mensa secondo Mc 16,14).

²⁸ E. SCHWEIZER, *Das Evangelium nach Markus*, 212-213.

trattandosi di un interessante capovolgimento di prospettiva, essa non rende ragione né della ricchezza e della concentrazione di peculiarità proprie del FL, né delle grandi differenze che contraddistinguono i racconti pasquali di Mc canonico rispetto a quelli di Mt.

2.4 L'incredulità dei discepoli

La doppia annotazione sui discepoli «afflitti e piangenti» (πενθοῦσι καὶ κλαίουσιν 16,10) ricorda la descrizione del lutto nella casa di Giairo per la morte della figlia (κλαίοντας καὶ ἀλαλάζοντας πολλά 5,38): come la folla deride Gesù quando parla della fanciulla che «non è morta, ma dorme», così i discepoli non credono che Maria di Magdala lo abbia visto «vivo» (16,11). Il loro lutto è perciò specchio del rifiuto di credere, rifiuto rivelatore di una mancanza di fede nella risurrezione: un atteggiamento simile a quello delle donne discepole recatesi al sepolcro senza alcuna felice aspettativa (16,1-5)[29]. La scena infatti chiude esplicitando che gli Undici «non le credettero» (ἠπίστησαν 16,11)[30].

Rispetto agli altri Vangeli canonici, quello di Mc tratta in maniera più marcata il tema dell'incredulità degli Undici. Mt accenna solo una volta al dubbio da parte di alcuni degli Undici (28,17) e mostra un differente modo di intendere la mancanza di fede dal momento che essa non è riferita indistintamente a tutto il gruppo dei discepoli, ma riguarda direttamente il Risuscitato e non coloro che recano l'annuncio.

L'incredulità dei discepoli marcata dal FL trova invece un corrispettivo più adeguato nel rifiuto a credere al racconto delle donne descritto in Lc 24,11: «quelle parole parvero loro come un vaneggiamento e non credettero a esse» (καὶ ἠπίστουν αὐταῖς). Inoltre pur se in una forma meno enfatica anche in Lc il motivo dell'incredulità dei discepoli è in seguito ripreso nei rimproveri da parte di Gesù (Lc 24,25.38.41).

Il Vangelo di Gv sviluppa il motivo dell'incredulità in modo proprio riferendolo unicamente a Tommaso e in una prospettiva piuttosto apologetica dal momento che intende avallare la corporeità del Risorto (Gv 20,24-29).

---

[29] Il verbo «piangere» ricorda anche la reazione di Pietro nel momento in cui si rende conto di aver rinnegato Gesù (14,72). Il motivo del dolore dei discepoli non si trova nei racconti neotestamentari (applicato alla sola Maria appare in Gv 20,11.15), è invece un motivo ben attestato nei testi apocrifi (cf. Il *Vangelo di Pietro* 27.59). Probabilmente si tratta di un motivo sviluppatosi solo tardivamente. Cf. L. Moraldi, *Apocrifi del Nuovo Testamento*, I.

[30] Il verbo ἀπιστεύειν è usato anche in Lc 24,11 per caratterizzare la reazione dei discepoli all'annuncio portato dalle donne.

Dunque nell'insistenza sull'incredulità dei discepoli il FL si mostra più vicino a Lc dal momento che tale incredulità investe primariamente i testimoni che recano l'annuncio della risurrezione e persiste finché Gesù non appare personalmente davanti agli Undici (16,11.13.14). Rispetto a Lc però in Mc canonico il motivo emerge insieme alla preoccupazione missionaria che pervade tutto il FL, preoccupazione tesa ad attestare l'autenticità del Vangelo e la credibilità dei testimoni.

In questa prima scena l'incredulità degli Undici vanifica il ruolo di mediatrice di Maria Maddalena e riconduce la storia a un punto morto.

2.5 Conclusione: una nuova svolta

L'aggiunta sembra essere stata posta come un approfondimento a Mc autentico, un suo completamento per imprimere al finale marciano una svolta nuova attraverso elementi presenti anche nelle tradizioni pasquali che soggiacciono ai finali degli altri Vangeli. Una volta aggiunti alla narrazione marciana, i vv. 9-20 hanno creato un nuovo finale che si avvicina in particolare a quello di Mt ma con elementi propri anche a Gv e Lc che conferiscono al Vangelo di Mc una nuova prospettiva e nuovi elementi. Il FL non è un'opera compilatoria di scarso interesse. Pur con elementi comuni ai racconti degli altri Vangeli, il nuovo finale conserva una propria libertà e interessi specifici e conclude positivamente il Vangelo offrendo a 16,1-8 ulteriori sviluppi, in linea con gli altri Vangeli.

Fin dal primo quadro si delinea una notevole differenza fra la teologia del FL e quella di Mc autentico. Il FL si avvia partendo da un marcato stacco da 16,1-8 presentandosi al tempo stesso come un suo legittimo sviluppo che supera la rivelazione fatta dal giovane alle donne nel sepolcro. Esso imprime al tempo pasquale un'accentuazione nuova, segnata dal luminoso apparire del Risorto in contrapposizione alla reiterata incredulità degli Undici.

In tal modo l'aggiunta viene a comporre un nuovo finale al Vangelo che, senza violare il testo di 16,1-8, lo ingloba in una storia scandita in modo simile a Mt 28,8-20.

3. Per una lettura di Mc 16,12-20

Di Mc 16,12-20 offriamo una lettura più sobria. Per la nostra ricerca è infatti sufficiente determinare le peculiarità dell'aggiunta così da cogliere gli elementi che determinano il nuovo sviluppo della teologia della narrazione marciana autentica.

3.1 L'apparizione a due dei discepoli (vv. 12-13)

Introdotto dall'espressione μετὰ δὲ ταῦτα, mai usata altrove in Mc[31], il racconto di questa seconda apparizione ricorda l'episodio dei due discepoli di Emmaus (Lc 24,13-35). Si presenta come un sommario brevissimo, povero di dettagli e non sempre totalmente chiaro. Il racconto comunque non manca di originalità, come mostrano alcuni particolari.

L'espressione «a due di loro» (δυσὶν ἐξ αὐτῶν) è il primo elemento attestante che il narratore conosce la tradizione che sta alla base anche del testo lucano[32]. In Lc i due viandanti sono in cammino «verso un villaggio» (εἰς κώμην 24,13), nel FL invece «verso la campagna» (εἰς ἀγρόν 16,12)[33].

Gesù si mostra «in altra forma» (ἐν ἑτέρᾳ μορφῇ). L'aggettivo ἕτερος è un *hapax* marciano, la locuzione che non ha riscontro nel racconto lucano è vaga e non può essere compresa con certezza[34]. Gesù nasconde la sua gloria, oppure si manifesta in forma diversa rispetto a quella dell'apparizione a Maria Maddalena[35]? Per l'autore l'essenziale è che i due viaggiatori vadano a recare l'annuncio agli altri discepoli, ma a differenza di quanto fatto per Maria Maddalena, qui non si riporta il contenuto dell'annuncio. Rispetto a Lc, la maggiore differenza si riscontra nella

---

[31] La formula μετὰ (δὲ) ταῦτα è invece ricorrente in Lc (5,27; 12,4; 17,8; 18,4; At 1,5; 7,7; 13,20), in Gv (7,1; 13,7) e in altri testi neotestamentari (Eb 4,8; 1Pt 1,11; Ap 1,19; 4,1; 9,12; 15,5; 20,3).

[32] Nel NT il genitivo partitivo ἐξ αὐτῶν ricorre 39 volte: 9 in Mt, 2 in Mc autentico (14,69.70), 16 volte nelle opere lucane (di cui 9 in Lc e 7 in At). Le altre ricorrenze sono in Rom 11,14; Tt 1,12 e Eb 7,6.

[33] L'espressione, se formulata con riferimento alla «città» da cui i due discepoli si allontanano, forse intende porre una velata opposizione a Gerusalemme. Cf. R. PESCH, *Il Vangelo di Marco*, II, 804.

[34] L'insistenza sulla diversa «forma» in cui Gesù appare è una peculiarità del FL. Nel NT il sostantivo μορφή ricorre ancora solo in Fil 2,6.7 e designa la forma esteriore che si può vedere. Una qualche analogia è ravvisabile nella descrizione sinottica della trasfigurazione: καὶ μετεμορφώθη ἔμπροσθεν αὐτῶν (Mt 17,2; Mc 9,2); τὸ εἶδος τοῦ προσώπου αὐτοῦ ἕτερον (Lc 9,29). I racconti evangelici delle apparizioni pasquali sono invece meno diretti nel presentare il nuovo aspetto del Risorto (Lc 24,16; Gv 20,14; 21,4).

[35] Alla prima ipotesi è favorevole J. GNILKA, *Marco*, 939, alla seconda S. LÉGASSE. *Marco*, 867. Secondo E. HELZLE, «Der Schluß des Markusevangeliums (Mk 16,9-20) und das Freer-Logion», 470-472, il FL intenderebbe correggere Lc 24 mettendo l'accento sulla percezione falsata dei discepoli. Il non riconoscimento di Gesù sarebbe dovuto a un'illusione ottica di questi e non a una forma differente che il Risuscitato avrebbe assunto. J. HUG, *La Finale de l'Évangile de Marc*, 63, critica tale interpretazione come troppo costruita e non attenta al contesto (v. 9).

reazione degli Undici. In Lc infatti, tornati a Gerusalemme per recare l'annuncio, i due discepoli trovano gli Undici riuniti e già credenti poiché nel frattempo il Risorto è apparso a Pietro («davvero il Signore è Risorto ed è apparso a Simone!» Lc 24,34).

Il FL invece non solo attesta la protofania a Maria Maddalena e non a Pietro, ma nemmeno fornisce elementi che distinguono Pietro dagli altri discepoli come avviene in Mc 16,7. Nel racconto dell'aggiunta l'annuncio dei due discepoli si scontra di nuovo con il rifiuto a credere (ἀπήγγειλαν τοῖς λοιποῖς· οὐδὲ ἐκείνοις ἐπίστευσαν 16,13)[36]. La scena ha fondamentalmente lo scopo di sottolineare il persistere della forte incredulità attraverso un crescendo in cui il gruppo dei discepoli resta irremovibile nel proprio rifiuto: nemmeno la testimonianza offerta da due uomini, e perciò giuridicamente degna di essere presa in considerazione e per di più del loro stesso gruppo è sufficiente a credere. Rispetto alla formulazione del v. 11 (ἠπίστησαν), la risposta negativa ora è accentuata (οὐδὲ ἐκείνοις ἐπίστευσαν). L'ostinata preclusione all'annuncio prepara la strada alla terza apparizione, quella decisiva agli Undici.

3.2 *L'apparizione agli Undici (vv. 14-18)*

In questo terzo quadro, l'apparizione di Gesù agli Undici e il rimprovero per la loro incredulità sono compressi in un solo versetto (v. 14); è dato invece maggior spazio al discorso di Gesù che in forma diretta invia gli Undici in missione (vv. 15-18). Gran parte degli esegeti rileva una mancanza di continuità fra i due momenti, poiché dal forte biasimo (v. 14) si passa direttamente all'invio (v. 15) e da increduli i discepoli sono poi immediatamente descritti come annunciatori pieni di forza (v. 20), senza tuttavia specificare che in loro sia avvenuta una trasformazione. Questo fatto non è sufficiente a negare l'unità complessiva del FL, ma probabilmente fu ciò che condusse all'inserimento del *Logion Freer*[37]. Il motivo del cambiamento presupposto dall'autore del FL è

---

[36] Con τοῖς λοιποῖς si designa un gruppo differente rispetto a quelli che piangono la morte di Gesù nei vv. 10-11? O si intende indicare i rimanenti discepoli di Gesù che non hanno ascoltato il messaggio di Maria di Magdala? Gli esegeti discutono, la risposta non è chiara. Cf. J.A. KELHOFFER, *Miracle and Mission*, 90.

[37] Il *Logion Freer* appare in un solo manoscritto (W) intercalato tra il v. 14 e il v. 15 e ha un lessico e uno stile diversi da quelli di Mc. Si tratta di una variante locale manifestamente secondaria, la cui origine resta a tutti gli effetti incerta ed è perciò considerata apocrifa. Fu probabilmente aggiunta nel II o III secolo. L'autore intende attenuare la severa condanna di 16,14 invocando la persistenza del peccato e del male anche dopo la risurrezione e pone la questione del rapporto tra risurrezione e parusia.

che l'incredulità si è trasformata in fede una volta che tutti «hanno visto» Gesù risorto.

3.2.1 L'apparizione e il rimprovero agli Undici (v.14)

Il verbo utilizzato per descrivere questa apparizione è l'indicativo aoristo passivo ἐφανερώθη. Nel descrivere le apparizioni del Risuscitato, il FL utilizza tre verbi: ἐφάνη (16,9), ἐθεάθη (16,11 e il participio θεασαμένοις al v. 14) e ἐφανερώθη (16,12.14). Non troviamo invece il verbo ὀφθῆναι presente nelle formule più antiche e comune nel NT (1Cor 15,5.6.7.8; Lc 24,34; At 9,17; 13,31)[38]. Le due ricorrenze di θεάομαι sono importanti per capire cosa intende il FL per testimoni. Il verbo appare in frasi subordinate introdotte dalla particella ὅτι e formulate in modo parallelo:

v. 11	ὅτι	ζῇ καὶ ἐθεάθη ὑπ' αὐτῆς		ἠπίστησαν
v. 14	ὅτι	τοῖς θεασαμένοις αὐτὸν ἐγηγερμένον		οὐκ ἐπίστευσαν

Il parallelismo conferma che testimone è colui che «ha visto» e attesta che Gesù è «vivo» (v.11) cioè «risorto» (v. 14). Questo «vedere» del testimone connette direttamente la missione cristiana al Risorto e al suo discorso di invio.

Il fatto che i discepoli siano qualificati come «gli Undici» (τοῖς ἕνδεκα), senza dire nulla a proposito della scomparsa di Giuda, costituisce un vuoto del FL. Il Vangelo di Mt parla tranquillamente degli Undici (cf. 28,16), ma solo dopo aver raccontato del destino di Giuda (Mt 27,3-10)[39]. Annotando il numero dei discepoli secondo un computo che esclude il traditore, implicitamente il FL ricorda al lettore che gli autorevoli testimoni sono al tempo stesso un gruppo umanamente fragile come hanno dimostrato la loro fuga e il loro tradimento, e che anche nei riguardi della risurrezione hanno avuto grande difficoltà a credere,

---

Cf. J. HUG, *La Finale de l'Évangile de Marc*, 78-80; J. GNILKA, *Marco*, 339-940, n. 26; G. AICHELE, *Iesus Framed*, London 1996, 49.

[38] Il verbo ὀφθῆναι si trova in una formula prepaolina certamente antica e in un'altra formula probabilmente antica (1Cor 15,5; Lc 24,34). Paolo la riprende in 1Cor 15,6.7.8 e altrove usa la forma attiva del verbo (ἑώρακα 1Cor 9,1) e il verbo «rivelare» (ἀποκαλύψαι Gal 1,16). Non utilizza mai φανερόω nel senso riflessivo di «mostrarsi», né φαίνω.

[39] Altri riferimenti agli Undici in Lc 24,9.33; At 1,26; 2,14. Tradizioni riguardanti il suicidio di Giuda sono in Mt 27,3-10; At 1,18-19.

come attestato dal loro scetticismo nei confronti di Maria di Magdala e perfino di «due di loro» (v. 12).

L'apparizione di Gesù non riceve alcuna localizzazione se non nel particolare che gli Undici «stavano a tavola» (ἀνακειμένοις)⁴⁰. Si ritrova anche in At 1,4 e Gv 21,12-13 ma a differenza di questi testi il FL non è mosso dalle preoccupazioni dell'apologetica pasquale sulla corporeità del Risuscitato, intende piuttosto mostrare la ripresa della comunione di Gesù con i suoi, una nuova comunità in un contesto di commensalità. Forse è ravvisabile un'allusione all'eucarestia: il banchetto funebre si converte in pasto della presenza pasquale da cui scaturisce l'invio in missione. L'interpretazione sembra suggerita da una certa analogia con il racconto dell'ultima cena (14,17-25) dove pure Gesù approfitta dell'intimità del pasto pasquale condiviso per ammonire i discepoli (14,17-21).

Con il biasimo di Gesù, per la terza volta si riprende il tema dell'incredulità dei discepoli, aggiungendo ora esplicitamente che essa è vissuta nei confronti di quanti testimoniano l'annuncio della risurrezione. La durezza del rimprovero è espressa con tre termini: il verbo ὀνειδίζω (ὠνείδισεν v. 14) e i sostantivi ἀπιστία e σκληροκαρδία⁴¹.

Rispetto a Mc autentico ciò che colpisce è la mancanza di corrispondenza nell'uso di questi termini: prima d'ora infatti, ἀπιστία e σκληροκαρδία non sono mai stati riferiti ai discepoli. Nelle due precedenti ricorrenze il sostantivo ἀπιστία riconduce all'incredulità dei compatrioti di Gesù (6,6) e compare sulla bocca del padre dell'epilettico indemoniato (9,24), il termine σκληροκαρδία è invece riferito da Gesù all'intero popolo di Israele nella discussione a proposito del divorzio (10,5)⁴². Nel FL incredulità e durezza di cuore sono riuniti

---

⁴⁰ La mancanza di una localizzazione ha spinto a ipotizzare sia un'ambientazione gerosolimitana che galilaica (cf. A.Y. COLLINS, Mark, 808). In ogni caso, a differenza di Mc 16,7, il FL non mostra interesse al luogo dell'apparizione, attestando nuovamente una distanza e una dissintonia con 16,1-8. Cf. E. MANICARDI, «La "Finale lunga"», 175.

⁴¹ Il verbo ὀνειδίζω ha il senso forte di «ingiuriare, insultare» (cf. 2Sam 17,36; 21,21; 1Cro 20,7; Sal 43,14; 54,13) ed esprime un rimprovero violento (cf. Mt 11,20). Il sostantivo ἀπιστία ricorre anche in Mc 6,6 e 9,24 e l'aggettivo ἄπιστος una volta in 9,19. Il termine σκληροκαρδία non esprime un'attitudine psicologica: si tratta piuttosto di un concetto teologico che designa un comportamento di fronte a Dio caratterizzato dalla ripetuta incapacità ad accogliere le manifestazioni della sua volontà. Cf. J. HUG, La Finale de l'Évangile de Marc, 79.

⁴² Per l'indurimento del cuore dei discepoli Mc utilizza espressioni con il verbo πωροῦν (ἀλλ' ἦν αὐτῶν ἡ καρδία πεπωρωμένη 6,52; πεπωρωμένην ἔχετε τὴν καρδίαν ὑμῶν; 8,17).

come i due mali fondamentali che non permettono di credere a quanto riportato dai testimoni delle apparizioni di Gesù risorto, e perciò al Vangelo.

Questo rimprovero del Risorto non ha stretti paralleli nei racconti pasquali degli altri Vangeli[43]. In quanto fermamente duro ed esplicito, è una critica singolare e si configura come la più grave con cui i discepoli vengono apostrofati in tutto il Vangelo marciano. Indubbiamente il motivo dell'annuncio del kerygma e dell'incredulità che esso incontra sono una peculiarità dell'aggiunta[44].

3.2.2 Il discorso di invio in missione (vv. 15-18)

Mt 28,18-20	Discorso di invio in missione degli Undici		Mc 16,15-18
v. 19a	Andando fate discepole tutte le genti	Andate in tutto il mondo predicate il Vangelo ad ogni creatura	v. 15
v. 19b	Battezzando nel nome del Padre e del Figlio e dello Spirito Santo	Chi crederà e sarà battezzato sarà salvo	v. 16
v. 20	Io sono con voi tutti i giorni	Questi saranno i segni che accompagneranno quelli che credono	v. 17-18

Il discorso di invio in missione richiama quello presente in Mt 28,18-20. Il materiale però è utilizzato secondo interessi specifici. Mentre in Mt il Risorto invia gli Undici a «far discepole» (μαθητεύσατε 28,19) tutte le genti[45], nel FL *il comando* è ad «annunciare il Vangelo» (κηρύξατε τὸ εὐαγγέλιον 16,15). Si tratta di un imperativo aoristo complessivo che

---

[43] Nel racconto dei due discepoli di Emmaus (24,25) la ragione e l'oggetto del rimprovero sono differenti, e per di più il biasimo è rivolto solo a due discepoli e non a tutti gli Undici. Così in Gv 20 non vi è traccia di un rimprovero formale nei riguardi di Tommaso l'incredulo (20,27).

[44] Cf. J.A. KELHOFFER, *Miracle and Mission*, 79-83.

[45] In Mt 28,19 il comando μαθητεύσατε, «rendete discepoli», indica che il tipo di esperienza vissuta dai discepoli «storici», deve essere estesa a tutte le genti. Qui la missione non è dunque prima di tutto questione di insegnamenti o di precetti, ma portare i popoli a vivere un rapporto di affidamento incondizionato in Gesù. Cf. M. CAIROLI, *La «poca fede» nel Vangelo di Matteo*, 156.

corrisponde alle forme passive di Mc 13,10 e 14,9 e costituisce l'unico ordine, la sola richiesta del Risorto ai suoi discepoli. Esso mette a fuoco la prospettiva missionaria di tutto il testo, concentrato sul compito che gli Undici sono chiamati a realizzare dopo la risurrezione di Gesù[46].

L'aggiunta distingue l'«annuncio» degli Undici dall'«annuncio» degli altri testimoni. Per Maria di Magdala e per i due viandanti in cammino si utilizza il verbo ἀπαγγεῖλειν (vv. 10.13)[47]; per gli Undici il verbo κηρύσσειν (vv. 15.20): l'utilizzo di due verbi diversi è specchio della differente «qualità» degli annunciatori e della natura dell'annuncio. Solo gli Undici in quanto gruppo chiamato e costituito da Gesù sono soggetti del κηρύσσειν e solo a loro è perciò affidato il compito di avviare la missione. In questo modo la loro testimonianza riceve una singolare autorevolezza non riscontrabile in altri testimoni: né in Maria di Magdala, né nei due discepoli in cammino. Questi annunciano spontaneamente ma, come mostra il testo, l'esito è fallimentare[48].

La presentazione della missione offerta dal FL si inscrive in un quadro di ordine più istituzionale che carismatico[49]. Senza il conferimento di un incarico e l'invio in missione, all'inizio della Chiesa non vi sarebbe stato alcun annuncio efficace, capace di suscitare fede. D'altra parte, se la missione ha avuto avvio è solo perché il Risorto ha superato ogni resistenza e dato il mandato agli Undici. In Mt 28,19 *la prospettiva* è poi rivolta a «tutte le genti» (πάντα τὰ ἔθνη), il che mostra un'apertura universale, ma presuppone comunque una distinzione rispetto a Israele, mettendo implicitamente in luce la questione Israele/le genti che è un rilevante interesse redazionale di Mt. Il FL invece non solo non presenta alcuna distinzione fra popoli, ma imprime all'universalismo della missione una dimensione ancor più ampia, perfino «cosmica» (εἰς τὸν κόσμον... πάσῃ τῇ κτίσει 16,15). I termini «mondo» e «creatura» esprimono infatti la massima estensione nello spazio e nel tempo e connotano «il Vangelo» come proclamazione di

---

[46] L'espressione «proclamare il Vangelo» ricorda anche il «proclamare il Vangelo di Dio» con cui è presentato il primo intervento attivo di Gesù in Mc 1,14. Cf. E. MANICARDI, «La "Finale lunga"», 172.

[47] Il verbo ἀπαγγεῖλειν, che al di fuori di questa pericope non si trova altrove in Mc, nei racconti della risurrezione degli altri Vangeli è termine tecnico per attestarne l'evento (Mt 28,8.10; Lc 24,9; Gv 20,18) e indica l'azione di un messaggero che reca una notizia ricevuta. Cf. J. SCHNIEWIND, «ἀπαγγέλλω», *GLNT*, V, 174-177 (*TWNT*, I, 65-66).

[48] Neppure la priorità cronologica dell'apparizione di Maria di Magdala, su cui molte discussioni sono state fatte, permette una rivendicazione nei confronti dell'autorità apostolica di cui solo gli Undici sono investiti.

[49] F. LENTZEN-DEIS, *Comentario al evangelio de Marcos*, 47.

Cristo risorto che esercita la sua signoria sulla creazione intera[50], cosa che nel seguito del racconto sarà attestata dalla descrizione di Gesù elevato al cielo e assiso alla destra di Dio (16,19).

In Mt *il battesimo* è presentato unito alla tradizionale formula liturgica trinitaria (28,19), il FL invece pone il battesimo in stretta correlazione con fede e salvezza e non fa alcun accenno allo Spirito Santo (16,16). Nel FL due frasi parallele preannunciano le reazioni che i discepoli incontreranno durante la missione e le relative conseguenze: la prima esprime una promessa, la seconda una minaccia (v. 16)[51].

v. 16   ὁ   πιστεύσας καὶ βαπτισθεὶς   σωθήσεται,
        ὁ δὲ   ἀπιστήσας   κατακριθήσεται

Nel contesto Gesù intende rassicurare i discepoli sull'esito del loro impegno nell'annuncio del Vangelo: ci sarà salvezza per coloro che risponderanno favorevolmente (promessa) e giudizio di condanna per quanti rifiuteranno il messaggio (minaccia). La condizione per essere salvati è innanzitutto «credere»: in ciò l'aggiunta riprende una riflessione tradizionale che stabilisce un legame di dipendenza tra fede e salvezza[52].

La presentazione che il FL fa del battesimo come rito indispensabile all'autenticazione della fede e all'aggregazione alla comunità è molto vicina a Mt (28,19) ma è presente anche in alcuni testi lucani (At 2,37-38). Mentre però nel finale di Mt battezzare (βαπτίζοντες v. 19), andare per il mondo (πορευθέντες v. 19) e insegnare (διδάσκοντες v. 20), sono le azioni che realizzano il comando di «fare discepoli tutte le genti» permettendo il ripetersi della sequela[53], il FL lega il battesimo alla

---

[50] Cf. J. GNILKA, *Marco*, 940; E. MANICARDI, «La "Finale lunga"», 172.

[51] Le due parti del detto con la promessa e la minaccia si trovano in Mt 10,32-33 e Lc 12,8-9. Un detto simile si trova in Mc 8,38 che però menziona solo la minaccia. In Mc 1,1–16,8 il verbo κατακρίνω è utilizzato solo per la condanna a morte di Gesù (10,33; 14,64), nel significato di condanna nel giudizio finale è invece utilizzato da Mt (12,41-42) e in Lc 11,31-32.

[52] Un legame tra fede e salvezza ricorre esplicitamente fin dalla letteratura paolina ed è presente in tutti i Vangeli e in gran parte degli altri libri neotestamentari.

[53] Il comando di invio che Gesù dà ai discepoli in Mt ha come unico imperativo μαθητεύσατε il quale caratterizza la finalità matteana della missione evangelizzatrice della Chiesa. Attraverso tre participi congiunti all'imperativo, si descrivono le tre modalità con cui il fine deve essere raggiunto: andando, battezzando e insegnando (πορευθέντες, βαπτίζοντες v.19; διδάσκοντες v.20).

salvezza (σωθήσεται v. 16) mostrando una visione più assiomatica rispetto a Mt.

L'accento a «fare discepoli» pone Mt teologicamente vicino a Mc autentico, che di una rinnovata sequela aveva fatto il frutto della risurrezione (Mc 16,7). La concisione di Mc 16,16 rende difficile evincere quale salvezza il FL intenda esattamente. Che questa sia futura, lo garantisce il tempo del verbo (σωθήσεται), ma se si tratti della salvezza individuale dopo la morte o di quella che si ritiene accordata ai giusti alla seconda venuta di Cristo nel momento del giudizio finale, è una discussione che non trova una risposta evidente e che forse pretende troppo dal testo[54]. In Mt il discorso di invio in missione da parte del Risorto non ha alcun risvolto negativo. In Mc invece è accompagnato dal motivo del *giudizio* che l'annuncio del Vangelo manifesta fra chi è salvo e chi è condannato. La nota sulla condanna imprime al FL un accento drammaticamente drastico alla missione cristiana. Infine in Mt il Risorto conclude il discorso con *la promessa* di essere sempre presente con i discepoli (28,20), nel FL invece il Risorto conclude con la promessa di segni dati a tutti i credenti (16,17-18).

Si tratta di cinque segni (σημεῖα)[55]. Il primo fa riferimento ai demoni che vengono scacciati (δαιμόνια ἐκβαλοῦσιν v. 17b) e rimanda all'autorità di cacciarli data ai Dodici al momento della loro costituzione (cf. 3,15). Il secondo segno riguarda il parlare lingue nuove (γλώσσαις λαλήσουσιν καιναῖς v. 17c) e ricorda soprattutto il carisma citato da Paolo nella prima lettera ai Corinti, anche se l'espressione «lingue nuove» appare solo nel FL[56]. Come terzo segno si dichiara «(e con le loro mani) solleveranno serpenti» ([καὶ ἐν ταῖς χερσὶν] ὄφεις ἀροῦσιν v. 18a), un'espressione di difficile comprensione, forse un adattamento di At 28,3-6. Il quarto segno: «se berranno qualche veleno non recherà loro danno» (κἂν θανάσιμόν τι πίωσιν οὐ μὴ αὐτοὺς βλάψῃ v. 18b) è

---

[54] Anche il detto di Gv 3,18 riprende il tema della fede che conduce alla salvezza. In Gv i verbi sono al presente, mentre in Mc 16,19 al futuro. L'enfasi marciana potrebbe essere dovuta al contesto letterario in cui la missione dei discepoli è futura rispetto al momento in cui Gesù sta parlando oppure potrebbe riferirsi alla salvezza e alla condanna escatologica, come evoca il *Logion Freer*. Cf. S. LÉGASSE, *Marco*, 869; A.Y. COLLINS, *Mark*, 810.

[55] Il termine σημεῖον per parlare dei miracoli operati da Gesù o dai discepoli è tipicamente giovanneo. Gv utilizza anche il termine «opere» (ἔργα 5,20; 14,12). Mc autentico, come gli altri sinottici, utilizza invece il termine δύναμις (cf. per esempio Mt 7,22; 11,20.21.23; 13,54.58; Mc 6,2.5.14; 9,39; Lc 4,36; 9,1; 10,13; 19,37).

[56] 1Cor 12,30; 13,1; 14,5.6.18.23.39.

l'unico segno sottoposto a una condizione⁵⁷. Infine come quinto segno «imporranno le mani ai malati e questi guariranno» (ἐπὶ ἀρρώστους χεῖρας ἐπιθήσουσιν καὶ καλῶς ἕξουσιν v. 18c). L'imposizioni delle mani sui malati ricorda il gesto di Gesù sulla figlia di Giairo (5,23), o quello sul sordomuto (con il singolare «la mano», 7,32), o sul cieco di Betsaida (8,23.25), o sui bambini (con il solo «porre» 10,16). La guarigione degli infermi è un esito presente anche nella missione prepasquale dei Dodici, lì ottenuta però grazie all'unzione con olio (6,13).

Questi segni si caratterizzano per il fatto di esprimere non un servizio (cf. Mt 25,31-46) o l'amore fraterno (cf. Gv 13,34-35), ma gesti di potere trasformante che ripetono azioni di Gesù nel corso del suo ministero terreno (cf. Mc 1,21-34) e che ora si ampliano offrendo una specie di guida soprannaturale all'autenticazione dei missionari e al cammino evangelizzatore della Chiesa stessa dal momento che sono promessi a tutti i credenti (τοῖς πιστεύσασιν v. 17).

3.3 *Il quadro conclusivo (vv. 19-20)*

Il quadro conclusivo del FL si discosta da Mt 28,16-20. L'elevazione al cielo di Gesù è piuttosto in sintonia con la concezione lucana della sua ascensione (cf. Lc 24,50-53; At 1,2.9-11.22), episodio che anche in Lc è direttamente agganciato all'incarico della missione (Lc 24,49)⁵⁸. A differenza di Lc però nel racconto del FL non vi è alcuna allusione a una visione da parte dei discepoli: l'autore dichiara il fatto teologico senza offrirne una raffigurazione. L'affermazione del FL secondo cui il Risorto continua a cooperare con i discepoli (Mc 16,20) trova però una certa corrispondenza con Mt nella promessa del Risorto di essere sempre presente con i discepoli (Mt 28,20). L'aggiunta sembra dar corpo

---

⁵⁷ Elenchi di questo tipo sono presenti nella prima letteratura cristiana, per esempio in IRENEO DI LEONE, *Adv. Haer*, II, 31.2-32.4 e in *Pistis Sophia,* III,110. EUSEBIO DI CESAREA, *Hist. Eccl.* III, 39,9, riporta una notizia di Papia secondo il quale Giusto Barsabba citato in At (1,23) «avrebbe bevuto una pozione mortale e non avrebbe provato nessun dolore per la grazia del Signore». Secondo gli *Atti di Giovanni a Roma* (9-10) Domiziano avrebbe messo alla prova l'apostolo Giovanni che, dopo aver dichiarato «È nel tuo nome Gesù Cristo Figlio di Dio, che io bevo questa pozione», avrebbe assunto la pozione mortale senza danno. Altri esempi in J.A. KELHOFFER, *Miracle and Mission* 432-467. Cf. V.M. FERNÁNDEZ, «"¿Tomarán serpientes en sus manos?"», 29-49.

⁵⁸ In Lc però, il verbo principale è diverso: non utilizza ἀναλαμβάνω ma l'imperfetto passivo di ἀναφέρω (ἀνεφέρετο εἰς τὸν οὐρανόν 24,51). Il verbo ἀναλαμβάνω per descrivere l'assunzione di Gesù è utilizzato invece in At 1,2.11.22 e in 1Tm 3,16. Cf. R. PESCH, *Il Vangelo di Marco*, II, 808.

a tale promessa concretizzandola nell'aiuto di Gesù che si protrae grazie alla sua presenza attiva ed efficace. Infine l'esplicitata narrazione della realizzazione della missione è un aspetto peculiare del FL che non trova riscontro né in Mc autentico né negli altri Vangeli che terminano invece lasciando sospeso questo argomento[59].

3.3.1 L'esaltazione del Signore Gesù (v. 19)

L'elevazione di Gesù completa la presentazione della sua risurrezione e ne sancisce l'esaltazione. La descrizione è breve, estremamente sobria e si avvale di due locuzioni: la prima con un verbo passivo ἀνελήφθη εἰς τὸν οὐρανόν («fu elevato al cielo»), la seconda con un verbo attivo ἐκάθισεν ἐκ δεξιῶν τοῦ θεοῦ («sedette alla destra di Dio»).

L'elevazione di Gesù sottolinea l'agire di Dio su di lui (il passivo teologico ἀνελήμφθη) e costituisce l'attestazione della vittoria definitiva del Risorto. Dal punto di vista formale l'espressione ἀνελήφθη εἰς τὸν οὐρανόν riprende esattamente la formulazione con cui i LXX raccontano del rapimento in cielo di Elia, in particolare in 1Mac 2,58:

2Re 2,11	καὶ ἀνελήμφθη Ηλιου ἐν συσσεισμῷ ὡς εἰς τὸν οὐρανόν
1Mac 2,58	Ηλιας ἐν τῷ ζηλῶσαι ζῆλον νόμου ἀνελήμφθη εἰς τὸν οὐρανόν
Sir 48,9	ὁ ἀναλημφθεὶς ἐν λαίλαπι πυρὸς ἐν ἅρματι ἵππων πυρίνων

L'analogia dell'ascesa dei due personaggi può forse suggerire un qualche parallelo, ma il Signore Gesù non è come Elia, lontano e assente fino al momento in cui riapparirà: pur essendo presso Dio, in un altro modo egli è all'opera nel mondo[60].

Il fatto che Gesù si sieda (ἐκάθισεν all'attivo) alla destra di Dio suggerisce la sua piena accoglienza dell'iniziativa divina e la partecipazione al potere creatore con cui Dio governa la storia. È da questa posi-

---

[59] E. SCHWEIZER, *Il Vangelo secondo Marco*, 311.
[60] Un particolare rapporto tra Gesù e la figura di Elia è esplicitamente presente in Mc autentico. Il confronto è accennato da una parte della gente (6,15), da un resoconto dei discepoli (8,28) e dai presenti al momento della morte di Gesù (15,35.36), ma è soprattutto il racconto della Trasfigurazione (9,2-8) a esplicitare la relazione tra i due. Il dialogo fra i tre discepoli e Gesù alla discesa dal monte si incentra solo sulla sua figura e Gesù confermando l'identificazione tra Elia e Giovanni lo considera precursore escatologico (9,13). Cf. J. GNILKA, *Marco*, 941; A.Y. COLLINS, *Mark*, 816; J. HUG, *La Finale de l'Évangile de Marc*, 129; J.A. KELHOFFER, *Miracle and Mission*, 112.

zione che ora Gesù opera e assicura il successo finale di coloro che credono in lui. L'intronizzazione cosmica allude al Sal 110 (LXX), un salmo regale e messianico fondamentale per la riflessione cristologica di tutto il cristianesimo primitivo e precedentemente utilizzato anche da Mc autentico dove Gesù lo applica a sé per illuminare circa la propria identità[61]. Essa costituisce un'affermazione tradizionale dell'esaltazione di Gesù (cf. Rom 8,34)[62]. Caratteristica dell'aggiunta è il fatto che tramite il coordinamento dei vv. 19 e 20 con le particelle μὲν... δὲ, l'intronizzazione di Gesù è posta in relazione con la realizzazione della missione da parte degli Undici facendo della missione l'attestazione della vittoria definitiva del Risorto. La missione cristiana viene così presentata come l'espressione storica del potere escatologico del Signore risorto.

A distanza dall'annuncio della risurrezione di Gesù, Il FL correla l'elevazione e la sua intronizzazione. Nel kerygma primitivo risurrezione ed esaltazione erano strettamente legate come un unico momento. Le lettere sicuramente paoline infatti non fanno alcuna distinzione come se fossero due avvenimenti o due fasi dell'esaltazione di Cristo: risurrezione ed esaltazione si identificano (1Ts 1,10.; 1Cor 15,3-5; Rom 1,3-4; Fil 2,6-11)[63]. Una distinzione è invece presente nelle lettere di discussa autenticità (Col 3,1; Ef 1,20-21; 2,6): qui risurrezione ed esaltazione si giustappongono e l'ascensione, più che riferirsi all'elevamento di Gesù costituisce una sorta di marcia trionfale attraverso i cieli[64].

Nella duplice opera lucana l'antico kerygma dell'esaltazione è in qualche modo decomposto in momenti unificati ma anche distinti: al termine dell'ascensione Gesù è esaltato alla destra di Dio (Lc 24,50-53; At 1,1-11; 2,32-35), confermando così la tendenza di Lc a «storicizzare» lo schema primitivo della risurrezione-esaltazione. Il FL si avvicina a questa concezione lucana e disgiunge risurrezione ed esaltazione (v.

---

[61] Cf. In Mc 12,35-37 la citazione del Sal 110 è utilizzata da Gesù per argomentare contro la cristologia degli scribi e suggerisce che il Messia non può essere semplicemente di discendenza davidica, lasciando intendere la necessità di una filiazione divina. Durante l'interrogatorio davanti al sommo sacerdote e a tutto il sinedrio, alludendo di nuovo al Sal 110 Gesù conferma con chiarezza e autorevolezza il suo rapporto con Dio dichiarando perciò la propria identità divina (14,62). Sull'utilizzo del Sal 110 nel NT cf. M. GOURGUES, *A la droite de Dieu*; M. HENGEL, «"Sit at My Right Hand!". The Enthronement of Christ at the Right Hand of God and Psalm 110:1», 119-225.

[62] In tutto il NT non si hanno attestazioni dell'uso del Sal 110,1 come risultato dell'elevamento di Gesù.

[63] La distinzione che talvolta si nota è prettamente letteraria (Rom 8,34).

[64] J. HUG, *La Finale de l'Évangile de Marc*, 141-143.

9.19), così da introdurre fra questi due elementi del mistero pasquale le apparizioni del Risuscitato[65]. Troviamo tuttavia anche differenze: nel FL elevamento e seduta alla destra sono giustapposti immediatamente e, soprattutto, manca il dono dello Spirito Santo su cui Lc insiste particolarmente. Riassumendo, possiamo affermare che nel FL è presente un riferimento all'elevamento di Elia, ma non si tratta di un riassunto del racconto veterotestamentario dell'elevamento del profeta, né l'elevazione di Gesù costituisce un compendio dei racconti lucani della sua ascensione. La combinazione tra elevamento e seduta alla destra di Dio che troviamo nell'aggiunta non è nuova, ma continua una corrente presente in altri testi tradizionali. L'originalità viene piuttosto dalla forma del racconto.

In effetti in nessun Vangelo esiste un parallelo che descriva la seduta alla destra di Dio: i sinottici la pongono solo come affermazione sulle labbra di Gesù durante il processo (Mt 26,64; Mc 14,62; Lc 22,69), in At si tratta di un'affermazione fatta da Pietro nel discorso di Pentecoste (2,33), non appare altrove se non nelle Lettere.

Descrivendo senza cesure l'elevamento al cielo e la seduta alla destra di Dio il FL esalta l'intronizzazione del Risuscitato nella sua funzione di Signore, funzione che trova immediata applicazione nella missione universale degli Undici. È in questa linea immediata che risiede soprattutto l'originalità del FL[66].

3.3.2 La realizzazione della missione (v. 20)

L'intronizzazione del Signore Gesù è seguita dalla partenza in missione degli Undici. Il vocabolario riprende quello tradizionale della missione prepasquale (ἐξέρκομαι, κηρύσσω, πανταχοῦ cf. Mc 1,28; 6,12).

L'avverbio «dovunque» (πανταχοῦ)[67] è decisivo nel determinare l'importanza e l'estensione spazio-temporale dell'incarico dato da Gesù a tutti coloro che crederanno: si tratta di un compito che investe direttamente anche il lettore, suggerendogli che solo nella missione cristiana può sperimentare la cooperazione del Signore.

---

[65] Tale prospettiva trova dei tratti anche in Gv 20.
[66] Cf. J. HUG, *La Finale de l'Évangile de Marc*, 151-153.
[67] L'avverbio πανταχοῦ ricorre anche in Mc 1,28 per descrivere la fama di Gesù che si diffonde ovunque in Galilea. Lo ritroviamo invece con una portata missionaria in Lc 9,6; At 17,30; 24,3; 28,22 e in 1Cor 4,17. Al di fuori di Mc 16,20 le altre quattro ricorrenze del verbo συνεργέω (Rom 8,28; 1Cor 16,16; 2Cor 6,1; Gc 2,22) e le sei del verbo βεβαιόω (Rom 15,8; 1Cor 1,6.8; 2Cor 1,21; Col 2,7; Eb 2,3; 13,9) orientano verso il mondo del pensiero paolino.

Negli scritti del NT la relazione tra il Signore elevato al cielo e i suoi è questione che riceve soluzioni differenti. La maggior parte dei testi si appella alla presenza dello Spirito Santo come mezzo con cui il Signore agisce e assicura la propria presenza. In Mc autentico, nel discorso escatologico Gesù preannuncia ai discepoli prove e persecuzioni che saranno superate in forza dello Spirito Santo (13,11)[68]. Senza menzionare lo Spirito e in modo simile a Mt, il FL termina ricordando la presenza di Gesù stesso presso i suoi[69], attraverso però una cooperazione nella missione mediata da segni potenti (in ciò vicino ad At). In modo originale e con un'enfasi quasi unica, il FL rimarca che tale presenza si manifesta a tutti i credenti.

L'azione con cui il Signore Gesù aiuta il diffondersi della Parola è designata con due verbi συνεργοῦντος e βεβαιοῦντος: un doppio genitivo assoluto. Il verbo συνεργέω è un *hapax* evangelico e significa «lavorare con, aiutare, assistere qualcuno per qualcosa»[70]. Nel NT solo in Mc 16,20 il verbo riflette l'idea secondo cui il Cristo risorto garantisce dei segni per autenticare il messaggio di coloro che proclamano il Vangelo. Il verbo βεβαιόω designa l'azione di rendere solido (il verbo ritorna anche in Rom 15,8 e Eb 2,3) e come termine tecnico del linguaggio giuridico indica l'atto di garantire qualcosa: il Signore consolida, conferma e si costituisce garante della Parola[71]. Il termine λόγος è qui utilizzato come sinonimo di «Vangelo» conformemente all'uso tradizionale attestato nei Vangeli. Il significato appare chiaro dal confronto sinottico della parabola del seminatore e della sua spiegazione (Mc 4,1-

---

[68] Anche in Lc il motivo dell'invio in missione si lega alla questione della modalità della presenza di Gesù (cf. Lc 24,36-49; At 1,1-5) e trova soluzione nel dono dello Spirito (cf. Lc 24,49; At 1,5). In modo simile anche Gv (7,39; 14,16.25-28; 20,22) e Ap (2,7.11.17.29; ecc.). In Paolo la parola missionaria è accompagnata da manifestazioni di potenza dello Spirito che attestano la presenza del Signore nella missione (1Ts 1,5; 1Cor 2,4; 2Cor 12,12). Secondo Eb Dio appoggia la predicazione della salvezza con segni e prodigi e miracoli d'ogni genere, e doni dello Spirito Santo (2,4). Per 1Pt 1,12 il messaggio che i predicatori del Vangelo hanno comunicato avviene «nello Spirito Santo mandato dal cielo».

[69] In Mt ciò è espresso nella promessa conclusiva: «Ecco io sono con voi tutti i giorni fino alla fine del mondo» (28,20). Un'affermazione che di tale presenza (ἐγὼ μεθ' ὑμῶν εἰμι) sottolinea la durata (πάσας τὰς ἡμέρας) e la portata escatologica (ἕως τῆς συντελείας τοῦ αἰῶνος).

[70] Nel NT il verbo συνεργέω ricorre cinque volte: Mc 16,20; Rom 8,28; 1Cor 16,16; 2Cor 6,1; Gc 2,22. Il verbo ricorre raramente anche nei LXX (Esd 7,2; 1Mac 12,1). L'aggettivo συνεργός nel NT ricorre 13 volte (Rom 16,3.9.21; 1Cor 3,9; 2Cor 1,24; 8,23; Fil 2,25; 4,3; Col 4,11; 1Tm 3,2; Fm 1.24; 3Gv 8).

[71] Cf. J. HUG, *La Finale de l'Évangile de Marc*, 157.

20; Mt 13,1-23; Lc 8,4-15). All'espressione di Mc che identifica la semente con «la Parola» (τὸν λόγον 4,14) corrisponde in Mt la precisazione «la parola del Regno» (τὸν λόγον τῆς βασιλείας Mt 13,19) e in Lc «la parola di Dio» (ὁ λόγος τοῦ θεοῦ. Lc 8,11)[72].

L'annuncio del Vangelo è frutto di una sinergia tra il κύριος Ἰησοῦς e i discepoli inviati in missione, sinergia che trova la sua attestazione nei segni che l'accompagnano e che accreditano la sua accoglienza (il verbo ἐπακολουθέω significa «seguire da vicino, accompagnare»).

4. Le peculiarità teologiche dell'aggiunta rispetto a Mc autentico

Cinque sono i principali aspetti che per insistenza e singolarità costituiscono le peculiarità che differenziano il FL da Mc autentico: la presenza del Risorto, il motivo dell'incredulità, l'attenzione alla missione, il richiamo al battesimo, l'insistenza sui segni.

4.1 *L'apparire del Risorto*

I dodici versetti dell'aggiunta presentano con assoluto risalto il Risorto che appare a testimoni ed è operante nella missione. Si tratta di una sottolineatura non presente in Mc autentico: agli eventi pasquali egli riserva un solo racconto (16,1-8) in cui Gesù risorto non è per altro direttamente sulla scena, e alle apparizioni è riservato solo il cenno contenuto nelle parole del giovane che allude a un futuro vedere dei discepoli (16,7).

4.1.1 Il Risorto nel FL

Il Risorto è il protagonista assoluto del FL, il regista onnisciente che determina i ruoli, costruisce gli eventi della storia e offre la chiave interpretativa per la sua comprensione presente e futura. La sua presenza investe tutte le scene e tutto è a lui subordinato, in un crescendo che ne esalta autorità e ruolo fino allo stato di *Kyrios*, proclamato in modo assoluto nel versetto finale (v. 20). Tale titolo sancisce la sua regalità sulla creazione intera. Gli altri personaggi trovano funzione e collocazione solo in riferimento a lui, così come tutta la storia procede in forza

---

[72] Lc e At utilizzano frequentemente ὁ λόγος per designare il messaggio cristiano preso globalmente (Lc 1,2; At 4,29.31; 8,4.14; 11,19; 14,25; 16,6). Così anche in Paolo (1Ts 1,6; Gal 6,6), anche se più sovente usa le espressioni «la parola di Dio» o «la parola del Signore» (ὁ λόγος τοῦ θεοῦ 1Cor 14,36; ὁ λόγος τοῦ κυρίου 1Ts 1,8; ὁ λόγος τοῦ κυρίου 2Ts 3,1).

del suo apparire e della sua parola. Il lettore è perfino rassicurato sulla continuità di tale presenza che non verrà mai meno e che si protrarrà oltre il racconto stesso nella missione degli Undici che il Risorto accompagna ovunque. Onnisciente e onnipresente, la figura del protagonista lega tutti i fili narrativi di Mc 16,9-20 in un intreccio che egli fa nascere, sostiene e proietta nel futuro.

Quanto ai personaggi, il Risorto è l'iniziatore di un movimento che determina un susseguirsi di partenze finalizzate all'annuncio: Maria di Magdala va verso coloro che erano stati con lui ed erano in pianto e in lutto (vv. 9-10), i due discepoli in cammino vanno verso gli altri (vv. 12-13), gli Undici che stavano a tavola partono per il mondo intero (vv. 14-15.20). La presenza del Risorto si caratterizza perciò prima di tutto come *forza dinamica*: essa riavvia più volte la storia che altrimenti sarebbe destinata a terminare e fallire nell'incredulità. Il FL attesta che nulla può fermare la sua azione e che ogni umana opposizione non è che un temporaneo ostacolo destinato a essere superato. A tal proposito la reiterata incredulità dei discepoli (vv. 11.13.14) crea un'attesa insoddisfatta che accentua il motivo del credere, ripetuto cinque volte nel centro del brano per bocca di Gesù (vv. 14.14.16.16.17), così da accrescere nel lettore l'aspettativa di una risposta capace di determinare un'inversione di rotta. Attraverso l'avverbio «ovunque» (v. 20) riferito alla proclamazione del Vangelo, il narratore include perfino lo spazio dei lettori del Vangelo che sono dunque chiamati direttamente in causa per una risposta di fede. Essi però non fanno parte del racconto: è invece il Risorto che tramite la missione (v. 20) estende la sua presenza fino a loro confermandosi come il Signore della storia del racconto e della storia degli uomini.

Nel FL il Risorto riannoda fili che sembravano definitivamente spezzati e stabilisce nuovi legami che compattano la storia in un'unità totalmente a lui riferita[73]. La sua forza è perciò anche *artefice di continuità*. Continuità tra Maria di Magdala, gli apostoli e i credenti, il che giustifica il termine «co-operatore» (συνεργοῦντος v. 20) riferito al Risorto. Continuità di una presenza liberante che scaccia i demoni da Maria di Magdala (v. 9) come dai credenti (v. 17) e che fornisce segni della salvezza in atto nella missione (vv. 17-18.20). Continuità nella missione di Gesù che, rigenerata nella risurrezione, attraversa le fasi distinte delle apparizioni, dell'innalzamento al cielo fino alla seduta alla destra di Dio e del suo affidamento agli Undici. Continuità nel

---

[73] Cf. C. COMBET-GALLAND, «Qui roulera la peur?», 171-189.

messaggio comunicato: il Vangelo (v. 15), ovvero la Parola proclamata dagli Undici (v. 20), trova la sua sintesi nell'annuncio di testimoni che hanno visto Gesù (vv. 11.14) vivo (v.11) e risuscitato (v. 14)[74]. Infine anche continuità con la precedente narrazione marciana: l'invito a credere ha corrispondenze nell'appello di Giovanni il Battista (1,4.7) e di Gesù stesso (1,14-15). Inoltre, il discorso diretto del Risorto (16,15-18) costituisce una sorta di ripresa dell'inizio del Vangelo dal momento che la sua proclamazione, comandata dal Signore risorto (v. 15), rende lo stesso testo di Mc parte della missione e strumento di annuncio. Quanto la proclamazione missionaria della Chiesa sta realizzando è lo stesso evento di cui Mc ha raccontato l'«inizio» (1,1): la storia di Gesù infatti continua nella missione dei suoi, con il Signore ancora presente e operante «sotto altra forma» (16,12). Nel cammino della Chiesa, forti della vittoria del *Kyrios* e dei segni della sua presenza, in qualità di nuovi discepoli tutti i credenti sono chiamati ad annunciare ovunque e a tutti quel Vangelo che dà salvezza.

4.1.2 La locuzione ὁ κύριος Ἰησοῦς

Il protagonista viene esplicitamente menzionato solo al termine del racconto, nel momento più solenne dell'elevazione al cielo: egli è presentato come «il Signore Gesù» (ὁ κύριος Ἰησοῦς v. 19). Si tratta di una locuzione che non ricorre in Mc autentico e nemmeno negli altri Vangeli, fatta eccezione per Lc 24,3 (ma non in tutti i manoscritti). È invece frequente in At e nella letteratura paolina[75].

La narrazione marciana autentica è racchiusa fra due titolature di Gesù: nel titolo in apertura Ἰησοῦ Χριστοῦ (1,1) e a chiusura, nelle parole del giovane, Ἰησοῦν τὸν Ναζαρηνὸν τὸν ἐσταυρωμένον (16,6). Nel contesto pasquale la locuzione interpreta il titolo Χριστός secondo la linea del messianismo sofferente: nella sua esperienza umana Gesù ha vissuto l'essere messia come cammino fino alla croce.

Ora invece, la nuova narrazione determinata dall'aggiunta viene a distendersi fra altre due titolature dal momento che all'iniziale «Gesù

---

[74] In Mc l'uso frequente della parola τὸ εὐαγγέλιον (sette volte, contro le quattro in Mt, e nessuna ricorrenza in Lc) trova un suo sinonimo in ὁ λόγος nel senso tecnico della predicazione evangelica (2,2; 4,14.15.15.16.17.18.19.20.33). Questo tipo di uso può essere accostato al linguaggio paolino. Cf. R. PENNA, *I Ritratti originali di Gesù il Cristo,* II, 344.

[75] Troviamo la locuzione ὁ κύριος Ἰησοῦς in At 1,21; 4,33; 8,16; 15,11.26; 19,5.13.17; 20,24; 21,13; 28,11 e nella letteratura paolina in 1Cor 5,4.4; 9,1; 11,23; 2Cor 1,14; 1Ts 3,11.13; 4,2; 2Ts 2,8.

Cristo» (1,1) fa seguire nel finale «il Signore Gesù» (ὁ κύριος Ἰησοῦς 16,19). Il mutamento segna un cambio di rotta nella teologia.

Il titolo «Cristo» utilizzato da Mc autentico, nell'uso cristiano ha col tempo perso il suo valore titolare di «Messia» per trasformarsi in nome di persona, soprattutto quando è accostato a quello anagrafico di Gesù come accade in Mc 1,1 e riassume in sé gli aspetti fondamentali della persona di Gesù nell'evento della salvezza[76]. Dopo 1,1 il titolo «Cristo» ricompare solo nella seconda metà del Vangelo, attribuito a Gesù da Pietro a nome dei discepoli. Ritorna utilizzato da Gesù per definire i propri discepoli (9,41) ed è da lui discusso nel confronto con l'interpretazione degli scribi (12,35). Nel discorso escatologico Gesù mette in guardia contro i falsi messia (13,21-22). Durante il processo davanti al sinedrio lo ritroviamo nella domanda cruciale del sommo sacerdote, domanda a cui Gesù risponde dando conferma (14,61) ed è infine utilizzato negli scherni dei sommi sacerdoti e degli scribi ai piedi della croce (15,32). Nelle sette ricorrenze è dunque citato per bocca di diverse persone, i cui punti di vista gli conferiscono un significato non univoco[77]. E' importante sottolineare che dopo la ricorrenza nel titolo iniziale dell'opera, il titolo «Cristo» appare solo nella sezione che va dalla confessione di Pietro (8,29) alla crocifissione (15,32). Comunque venga inteso, esso è indissolubilmente legato al cammino di Gesù verso la croce: secondo Mc autentico la via della sofferenza risulta essere l'unico modo per conferire alla parola «Cristo» lo stesso significato inteso da Gesù (e da Dio), almeno per quanto riguarda il destino di colui che porta tale titolo.

Il titolo «il Signore» utilizzato dal FL (16,19.20) compare in Mc autentico sedici volte (cinque con l'articolo, undici senza), con una netta concentrazione nella tappa gerosolimitana del ministero di Gesù (dodici volte su sedici), in particolare nel cap. 12 (otto ricorrenze)[78]. Il termine

---

[76] Questo processo è iniziato sicuramente prima di Paolo, dal momento che nei suoi scritti appare come una prassi ereditata e già consolidata. Cf. R. PENNA, *I Ritratti originali,* II, 181.

[77] Per esempio per scribi e farisei il titolo «Cristo» fa riferimento al messianismo davidico in senso politico. Pietro gli attribuisce un significato che non è quello inteso da Gesù (cf. 8,27-33). Forse proprio la varietà di accezioni rende Mc reticente all'utilizzo, del termine. A fronte delle 7 ricorrenze marciane (1,1; 8,29; 9,41; 12,35; 13,21; 14,61; 15,32) troviamo il termine 17 volte in Mt; 12 in Lc; 21 volte in Gv; 37 in At. Nel corpus paolino ricorre 379 volte; 12 in Eb. Cf. M. VIRONDA, *Gesù nel Vangelo di Marco,* 148.

[78] Le ricorrenze marciane del termine κύριος sono: 1,3; 2,28; 5,19; 7,28; 11,3.9; 12,9.11.29.29.30.36.36.37; 13,20.35. In Mt il termine κύριος ricorre 80 volte; 103 in

ricorre anche abbinato alla locuzione «Figlio dell'Uomo» in 2,28, e due volte nella formula «il Signore Dio» (ὁ θεὸς ἡμῶν κύριος 12,29.30). Mc autentico ne fa uso riferendosi quasi soltanto a Dio (nei sette casi sempre senza articolo) e a Gesù[79]. L'indubbia portata cristologica del termine si cristallizza in due passi: Mc 1,3 e Mc 12,36.

In Mc 1,3 all'interno della citazione di Is 40,3 serve a qualificare «la strada del Signore» (τὴν ὁδὸν κυρίου). Secondo il modo di tradurre dei LXX, Signore è Yhwh stesso: ciò rivela una grande vicinanza tra il Signore Dio e il Signore Gesù suo messaggero, dal momento che la strada dell'uno coincide con la strada dell'altro. In Mc 12,36 troviamo il termine all'interno del citato Sal 110, lo stesso a cui allude Mc 16,19. Davide riferisce ciò che Dio ha detto di Cristo, da Davide stesso chiamato «il mio Signore» (τῷ κυρίῳ μου). Per questo Gesù argomenta sulla problematica provenienza davidica del Cristo: come può Davide chiamare Signore un suo discendente, un suo figlio? Nel testo la provenienza di Gesù rimane un problema aperto che trova risposta nella confessione del centurione pagano (15,39) e negli interventi autorevoli di Dio (1,11; 9,7; 16,6).

Il FL non riprende il termine «Cristo» che Mc autentico ha caricato del segno dell'umiliazione e della morte in croce. Esso ricorre a un titolo più confacente ai propri scopi e più adatto a esprimere l'attuale condizione gloriosa di Gesù come Signore di «tutto il cosmo»: dunque «il Signore Gesù» (16,19) è inequivocabilmente «il Signore» (16,20) in senso assoluto. Secondo l'aggiunta il titolo ὁ κύριος sancisce perciò il riferimento cristologico più alto e più consono alla nuova condizione di Gesù risorto e alla sua esaltazione. Esso conferma l'identità di Figlio di Dio (cf. 1,11; 9,7) che, grazie alla missione, ora è riconoscibile e attestabile non solo da un pagano, ma da tutti gli uomini.

4.1.3 La visione del Risorto

Nell'aggiunta la visione del Risorto è particolarmente legata al racconto delle apparizioni e ha la funzione di sottolineare la caratteristica essenziale dei testimoni dell'annuncio. Legato alla missione, questo

---

Lc; 52 in Gv. Le 16 ricorrenze marciane sono in assoluto la minore frequenza proporzionale del termine.

[79] Mentre negli altri Vangeli κύριος è l'appellativo più consueto con cui molti interlocutori si rivolgono a Gesù, in Mc ciò avviene solo nel caso della donna sirofenicia (κύριε 7,28). In tali occasioni Mc preferisce utilizzare altri titoli: διδάσκαλος (12 volte), ῥαββί (3 volte), ῥαββουνί (1 volta).

«vedere» trova però uno sviluppo proprio dal momento che tiene conto del Risorto che «siede alla destra di Dio» (16,19), espressione che conferma l'inaudita collocazione Gesù su un piano di eguaglianza con Dio stesso. Ciò conduce il FL ad assumere la categoria della «mediazione» attraverso i segni: ciò che il credente «vede» nella missione è la signoria di Cristo attestata da segni prodigiosi che egli coglie in virtù della fede. Nel FL perciò il motivo del «vedere» il Risorto si trova in conclusione subordinato all'interesse principale della missione.

In Mc autentico il comando che il giovane impartisce ai discepoli affinché essi vadano in Galilea per «vedere» il Risorto (16,7) si caratterizza invece come un invito finale a riconoscere nel Risorto che incontreranno il Gesù con cui hanno vissuto. Un tale invito depone per una concezione pragmatica del mistero cristologico, così profondo e inesauribile da non poter essere del tutto imbrigliato in concetti. La sequela del Risorto è al tempo stesso cammino per una più profonda comprensione del mistero del Messia Gesù, ricerca che resta comunque permanente[80]. A differenza di Mc 16,7 nell'aggiunta non si tratta dunque della comprensione di Gesù che matura alla sua sequela, ma della constatazione che egli è vivo, come esperienza a fondamento della missione e delle conseguenze della sua esaltazione. In tal modo mentre Mc autentico non lo considera direttamente, l'apparire del Risorto è per il FL un elemento essenziale della storia, così importante da concentrare sul Risorto ogni aspetto senza lasciare spazi ad altri elementi cristologici che Mc autentico invece evidenzia inserendo il mistero pasquale al centro di un quadro teologico tutto finalizzato alla missione.

In questo modo il motivo del «vedere il Risorto» da parte di testimoni avvicina il Vangelo di Mc a quanto attestato dalle tradizioni sul Risorto presenti anche negli altri Vangeli: la missione cristiana trova origine e fondamento nell'evento pasquale della risurrezione di Gesù ed è riconducibile all'esplicita volontà del Risorto apparso agli Undici.

---

[80] L'identificazione tra «vedere» e «capire» appare esplicitamente in Mc già a partire da Mc 4,12 nelle parole di Gesù che spiegano l'uso delle parabole e in 8,17b-18a in una serie di domande con cui Gesù rimprovera i discepoli. Infine, presentando il centurione come testimone della morte di Gesù, Mc specifica che questi giunge a riconoscere Gesù come Figlio di Dio perché vedendo, percepisce (ἰδὼν 15,39). La sua figura si contrappone ai sommi sacerdoti e agli anziani che, deridendo il Crocefisso (15,31-32), si dichiarano pronti a credere solo a fronte della sua discesa dalla croce (v. 32). Il centurione e i sommi sacerdoti rappresentano due modi antitetici di vedere e considerare la morte di Gesù: solo comprendendo il profondo significato di tale morte dolorosa è possibile aprirsi alla fede. Cf. E. MANICARDI, *Il cammino di Gesù*, 178-182.

Rispetto a Mc autentico si tratta di un quadro teologico nuovo che viene ad adombrare la teologia dell'originaria conclusione (16,7) attraverso un interesse specifico alla missione in grado di legittimare il processo storico che il lettore può riconoscere alla base del proprio credere.

4.2 *L'incredulità*

Nel FL il motivo dell'incredulità degli Undici è il più insistente[81] e ha tratti del tutto originali: l'incredulità riguarda tutti i discepoli, è reiterata, non è attenuata o spiegata. Emerge immediatamente nella prima scena davanti a Maria Maddalena (v. 14), si ripete nella seconda di fronte a due di loro (v. 13), è oggetto di aspro rimprovero da parte di Gesù stesso che sanziona la loro durezza di cuore (v. 14) fino a raggiungere il suo apice drammatico nel discorso di invio all'annuncio «chi non crederà sarà condannato» (v. 16).

Se il motivo dell'incredulità dei discepoli è ricorrente e caratteristico anche in Mc autentico, esso però non poggia sui medesimi presupposti. La narrazione di Mc 1,1–16,8 è impostata in modo tale da favorire un sempre rinnovato approccio a Gesù e al suo mistero. Le figure del Battista all'inizio, e del giovane nella tomba alla fine, fungono da messaggeri che inscrivono tutto il racconto all'interno delle attestazioni di Dio che rispettivamente proclamano Gesù come Figlio amato e come Crocifisso Risuscitato. Fra queste rivelazioni tutto l'itinerario di comprensione dell'identità di Gesù si snoda secondo un intreccio paradossale: quando Gesù opera prodigi la folla lo acclama, ma in tale entusiasmo e nelle conseguenti aspettative Gesù non si riconosce; quando al contrario egli si riconosce pienamente nella condizione di umiliazione e di sofferenza tutti, persino i discepoli, lo evitano e lo respingono. Questa dualità segna tutta la narrazione, a partire dall'iniziale stupore della folla nella sinagoga di Cafarnao (1,27) fino alla confessione conclusiva del centurione pagano (15,39).

In tutto ciò emerge una dimensione cristologica marciana assolutamente particolare: il mistero di Gesù inopinatamente sfugge persino ai suoi intimi, come a dire che egli eccede l'umana comprensione[82]. Per questo la narrazione sottolinea costantemente che i discepoli faticano a capire: quanto Gesù opera, più che aiutare a credere sembra causare sconcerto fra i Dodici che ora manifestano meraviglia, ora paura e perfino terrore.

---

[81] Cf. E. MANICARDI, «La "Finale lunga"», 175.
[82] R. PENNA, *I Ritratti originali*, II, 337-344.

Pur riprendendo il tema della loro incredulità, il FL lo fissa nel contesto pasquale e missionario: ciò a cui risulta difficile credere è dunque la risurrezione e il suo annuncio, un aspetto assente in Mc autentico. Se in Mc autentico l'incredulità dei discepoli è funzionale alla caratterizzazione del protagonista, nel FL sono invece le apparizioni del protagonista che mettono in luce il non credere dei discepoli. Un'incredulità che non ha più nulla a che fare col rifiuto di un messianismo sofferente e della croce, dal momento che l'intera pericope non vi fa alcuna allusione e non riguarda neppure direttamente l'identità cristologica di Gesù. Ora l'incredulità è invece tutta nei confronti dei testimoni delle apparizioni del Risorto e mette in gioco la legittimità e l'autorità del loro annuncio, attestando per contrasto l'importanza della fede che l'annuncio del Vangelo suscita[83].

L'insistenza del motivo riveste molteplici funzioni. Prima di tutto testimonia la grande difficoltà che l'azione missionaria della Chiesa nascente deve aver incontrato nell'annunciare Gesù risorto sulla base di semplici testimonianze[84]. D'altra parte in un contesto missionario dove la testimonianza degli Undici è presupposto imprescindibile per l'adesione di fede, l'iniziale scettica incredulità dei discepoli avvalora e rende maggiormente credibile l'annuncio ricevuto dal lettore. Essa mostra, infatti, che la testimonianza apostolica è degna di fede dal momento che la proclamazione del Vangelo non poggia sul racconto di visionari o creduloni, ma è diretta emanazione di un incontro personale con Gesù risorto.

Inoltre nel collegare l'incredulità alla missione evidenziando il giudizio di condanna, il FL implicitamente sottolinea l'importanza e la serietà della scelta che la predicazione del Vangelo pone innanzi a ogni uomo[85].

Infine poiché l'incredulità scompare nel momento in cui il Risorto si offre direttamente alla vista e invece resiste davanti al racconto dei testimoni delle apparizioni, essa mostra al lettore che il cammino nella fede del Risorto appare comunque e sempre difficile. Si tratta di un contributo aggiunto dal FL.

---

[83] Nelle due prime apparizioni raccontate dal FL il fallimento dell'annuncio è riferito soprattutto all'identità dei testimoni come attesta l'enfasi dei pronomi personali: i discepoli non credono che il Risorto sia stato visto *da lei* (ὑπ' αὐτῆς v. 11) e *da quelli* (ἐκείνοις v. 13).
[84] Vedi anche Lc 24,11; Gv 20,24-25; At 17,31-32. Cf. C. FOCANT, *Marc*, 607.
[85] Cf. J. HUG, *La Finale de l'Évangile de Marc*, 71-76.

4.3 *La teologia della missione*

Il motivo della missione è l'interesse del FL più emergente. Al riguardo l'aggiunta offre una serie di elementi che delineano uno sviluppo della teologia presente in Mc autentico.

4.3.1 La natura del κηρύσσειν

In modo simile a Mt 28,16-20, il *FL* non solo connette direttamente la missione a un esplicito comando del Risorto, ma a fine narrazione la pone in primo piano come ultima e decisiva disposizione consegnata dal Risorto ai suoi così da accentuarne l'importanza e l'urgenza. In tal modo il FL offre un'ultima evoluzione del motivo che viene come a completare l'estensione programmatica dell'annuncio iniziale di Gesù (1,15): la potenza liberatrice e salvifica del Regno di Dio ora si fa presente e raggiunge il culmine nell'annuncio della Parola che è il Vangelo del «Signore Gesù» in cui all'uomo è offerta la salvezza. Ricollegandosi all'inizio del testo marciano (1,1) ora la locuzione assoluta τὸ εὐαγγέλιον (16,15) risulta chiarita ma anche interpretata in modo nuovo in forza del nuovo contesto: il Vangelo è la Parola (τὸν λόγον 16,20) che racconta la storia del Signore Gesù che è vivo e presente nella sua Chiesa. Il fatto che la nuova chiusa espliciti che il Risorto coopera a questo annuncio (16,20) aiuta a meglio comprendere che per il FL il κηρύσσειν degli Undici non si limita alla proclamazione di una notizia, ma trasmette un evento la cui eccezionale potenza è riconducibile all'autorità del Risorto manifestatosi tra i credenti e capace di dirigere il corso della storia, un annuncio che ne esprime la signoria cosmica.

In Mc autentico il verbo κηρύσσειν è più frequente di quanto non lo sia negli altri sinottici e significa proclamare ad alta voce, come un araldo[86]. È caratteristica di Mc usare questo verbo soprattutto agli inizi dell'attività pubblica di Gesù (1,14.38.39) e applicarlo a pochi altri soggetti: Giovanni (1,4.7), i Dodici (3,14; 6,12), alcuni guariti (1,45; 5,20; 7,36), la Chiesa (13,10; 14,9) e tutti individui che costituiscono «una catena» di proclamatori.

Prendendo in considerazione l'oggetto del verbo, nel corso della narrazione marciana autentica sono ravvisabili significative variazioni

---

[86] Il verbo κηρύσσειν ricorre 9 volte in Mt, 12 in Mc (1,4.7.14.38.39.45; 3,14; 5,20; 6,12; 7,36; 13,10; 14,9 più le due ricorrenze nel FL), 9 in Lc e 8 negli At. Lo troviamo poi 19 volte nella letteratura paolina e infine una volta in 1Pt e in Ap. Complessivamente nel NT ricorre 61 volte. Cf. G. FRIEDRICH, «κηρύσσω» *GLNT*, V, 424-472 (*TWNT*, III, 695-714).

che attestano un'evoluzione del tema. Il contenuto della predicazione cambia, segnando in tre tappe la progressione del cammino di Gesù. Applicato al Battista, il contenuto della predicazione riguarda il battesimo di penitenza per la remissione dei peccati (1,4) e l'arrivo del più forte (1,7). Pur riprendendo la predicazione del Battista, Gesù dà alla propria predicazione un altro contenuto: «il Vangelo di Dio» (κηρύσσων τὸ εὐαγγέλιον τοῦ θεοῦ 1,14) che sta irrompendo (1,15). L'espressione costituisce un compendio della sua attività[87] e marca il passaggio dal tempo del Battista al tempo di Gesù, le cui opere potenti costituiscono la rappresentazione immediata dell'approssimarsi del Regno. La signoria di Dio che avanza e supera le forze del male è all'opera anche nei discepoli che tramite l'invio in missione sono da lui resi partecipi del suo stesso compito e della sua stessa autorità, come dimostra il potere loro dato di scacciare i demoni (cf. 3,14; 6,7). Nella narrazione marciana autentica l'ultima ricorrenza del verbo si trova a conclusione del racconto dell'unzione di Gesù a Betania per mano di una donna (14,3-9): ammirando l'«opera buona» di tale donna (14,6) Gesù la interpreta come unzione del proprio «corpo per la sepoltura» (14,8), azione che sarà raccontata «dovunque in tutto il mondo sarà annunziato il Vangelo» (ὅπου ἐὰν κηρυχθῇ τὸ εὐαγγέλιον εἰς ὅλον τὸν κόσμον 14,9). Dalle parole di Gesù si deduce inequivocabilmente che «il Vangelo» oggetto dell'annuncio ha raggiunto una nuova accezione, quella di racconto della vita stessa di Gesù con l'episodio della morte di cui l'unzione è evento simbolicamente anticipatore. Il fatto poi che questo annunzio raggiunga «tutto il mondo» (14,9) sembra alludere anche alla risurrezione, dal momento che apre un orizzonte sconfinato proprio quando gli avversari di Gesù sembrano aver raggiunto definitivamente il loro scopo. In questo modo si comprende perché in Mc autentico non sia presente un nuovo comando di invio in missione da parte del Risorto. L'annuncio della risurrezione di Gesù e l'esortazione ad andare in Galilea dove i discepoli lo vedranno (16,6-7), costituiscono infatti un invito alla sequela in cui la missione è implicita, dal momento che il discepolo al seguito di Gesù risorto è esattamente il depositario e il testimone di quello stesso Vangelo che Mc autentico ha definito come racconto del cammino di Gesù tra gli uomini fino alla sua morte e risurrezione. D'altronde la teologia della narrazione marciana autentica non concepisce un discepolo che non sia anche annunciatore. Ciò appare evidente considerando il ripetuto raddoppiamento presente nella sola

---

[87] K. STOCK, *Le Pericopi sui Dodici nel Vangelo di Marco*, 22.

narrazione marciana con cui Gesù detta le condizioni della sequela a «chi perderà la propria vita per causa mia e del Vangelo» (8,34; cf. anche 8,38; 10,29)[88]. La richiesta della totale e incondizionata dedizione sia a Gesù che al Vangelo dimostra che essere alla sequela di Gesù significa al tempo stesso farsi carico dell'annuncio del Vangelo, per cui annuncio e missione sono insiti nella natura stessa del discepolato. Dal momento che il vero discepolo ha da subito questa duplice essenza, in Mc autentico non c'è alcun bisogno di uno specifico mandato missionario da parte del Risorto. L'unica cosa veramente essenziale dopo la Pasqua è la promessa che Gesù «vi precede in Galilea» (Mc 16,7). Andando verso la Galilea i discepoli potranno vedere il Signore: la sequela può così riprendere e così di nuovo, essi ricevono l'annuncio e la missione[89]. Nel nuovo finale l'attenzione passa così da un invito alla sequela in cui è implicita la missione (16,7) a un invito alla missione ora esaltata e marcata dal fatto che la sequela può verificarsi solo lì dove Gesù si fa presente e operante. Radicando la sequela nell'annuncio della Parola il FL inserisce l'opera stessa di Mc nel contesto missionario e la eleva a suo fondamento[90]. Nella teologia della missione l'aggiunta non si limita dunque ad aggiungere qualche novità rispetto a Mc autentico, ma opera un vero e proprio «ripensamento» offrendo un nuovo sviluppo e una nuova impostazione ai motivi della narrazione.

4.3.2 L'orizzonte cosmico della missione

In Mc autentico l'universalismo della missione di Gesù e dei discepoli è assolutamente evidente. La narrazione manca di un qualsiasi tratto giudaizzante e al contrario presenta vari elementi che attestano una preoccupazione universale.

Nella cornice geografica del ministero di Gesù (1,4–8,26) i continui spostamenti intorno al lago vedono Gesù e i discepoli agire lungo la riva occidentale (soprattutto Cafarnao e dintorni) e lungo quella orientale (soprattutto Gerasa e la Decapoli), quali fronti opposti rappresentanti il contrasto e la lontananza fra Israele e le genti[91]. Tali spostamenti raggiungono persino le più remote regioni pagane come attesta l'episo-

---

[88] Tale raddoppiamento manca in Mt («chi perderà la propria vita per causa mia, la troverà» 16,25) e in Lc («chi perderà la propria vita per me, la salverà» 9,24).

[89] E. MANICARDI, «Chiesa e *missio ad gentes*», 456.

[90] Il rischio che ciò conduca a una comprensione del Vangelo che da annuncio di «buona notizia» si riduce a testimonianza del passato atta a legittimare la missione è segnalato da X. PIKAZA, *Il Vangelo di Marco*, 442-443.

[91] W.H. KELBER, *The Kingdom in Mark*, 45-65.

dio della donna siro-fenicia (7,24.30). In esso emerge una «cronologia» della storia della salvezza dove pur riconoscendo un precedente primato d'Israele, non si esclude la partecipazione delle genti. Gesù dice alla donna: «lascia *prima* che si sfamino i figli; non è bene prendere il pane dei figli e gettarlo ai cagnolini» ("Αφες πρῶτον χορτασθῆναι τὰ τέκνα Mc 7,27). Ai figli è riservato soltanto il «prima», ma poi vengono anche tutti gli altri[92]. Assolutamente chiare sono anche le controversie sulle tradizioni (7,1-13) e la disputa sulla purità (7,14-23), probabilmente non a caso collocate verso il centro materiale della narrazione complessiva, così come l'orientamento universale emerge anche in alcuni racconti del ministero di Gesù[93].

Mentre Gesù viene rifiutato dalle autorità (3,6), da compatrioti e familiari (6,6a) e dagli stessi discepoli (14,50-52), la narrazione lascia emergere esempi di fede proprio attraverso figure di personaggi pagani e al tempo stesso introduce insegnamenti sull'accoglienza: sorprendente è l'affermazione di Gesù secondo cui la comunità da lui fondata non è determinata dai legami di sangue, ma da quelli che scaturiscono dal compiere «la volontà di Dio» (3,31-35).

Infine, anche l'attività che Gesù svolge prevalentemente nel tempio di Gerusalemme (Mc 11–13) attesta chiaramente e con insistenza il carattere universale della sua missione.

Il giudizio di Gesù sul tempio (11,15-19) è un richiamo alla profezia di Is 56,7 che rammenta la vera natura della «casa di Dio», precisandone la destinazione voluta da Dio stesso a «casa di preghiera per tutti i

---

[92] Nella narrazione marciana una significativa contrapposizione si ha anche fra i due poli geografici fondamentali: Galilea e Gerusalemme. La Galilea, terra di confine affacciata verso i pagani, è luogo dal valore simbolico dove tutto ha inizio. Gerusalemme invece, sede del tempio e cuore dell'ebraismo, appare quasi esclusivamente luogo di ostilità e di morte (gli avversari di Gesù sono detti venire da Gerusalemme 3,22; 7,1; nella città del tempio Gesù riceve la condanna per bestemmia da parte del sinedrio 14,64 e la sentenza di morte in croce dall'autorità romana 15,15). Al termine del Vangelo, l'attenzione del lettore è diretta di nuovo sulla Galilea (16,7) come a segnare un nuovo inizio.

[93] Opponendosi agli scribi e ai farisei, Gesù presenta una nuova, inattesa idea di purità che riprende implicitamente l'aspetto universale, come sottolinea il narratore: «Dichiarava così mondi tutti gli alimenti» (Mc 7,19b). Durante il suo ministero l'invio in missione dei Dodici dato da Gesù non ha una precisa meta dichiarata e lascia supporre un'ampia dimensione (6,7-13); la prima moltiplicazione dei pani (6,30-44) si colloca in territorio ebraico dal momento che al termine Gesù ordina ai discepoli di «precederlo sull'altra riva» (6,45). Essa però è parallela a quella (8,1-10) che presumibilmente ha luogo in territorio pagano dal momento che avviene «in quei giorni» (8,1) riferiti al viaggio «di ritorno dalla regione di Tiro» in cui Gesù «passò per Sidone, dirigendosi verso il Mare di Galilea in pieno territorio della Decapoli» (7,31).

popoli» (11,17b)⁹⁴ e concludendo con la severa constatazione che invece essi ne hanno fatto «una spelonca di ladri» (11,17c). Si tratta di un'evidente allusione a Ger 7,11, quanto però il profeta ammonisce in forma di domanda, Gesù lo afferma in maniera definitiva con un giudizio netto e categorico sentenziando la profanazione definitiva del tempio⁹⁵. Nella conclusione della parabola dei vignaioli omicidi (12,1-12) i temi della missione di Gesù, del suo rifiuto e dell'apertura alle genti, vengono focalizzati e posti in una prospettiva storico-salvifica. Prima attraverso la ripresa del canto isaiano della vigna (Is 5,1-7)⁹⁶, quindi facendo riferimento al Sal 118,22-23: «la pietra che i costruttori hanno scartato è diventata testata d'angolo» (Mc 12,10). Il fatto che Gesù venga rifiutato diviene la pietra di fondazione di un nuovo «edificio», aperto a tutti i popoli secondo la vera natura del tempio. Si tratta di una misteriosa azione con cui Dio guida la storia: «dal Signore è stato fatto questo ed è mirabile ai nostri occhi» (Mc 12,11). Nel discorso escatologico (13,1-37), per la comunità cristiana Gesù preannuncia un tempo «di dolori» (13,7-8) caratterizzato da una testimonianza universale di sapore missionario e contrassegnato da prigione, processi e persecuzioni. Sopportando queste prove il Vangelo sarà proclamato «a tutti i popoli» (13,10). Durante la passione, gli scherni rivolti dai passanti a Gesù crocifisso vengono ancora introdotti da un richiamo al tempio (15,29-30)⁹⁷, e alla morte di Gesù seguono immediatamente due eventi: il velo squarciato del tempio «dall'alto in basso» (ἐσχίσθη εἰς δύο ἀπ' ἄνωθεν ἕως κάτω 15,38 un passivo teologico)⁹⁸ e la confessione del centurione pagano. I due segni sembrano correlarsi in modo polare: per questo la gran parte

---

⁹⁴ I paralleli di Mt 21,13 e Lc 19,46 omettono l'ultima parte della citazione.

⁹⁵ L'aspettativa finale su come ora «tutti i popoli» potranno riunirsi nella casa di Dio rimane aperta, lasciando intuire che troverà soluzione in Gesù.

⁹⁶ Nella parabola assistiamo a un crescendo drammatico di invii (un servo 12,2; un secondo servo 12,4; un terzo servo 12,5a; e molti altri 12,5b), per concludere col padrone che manda il «figlio prediletto» (12,6). Ogni invio termina tragicamente, e via via in misura crescente: il primo servo viene bastonato (12,3), il secondo picchiato in testa e insultato (12,4), il terzo ucciso (12,5a), i molti altri bastonati e uccisi (12,5b), il figlio del padrone viene ucciso e gettato fuori dalla vigna (12,8), cosa che determina l'assegnazione della vigna «ad altri» (12,9).

⁹⁷ Nel rifiuto opposto a Gesù gli schernitori confermano la propria incapacità di riconoscere in lui l'inviato di Dio, ma anche l'incapacità di riconoscere la destinazione universale del tempio voluta da Dio e messa in luce da Gesù.

⁹⁸ Il velo del tempio squarciato è un segno dall'interpretazione difficile e controversa. Una panoramica delle diverse interpretazioni è presente in R. PESCH, *Il Vangelo di Marco*, II, 727-728.

degli studiosi legge il primo come una conferma del giudizio sul tempio pronunciato da Gesù in 11,17b e il secondo come la realizzazione in Gesù stesso della vera natura del tempio, come descritto in Is 56,7 e ripreso da Mc 11,17a. Infine, la direzione che la missione della comunità cristiana intraprenderà viene suggerita a conclusione del Vangelo tramite le parole del giovane che nella tomba vuota menziona la Galilea (16,17).

Rispetto a Mc autentico *nel FL troviamo una nuova dimensione universale*, ancor più estesa, che perde ogni riferimento regionale e arriva «dappertutto» (πανταχοῦ v. 20) «in tutto il mondo» (εἰς τὸν κόσμον ἅπαντα v. 15). Svaniscono i popoli con le loro diversità ed emerge un'unica umanità (πάσῃ τῇ κτίσει): una creazione aperta alla parola dei missionari. Si tratta di una visione che si estende nel tempo e nello spazio, che parte dall'invio degli Undici e ingloba tutto il processo storico della missione cristiana. Sempre diversamente da Mc, il FL non ha più bisogno di riprendere la questione della diatriba fra Israele e le genti, né di tornare sul motivo del tempio. L'unica separazione che qui viene riconosciuta è fra credenti e coloro che rifiutano il Vangelo: scissione che fissa nel tempo escatologico il contrasto che ha contrassegnato il ministero di Gesù che sempre ha diviso gli uomini.

In Mc autentico l'invio in missione prepasquale era rivolto ai «Dodici» (6,7), numero che simbolicamente rappresenta l'intero Israele che Gesù intende radunare intorno a sé e a cui per primo la predicazione è destinata: «prima... i figli» (7,27) e in seguito «tutte le genti» (13,10)[99]. Il FL sottolinea invece che il secondo invio in missione, quello del Risorto, è affidato agli «Undici» (16,14), numero che perde il riferimento alle dodici tribù di Israele e che sembra indicare nel tempo postpasquale la fine della distinzione sacrale tra le nazioni. Anche in Mt 28,16-20 l'invio è dato agli «Undici» ma rispetto al racconto matteano il FL presuppone una visione della missione che non ha semplicemente superato la fase «intermedia israelitica»[100]. Qui l'annuncio del Vangelo è

---

[99] Diversamente da Mt 19,28 e Lc 22,30 la relazione tra il gruppo dei Dodici e il popolo delle dodici tribù in Mc non viene mai dichiarata espressamente, ma considerando l'insieme del Vangelo essa è difficilmente negabile. Cf. K. STOCK, *Le Pericopi sui Dodici*, 35-41.

[100] In modo differente, Lc mostra nella prima Chiesa la volontà di ricostituire il gruppo dei Dodici attraverso la scelta di Mattia come sostituto di Giuda (At 1,15-26), così conserva l'ideale di una missione speciale verso gli Ebrei. Nel proseguo Atti mostrerà che questo cammino trova forti ostacoli così da spingere la Chiesa ad aprirsi alle Genti per mezzo di sette ellenisti (At 6,1-7) e di Paolo.

ordinato a un livello nuovo, assolutamente più ampio e irrompe nella storia raggiungendo ogni creatura in ogni luogo e in tutti i tempi, offrendo dunque una salvezza dalle connotazioni cosmiche.

4.4 *L'ordine di battezzare*

4.4.1 Il battesimo nel FL

Secondo il FL, il costante riferimento a Gesù (la fede) e all'identificazione ecclesiale (il battesimo) fanno sì che fede e battesimo appaiono gli strumenti di salvezza insiti nella missione, la mancanza di fede è invece foriera di condanna (Mc 16,16)[101]. Il battesimo costituisce dunque il riscontro oggettivo e visibile della fede: esso sancisce l'appartenenza alla comunità dei credenti e rende visibile nel mondo la decisione salvifica. Questa descrizione si avvicina molto al battesimo prescritto in Mt 28,19 e riflette una pratica ormai diffusa nel cristianesimo delle origini: si tratta di un battesimo inteso come rito che immette nella comunità, requisito fondamentale all'autenticazione della fede e all'identificazione ecclesiale. Questa tendenza è ancor più evidente nel finale di Mt, data la cura di inserire una formula battesimale trinitaria, mentre il FL concentra tutto sul Risorto[102]. Rispetto alla missione, la stretta correlazione tra fede, salvezza e battesimo, da una parte, e incredulità e condanna, dall'altra, delinea il volto di una comunità cristiana protesa verso il mondo, ma anche in tensione con esso, intenta a una riflessione ecclesiologica per definire i criteri di appartenenza alla fede.

4.4.2 Il battesimo in Mc autentico

Riguardo al battesimo in Mc autentico troviamo solo una volta l'espressione «battesimo nello Spirito Santo» (Mc 1,8) che ricorre a conclusione delle parole con cui Giovanni il Battista mette a confronto il suo battesimo amministrato con acqua e un altro battesimo, futuro, dato nello Spirito Santo da colui che è «più forte» (ὁ ἰσχυρότερός μου ὀπίσω μου 1,7). Il paragone è fatto attraverso un parallelismo perfetto:

| 1,8a | Ἐγὼ | ἐβάπτισα | ὑμᾶς | ἐν ὕδατι |
| 1,8b | αὐτὸς δὲ | βαπτίσει | ὑμᾶς | ἐν πνεύματι ἁγίῳ |

---

[101] J. HUG, *La Finale de l'Évangile de Marc*, 218-219.
[102] Nel FL l'assenza di ogni riferimento trinitario che non sia Cristo risorto, pone il problema della possibile concezione monista o modalista della divinità da parte dell'autore. Per la discussione cf. J.A. KELHOFFER, *Miracle and Mission*, 245-339.

Nulla indica che qui Mc pensi al rito del battesimo cristiano, di cui per altro non parla mai: anzi, il fatto che il battesimo nello Spirito Santo si opponga al battesimo amministrato con acqua sembrerebbe piuttosto dimostrare il contrario[103]. Giovanni mette in connessione il suo battesimo e la conversione legata alla remissione dei peccati (βάπτισμα μετανοίας εἰς ἄφεσιν ἁμαρτιῶν 1,4)[104], annunciando che in futuro tale battesimo sarà superato a opera di qualcuno di dignità inaudita («a cui io non son degno di chinarmi per sciogliere i legacci dei suoi sandali» 1,7), capace di immergere gli stessi uditori di Giovanni nello Spirito Santo. Giovanni dunque usa il termine «battesimo» per esprimere globalmente la propria attività (caratterizzata appunto dal suo battesimo) e in modo analogo, con la stessa categoria parla dell'attività di Gesù (nonostante nei Vangeli sinottici non si dica mai che Gesù ha battezzato)[105].

D'altra parte il confronto è reso possibile dal fatto che il ministero di Gesù è connesso e preparato dall'attività di Giovanni (cf. 1,2-8) il cui battesimo di immersione nell'acqua implica già, in certa misura, conversione e perdono dei peccati.

A Gesù è invece riservata l'immersione nello Spirito, infinitamente superiore a un battesimo d'acqua. Se per il Battista l'acqua era lo strumento della sua attività (ἐν ὕδατι), allo stesso modo lo Spirito Santo lo è per Gesù (ἐν πνεύματι ἁγίῳ). Durante la sua esperienza terrena, Gesù chiama alla conversione e, perdonato dai peccati, l'uomo si trova immerso nella realtà dello Spirito disceso su Gesù (1,9-11). Il «battesimo nello Spirito» in Mc 1,38 è perciò un richiamo metaforico all'intera attività di Gesù[106].

---

103 Cf. S. LÉGASSE, *Marco*, 70.

104 La particella εἰς lascia indeterminato il nesso tra conversione e perdono dei peccati. Il perdono dei peccati può essere riferito tanto al battesimo quanto alla conversione, oppure si può anche pensare che la conversione semplicemente prepari a ricevere da Dio il perdono dei peccati. Cf. E. MANICARDI, *Il cammino di Gesù*, 159, n. 41.

105 In modo differente Gv dice che Gesù ha battezzato (Gv 3,22.26; 4,1), anche se poi Gv 4,2 corregge affermando che a farlo non è stato Gesù, ma i suoi discepoli. In ogni caso non vi è alcun accenno che si tratti del battesimo nello Spirito Santo. In At Gesù risorto riprende l'annuncio di Giovanni per annunciare l'effusione dello Spirito Santo nel giorno di Pentecoste (At 1,5). Ricordandosi di questa parola, Pietro spiega l'effusione dello Spirito Santo sulla casa di Cornelio (11,16). Si tratta di aspetti del tutto assenti in Mc. Cf. K. STOCK, *Le Pericopi iniziali del Vangelo di San Marco*, 67-68.

106 Il valore metaforico del verbo «battezzare» appare chiaramente anche in Mc 10,38-39. Cf. E. MANICARDI, *Il cammino di Gesù*, 170; K. STOCK, *Le Pericopi iniziali*, 69; J.H. MORALES RÍOS, *El Espíritu Santo en San Marcos*, 53-92.

Nei paralleli Mt e Lc si esprimono in modo simile a Mc aggiungendo che il battesimo operato da Gesù sarà «in Spirito Santo e fuoco» (ἐν πνεύματι ἁγίῳ καὶ πυρί Mt 3,11; Lc 3,16). L'immagine del fuoco accentua il valore definitivo della sua attività e Lc in particolare ribadisce che Gesù agisce pieno di Spirito Santo (Lc 4,1.18). Nelle parole del Battezzatore anche Gv congiunge immediatamente la discesa dello Spirito con il battesimo dello Spirito: «chi mi ha inviato a battezzare con acqua (ἐν ὕδατι), mi aveva detto: l'uomo sul quale vedrai scendere e rimanere lo Spirito è colui che battezza in Spirito Santo (ἐν πνεύματι ἁγίῳ)» (1,33).

Nell'intera attività di Gesù, tutti i Vangeli riconoscono dunque la realizzazione del battesimo nello Spirito.

4.4.3 La differente teologia riguardo al battesimo

Il confronto fra Mc 16,16 e Mc 1,8 è illuminante per valutare nuovamente la differente teologia dell'aggiunta rispetto a quella di Mc autentico. Mentre Mc autentico attesta un'antica tradizione comune a tutti i Vangeli che identifica l'attività di Gesù in un «battesimo nello Spirito Santo (e fuoco)», in modo simile alla conclusione di Mt il FL sottolinea invece l'importanza del battesimo quale esito principale della missione e lo intende come un rito che dà salvezza. Se il cammino di Gesù in mezzo agli uomini era stato descritto come «un battesimo» che apre alla conversione, realizza il perdono dei peccati e immerge nello Spirito Santo, il FL suggerisce che la salvezza ora giunge nel cammino della missione cristiana e può essere data a ogni uomo che accoglie l'annuncio del Vangelo e riceve il battesimo che immette nella comunità dei salvati.

Rispetto a Mc autentico il FL attesta una concezione teologica più tarda, motivata da preoccupazioni evangelizzatrici. L'annuncio del Vangelo apre a tutti un luogo per la decisione salvifica e nel mondo rende visibile la linea di demarcazione tra salvezza e condanna. Questo carattere segnatamente istituzionale della teologia del FL mostra che la missione da *missio ad gentes* tende a essere compresa come *plantatio ecclesiae*, dal momento che è l'ingresso nella struttura ecclesiale a essere messo a fuoco come tramite per accedere alla salvezza. Così facendo, la proclamazione della Parola «ovunque» corrisponde all'estendersi della Chiesa «ovunque», e l'universalismo della missione viene compreso nell'impiantazione universale della Chiesa.

4.5 *I segni*

Nel FL il motivo dei segni ricorre con insistenza. Essi sono dapprima promessi da Gesù (16,17-18), quindi da lui realizzati per confermare l'annuncio della Parola (16,20).

4.5.1 I segni nel FL

Il FL attribuisce ai σημεῖα una connotazione positiva, e sottolinea che tutti avverranno «nel nome di Gesù» (ἐν τῷ ὀνόματί μου v. 17), vale a dire sotto la sua autorità: i segni sono dunque attestazioni della sua signoria e costituiscono i mezzi per superare l'incredulità degli uomini e condurre alla salvezza. Due elementi in particolare non hanno paralleli in alcun Vangelo: il fatto che i segni accompagnino «coloro che credono», in un'estensione perciò molto più ampia rispetto ai soli apostoli e l'esplicita loro connessione a un ambiente missionario posteriore all'era apostolica. In ultima analisi, nel loro storico realizzarsi e riconosciuti con gli occhi della fede, secondo il FL i segni assicurano la fedele continuità tra il tempo pasquale, il tempo apostolico e il tempo post-apostolico. A tal proposito è rivelatore il racconto della seconda apparizione ai due viandanti in cammino (Mc 16,12-13) che costituiscono una figura-ponte: come il lettore sono chiamati a credere in forza di un annuncio da parte di testimoni (Maria Maddalena) e in ciò falliscono, ma in quanto discepoli a loro spetta una visione che al lettore non è concessa. La sintesi del racconto non indugia sul contenuto del loro annuncio, tuttavia in sintonia con la tradizione presente anche in Lc (24,16.31) essi riconoscono il Signore che è apparso «sotto altra forma» (ἐν ἑτέρᾳ μορφῇ 16,12). In questo modo, nell'esperienza dei due discepoli viandanti il lettore può ravvisare un'analogia tra il cammino di fede degli Undici e il proprio cammino di fede comune a tutti i credenti. Entrambi possibili in forza di un apparire del Risorto prima direttamente, poi sotto «altra forma». Nel tempo della missione cristiana infatti, alla «visione» diretta e personale del Risorto che vince l'incredulità degli Undici si sostituisce una «visione» mediata da «segni» capaci di confermare e assicurare la fede. I segni che Gesù promette e poi realizza costituiscono infatti la nuova «altra forma» attestante la sua presenza nella Chiesa.

Il lettore viene dunque edotto che a partire dall'elevamento di Gesù al cielo i segni si sostituiscono alle apparizioni e ne assumono le finalità: essi rafforzano la fede e danno vita a testimoni capaci di continuare la stessa missione che tramite gli Undici lega la Chiesa a Gesù. Perciò la missione è ora il luogo dove incontrare e riconoscere il Signore all'opera nel dar vita a sempre nuovi discepoli credenti

I segni costituiscono dunque un motivo entusiasticamente e insistentemente sottolineato dal FL. Essi fanno comprendere la missione come manifestazione di potenza e rendono palese l'efficacia della Parola per incoraggiare la conversione al Vangelo[107].

4.5.2 I segni in Mc autentico

A differenza dell'aggiunta, in Mc autentico il termine σημεῖον, che ricorre cinque volte in due episodi (8,11.12.12 e in 13,4.22), è utilizzato con una valenza in genere piuttosto negativa. La richiesta di «un segno dal cielo», avanzata provocatoriamente dai farisei incontra il netto rifiuto di Gesù dal momento che «non sarà dato alcun segno a questa generazione» (8,12). Alla domanda di alcuni discepoli circa il «segno» del compimento finale (qui la ricorrenza non implica alcuna connotazione negativa), Gesù risponde con un discorso escatologico che mette in guardia da «i segni e i prodigi» con cui falsi cristi e falsi profeti cercheranno di ingannare gli eletti (13,22 una valutazione, in questo caso, certamente negativa).

Ciò nonostante in Mc le guarigioni e le manifestazioni potenti di Gesù sono indubbiamente dei segni: se Gesù risana i malati e scaccia i demoni, ciò avviene perché siano manifestate e confermate le caratteristiche di potenza con cui il Regno di Dio si avvicina agli uomini attraverso la sua persona (cf. Mc 1,14-15). Così come convertirsi e credere al Vangelo (1,15) significa confidare incondizionatamente nella potenza e nella bontà di Dio che Gesù rivela, significa perciò mettersi in cammino dietro a lui, disponendosi alla sequela e cogliendo i segni con cui Gesù attesta la sua identità messianica. La stessa missione prepasquale dei Dodici è legata ad alcune manifestazioni di potenza (6,7-13): dopo aver presentato una serie di regole comportamentali a cui, per volontà di Gesù i Dodici devono attenersi durante la missione (vv. 7-11)[108], il narratore descrive l'esito dell'invio elencando tre azioni. Due di esse hanno un carattere prodigioso: «predicavano che la gente si

---

[107] Sulla questione se i segni descritti nel FL debbano essere compresi come esperienze reali verificatesi in una o più comunità, o se invece debbano intendersi come un elenco convenzionale di manifestazioni tese a esprimere il successo della missione ad opera del Signore Gesù. Cf. J. HUG, *La Finale de l'Évangile de Marc*, 111-112.

[108] Si tratta di raccomandazioni a non prendere nulla per il viaggio tranne il bastone, i sandali e la semplice tunica che indossano (Mc 6,8-9) e di norme riguardanti l'essere ospitati (Mc 6,10-11). IL FL non riporta tali regole comportamentali.

convertisse, scacciavano molti demoni, ungevano di olio gli infermi e li guarivano» (vv. 12b-13). Tali azioni ricordano, e in un certo senso estendono, il ministero stesso di Gesù.

In modo analogo a Mc autentico il tema di azioni prodigiose che accompagnano la missione prepasquale dei Dodici è presente in tutti i sinottici[109]. L'elenco dei miracoli in Mt 10,8a «guarite gli infermi, risuscitate i morti, sanate i lebbrosi, cacciate i demoni», testo anteriore al FL, mostra che l'aspettativa di segni prodigiosi e la forma letteraria presente nel FL (Mc 16,17-18) non sono elementi del tutto nuovi.

4.5.3 I segni: un bilancio conclusivo

Anche riguardo ai segni il punto di vista del FL non collima con quello di Mc autentico. Le due impostazioni teologiche possono essere raffrontate. Sia il FL che Mc autentico colgono nei prodigi che Gesù opera dei segni rivelatori della sua singolare identità, ma mentre la narrazione marciana originaria li colloca nell'orizzonte di un cammino che non dimentica la croce, il FL li legge unicamente come prova della risurrezione e glorificazione.

Mc autentico delinea un'immagine di Gesù operatore di guarigioni ed esorcismi che sottolinea la forza risanatrice conferitagli da Dio, ma che mette in luce anche la sua prossimità e il suo calore nell'incontro coi sofferenti. Nel FL i segni sono invece tali per i soli credenti (σημεῖα δὲ τοῖς πιστεύσασιν ταῦτα παρακολουθήσει 16,17)[110], essi costituiscono cioè una rassicurazione sull'esito della missione che si concretizza in un giudizio di salvezza o di condanna.

In Mc autentico queste prodigiose manifestazioni accompagnano l'attività di Gesù, ma per quanto numerose esse sono contenute e non si identificano con essa. Nel FL i segni sembrano invece doversi ripetere all'infinito (essi accompagnano il cammino dei credenti di tutti i tempi in tutti i luoghi) e sono l'unica azione con cui il Risorto conferma la Parola che gli Undici annunciano (16,20).

---

[109] Mt (10,1.5-14) ha esteso questo motivo più di quanto abbiano fatto Mc e Lc (9,1-6), per contro Gv non presenta i Dodici né come operatori di prodigi né come missionari. Il legame tra missione e segni è ben attestato nelle lettere di Paolo (Rom 15,18-19; 1Ts 1,5; 2Cor 12,12; Gal 3,5) e in At (2,43; 4,30.33; 5,12.14; 6,6-7.13; 9,34; 15,12).

[110] I segni accompagnano solo i credenti (16,17), assicurandoli nel loro cammino di fede riguardo alla salvezza finale. Non riguardano e non sembrano interrogare coloro che non accolgono l'annuncio: per essi rimane solo la condanna (16,16).

In alcuni racconti Mc autentico sottolinea che le guarigioni avvengono in virtù della fede: come nel caso della guarigione dell'emorroissa («Figlia, la tua fede ti ha salvata» 5,34), o del giovane epilettico (al cui padre Gesù risponde «Se tu puoi! Tutto è possibile per chi crede» 9,23). Nel FL le guarigioni hanno invece piuttosto lo scopo ultimo di rafforzare la fede e di legittimare i missionari.

Che nelle comunità cristiane l'enfasi sui segni prodigiosi possa condurre a pericoli ed eccessi non è cosa che sembra preoccupare il FL.

Il timore è invece implicito nella valutazione in genere negativa dei «segni» che troviamo in Mc autentico, e soprattutto nel severo ammonimento espresso in un testo proprio di Mt: «molti mi diranno in quel giorno: Signore, Signore non abbiamo noi profetato nel tuo nome e cacciato demoni nel tuo nome e compiuto molti miracoli nel tuo nome? Io però dichiarerò loro: Non vi ho mai conosciuti, allontanatevi da me, voi operatori di iniquità» (7,22-23). Attraverso le parole di Gesù «non rallegratevi però perché i demoni si sottomettono a voi; rallegratevi piuttosto che i vostri nomi sono scritti nei cieli» (Lc 10,17-20), anche Lc sembra voler frenare l'eccessivo entusiasmo dei discepoli di ritorno dalla missione. Paolo manifesta una simile preoccupazione nel trattare la questione inerente la funzione dei predicatori (1Cor 1,10–4,23) e le dispute circa i fenomeni spirituali (τὰ πνευματικά 1Cor 12,1–14,40): se da un lato i Corinti si infiammavano d'entusiasmo, dall'altro si venivano a creare forti divisioni in seno alla comunità. Paolo ammonisce fortemente affinché non si faccia come «i Giudei che chiedono miracoli» (1Cor 1,22), ricordando alcuni fondamentali correttori: prima di tutto il contenuto della predicazione cristiana, cioè la croce di Cristo, simbolo del potente e sapiente progetto salvifico di Dio, ma espressione di impotenza e di infamante follia per gli uomini. È essa che configura l'aspetto della comunità dei credenti e determina la forma del messaggio apostolico, qualificando la persona stessa del predicatore (1Cor 1,17-31). Inoltre, di fronte all'insistente ricerca di manifestazioni carismatiche, Paolo esorta invece ad aspirare alla carità «come via migliore di tutte» (1Cor 12,31).

Nessuno di questi correttori è riscontrabile nell'aggiunta: in esso non troviamo alcun cenno alla morte di Gesù e alla croce, né alla carità. Nessuna riserva per eventuali derive carismatiche. Forse al suo autore deve essere sembrato sufficiente leggere i segni dentro una missione strutturata «istituzionalmente», e perciò capace di garantirne il processo equilibrato di crescita, oppure egli ha presupposto che i correttivi espressi nei testi neotestamentari fossero già stati recepiti e avessero già conseguito il loro scopo: consolidare quella struttura ecclesiale che egli confidava capace di un equilibrato controllo[111].

Il FL manifesta dunque un forte interesse a marcare la «visibilità» della fede e a rassicurare i credenti perché vincano ogni forma di incredulità. Il FL formula così un nuovo assetto del processo di fede: essa viene mediata attraverso segni potenti in cui i credenti possono sperimentare la presenza del Risorto proprio come i discepoli, che quando il Risorto «se ne era andato» avevano iniziato a sentire la sua forza e ad agire grazie a essa (Mc 16,20).

4.6 Valutazione delle peculiarità di Mc 16,9-20

Le peculiarità mostrano che il FL è un testo di grande forza, con un'impostazione teologica basata sul binomio fede/incredulità. Il motivo drammatico dell'ostinazione a non credere da parte degli Undici trova adeguato contrappunto nel fatto che il Risorto insiste a mostrarsi ripetutamente ai suoi. In questa tensione, la prospettiva dell'aggiunta è tesa a presentare e legittimare la missione cristiana. Ciò avviene evidenziando alcuni elementi: il momento fondativo (la missione scaturisce dal diretto comando del Risorto agli Undici, testimoni credibili e autorevoli); la sua importanza (la proclamazione del Vangelo suscita la fede che dà la salvezza); l'urgenza (la missione deve estendersi dappertutto e a ogni creatura dal momento che essa manifesta il giudizio salvifico di Dio per chi crede e l'inevitabile condanna per chi lo rifiuta); le modalità (la fede si esprime nel battesimo che introduce i credenti nella comunità dei salvati), la sua riuscita (la fede è rafforzata dai segni dati a tutti i credenti, segni che accompagnano la missione e che rivelano la presenza del Risorto).

Tali caratteristiche si palesano all'interno di due ambiti che determinano una netta distinzione fra la teologia del FL e quella di Mc autentico: la presentazione del Risorto e la presentazione della missione degli Undici.

Riguardo alla presentazione del Risorto. Secondo la conclusione di Mc autentico, camminando davanti ai suoi il Risorto continua quella «via di Dio» che è destinata a prolungarsi nel cammino dei suoi discepoli. Esattamente in questo servizio a favore dei discepoli si dispiega e si manifesta tutta la potenza del Risorto. Il FL riconosce invece la forza

---

[111] L'aspettativa di miracoli in ambiente missionario è una frequente caratteristica degli scritti cristiani dei primi tre secoli. Cf. J.A. KELHOFFER, *Miracle and Mission*, 338-339.

del Risorto nell'elevamento di Gesù al cielo e nella sua intronizzazione: si tratta di una soluzione teologica per certi tratti più vicina all'impostazione lucana (cf. Lc 24,50-51) e a quella degli Atti degli Apostoli (cf. At 1,4-14), anche se nel FL manca un riferimento al ruolo dello Spirito Santo nella missione.

La prospettiva adottata nel FL non è aliena da elementi univoci. Marcata dalla distinzione fra la risurrezione e l'esaltazione di Gesù al cielo con la conseguente glorificazione, la teologia sembra aver perso l'unità del mistero pasquale sottolineata da Mc autentico e dal kerygma primitivo, di cui il tema della morte in croce era parte integrante.

La gloria del Risorto qui riempie ogni versetto, facendo del *Kyrios* l'assoluto protagonista e l'autorità suprema che determina i personaggi, gli avvenimenti e perfino la storia oltre il racconto stesso. Ogni altra istanza cristologica è oscurata a tal punto che soteriologia ed ecclesiologia sono unicamente ricondotte al motivo dell'esaltazione del Risorto.

Riguardo alla presentazione della missione degli Undici. Per Mc autentico tutto quello che avviene dopo Pasqua trova forza nella ripresa della sequela dei discepoli, resa possibile dalla risurrezione. Se i discepoli si mettono in movimento verso la Galilea, allora tutto il discepolato riparte, senza bisogno di segni particolari o di nuove mediazioni. Nel FL invece l'efficacia della missione trova conferma grazie ai segni potenti del Risorto: la parola e l'azione degli Undici sembrano troppo povere per cui il Signore risorto «confermava la parola con i segni che l'accompagnavano» (16,20)[112].

Le peculiarità tratteggiano inoltre anche *le preoccupazioni soggiacenti al testo*. Proiettata in una missione alla conquista del mondo intero e fedele all'eredità ricevuta dagli Apostoli, la comunità cristiana necessita di istruzioni autorevoli sulla missione e il FL si preoccupa di rafforzare la fede dei credenti infondendo loro coraggio[113]. Infatti le scene di apparizioni, il discorso diretto di Gesù e l'ultimo quadro si concludono sempre con elementi di conforto e di sostegno dei credenti: Gesù appare ai discepoli nonostante la loro risoluta incredulità (v. 14), segni potenti sono promessi e si realizzano nel cammino di fede dei credenti (v. 17.20), i discepoli iniziano la predicazione supportati da Gesù stesso (v.20).

Tali indizi permettono di delineare con sufficiente credibilità una situazione ecclesiale difficile, in cui la predicazione del Vangelo incon-

---

[112] Cf. E. MANICARDI, «La "Finale lunga"», 174.
[113] F.J. MOLONEY, *The Gospel of Mark*, 358.

tra forti ostacoli e nette opposizioni da parte di ascoltatori che faticano a credere nella risurrezione di Gesù[114].

La comunità cristiana deve anche misurarsi con il timore di credenti che devono essere rassicurati sul valore del loro impegno e sulla certezza dell'esito finale. Per tutto questo diventava imperativo fornire un'autorevole risposta, capace di saldare la missione della Chiesa al *Kyrios* che guida la storia, una soluzione alla quale l'autore di 16,9-20 ha saputo giungere tessendo un filo diretto tra il Risorto e i discepoli, contatto che Mc 16,8 non esplicitava e sembrava perfino contraddire con la fuga e il silenzio delle donne.

5. Conclusione: Mc 16,9-20 come sviluppo di Mc 1,1–16,8

5.1 *I motivi che soggiacciono al ri-orientamento del Vangelo*

Sebbene nella narrazione marciana canonica i versetti 16,1-8 e 16,9-20 siano in immediata successione, le due pericopi presentano profonde diversità dal punto di vista letterario, stilistico e teologico.

16,1-8	16,9-20
La prospettiva è dinamica: il Risorto cammina e precede	La prospettiva è statica: il Risorto è assunto in cielo e siede alla destra di Dio
L'incontro con il Risorto si realizza nella sequela	L'incontro con il Risorto si realizza nella missione
Vedere il Risorto significa comprenderlo e seguirlo	Vedere il Risorto significa diventare testimoni
Poiché Gesù risorto precede i suoi la sua presenza è presupposta certa e continua	Poiché Gesù è elevato al cielo la sua presenza deve essere assicurata e non può essere che mediata

---

[114] Ciò sembra bene accordarsi con la proposta di gran parte degli esegeti di datare il FL al II sec. Per la Chiesa il II sec. si caratterizza come un tempo difficile, ma stimolante e vivace. Aprendo un confronto con la cultura pagana, gli apologisti cristiani (Giustino, Ireneo di Lione, Tertulliano, Cipriano ecc.) affrontano e ribattono le argomentazioni di parte pagana, dalle più infamanti dicerie popolari alle contestazioni speculative, e al tempo stesso cercano di riformulare i contenuti del messaggio cristiano in una maniera comprensibile al potere politico e all'ambiente culturale. Cf. M. SIMONETTI, *Cristianesimo antico e Cultura greca*, 23-44.

L'invito è a tornare in Galilea, dunque a una rilettura pasquale del Vangelo	L'invito è a credere in forza dei segni potenti che attestano il Vangelo
Il cammino non ha meta, se non Gesù stesso che precede. Le sue modalità hanno adeguato rimando nella sequela prepasquale	Il cammino ha una meta: evangelizzare tutto il cosmo. Le modalità sono dettate dalle esigenze della missione

Alla palese non autenticità dell'aggiunta si unisce il fatto che il problematico punto di sutura tra il v. 8 e il v. 9 rende evidente che essa non è stata scritta come conclusione del Vangelo di Mc, e che nemmeno è stata concepita per diventarlo, nonostante sia stata consacrata tale dalla coscienza canonica che ha recepito 1,1–16,20 come Vangelo unitario.

L'intento del redattore finale non è stato mosso, dunque, dalla volontà di correggere Mc 16,8 dal momento che egli non si è preoccupato di armonizzare questi versetti con la precedente narrazione marciana, né ne ha ripreso il vocabolario per tentarne una qualche imitazione. L'aggiunta non risponde neppure direttamente ai problemi posti da Mc 16,1-8, a differenza di Mt 28 e Lc 24 che sono autentiche rielaborazioni e ampliamenti del testo originale di Mc.

Piuttosto ciò che deve essergli apparso incompleto è l'insieme del racconto delle donne alla tomba vuota (16,1-8) a tal punto da ritenere che fuga, silenzio e paura non potessero costituire le parole finali del Vangelo. Da conclusione, esso ha così trasformato 16,1-8 in semplice racconto, aggiungendovi i vv. 9-20 che in seguito verranno considerati il legittimo epilogo del Vangelo marciano (1,1–16,20).

Il processo redazionale che ha interessato il Vangelo di Mc ha portato a sostituire il finale autentico con l'aggiunta di 16,9-20. Ciò ha causato uno sviluppo del Vangelo stesso nell'aggiunta deuterocanonica e un ri-orientamento della teologia della narrazione marciana letterariamente autentica.

Caratterizzato da una focalizzazione su Gesù risorto ed esaltato, il nuovo finale controbilancia la presentazione di un Gesù che fino a Mc 16,8 ha nel suo destino di sofferenza e di morte in croce il suo asse portante[115].

---

[115] M. GRILLI, *L'impotenza che salva*, 152, soprattutto a partire dalla sezione del cammino verso Gerusalemme (8,27–10,52), la croce costituisce la «vera "forza magnetica" intorno a cui tutto si coagula».

Agli eventi pasquali Mc autentico dedica solo un breve racconto di otto versetti che registrano l'assenza del Risorto e debolmente, attraverso le parole del giovane, alludono alle apparizioni. Mc 16,8 conclude con una fuga e un silenzio emblematici derivanti da una forte paura. Il tutto deve essere sembrato insufficiente: la gloria del Risorto che emergeva nelle tradizioni pasquali degli altri Vangeli qui veniva oscurata. L'aggiunta come nuovo finale mette invece a fuoco l'iniziativa del Risorto capace di vincere l'ostinata incredulità degli Undici. Inoltre, presentando l'elevamento al cielo e l'intronizzazione di Gesù alla destra di Dio, essa rassicura sulle difficoltà insite nella missione cristiana.

Mc autentico insiste sull'incomprensione e sull'incredulità dei discepoli fino a raccontare la loro drammatica fuga, il tradimento di Giuda e il rinnegamento di Pietro. Non chiarisce però con altrettanta enfasi il superamento del fallimento dei discepoli. La brusca interruzione sulle donne poteva portare a gravi ripercussioni nell'annuncio del Vangelo: come si poteva dar credito a simili «testimoni»?

In Mc autentico, il riconoscimento credente dell'identità divina di Gesù da parte di un attore umano giunge con la confessione del centurione pagano davanti alla croce (15,39), ma lì sembra anche interrompersi. In seguito solo Giuseppe d'Arimatea si manifesta figura credente solare, ma senza alcuna esplicita confessione di fede. Come era possibile terminare la narrazione con un racconto in cui l'evento della risurrezione e la sua proclamazione non producessero alcun evidente sussulto di fede?

Infine, Mc autentico dipinge con efficacia l'umanità di Gesù fino a giungere all'impietosa descrizione della preghiera nel Getsemani quando, preso da paura e angoscia, prostrato a terra confessa la debolezza della «carne» (14,38). La stessa debolezza è riscontrabile nella fuga dei discepoli (14,50) e nel timore che prende possesso delle donne in Mc 16,8. A fronte di tanta insistenza, dove in 16,1-8 è possibile scorgere una descrizione che con altrettanta evidenza e forza renda giustizia alla potenza del Risorto? Una conclusione che racconta la vittoria finale di Cristo e la partecipazione dei credenti alla sua esaltazione deve essere sembrata un opportuno completamento alla narrazione marciana.

Nel FL si esalta la risurrezione di Gesù come atto della potenza di Dio che si riversa nella missione dei discepoli. Gesù risorto appare a testimoni e assurge a *Kyrios* garantendo la sua continua presenza nel cammino storico dei suoi e l'efficacia della loro testimonianza. L'incredulità è superata e la fede dei battezzati rafforzata. Ad un discepolato fallito ora corrisponde il gruppo dei discepoli finalmente credenti e annunciatori del Vangelo. Il tutto rappresenta l'esatto risvolto dell'impotenza del Crocifisso.

Aggiungendo 16,9-20 a Marco autentico, il redattore ha inteso farne un approfondimento che, senza modificare il testo di Mc autentico, fosse capace di riequilibrarne la teologia e di trasmettere una visione d'insieme «completa» e «soddisfacente» sulla storia di Gesù.

Come tale, 16,9-20 non è un centone degli altri Vangeli ma un testo che, assumendo tradizioni presenti anche in Mt, Lc e Gv, presenta in chiave più istituzionale lo sviluppo dell'azione di Gesù che si prolunga nella missione cristiana. Proprio la missione è la preoccupazione principale che anima questo nuovo finale[116].

Nella nuova narrazione canonica 1,1–16,20, l'aggiunta da un lato determina uno «sviluppo» di Mc autentico, e dall'altro mette in atto una palese «presa di distanza». Il processo non è omogeneo né lineare, ma al contrario contrassegnato da salti qualitativi.

Nel nuovo assetto Mc 16,8 costituisce ora una chiusa parziale e provvisoria. La rivelazione consegnata alle donne nel sepolcro vuoto attraverso uno sviluppo della storia che prosegue prima con la protofania a Maria Maddalena, quindi con l'apparizione del Risorto a due discepoli e infine al gruppo degli Undici.

Nel complesso, l'operazione messa in atto dall'aggiunta appare di forte impatto dal momento che 16,9 fa come ripartire da capo la narrazione della storia pasquale, enfatizzando il nuovo sviluppo impresso al Vangelo. Prive di aspettative sulla risurrezione, le donne concludono la visita alla tomba con la fuga, il silenzio e la paura, lasciando il posto a una nuova Maria Maddalena che vede il Risorto e spontaneamente porta

---

[116] Sono sostanzialmente tre le ipotesi formulate dagli esegeti sull'origine del FL. 1) Il FL costituirebbe l'estratto di un testo preesistente: una compilazione di apparizioni pasquali (R. PESCH, *Il Vangelo di Marco*, II, 794); o un'istruzione, una sorta di catechismo destinato ai futuri battezzati, (E. HELZLE, «Der Schluß des Markusevangeliums» 470-472); o una composizione pensata per confortare i cristiani in una situazione di crisi di fede nella risurrezione (M. GOURGUES, *À la droite de Dieu* 208); o ancora un'istruzione per i missionari (J. HUG, *La Finale de l'Évangile de Marc*, 217). 2) Il FL sarebbe il tentativo di completare il Vangelo di Mc, imitandone lo stile, con il contributo offerto dagli altri tre Vangeli da cui il FL dipende letterariamente (J.A. KELHOFFER, *Miracle and Mission*, 121-155) . 3) Poiché il FL è uno dei primi scritti ad attestare una conoscenza di tutti i Vangeli, esso sarebbe stato composto per saldare i corpi dei quattro vangeli quando sono stati riuniti insieme (C.-B. AMPHOUX «La "finale longue de Marc"», 548-555).

l'annuncio agli Undici. A Gesù dichiarato risorto, ma non presente sulla scena fa ora riscontro il suo insistente mostrarsi alla vista dei suoi.

Nel nuovo finale, le ultime parole del Risorto sono per il lettore un imperativo alla missione e una rassicurazione circa il suo esito, così da scongiurare ogni genere di defezione (fuga), perplessità (silenzio) e timore (paura). Ad un epilogo che terminava con un versetto enigmatico (16,8) ora succede un finale che mette in piena luce l'esaltazione di Gesù, il superamento definitivo dell'incredulità degli Undici e il compimento della missione loro affidata. L'esito deve essere apparso ancor più convincente per quanti in Mc 16,8 non scorgevano che uno scandalo a causa della fuga e del silenzio delle donne[117].

5.2 *Il ri-orientamento dei motivi marciani precedenti*

In questo nuovo finale le numerose dissintonie da Mc autentico non segnano semplicemente un contrasto: esse operano anche un cambio di rotta che conferisce ai motivi presenti nella teologia del Vangelo un nuovo orientamento.

In Mc autentico Il tema dell'incredulità dei discepoli si accompagna all'incomprensione dell'identità di Gesù e al timore di fronte al suo destino di sofferenza, nel nuovo finale esso è invece interpretato in modo più specifico e riferito alla risurrezione e al suo annuncio per opera di testimoni.

Il motivo del «vedere» riceve una nuova accezione: non più l'invito a un cammino di sequela che finalmente comprende il mistero di Gesù (16,7), ma l'esperienza di apparizioni a testimoni che garantiscono l'annuncio della risurrezione.

Mentre in Mc autentico il rinnovato invito finale alla sequela dietro al Risorto (16,7) sancisce implicitamente il riavvio della missione, il FL va oltre enfatizzando la missione stessa come luogo salvifico in cui ogni credente può sperimentare l'agire della potenza del Risorto.

Tipico di Mc autentico, l'universalismo della missione di Gesù e dei discepoli è ripreso in modo più ampio dal FL: nella nuova prospettiva «cosmica», la missione cristiana appare senza limiti di spazio e di tempo, nonché priva di qualsiasi distinzione fra popoli.

Il motivo del «battesimo» riferito all'opera di Gesù, che Mc autentico accenna solo in 1,8, ora viene interpretato e condensato in un rito che manifesta la fede e dà la salvezza.

---

[117] Soprattutto il silenzio delle donne doveva probabilmente apparire oscuro, come prova la sua omissione nel FB.

Se in Mc autentico la debolezza della fede scaturisce dalla non conoscenza di Gesù e dalla paura di seguirlo nel destino di sofferenza, nel FL essa è colta come rischio di compromissione della missione, il che spiega la necessita di essere rafforzata con la prova di segni.

In modo analogo a quanto avviene per la missione di Gesù, manifestazioni potenti accompagnano la missione dei Dodici, motivo che il FL amplia ed estende a tutti i credenti. Mc autentico intende aiutare il credente a cogliere la profondità e la grandezza di colui in cui ha riposto la fede, come è ricavabile dall'insieme delle proclamazioni cristologiche che aprono e chiudono la narrazione: Gesù nazareno, il crocifisso risuscitato è il Cristo, Figlio di Dio (1,1.11; 16,6; cf. anche 9,7). La proclamazione pasquale del giovane nella tomba risulta il culmine narrativo e rivelativo con cui Dio autentica Gesù, parole di tale pregnanza da rappresentare una degna chiusura al suo Vangelo.

Il nuovo finale determinato dall'aggiunta opera un ripensamento: nella nuova narrazione l'annuncio kerygmatico alla tomba è solo la prima avvisaglia dell'estendersi della proclamazione del Vangelo che nell'invio in missione degli Undici ha il proprio culmine e nella signoria del Risorto il proprio fondamento.

6. L'estensione dell'epilogo marciano e il suo effetto

Dopo aver indagato l'aggiunta nelle sue articolazioni, messo in luce le peculiarità che la contraddistinguono da Mc autentico, ed aver colto il processo ermeneutico che soggiace al finale del Vangelo di Mc, ci chiediamo quale sia esattamente l'epilogo della narrazione marciana canonica. Le posizioni di fondo sono due: la prima assume come epilogo canonico l'insieme di Mc 16,1-20, la seconda lo circoscrive a Mc 16,9-20.

6.1 *Mc 16,1-20 inteso come epilogo canonico*

Nel suo studio sul finale del Vangelo marciano nella sua versione canonica, R. Meynet considera 16,1-20 un'unità narrativa. In tal caso bisogna intendere tutto Mc 16 come un nuovo epilogo originato dalla ristrutturazione provocata dall'aggiunta dei vv. 9-20 a 16,1-8[118].

L'autore suddivide l'unità in tre sezioni: 16,1-8/9-13/14-20. La prima e l'ultima sono a loro volta ripartite in tre elementi. La seconda sezione costituirebbe il centro di questa unità e viene suddivisa in due parti: i

---

[118] Cf. R. MEYNET, «Il Signore conferma», 391-410.

vv. 9-11 assicurerebbero il legame con la prima sezione (vv. 1-8), mentre i vv. 12-13 preparerebbero la terza (vv. 14-20)[119]. Argomentando un confronto con il finale di Mt l'autore riconosce una successione di episodi comuni, sottolineando però le profonde differenze riguardo alla forma e al messaggio, anche tra passi paralleli[120].

16,1-8 le donne alla tomba	1-4: quello che fanno le donne	1-2: *narrazione*
		3-4: *discorso*
	5-7: quello che le donne vedono e ascoltano	5: *narrazione*
		6-7: *discorso*
	8: quello che le donne fanno	8ab: *narrazione*
		8cd: *discorso*
16,9-13 i discepoli non credono a testimoni	9-11:	apparizione a Maria Maddalena incredulità degli Undici
	12-13:	apparizione a due discepoli incredulità degli Undici
16,14-20 invio in missione	14:	manifestazione del Risorto agli Undici (*narrazione*)
	15-18:	invio in missione (*discorso*)
	19-20:	elevazione di Gesù gli Undici proclamano la Parola (*narrazione*)

Le differenze lessicali e teologiche, nonché le difficoltà con cui l'aggiunta si unisce a 16,1-8 rendono problematico e poco probabile che 16,1-20 debba essere considerata un'unità. Non intervenendo a

---

[119] Secondo R. Meynet le annotazioni di tempo (vv. 2a e 9a), così come la ripresa del nome di Maria Maddalena (vv. 1 e 9b), costituirebbero i legami tra la prima sezione e quella centrale. I legami tra la sezione centrale e l'ultima sarebbero invece dati dalla ripresa del verbo «si manifestò» (vv. 12a e 14a), dal motivo credere/non credere (vv. 11.13.16.16,17), dal fatto che Gesù appare ora a *uomini* (due discepoli vv. 12-13; gli Undici v. 14) e dalla locuzione «scacciare i demoni» vv. 9b e 17b). Cf. R. MEYNET, «Il Signore conferma», 404.

[120] Cf. R. MEYNET, «Il Signore conferma», 406-409.

modificare il testo di 16,1-8 (come fa invece il FB), il redattore non sembra preoccupato di armonizzare l'aggiunta a Mc autentico, lasciando evidenti per sempre le tracce di un testo che pur completando la storia di Gesù, non intende letterariamente conformarsi e fondersi alla narrazione marciana autentica.

6.2 Mc 16,9-20 un epilogo staccato da 1,1–16,8

15,33-41: morte di Gesù	*le donne stanno ad osservare: vv. 40-41*
15,42-47: la sepoltura di Gesù	*le donne stanno ad osservare: v. 47*
16,1-8: la tomba vuota	*le donne si adoperano per l'imbalsamazione: vv. 1-4*
	le donne ricevono l'annuncio pasquale: vv. 5-7
	le donne fuggono dal sepolcro: v. 8
16,9-11: l'apparizione del Risorto a Maria Maddalena	
16,12-13: l'apparizione del Risorto a due discepoli	
16,14-18: l'apparizione del Risorto agli Undici	
16,19-20: esaltazione del Risorto e missione degli Undici	

Fra 16,1-8 e 16,9-20 vi è uno stacco che lascia 16,1-8 come racconto conclusivo alla storia della morte e sepoltura di Gesù, il cui apice è nell'annuncio pasquale del giovane messaggero. In tale sezione la figura delle donne (15,40-41; 16,1-8) come le solenni proclamazioni su Gesù (15,39; 16,6-7) fanno da inclusione. Nella narrazione marciana canonica fa ora seguito un racconto prossimo ai finali degli altri Vangeli e, che, in una prospettiva missionaria, completa la storia pasquale attraverso le apparizioni del Risorto avviate dalla protofania a Maria Maddalena[121].

Mentre il nostro studio mostra che la caratterizzazione marciana dell'uso dei lemmi presenti in 16,8 orienta a un'interpretazione positiva di ciò che le donne fanno una volta uscite dalla tomba, l'aggiunta innestandosi sulla sospensione della storia in 16,8 lascia trasparire nei

---

[121] La proclamazione del giovane messaggero nella tomba (16,6-7) assume dunque anche la funzione di annuncio di tema.

riguardi del racconto un'insoddisfazione e implicitamente si incarica di offrirne un completamento soddisfacente.

Spostando l'attenzione sulla missione il «nuovo epilogo» (16,9-20) si incarica di rassicurare i credenti dipanando ogni dubbio, e li esorta a superare ogni forma di incredulità. Così, da chiusa di Mc autentico, 16,8 si trasforma in chiusa «provvisoria», e soprattutto il versetto diventa punto di innesto per un nuovo impianto centrato sulle apparizioni del Risorto, i cui interessi differiscono da 16,1-8 anche se implicitamente offrono soluzioni alle questioni che 16,8 come chiusa suscitava. Pur non costituendo un incastro perfetto che induca a considerare 16,1-20 come «unità», tale «completamento» non è così fuori luogo da dover essere considerato una «appendice».

6.3 L'effetto del nuovo epilogo

Il nuovo epilogo ha realizzato lo scopo che il suo autore si prefiggeva, come mostra la storia della tradizione del testo: molte comunità cristiane hanno accolto con favore il suo insegnamento e si sono lasciate volentieri guidare dalle esortazioni in esso contenute. Il fatto che fra tanti sia il finale più accreditato all'interno della tradizione testuale e sia stato introdotto nel canone attesta l'ampio consenso che ha incoronato 16,9-20 come legittimo finale al Vangelo di Mc.

In qualche modo il FL non ha però accolto uno scopo fondamentale voluto da Mc autentico attraverso una chiusa in cui il silenzio avvolgeva attori e lettore in un comune processo di maturazione alla fede in Gesù crocifisso e risorto. Il lettore non è più chiamato a «riempire» il vuoto lasciato dalla fuga, dal silenzio e dalla paura delle donne: nel FL Gesù stesso fornisce infatti tutti i «riempitivi» necessari. Pur nella sua ricchezza teologica, 16,9-20 coglie dunque solo una parte di ciò che Mc desiderava dire concludendo il Vangelo con 16,8. Il FL non accenna minimamente alla passione e alla morte di Gesù: l'autore non condivide la preoccupazione di Mc 16,6 nel voler congiungere in modo dinamico croce e risurrezione («Gesù, il Nazareno, il crocifisso è risuscitato» v. 16). Mc 16,9-20 sembra invece sbilanciato su una visione prettamente vittoriosa, non aliena da un certo tono trionfalistico (v. 20).

Rispetto a Mc autentico il nuovo epilogo appare dunque «fuori asse». Mettendo al centro dell'attenzione la missione focalizza un tema che autentico aveva trattato con una qualche ampiezza e sistematicità solo in 6,7-13. Per di più, il brusco passaggio dal biasimo di Gesù per l'incredulità degli Undici (v. 14) all'invio in missione (v. 15), indice di fiducia, accrescono l'impressione di una «virata» stridente: un'evidente discrepanza con il precedente impianto narrativo, in sé coerente e strettamente cristologico. Ciò nonostante esso ha saputo iscrivere la narrazione marciana del mistero pasquale in una cornice cosmica drasticamente efficace. Il Risorto stesso investe infatti la missione cristiana di grande potere e straordinaria responsabilità. L'annuncio del Vangelo rende visibile e cosmicamente attuale il giudizio che contrappone quanti credono e ricevono il battesimo a quanti oppongono un rifiuto e si consegnano alla condanna. In quanto emanazione ed espressione della signoria cosmica di Gesù Risorto, l'annuncio del Vangelo non ammette dubbi e incertezze, portando la storia a un picco drammatico.

In certa misura e a suo modo il nuovo epilogo risponde alla reticenza che Mc 16,8 come chiusa suscitava. Probabilmente però, lo stile, il linguaggio e alcune accentuazioni del nuovo finale non avrebbero soddisfatto il narratore di 1,1–16,8.

L'aggiunta conduce così il Vangelo marciano verso nuovi orizzonti che vedono il mistero pasquale sviluppare tutti i suoi ampi effetti entro un cammino, quello della missione cristiana, che rimane aperto. In questo modo il FL mostra al lettore che la storia di Gesù annunciata nel Vangelo è capace di raggiungere la storia di ogni uomo per trasformarla in storia di fede e di salvezza.

7. Mc 16 e gli altri Vangeli

Il nuovo epilogo (16,9-20) avvicina il finale canonico del Vangelo marciano ai racconti pasquali degli altri Vangeli e di Atti che, in termini diretti e specifici, concordemente pongono il mandato universale sulle labbra del Risorto (Mt 28,16-20; Lc 24,46-49; Gv 20,21; At 1,6-8).

7.1 *Matteo*

Una volta accostata a 16,8 l'aggiunta ha sensibili punti di contatto con la narrazione di Mt 28,8-20: la paura delle donne descritta come reazione a un'eccezionale rivelazione del divino (Mt 28,8; Mc 16,8), la protofania del Risorto mentre esse sono per via (Mt 28,9; Mc 16,9), l'assicurazione che l'annuncio della risurrezione di Gesù raggiunge i discepoli (Mt 28,8; Mc 16,10), l'apparizione del Risorto agli Undici (Mt 28,16; Mc 16,9), il discorso di invio in missione da parte del Risorto (Mt 28,18-20; Mc 16,15-18); una dimensione ampia della missione (Mt 28,19a; Mc 16,15); l'ordine di battezzare (Mt 28,19b; Mc 16,16), l'assicurazione di una presenza continua del Risorto tra i suoi (Mt 28,20; Mc 16,17-18).

Rispetto a Mt, l'aggiunta tende ad ampliare e precisare alcuni temi, a volte in modo quasi eccessivo: la caparbia incredulità degli Undici, la dimensione cosmica della missione, il legame tra fede, salvezza e battesimo, i segni a tutti i credenti.

A differenza del finale di Mt, il nuovo epilogo marciano opera un cambio di prospettiva rispetto alla narrazione precedente. Mt 28,16-20 costituisce l'approdo finale di temi fondamentali nel suo Vangelo (il «rendere discepoli», l'insegnare a osservare i comandamenti di Gesù, l'insistenza sulla sua presenza «sono con voi») ed è perciò in perfetta coerenza e continuità con il resto della narrazione. A partire dal finale è perciò possibile rileggere il Vangelo senza difficoltà. Anche il FL permette una rilettura di Mc autentico a partire dal suo nuovo epilogo, ma esso opera un netto cambio di prospettiva come dimostrano le sue peculiarità e la connessione, un po' forzata a 16,8. Sviluppando Mc 16,1-8, l'aggiunta segue interessi specifici, in qualche misura vicini a Mt, ma così facendo imprime alla teologia originaria di Mc una svolta decisa[122]. La «ri-lettura» del Vangelo risulta conseguentemente meno agevole e immediata. L'esito conserva dissintonie che hanno fatto sembrare il FL una sorta di finale «concorrente» a 16,1-8. La libertà e l'originalità che il FL manifesta negli elementi comuni con Mt sono ulteriormente attestate da alcuni interessi che condivide con gli altri due Vangeli.

7.2 Luca

Con Lc l'aggiunta condivide il tema dell'incredulità degli Undici che in Mc 16,9-20 appare decisamente più accentuato e insistente, e la tradizione riguardante l'apparizione del Risorto a due discepoli. Della duplice opera lucana il FL condivide anche il motivo dei segni e la presentazione dell'elevazione al cielo e della seduta di Gesù alla destra di Dio, tutti elementi che il FL tuttavia elabora a modo proprio.

Nella teologia della missione è ravvisabile una significativa differenza: in Lc essa è inquadrata in una visione carismatica della Chiesa, con lo Spirito Santo che si rende presente e agisce. Nel FL la missione appare entro un quadro piuttosto istituzionale, senza accenni allo Spirito Santo. La presenza del Risorto attraverso i «segni» resta un punto

---

[122] Cf. J. HUG, *La Finale de l'Évangile de Marc*, 185.

difficoltoso, non privo di qualche ambiguità[123] che non permette una visione d'insieme armoniosa e vivida come quella lucana in cui è lo Spirito a effondersi sui credenti (At 2,3). Infine mentre il FL chiude con un ultimo versetto sulla realizzazione della missione, nella visione lucana la presentazione del Vangelo viene affiancata dalla storia della missione cristiana — gli Atti degli Apostoli —, offrendo un'opera in due parti che propone una proposta di un percorso più lungo della vicenda terrena di Gesù[124].

7.3 *Giovanni*

Come Gv il FL attesta la protofania del Risorto a Maria Maddalena. Come il FL anche Gv 20 riporta un totale di tre apparizioni di Gesù: a Maria Maddalena (20,11-18), ai discepoli (20,19-23) e infine a Tommaso (20,24-29). La struttura complessiva di Gv 20 è però diversa dal FL: senza enfatizzare la missione universale, esso termina con un'annotazione sul perché è stato scritto questo Vangelo (20,30-31).

In sintesi, il nuovo epilogo del Vangelo marciano trova una collocazione propria in sintonia con i finali degli altri Vangeli. Se Mt 28 è il testo che maggiormente gli corrisponde e la cui struttura ha una più stretta analogia con quella del nuovo epilogo marciano, in quest'ultimo esistono elementi comuni a Lc e a Gv.

---

[123] La questione dei segni potenti che accompagnano i credenti (v. 17) non è da sottovalutare, soprattutto in un contesto di difficoltà missionaria in cui essi non si manifestino. L'accentuazione così marcata porta a problematiche conseguenze: la missione è dunque legata a segni prodigiosi? Sono i segni ad autenticare i missionari nell'autorità di Gesù? Che tipo di presenza attuale è dunque quella del Risorto?

[124] E. MANICARDI, «Chiesa e *missio*», 447.

CAPITOLO V

Mc 16,8 nella narrazione canonica (Mc 1,1–16,20)

Intendiamo ora riflettere sulle funzioni che Mc 16,8 viene ad assumere nella nuova narrazione canonica (Mc 1,1–16,20). Ci avventuriamo così in un settore poco indagato: in genere l'esegesi odierna riserva scarsa attenzione al FL, soprattutto nei legami che è venuto a tessere con Mc letterariamente autentico. È infatti piuttosto consueta la prassi di terminare le opere esegetiche su Mc in 16,8, riservando ai rimanenti versetti qualche frettolosa annotazione[1].

Estendere lo studio di Mc fino ad abbracciare la narrazione deuterocanonica è, invece, opportuno e persino necessario. Ciò non solo è coerente con quella «coscienza» che ha considerato Mc 1,1–16,20 come «Vangelo unitario», soprattutto nella traduzione detta «Vulgata»,

---

[1] In genere ci si accontenta di osservazioni critico-testuali. J.A. KELHOFFER, *Miracle and Mission*, 473, rileva che «gli studiosi del diciannovesimo e persino ventunesimo secolo hanno tutti troppo spesso considerato questi dodici versetti solo marginalmente». A titolo di esempio, basti il giudizio di B.M.F. VAN IERSEL, *Marco*, 461, che nel suo commento al Vangelo di Mc, giunto al FL afferma: «Riconoscendo 16,9-20 come parte del canone, le Chiese hanno radicalmente cambiato il carattere di Marco così come esso è riscontrabile nella maggior parte delle copie affidabili. Perciò io consiglio ai miei lettori di smettere la lettura a 16,8. Se uno vuol conoscere che cosa le scritture dicono sulle apparizioni di Gesù dopo la risurrezione, ha solo da consultare gli altri tre evangelisti. Per lo meno i Vangeli di Matteo e Luca possono essere letti sia come continuazione di Marco, sia come le sue due più antiche interpretazioni». Mostrano scarso interesse a Mc 16,9-20 anche le seguenti opere: E.M. BORING, *Mark*; R.T. FRANCE, *The Gospel of Mark.*; R.H. GUNDRY, *Mark*; R.J. KERNAGHAN, *Mark*; W. LANE, *The Gospel according to Mark*; J. MATEOS – F. CAMACHO, *El Evangelio de Marcos*, III; M. NAVARRO PUERTO, *Marcos*; J. PAINTER, *Mark's Gospel*; B. WITHERINGTON III, *The Gospel of Mark*. A volte la scelta di non trattare 16,9-20 in un commentario a «Marco» sottende un'ermeneutica del testo che antepone l'«autenticità letteraria» all'«autenticità canonica», squalificando questa in nome di quella.

ma appare conforme anche ai suggerimenti offerti dal Magistero cattolico per l'interpretazione della Bibbia nella vita della Chiesa, indicazioni che esortano a considerare l'intima unità della Scrittura entro il processo della storia della fede[2].

1. Mc 16,8 nel nuovo finale

Nell'offrire un proseguo alla storia di Gesù risorto l'aggiunta si innesta sulla sospensione temporale causata dall'interruzione della storia in 16,8. In tal modo l'opera una trasformazione di Mc 16,8 che da chiusa diventa versetto di transizione verso la protofania a Maria Maddalena.

Ciò provoca importanti ripercussioni. Prima di tutto viene ridefinito il ruolo delle donne discepole e del giovane messaggero.

Riguardo alle donne discepole. Dal momento che il Risorto appare a testimoni e agli Undici non è così rilevante l'esecuzione del comando da parte delle donne come invece nel caso in cui 16,1-8 sia la sola pericope conclusiva alla narrazione. Di conseguenza la loro figura e la figura stessa del νεανίσκος ne risultano relativizzate rispetto all'apparizione a Maria Maddalena che avvia una serie di apparizioni del Risorto.

Di fronte a questo nuovo impianto costruito sulle apparizioni del Risorto, se prima le donne risultavano il tramite decisivo che permetteva ai discepoli di riprendere la sequela, ora è Gesù a farsi personalmente carico di tale compito. In 16,8 le donne cadono nell'oblio e non sono più ricordate. La loro uscita di scena sembra anche suggerire che il messaggio appare così sconvolgente da rendere «incredibile» ogni sua attestazione e insufficiente ogni mediazione (il giovane messaggero), a meno che non venga corroborata dalla visione del Risorto stesso.

Riguardo al giovane messaggero. Anche la figura del giovane messaggero la cui proclamazione kerygmatica in Mc autentico risuonava nell'unico racconto pasquale a fine narrazione, nel nuovo epilogo assume minore rilevanza dal momento che si rapporta a una presenza del Risorto che pervade tutti i versetti del FL. Il messaggio stesso del giovane, che in Mc autentico costituisce il vertice rivelativo della più completa presentazione del messianismo di Gesù[3], ora riceve un completamento

---

[2] Cf. BENEDETTO XVI, «Intervento alla XIV Congregazione episcopale della XII Assemblea generale ordinaria del Sinodo dei Vescovi, 14.10.2008», 592; XII ASSEMBLEA GENERALE ORDINARIA DEL SINODO DEI VESCOVI, «La parola di Dio nella vita e nella missione della Chiesa. Le 55 proposizioni», 643-656.

[3] In Mc 16,6 le parole del νεανίσκος legano inseparabilmente l'esperienza terrena di Gesù («Nazareno»), la sua morte («il Crocifisso») e la sua resurrezione («è risuscitato»).

successivo nella sua elevazione al cielo e nella seduta alla destra di Dio. L'apice narrativo di 16,1-8 perde in rilevanza e viene a configurarsi come anello intermedio di una storia che, solo più avanti, ha il proprio vertice rivelativo.

Ciò implica che anche la funzione del νεανίσκος quale contrappunto della fuga delle donne, perda in smalto, e non sia più elemento sostanziale della narrazione. La figura del νεανίσκος ne esce così ridimensionata e le sue parole indebolite.

L'epilogo canonico marciano favorisce una lettura semplificata di Mc 16,8 in cui la reazione delle donne non pregiudica la conclusione del Vangelo. In questo modo, senza alterare in alcun modo il testo di 16,8, il FL supera l'enigmaticità del versetto.

2. Mc 16,8 nella narrazione canonica (1,1–16,20)

La ridefinizione di Mc 16,8 ha ripercussioni anche sulla nuova, più ampia, narrazione marciana (1,1–16,20). Fuga, silenzio e paura in Mc autentico sono percorsi tematici legati al motivo del discepolato che nella chiusa si imponevano. Nel FL invece sono motivi adombrati e i termini non sono ripresi. Come transizione, Mc 16,8 più che sottolineare riduce l'importanza di ciò che le donne fanno.

Riguardo alla fuga. In Mc autentico il ruolo dei discepoli e quello delle donne nella loro specularità emergeva dal confronto delle reciproche fughe. Nel FL tale caratteristica viene oscurata dall'emergere su tutti della figura di Maria Maddalena, quale testimone della protofania e prima annunciatrice del Risorto. Nella storia l'inserimento dell'apparizione a Maria di Magdala provoca uno sbilanciamento in cui il ruolo delle donne è definitivamente superato, mentre i discepoli sono descritti chiusi in un'ostinata incredulità. In Maria il paradigma marciano delle donne è sì ripreso in modo positivo ma anche contrapposto sia al gruppo delle donne discepole che agli Undici.

Riguardo al silenzio. Il peculiare «non dire» presente nella chiusa di Mc autentico sottolinea il carattere riservato ai soli discepoli dell'annuncio affidato alle donne, al tempo stesso attesta la necessità anche per le donne di un tempo di «silenzio» in cui maturare la fede in Gesù risorto. I racconti aggiunti delle apparizioni del Risorto annullano la forza evocatrice di una tale conclusione. Soprattutto il discorso del Risorto agli Undici, sposta completamente l'attenzione dal mistero pasquale all'invio in missione. Da un epilogo in cui il futuro vedere il Risorto corrisponde a un processo conoscitivo basato sulla corrispondenza con l'esperienza terrena di Gesù, si passa a un epilogo tutto teso a parole che illustrano un futuro nuovo e diverso rispetto alla sequela finora vissuta dai discepoli.

Riguardo alla paura. In Mc autentico la paura costituisce l'ultima pennellata di un processo emozionale che non interessa solo 16,1-8. Folla, avversari, discepoli, Gesù sono tutti coinvolti in una paura dai contorni differenziati, ma sempre riconducibile alla «debolezza» della natura umana. Come chiusa Mc 16,8 mette in risalto una paura religiosa delle donne di eccezionale intensità. Esso conclude con un timore religioso che riverbera la potenza dell'annuncio kerygmatico di cui le donne sono investite. Nella nuova narrazione l'epilogo non lascia spazio ad alcuna forma di paura. L'incredulità dei discepoli non è dovuta alla «debolezza della carne» o all'inadeguatezza nel comprendere l'identità messianica di Gesù, ma alla tenace caparbietà nel rifiutare l'annuncio di testimoni e ha come scopo ultimo la funzione di legare l'invio in missione a un diretto comando del Risorto. Se in Mc autentico i personaggi appaiono figure complesse, dipinte con variegati chiaro-scuri, la nuova narrazione conclude con netti contrasti, che non lasciano spazio a sfumature.

Un *diverso coinvolgimento interessa ora il lettore*. Come chiusa della narrazione marciana sicuramente autentica Mc 16,8 rende il lettore partecipe del Vangelo, obbligandolo ad una risposta immaginativa. Invece, per quanto non privo di elementi drammatici, il FL costituisce soprattutto un racconto descrittivo, dove tutto è dato e tutto trova soluzione in una forma rassicurante, ma al tempo stesso più scontata.

Nella chiusa di Mc autentivo le donne discepole assurgono a «levatrici di fede», in grado di aiutare il lettore a comprendere l'enigmaticità della conclusione entro una risposta credente. Nel FL esse costituiscono semplicemente il primo tassello di una storia che solo in seguito trova soluzione. Nel FL non viene più ripresa l'annotazione sulla Galilea dove Gesù precede i suoi discepoli. Di conseguenza viene meno la necessità di avviare una lettura «circolare» del Vangelo, promuovendo un diverso coinvolgimento del lettore.

Terminando la lettura in 16,20, il lettore non si ritrova partecipe del testo, ma erede della missione che ha avuto origine a partire da quanto in esso raccontato: ciò introduce una prospettiva nettamente differente. Se Mc 16,8 chiude il Vangelo consegnando la storia di Gesù al lettore così da spronarlo alla sequela, come «versetto cerniera» esso tradisce una preoccupazione, per così dire, catechistica. Il testo veicola il lettore in un epilogo privo di incognite, in cui egli deve e può superare ogni forma di incredulità. Non è casuale che questo testo lotti contro ogni forma di incredulità e rassicuri sull'esito dell'annuncio del Vangelo.

Implicitamente e a modo suo, il FL risponde comunque agli interrogativi che Mc 16,8 come chiusa suscitava: adesso appare chiaro che gli Undici hanno raggiunto la fede, hanno ricevuto dal Risorto l'invio in missione. Il FL si incarica di mostrare la portata di tale compito dalle dimensioni perfino cosmiche e strutturata in modo istituzionale. Esso si preoccupa di sottolineare che in essa opera il Risorto cooperando con i missionari e rassicurando tutti i credenti mediante segni che ne attestano la riuscita. In tal modo alla fuga delle donne il FL fa seguire un aperto slancio missionario, di cui i discepoli sono i soggetti. Il silenzio delle donne è colmato dalle parole del Risorto che si manifesta ai testimoni sottolineando l'urgenza e l'importanza dell'annuncio della Parola. Il severo rimprovero con cui il Risorto riprende gli Undici mostra a tutti i credenti che non vi sono ragioni per dubitare e non impegnarsi nell'annuncio del Vangelo.

A livello teologico 16,9-20 rappresenta un energico tentativo di comporre un'ermeneutica della missione.

3. Mc 16,8 in un singolare processo ermeneutico

Il singolare processo ermeneutico che ha caratterizzato il finale del Vangelo di Mc, ha investito in modo particolare 16,8 ridefinendone la funzione e riorientando i motivi che, come chiusa, esso esaltava. Ciò ha avuto anche ripercussioni sulle connessioni del versetto con il suo contesto più immediato, quello del racconto della visita delle donne alla tomba, o con tutta la narrazione che lo precede. In genere, all'interno della narrazione, il passaggio da chiusa a versetto di transizione ha causato un ridimensionamento della portata di 16,8. Esso ha anche provocato un suo slittamento verso 16,9-20: nel nuovo finale la funzione del versetto appare, infatti, più riferita agli episodi che seguono che non al racconto che precede.

Letto tenendo conto dei dati innegabili di un processo storico-redazionale, Mc 16,8 si rivela decisivo per la comprensione della nuova forma canonica del Vangelo marciano.

Costituendo il punto di giuntura dell'aggiunta, esso funge da «sonda di rilevamento» attraverso cui cogliere sintonie e dissonanze nello sconvolgimento che da Mc autentico (1,1–16,8) ha condotto alla nuova narrazione (1,1–16,20). Entro questa sorprendente evoluzione testuale del finale, il nostro versetto ha sviluppato la propria semantica e ha dilatato i propri confini: in breve, è «cresciuto» assumendo funzioni e significati poliedrici e polivalenti.

Si conferma, perciò, anche la scelta di estendere la ricerca fino a considerare la narrazione più ampia. Infatti nelle sue relazioni fondamentali al lessico di Mc, al racconto delle donne alla tomba vuota (16,1–8), alla narrazione marciana sicuramente autentica (1,1–16,8) e alla più ampia narrazione (1,1–16,20), Mc 16,8 mostra la sua singolare polisemia.

Il nostro studio ci ha così persuasi che per una piena lettura di Mc 16,8 bisogna valorizzare tutti i momenti del processo ermeneutico che ha interessato il finale del Vangelo marciano: tale istanza precede la comprensione dei singoli elementi e permette una lettura unitaria e variegata del testo canonico liturgico.

In tale prospettiva il nostro lavoro su Mc 16,8 è in grado di convalidare un comune principio dell'ermeneutica biblica, valido in genere anche per testi autorevoli: qualunque siano le vicende della loro formazione, arriva il momento in cui, a renderli definitivi, è l'autorità stessa di cui sono depositari. È proprio questo riconoscimento «canonico» che li rende definitivi e non più modificabili. Tale momento ha posto implicitamente fine anche alla crescita di Mc 16,8 entro il Vangelo stesso, consegnando finalmente il testo compiuto alla storia, testo a cui ci si deve in qualche modo riferire sempre.

Confidiamo che la presente ricerca contribuisca a favorire una maggior presa di coscienza in questa direzione[4].

---

[4] La necessità di una maggiore attenzione alla prospettiva canonica spiega l'ampia esortazione dal titolo «Approccio canonico» nel documento della PONTIFICIA COMMISSIONE BIBLICA, *L'interpretazione della Bibbia nella Chiesa*, 45-37.

CONCLUSIONE

Gli esiti della ricerca

1. Riguardo alla struttura e al lessico di Mc 16,8

Mc 16,8 mostra un'accurata costruzione letteraria in tre momenti narrativi. Inizia con l'uscita delle donne dalla tomba, tale azione sfocia in due azioni inaspettate e parallele: una «fuga» ed un «non parlare». Attraverso tale dinamismo il narratore mette in risalto il sentimento motore di questi comportamenti esprimendolo attraverso tre termini riconducibili al lessico della paura (τρόμος, ἔκστασις, φοβέομαι).

Fra tante ipotesi interpretative l'analisi lessicale del versetto conduce a un primo fondamentale orientamento. La reazione delle donne viene intesa dal narratore in senso positivo: l'insolita descrizione intende enfatizzare uno sconvolgimento legato a un avvenimento veramente eccezionale. I tre lemmi *fuga, silenzio* e *paura* sono strettamente correlati e vanno compresi in maniera coerente entro la caratterizzazione marciana. Questa mostra che essi si inscrivono soprattutto nelle complesse relazioni che descrivono il discepolato a Gesù.

All'uscita dalla tomba, la vertigine emozionale che assale le donne per quano visto e ascoltato, di fatto le conduce a una «fuga». Questo allontanamento precipitoso sembra riferibile all'urgenza di «andare a dire» la buona notizia ai discepoli e a Pietro (16,7), insieme a uno sconvolgimento che le assale, reazione avvicinabile a quella dei mandriani nel racconto dell'esorcismo dell'indemoniato di Gerasa (5,1-20). Rapportata alla fuga dei discepoli al Getsemani (14,50-52), che introduce gli ultimi eventi della storia di Gesù, quella delle donne ne segna la conclusione ponendo con la prima un arco di tensione che apre al raffronto. Le donne, tuttavia, non fuggono da un pericolo e nemmeno abbandonano Gesù come invece fanno i discepoli.

L'annotazione «non dissero niente a nessuno» informa su un silenzio peculiare, custodito dalle donne e non riconducibile ad altri silenzi a cui Mc, più degli altri Vangeli, mostra particolare interesse. Alcuni rapportano il silenzio delle donne al cosiddetto «segreto messianico». Quello delle donne, però, non è un silenzio imposto o richiesto da Gesù. Per di più si manifesta dopo la sua risurrezione (cf. 9,9). Maggiori analogie sono riscontrabili con i silenzi di Gesù che accompagnano le discussioni sulla sua identità in momenti solenni (14,61; 15,5) o con il «tacere» che caratterizza la descrizione della sua figura sulla via della croce (15,16-32).

La descrizione εἶχεν γὰρ αὐτὰς τρόμος καὶ ἔκστασις [...] ἐφοβοῦντο γάρ, che non ha paralleli nella Bibbia, esprime la peculiarità della «paura» di queste donne, ascrivibile ad un timore numinoso di intensità straordinaria, corrispondente al potere che si è manifestato nella resurrezione di Gesù proclamata dal giovane.

La locuzione τρόμος καὶ ἔκστασις unisce l'aspetto esteriore del tremore a una causa interiore più profonda, uno straordinario stupore che spinge le donne «fuori di sé». Questa endiadi emozionale è un *hapax* assoluto che tradisce la volontà del narratore di esprimere la reazione a un avvenimento sbalorditivo, evento senza eguali. All'unicità di quanto rivelato nella tomba corrisponde l'unicità della reazione degli attori umani.

Il versetto chiude con l'espressione ἐφοβοῦντο γάρ che descrive il prolungarsi di questo religioso timore delle donne non imputabile a un condizionamento psicologico o alle pressioni sociali del tempo e nemmeno dovuto al rifiuto di eseguire il comando. Esso segna, invece, la fatica a comprendere compiutamente la nuova identità di Gesù, proclamata nella tomba vuota.

La reazione delle donne non si configura dunque come un rifiuto di corrispondere all'incarico ricevuto, né costituisce una chiusa fallimentare. Si tratta di una chiara reazione al mistero della risurrezione che avvolgendo le donne le spinge a non divulgare all'esterno quanto devono comunicare ai discepoli.

Questa linea interpretativa trova conferma nei paralleli di Mt e Lc: essi non le hanno ritenute colpevoli di reticenza e non hanno tentato in qualche modo di giustificarle. Pur con interessi redazionali differenti sia Mt che Lc offrono un'interpretazione positiva di quanto le donne fanno dopo essere uscite dalla tomba (Mt 28,8; Lc 24,9).

2. Riguardo alla chiusa del racconto 16,1-8

Fuga, *silenzio* e *paura* delle donne derivano dal confronto col potere che si rivela nell'annuncio della risurrezione di Gesù, una reazione che dice la misura della portata di quanto accaduto nella tomba.

In modo particolare *fuga*, *silenzio* e *paura* sono connessi a quanto il giovane chiede alle donne (16,7) e costituiscono, in certo modo, una ripresa delle sue parole. Essi vanno intesi in continuità con l'esecuzione del comando.

L'imperativo «andate» (ὑπάγετε 16,7) trova corrispondenza nell'uscita delle donne dalla tomba (ἐξελθοῦσαι 16,8). Questo movimento segna il termine della rivelazione trasmessa dal messaggero. L'entrata e l'uscita delle donne dal sepolcro incorniciano la rivelazione dell'agire di Dio su Gesù, una potenza che investe le donne e che ha il suo segno premonitore nella pietra rotolata via dall'ingresso della tomba. Ora ogni ostacolo è tolto e nulla impedisce il possibile svolgimento del compito loro affidato.

La fuga che ne consegue è, di fatto, una presa di distanza «dal sepolcro», riconosciuto come luogo ormai superato dall'annuncio che Gesù è risorto e precede in Galilea. Trasformate da quanto hanno conosciuto e liberate dai legami alla tomba, le donne la fuggono come memoriale non più significativo.

Di conseguenza sembra maggiormente probabile che il silenzio delle donne non rompa la continuità dell'esecuzione del comando. Del resto anche tacendo il compimento dell'incarico, il lettore ne ha comunque la prova per essere egli stesso depositario della «buona novella» trasmessa con il ricordo di quanto avvenuto alla tomba.

L'espressione «non dissero niente a nessuno» si lega al comando del giovane «dite ai discepoli e a Pietro» e va compresa attraverso la modalità da lui specificata «come (Gesù) vi ha detto» (καθὼς εἶπεν ὑμῖν 16,7). Alle donne, perciò, non è raccomandato solo di riportare fedelmente quanto Gesù aveva predetto in 14,27-28, ma anche di rispettare le circostanze di tali predizioni, riservate ai soli discepoli in un contesto di particolare intimità. Il giovane perciò comanda alle donne di portare l'annuncio agli stessi destinatari voluti da Gesù per le sue predizioni. Le donne sembrano aver compreso quanto richiesto e perciò «non dissero niente a nessuno» al di fuori della cerchia dei discepoli. Tra l'altro il loro «non dire» è in piena sintonia con la teologia di Mc, secondo cui una piena comprensione di Gesù risorto si avrà solo in Galilea, quando la sequela riprenderà e in essa egli si mostrerà ai loro occhi.

Anche le opere lucane riportano un particolare silenzio legato al tempo della risurrezione: nei quaranta giorni che intercorrono tra resurrezione e ascensione (At 1,3) il Risorto si manifesta ai soli apostoli preparandoli al dono dello Spirito Santo. L'annuncio della risurrezione al di fuori della cerchia dei discepoli ha luogo soltanto dopo la festa di Pentecoste. Lc attesta perciò che l'annuncio kerigmatico è preceduto da un tempo di «silenzio», tempo di speciale rivelazione in cui i discepoli maturano la fede nel Risorto. Ciò sembra in qualche modo corrispondente alla funzione del silenzio delle donne in Mc.

Nel racconto marciano delle donne al sepolcro il motivo della «paura» è introdotto dal verbo ἐκθαμβεῖσθαι (16,5.6) connesso per parentela lessicale con τρόμος, ἔκστασις e φοβέομαι. Tale motivo viene ad incorniciare la proclamazione kerygmatica fatta dal giovane, enfatizzando l'apice del racconto. La caratterizzazione marciana di ἐκθαμβεῖσθαι conferma che la paura delle donne è assunta come attestazione di fede: il verbo infatti esprime una reazione di fronte a qualcosa di assolutamente straordinario proveniente da Dio e che immette nella sua rivelazione, in modo analogo alla paura che assale Gesù al Getsemani nell'imminenza della passione (14,33). Questa prima paura affiora nelle donne alla vista del giovane messaggero (16,5) in modo conforme alle scene di epifanie del divino. Questo terrore viene subito superato in forza dell'invito del giovane a non temere (16,6) ed infatti le donne si trattengono nella tomba per tutto il tempo della rivelazione. Una nuova paura assale però le donne al termine del messaggio del giovane (16,8). Questa volta si tratta di un timore religioso a un vertice rivelativo in cui Dio innalza Gesù ad un'autorevolezza suprema a cui egli stesso sembra inchinarsi. Le donne sono colte da profonda vertigine: solo ora comprendono chi sia veramente colui che hanno seguito tanto da vicino fin dalla Galilea.

3. Riguardo alla chiusa della narrazione marciana letterariamente autentica Mc 1,1–16,8

Fuga, silenzio e *paura* sono motivi che contribuiscono all'unità e alla coerenza della narrazione marciana ed enfatizzano la singolare unicità del protagonista. Legati all'ambito del discepolato essi mettono in luce la complessità del rapporto con Gesù e la difficoltà di una sequela che si caratterizza come cammino dalle esigenze assolute, in totale adesione alla volontà di Dio di cui Gesù è l'unico interprete.

La fuga delle donne è speculare, ma diversa, da quella dei discepoli, perciò non può esserle accomunata. Se nei discepoli essa esprime il rifiuto di un messianismo sofferente e l'allontanamento dalla croce, nelle donne che hanno seguito Gesù fin oltre la sua morte, la fuga rappresenta invece il superamento dello smacco della croce. Essa segna un nuovo inizio in cui il Risorto, tramite le donne, recupera i discepoli alla sua sequela, mostrando che la morte in croce non costituisce la meta a cui il cammino di Gesù conduce. Il νεανίσκος, figura peculiare marciana fornisce un contrappunto illuminante: al Getsemani fugge nudo (14,51-52) sottolineando l'abbandono dei discepoli, invece vestito e glorioso rimane nella tomba quando le donne escono e si allontanano: la sequela viene continuata proprio da questa uscita.

Riguardo al silenzio. Il «non dire» delle donne è l'ultima reazione agli interventi di Dio. Si tratta di punti nodali che segnano l'incontro del lettore con l'istanza più autorevole della narrazione. Dio interviene direttamente nel prologo, al momento del battesimo di Gesù, alla trasfigurazione e alla tomba vuota.

Nelle correlazioni tra prologo ed epilogo, il silenzio delle donne in 16,8 accompagna l'annuncio più diretto in cui Dio parla del suo agire a favore di Gesù manifestando la profonda intimità che a lui lo lega, intimità solo accennata nel dialogo della citazione iniziale del prologo (1,2-3), e asserita mediante il ricorso alle Scritture nel battesimo (1,11) e nella trasfigurazione (9,7). Nella tomba vuota le donne ricevono un messaggio diretto di Dio che costituisce la sintesi della storia di Gesù narrata da Dio secondo il proprio punto di vista. Ciò che le donne ascoltano ora corrisponde esattamente a ciò che il lettore ha conosciuto tramite il Vangelo stesso di Mc, così la storia di Gesù, da tutti, attori e lettore, è riconosciuta come il cammino di Dio con gli uomini per mezzo di Gesù, il Cristo (1,1-3). Consegnando alle donne il kerygma pasquale destinato ai discepoli e, tramite essi, a tutti i credenti, il narratore chiude sulle parole di Dio e non lascia spazio ad altre voci. Il lettore, a fine narrazione, è spinto a «entrare» nel silenzio delle donne così da maturare con loro e con i discepoli una risposta di fede.

Nelle correlazioni fra trasfigurazione ed epilogo, le tre donne alla tomba sono connesse ai tre discepoli presenti sul monte (9,10). In questi due episodi la figura di Pietro riceve particolare rilievo. La missione delle donne (16,6-7) sancisce la fine del silenzio imposto da Gesù (9,7): per i tre discepoli è ora giunto il momento della testimonianza. Questa a sua volta, non potrà che rendere attendibili e dunque credibili le parole delle donne, dal momento che essi non sono nuovi a parole umanamente difficili da comprendere ed accettare sul «risuscitare dai morti» (Mc 9,10). Consegnandosi a loro volta al silenzio (16,8), le donne attestano al lettore l'inizio di un nuovo tempo, quello dell'annuncio riservato all'iniziativa di Pietro e degli altri Undici.

Infine come il silenzio tenuto da Gesù durante la passione, anche il silenzio delle donne ha la funzione di ricondurre a Dio l'intreccio narrativo: soltanto sua è la soluzione ultima di tutto il Vangelo.

La paura che attraversa discepoli e donne, trova comune spiegazione nella paura che Gesù stesso sperimenta e rivela nel Getsemani (14,32-42): essa ha origine nella «debolezza della carne» (14,38). Qui è la chiave interpretativa per comprendere e valutare la paura degli altri attori: nei discepoli testimonia una fede in difetto, che non comprende l'identità di Gesù; nelle donne invece scaturisce da un «eccesso» di rivelazione che esse non possono contenere ed esprime l'umile risposta al mistero pasquale in cui solo la potenza di Dio rende possibile la ripresa di una nuova sequela a Gesù facendolo risorgere dai morti.

Insieme, discepoli e donne, mostrano che paura e debolezza sono elementi imprescindibili per chiunque intenda seguire Gesù: esse possono condurre al fallimento, ma anche rendere possibile il passaggio verso un discepolato nuovo e redento, a condizione che si accolga la rivelazione di Gesù crocifisso e risorto affidandosi alla sua parola.

Insieme discepoli e donne mostrano che debolezza e paura sono elementi imprescindibili per chiunque intenda seguire Gesù: esse possono condurre al fallimento, ma anche rendere possibile il passaggio verso un discepolato nuovo e redento, a condizione che si accolga la rivelazione di Gesù crocifisso e risorto affidandosi alla sua parola. Dunque la paura dei discepoli e quella delle donne mostrano rispettivamente l'esito negativo e quello positivo a cui giunge il discepolo davanti a una sequela le cui esigenze sono radicali. La manchevolezza dei discepoli contrasta con «la vertigine» delle donne: in ultima analisi ne illustra la distanza che esiste fra il discepolato che si limita a seguire «Gesù di Nazaret» e quello che abbraccia «il Crocifisso risuscitato», trovando piena corrispondenza nella proclamazione pasquale di «Gesù di Nazaret, il crocifisso risuscitato» (16,7).

Mc 16,8 conclude ricordando che nella nuova sequela postpasquale il timore non è scomparso, ma accresciuto «vertiginosamente»: il mistero di Dio che si è rivelato nella Pasqua di Gesù non solo supera il fallimento umano e riannoda tramite le donne la sequela interrotta, ma rende anche «la debolezza della carne» del discepolo luogo stesso di purificazione e perfino via di partecipazione alla potenza e alla missione del Risuscitato.

Le connessioni fra *fuga, silenzio* e *paura* conducono dunque a delineare la natura del discepolato a Gesù. Nella sequela pre e postpasquale l'unico protagonista è il Nazareno crocifisso e risuscitato: cammino, direzione, modalità, esigenze, tutto è da lui determinato e a lui riferito. La sequela è, dunque, il solo luogo in cui il discepolo impara a «vedere» Gesù in una pragmatica comprensione che ha la sua unica garanzia nel Risorto stesso e nella sua parola.

Pur appartenendo ai cosiddetti «personaggi minori», l'importanza del ruolo che le donne rivestono non è secondaria. Rispetto agli altri Vangeli, Mc rende più complessa la loro figura e rinuncia a rappresentazioni ideali: per quanto ritratte in chiave positiva, le donne non si sostituiscono ai discepoli maschi e non costituiscono un esempio di discepolato perfetto. Come i discepoli anche le donne, mostrano la difficoltà della sequela e l'inadeguatezza a comprenderla in pienezza. Ad esse va però riconosciuta una luce più favorevole che mette in risalto la loro poliedricità: testimoni della tomba vuota, destinatarie prime del mistero pasquale, custodi di una sequela che non dimentica la via della croce, latrici ai discepoli del kerigma pasquale e di una parola di riconciliazione, quando si allontanano per adempiere l'incarico, il lettore le sente ormai come compagne di viaggio, «levatrici della fede», con lui coinvolte in un processo euristico che attraversa tutta l'opera.

Mc 16,8 costituisce dunque un finale avvincente, la cui reticenza obbliga il lettore al gioco immaginativo di un'adeguata soluzione all'intreccio, coerente alle istanze della narrazione e alla fede che la ispira. Quello di Marco si dimostra Vangelo di rivelazione piuttosto che di occultamento o, più precisamente, Vangelo di un occultamento destinato a condurre alla rivelazione.

4. Riguardo all'aggiunta di nuovi elementi conclusivi (Mc 16,9-20)

Mc 16,9-20 non si configura come seguito naturale di 16,1-8: il v. 9 non crea un legame diretto con 16,8 come invece fa il FB. L'aggiunta non è stata scritta come conclusione del Vangelo, ma ha un'origine autonoma ed indipendente. Essa costituisce un ripensamento della teologia marciana. Al redattore che ha posto l'aggiunta il racconto delle donne alla tomba vuota (16,1-8) deve essere parso incompleto, al punto da non considerare 16,8 un'autentica chiusa al Vangelo. Aggiungendo i

vv. 9-20 egli ha inteso completare la storia di Gesù risorto in modo «soddisfacente» e vicino ai finali degli altri Vangeli.

L'aggiunta offre un nuovo finale in cui la successione degli avvenimenti è simile a quella di Mt 28,8-20: le donne abbandonano il sepolcro, mentre sono per via il Risorto si rende presente, l'annuncio raggiunge gli Undici, il Risorto appare agli Undici, segue il discorso di invio in missione con richiamo al rito del battesimo e l'assicurazione della sua presenza. Senza manomettere il testo di 16,1-8 il nuovo finale lo ingloba leggendo 16,8 come chiusa provvisoria e incaricandosi di offrire alla storia di Gesù risorto un ulteriore sviluppo avviato dalla protofania a Maria Maddalena. Ella diviene custode di un annuncio nuovo, differente da quello affidato alle donne dal giovane nella tomba. La protofania introduce con ciò un racconto dalle caratteristiche teologiche differenti rispetto a Mc 16,1-8.

Attraverso l'iniziale participio ἀναστάς (16,9) più che a 16,1-8 l'aggiunta sembra collegarsi alle predizioni di Gesù sul destino del Figlio dell'Uomo, come a volerne offrire uno sviluppo proprio. La locuzione temporale πρωΐ πρώτῃ σαββάτου collegandosi a 16,1-2 sembra persino imprimere un «riavvolgimento» cronologico che fa ripartire da capo la storia pasquale, quasi a sovrapporre il racconto della protofania alla scena delle donne al sepolcro. Il tutto mostra la forza e la determinazione con cui 16,9-20 riorienta la narrazione marciana autentica in un nuovo epilogo mosso da specifici interessi.

Cinque peculiarità teologiche distinguono l'aggiunta da Mc autentico: a) la messa in risalto del Risorto che appare a testimoni e la cui presenza pervade tutti e dodici i versetti; b) l'insistenza sull'incredulità degli Undici, una mancanza di fede nella risurrezione e nell'annuncio per bocca di testimoni; c) l'attenzione alla missione che scaturisce da un comando diretto del Risorto e ha una dimensione ancor più ampia rispetto all'universalismo di Mc autentico, perfino cosmica; d) il richiamo al battesimo che dà la salvezza (16,16), quale attestazione visibile della fede e dell'identificazione ecclesiale; e) i segni potenti che accompagnano la missione e che ne garantiscono la riuscita.

Il FL opera così un ripensamento della teologia di Mc autentico in una prospettiva missionaria, in cui fede e incredulità sono messi in luce dall'annuncio del Vangelo. Poiché la missione comandata dal Risorto è espressione della sua signoria cosmica, essa determina una separazione tra quanti credono, ottenendo la salvezza e quanti rifiutano la Parola e ricevono la condanna, manifestando nel cosmo il giudizio divino. Nella missione Gesù risorto continua a rendersi presente ai credenti con segni che accompagnano l'annuncio della Parola.

L'origine certamente autonoma e indipendente dell'aggiunta, il fatto che essa si unisca a 16,1-8 con difficoltà e le profonde differenze teologiche e lessicali, sono elementi che non permettono di concludere che l'insieme di Mc 16,1-20 sia un'unità compatta. Lasciando 16,1-8 come conclusione alla narrazione precedente e leggendo 16,8 come chiusa provvisoria, ora sono i vv. 9-20 a costituire il nuovo epilogo canonico al Vangelo di Mc.

L'aggiunta, pur presentando elementi in comune con le tradizioni presenti nei racconti pasquali degli altri Vangeli, ha una propria originalità e trova adeguata collocazione accanto ai finali degli altri Vangeli.

Rispetto alle similarità con Mt, il FL tende ad ampliare e precisare alcuni temi, a volte in modo quasi eccessivo. Gli elementi comuni con Lc (il tema dell'incredulità, l'apparizione del Risorto a due discepoli, i segni, l'elevazione al cielo di di Gesù risorto) e con Gv (la protofania a Maria Maddalena) sono, comunque sempre assunti in un quadro di riferimento proprio ed elaborati in modo singolare.

L'aggiunta ha realizzato lo scopo che il suo autore si prefiggeva: il fatto che sia il finale più accreditato fra le testimonianze testuali e sia stata introdotta nel canone attesta l'ampio consenso che ha incoronato 16,9-20 come legittimo finale del Vangelo di Marco. Il nuovo epilogo non ha però accolto uno scopo fondamentale voluto da Mc autentico attraverso una chiusa il cui il silenzio avvolgeva attori e lettore in un comune processo di maturazione della fede in Gesù crocifisso e risorto.

Rispetto a Mc autentico il FL appare dunque una conclusione «fuori asse». Ciò nonostante esso ha saputo comunque iscrivere il mistero pasquale in una cornice cosmica drasticamente efficace.

5. Riguardo al ruolo di Mc 16,8 nella nuova narrazione canonica (Mc 1,1–16,20)

Nell'offrire un proseguo alla storia di Gesù risorto l'aggiunta opera una trasformazione di Mc 16,8 che da chiusa diventa versetto di transizione. La protofania a Maria Maddalena infatti si innesta sulla sospensione temporale causata dall'interruzione della storia in 16,8. Il nostro versetto viene così a costituirsi come «ponte di lancio» per i racconti delle apparizioni. Ciò provoca importanti ripercussioni.

Dal momento che il Risorto appare a testimoni e agli Undici non è così rilevante l'esecuzione del comando da parte delle donne come nel caso invece in cui 16,1-8 sia la sola pericope conclusiva alla narrazione.

Di conseguenza la loro figura e la figura stessa del νεανίσκος ne risultano relativizzate rispetto all'apparizione a Maria Maddalena che avvia una serie di apparizioni del Risorto (a due discepoli prima e agli Undici poi). Di fronte a questo nuovo impianto costruito sulle apparizioni del Risorto, se prima le donne risultavano il tramite decisivo che permetteva ai discepoli di riprendere la sequela, ora è Gesù a farsi personalmente carico di tale compito. In 16,8 le donne cadono nell'oblio e non sono più ricordate.

Anche la figura del giovane messaggero celeste la cui proclamazione pasquale in Mc autentico risuonava nell'unico racconto pasquale a fine narrazione, nel nuovo epilogo assume minore rilevanza dal momento che si rapporta a una presenza del Risorto che pervade tutti i versetti del FL. Il messaggio stesso del giovane, che in Mc autentico costituisce il vertice rivelativo della più completa presentazione del messianismo di Gesù, ora riceve un completamento successivo nell'elevazione al cielo di Gesù e nella sua seduta alla destra di Dio.

Il ruolo dei discepoli e quello delle donne che nella loro specularità emergeva dal confronto delle reciproche fughe, viene oscurato dall'emergere della figura di Maria Maddalena, eletta testimone della protofania e prima annunciatrice del Risorto.

Fuga, silenzio e paura che in Mc autentico sono percorsi tematici legati al motivo del discepolato e che nella chiusa si imponevano, nel FL sono motivi adombrati e i termini non sono ripresi.

Un diverso coinvolgimento interessa ora il lettore. Come chiusa della narrazione marciana sicuramente autentica Mc 16,8 rendeva partecipe del Vangelo il lettore, obbligandolo ad una risposta immaginativa. Nel FL invece egli diviene erede della missione attraverso un testo in cui tutto è chiarito ed offerto in modo rassicurante. Non è casuale che questo testo lotti contro ogni forma di incredulità, costituendo una poderosa esortazione all'annuncio del Vangelo.

Implicitamente il FL risponde comunque agli interrogativi che Mc 16,8 come chiusa suscitava: adesso appare chiaro che gli Undici hanno raggiunto la fede, hanno ricevuto dal Risorto l'invio in missione. Il FL si incarica di mostrare la portata di tale compito dalle dimensioni perfino cosmiche e strutturata in modo istituzionale. Esso si preoccupa di sottolineare che in essa opera il Risorto cooperando con i missionari e rassicurando tutti i credenti mediante segni che ne attestano la riuscita.

Letto tenendo conto dei dati innegabili di un processo storico-redazionale, Mc 16,8 si rivela decisivo per la comprensione della nuova forma canonica del Vangelo marciano. In tale processo Mc 16,8 è «cresciuto» assumendo funzioni e significati poliedrici e polivalenti.

Nelle sue relazioni fondamentali al lessico di Mc, al racconto finale (16,1-8), alla narrazione marciana sicuramente autentica (1,1–16,8) e all'interno del nuovo capitolo 16,1-20, Mc 16,8 mostra la sua singolare polisemia. Il nostro studio ci ha così persuasi che per una piena lettura di Mc 16,8 bisogna valorizzare tutti i momenti del processo ermeneutico che ha interessato il finale del Vangelo marciano: tale istanza precede la comprensione dei singoli elementi e permette una lettura unitaria e variegata del testo canonico liturgico.

6. Tre modi per leggere Mc 16,8

Nel composito quadro che soggiace alla formazione del finale del Vangelo marciano, la focalizzazione su Mc 16,8 ha permesso di tracciare *un percorso pluridimensionale di letture distinte*, che procedono in modo complementare, fino alla definitiva e più ampia evoluzione della forma canonica del testo. Ciò ha mostrato analiticamente la poliedricità del versetto.

Una prima lettura segue il filo della narrazione canonica (1,1–16,20), procedendo in modo sincronico e, in un certo senso, ingenuo. Si tratta del livello più immediato, in cui però è più facile scorgere dissintonie all'interno del finale marciano. È una lettura che potremmo definire, con un ossimoro, «semplice» e «problematica»: essa non può non offrire una lettura elementare, ma anche evidenzia le incongruenze testuali e suggerisce i problemi di fondo.

Una seconda lettura assume Mc 16,8 come chiusa della narrazione letterariamente autentica (1,1–16,8): in questo caso la lettura propone un procedimento «circolare», poiché l'invito del giovane messaggero nella tomba vuota riconduce in Galilea (16,7), luogo in cui tutto ha avuto inizio. A suscitare domande qui sono soprattutto l'interpretazione e la reticenza di Mc 16,8 quale chiusa della narrazione autentica, un finale coraggioso e provocatorio. A questo livello, dal punto di vista teologico, dobbiamo riconoscere che Mc 16,8 sigilla l'opera con stimolante efficacia.

Una terza lettura recupera di nuovo l'intero Vangelo (1,1–16,20) in una prospettiva diacronica, capace di superare la semplice «problematicità» del testo: essa si concentra sulla sullo sviluppo operato dall'aggiunta di 16,9-20 a 1,1–16,8 così come appare nella nuova unità 1,1–16,20. Pur non essendo sempre lineare, né del tutto coerente, la nuova unità permette di cogliere l'evolversi di una «rilettura» e di un «ri-orientamento» che si configurano come risposta esplicita alle preoccupazioni inerenti alla missione realizzata dalla comunità cristiana primitiva, e al contempo si confermano come implicita soluzione delle questioni suscitate e lasciate in sospeso da Mc 16,8.

Seppur distinte, le tre letture sono componibili: ogni livello è, in qualche modo, debitore degli altri due e procede solo a condizione che anche gli altri si evolvano. In definitiva, è soprattutto il punto di vista canonico che rende necessario considerarli nel loro insieme, in un rimando vicendevole continuativo e permanente.

In questo arricchimento «stereofonico» si dischiude l'armoniosità del finale del Vangelo di Marco, un testo in cui le dissonanze conducono alla ricerca di nuovi accordi, come avviene nelle più moderne composizioni musicali, offrendo al lettore una visione multidimensionale. È in questo processo di lettura, al tempo stesso differenziata e concorde, che è possibile cogliere appieno la rilevanza di Mc 16,8. Il composito quadro della stesura del Vangelo di Mc si conferma come l'istanza ermeneutica che esalta la sinfonia polisemica del nostro versetto.

Lo studio di Mc 16,8 ha ripercorso l'evoluzione del finale del Vangelo marciano. Il nuovo epilogo (16,9-20) costituisce un caso eccezionalmente ricco di antica «lettura canonica», dal momento che legge 16,1-8 nel contesto complessivo degli altri Vangeli. Molte comunità cristiane hanno presto accolto il FL con grande favore, il che ha sancito il riconoscimento della sua canonicità generata, in prima istanza, all'interno degli stessi testi canonici. La comunità credente ha infatti riconosciuto al FL un'autorità normativa derivata dalla sua prossimità con gli altri Vangeli, la stessa autorità normativa che deve aver spinto il redattore finale a porre l'aggiunta, preferendola ad altri testi.

Il nuovo epilogo, che rispetto alla narrazione originaria genera un ri-orientamento di alcuni motivi della teologia marciana, rappresenta un esempio di «intertestualità» che svela il rapporto tra due testi (16,1-8 e 16,9-20) e, al contempo, certifica un processo testuale fedele ai valori normativi che le comunità cristiane già riconoscevano agli scritti evangelici. In questo modo lo studio di Mc 16,1-20 ha messo in evidenza un approccio canonico al Vangelo databile già ai primi secoli. Esso, allora come oggi, rivendica la dignità di una lettura teologica delle Scritture.

SIGLE E ABBREVIAZIONI

AB	The Anchor Bible
a.C.	avanti Cristo
ACNT	Augsburg Commentary on the New Testament
al.	*alii* (cioè altri)
ALFORD	H. ALFORD, *The Greek Testament*, I-IV, London 1894
AnBib	Analecta Biblica
ASTI	*Annual of the Swedish Theological Institute*
ATLA	American Theological Library Association
BBRes	*Bulletin for Biblical Research*
BEThL	Bibliotheca Ephemeridum Theologicarum Lovaniensium
Bb	Biblioteca Biblica
Bib	*Biblica*
BibTod	*Bible Today*
BIS	Biblical Interpretation Series
BNTC	Black's New Testament Commentaries
BOVER	J.M. BOVER, ed., *Novi Testamenti Biblia Graeca et Latina*, Matriti 1943
BR	*Biblical Research*
BTC	Biblioteca di Teologia Contemporanea
BZNW	Beiheft zur Zeitschrift für die neutestamentliche Wissenschaft und die Kunde der älteren Kirche
cap.	capitolo/i
Carth	*Carthaginensia*
CaNT	Commentari al Nuovo Testamento
CB	Commenti biblici
CBNT	Commentaire Biblique Nouveau Testament
CBQ	*Catholic Biblical Quarterly*
CChr.SL	Corpus Christianorum Series Latine
CE	Cahiers Evangile
cf.	*confer(endum)*

CGTC	Cambridge Greek Testament Commentary
CNT	Commentaire du Nouveau Testament
COQG	Christian Originis and the Question of God
CredOg	*Credere Oggi*
CSANT	Commentario Storico-esegetico dell'Antico e del Nuovo Testamento
CSpNT	Commenti Spirituali del Nuovo Testamento
CStB	Commenti e Studi Biblici
CTNT	Commentario Teologico del Nuovo Testamento
CurTM	*Currents in Theology and Mission*
d.C.	dopo Cristo
DENT	H. BALZ – G. SCHNEIDER, ed., *Dizionario esegetico del Nuovo Testamento*, I-II, Brescia 1995.
DStB	Daily Study Bible
DTAT	E. JENNI – C. WESTERMANN, ed., *Dizionario Teologico dell'Antico Testamento*, I-II, Casale Monferrato 1982.
EncE	*Enciclopedia Europea*
Ench. Bib.	*Enchiridion Biblicum. Documenti della Chiesa sulla Sacra Scrittura,* Bologna ²1994
es.	esempio
EstB	*Estudios bíblicos*
EtB	*Etudes bibliques.*
EtB NS	*Etudes bibliques. Nouvelle Série*
etc.	*et caetera*
ETR	*Etudes théologiques et religieuses*
EvC	*Evangelio y Cultur*
EvT	*Evangelische Theologie*
Exp	*The Expositor*
ExpT	*Expository Times*
FB	Finale breve
Fs	«Festschrift» (cioè «Scritti in onore di»)
FemT	*Feminist Theology*
FL	Finale lungo (Mc 16,9-20)
FRLANT	Forschungen zur Religion und Literatur des Alten und Neuen Testaments
FzB	Forschung zur Bibel
GLNT	*Grande Lessico del Nuovo Testamento*
GNT^4	K. ALAND – *al.*, ed., *The Greek New Testament,* Stuttgart ⁴1993.
Her	Hermeneia
HNT	Handbuch zum Neuen Testament
HPR	*Homiletic and Pastoral Review*

HTKNT	Herders Theologischer Kommantar zum Neuen Testament
ID.	Idem (cioè «lo stesso»)
Int	*Interpretation*
INTC	Il Nuovo Testamento Commentato
IRT	Issues in Religion and Theology
IVP	The InterVarsity Press New Testament Commentary Series
JBL	*Journal of Biblical Literature*
JR	*Journal of Religion*
JSNT	*Journal for the Study of the New Testament*
JSNT Supp	Journal for the Study of the New Testament. Supplement
JTSA	*Journal of Theology for Southern Africa*
LetBib	Letture Bibliche
LiBi	Lire la Bible
Ldiv	Lectio Divina
LecNT	Lectura del Nuevo Testamento
LNT	Lettura del Nuovo Testamento
MERK	A. MERK, *Novum Testamentum graece et latine*, Romae ^{10}1984
MoBi	Le Monde de la Bible
MKNT	Meyer's Kommentar zum Neuen Testament
n.	nota
N-A^{27}	E. NESTLE – B. ALAND – K. ALAND – J. KARAVIDOPOULOS – C.M. MARTINI – B. METZGER, *Novum Testamentum* Graece, Stuttgart ^{27}1993.
NCBC	The New Century Bible Commentary
NEB NT	Neue Echter Bible. Kommentar zum NT mit der Einheitsübersetzung
NIBC	New International Biblical Commentary
NICNT	The New International Commentary on the New Testament
NIDOTThEx	New Internatinal Dictionary of Old Testament
NIGTC	The New International Greek Testament Commentary
NOLLI	G. NOLLI, *Novum Testamentum graece et Latine*, Città del Vaticano 2001
NTC	New Testament Commentary
NTL	The New Testament Library
NTR	New Testament Readings
p. pp.	pagina, pagine
par.	parallelo

PFTNE	Publicaciones de la Facultad de Teología de Norte de España
PG	J.P. MIGNE, ed., *Patrologia graeca*, 1-161, Paris 1857-1866.
PL	J.P. MIGNE, ed., *Patrologia latina*, 1-221, Paris 1844-1855, 1862-1864.
PNTC	The Pillar New Testament commentary
QD	Quaestiones Disputatae
RB	*Revue Biblique*
RBib	Retorica Biblica
RdT	*Rassegna di Teologia*
RLT	*Revista Latinoamericana de Teología*
RivBib	*Rivista biblica*
RNT	Regensburger Neues Testament
RT	*Revista Teología*
SB	Stuttgarter Bibelstudien
SBB	Stuttgarter Biblische Beiträge
SC	Sources Chrétiennes
sec.	secolo, secoli
SemSt	Society of Biblical Literature. Semeia Studies
VON SODEN	H.F. VON SODEN, *Griechisches Neues Testanent. Text mit kurzem Apparat*, Göttingen 1913
SRivBib	Supplementi alla Rivista Biblica
SSNT	Studia Semitica Novi Testamenti
StA	Studia Anselmiana
StB	*Studia Bobolanum* [Warsaw]
StBib	Studi Biblici
StBibFr	Studium Biblicum Franciscanum
StNTW	Studies of the New Testament and its World
SThZ	*Schweizerische Theologische Zeitschrift*
SBT.SS	Studies in Biblical Theology. Second Series
SWR	Studies in Women and Religion
TdT	Themen der Theologie
TISCHENDORF	C. TISCHENDORF, *Novum Testamentum graece*, Leipzig ^{8}1869
TLZ	*Theologishe Literaturzeitung*
TNTC	Tyndale New Testament Commentaries
trad. it.	traduzione italiana
TV	*Theologia Viatorum*
TWAT	*Theologisches Wörterbuch zum Alten Testament*
TWNT	*Theologisches Wörterbuch zum Neuen Testament*
TZ	*Theologische Zeitschrift*
v. vv.	versetto, versetti

Vis.	Visione
WBC	World Biblical Commentary
WESTCOTT – HORT	B.F. WESTCOTT – F.J.A. HORT, *The New Testament in the Original Greek*, I-II, Cambridge–London 1890
WordW	*The Word in the World*
WStB	Wissenschaftliche Untersuchungen zum Neuen Testament
ZKT	*Zeitschrift für katholische Theologie*

BIBLIOGRAFIA

AICHELE, G., *Jesus Framed*, London 1996.

ALAND, K., «Der Schluss des Markusevangeliums», in M. SABBE, ed., *L'Évangile de Marc, tradition et redaction*, BETL XXXIV, Leuven 1988, 435-470.

ALAND, K. & B., *Der Text des Neuen Testaments*, Stuttgart 1982; trad. it., *Il Testo del Nuovo Testamento*, CSANT 2, Geneva 1987.

ALEGRE, X., «Un silencio elocuente o la paradoja del final de Marcos. "Y no dijeron nada a nadie porque tenían miedo" (Mc 16,8b)», *RLT* 58 (2003) 3-24, 59 (2003) 135-161.

ALETTI, J.-N., «La construction du personnage Jésus dans les récits évangéliques. Le cas de Marc», in C. FOCANT – A. WÉNIN, ed., *Analyse Narrative et Bible: deuxième colloque international du RRENAB, Louvain-La-Neuve, avril 2004*, BEThL 191, Leuven (Belgium) 2005, 19-42.

ALEXANDER, H.E., *L'évangile selon Marc*, Berne 1948.

AMBROGIO DI MILANO, *Commento ai Dodici Salmi*, Opere Esegetiche, ed. L.F. Pizzolato, VII/1, Milano – Roma 1980.

AMPHOUX, C.-B., «La "finale longue de Marc". Un épilogue des quatre évangiles», in C. FOCANT, ed., *The Synoptic Gospels: source criticism and the new literary criticism*, BEThL 110, Leuven 1993, 548-555.

ANDERSON, H., *The Gospel of Mark*, NCBC, Grand Rapids 1984.

ARDUSSO, F., *La fede provata*, Cantalupa (To) 2006.

ARGYLE, A.W., «Joseph the Patriarch in Patristic Teaching», *ExpT* 67 (1955-56) 199-201.

ATTINGER, D., *Evangelo secondo san Marco. Il paradosso della debolezza di Dio*, Roma 1991.

BÁEZ, S.J., *Quando tutto tace. Il silenzio nella Bibbia*, Assisi 2007.

BALZ, H. – SHNEIDER, G., «φεύγω», *DENT*, II, 1782-1783.

———, «ἐκθαμβέω», *DENT*, I, 1091.

BARCLAY, W., *The Gospel of Mark translated with an introduction and interpretation*, DStB, Philadelphia 1975.

BARRUSO, G., *El silencio. Análisis y Estructura*, Burgos 2004.

BAUCKHAN, R., *Gospel Women. Studies of the Named Women in the Gospels*, Grand Rapids (MI) 2002.

BEAVIS, M.A., «Women Listening to the Gospel of Mark», *BibTod* 44 (1, 2006) 25-29.

BECKER, J., *Gottesfurcht im Alten Testament*, Rom 1965.

BEDA IL VENERABILE, *Opera*, 3. *In Lucae Evangelium Expositio. In Marci Evangelium Expositio*, ed. D. Hurst, CChr.SL 120, Turnhout (Belgio) 1960.

BEGRICH, J., «Das priesterliche Heilsorakel», *ZAW* 52 (1934) 81-92.

BELANO, A., *Il Vangelo secondo Marco. Traduzione e Analisi filologica*, Roma 2008.

———, «La non-finale del Vangelo di Marco (Mc 16,8)», *RivBib* 3 (2010) 371-378.

BENEDETTO XVI, «Intervento alla XIV Congregazione episcopale della XII Assemblea generale ordinaria del Sinodo dei Vescovi, 14.10.2008», in *Il Regno-documenti* 19 (1 novembre 2008) 592.

BERTRAM, G., «θάμβος», *GLNT*, IV, 147-158 (*TWNT*, III, 3-7).

BEST, E., *Disciples and discipleship. Studies in the Gospel according to Mark*, Edinburgh 1986.

———, *Mark, the Gospel as story*, StNTW, Edinburgh 1983.

BIANCHI, E., *Evangelo secondo Marco. Commento esegetico-spirituale*, Magnano 1990.

BIGUZZI, G., *«Io distruggerò questo tempio». Il tempio e il giudaismo nel vangelo di Marco*, Roma 1987.

BLASS, F. – DEBRUNNER, A., *Grammatik des neutestamentlichen Griechisch*, Göttingen, 1976; *trad. it.*, *Grammatica del Greco del Nuovo Testamento*, Brescia 1982.

BODE, E.L., *The first Easter morning. The Gospels accounts of the Women's visit to the tomb of Jesus*, AnBib 45, Rome 1970.

BOISMARD, M.-E., *Jésus, un homme de Nazareth, raconté par Marc l'évangéliste*, Paris 1966.

BONIFACIO, G., *Personaggi minori e discepoli in Marco 4–8: la funzione degli episodi dei personaggi minori nell'interazione con la storia dei protagonisti*, AnBib 173, Roma 2008.

BOOMERSHINE, T.E. – BARTHOLOMEW, G.L., «The Narrative Technique of Mark 16:8», *JBL* 100/2 (1981) 213-223.

BORING, E.M., *Mark. A commentary*, Lousville (London) 2006.

BOSCOLO, G., «Le donne al sepolcro (Mc 16,1-8)», in L. DE SANTOS – S. GRASSO, ed., *«Perché stessero con Lui»*. Fs. K. Stock, AnBib 180, Roma 2010, 251-268.

BOURQUIN, Y., *Marc, une théologie de la fragilité; obscure clarté d'une narration*, MoBi 55, Paris 2005.

BRAMBILLA, F.G., *Il crocifisso risorto*, Brescia 1998.

BRANSCOMB, B.H., *The Gospel of Mark*, London 1948.

BROADHEAD, E.K., *Prophet, Son Messiah. Narrative Form and Function in Mark 14–16*, JSNT Supp 97, Sheffield 1994.

BROWN, R.E., *The death of the Messiah. From Gethsemane to the grave. A commentary on the Passion narratives in the four Gospels*, I, New York 1994; trad. it., *La morte del Messia. Dal Getsemani al Sepolcro. Un commentario ai Racconti della Passione nei quattro vangeli*, BTC 108, Brescia 1999.

———, *The Gospel according to John*, I-II, AB 29, 29A, Garden Citi (NY) 1966-1983; trad. it., *Giovanni. Commento al Vangelo spirituale*, I-II, Assisi 1979.

BULTMANN, R., «ἀγνοέω», *GLNT*, I, 309-327 (*TWNT*, I, 116-122).

———, *Die Geschichte der synoptischen Tradition*, FRLANT 29, Göttingen ⁷1967.

CAIROLI, M., *La «poca fede» nel Vangelo di Matteo*, AnBib 156, Roma 2005.

CALMET, D.A., *Les Evangiles de S. Marc e de S. Luc*, Paris 1730.

CASALINI, N., *Lettura di Marco, Narrativa, esegetica, teologica*, StBibFr 67, Jerusalem 2005.

CATCHPOLE, D., «The Fearful Silence of the Women at the Tomb», *JTSA* 18 (1977) 3-10.

CHEVALIER, J. – GHEERBRANT, A., «Silenzio», *Dizionario dei Simboli*, II, Milano 1999, 389.

CIRIGNANO, G. – MONTUSCHI, F., *Marco: un Vangelo di paura e di gioia. Esegesi e psicologia di sentimenti contrapposti*, StBib 37, Bologna 2000.

COLE, R.A., *The Gospel according to Mark. An Introduction and Commentary*, TNTC, Leicester ²1989; trad. it., *Il Vangelo secondo Marco. Introduzione e commentario,* CaNT, Roma 1998.

COLLINS, Y.A., *The beginning of the Gospel. Probings of Mark in context*, Minneapolis 1992.

———, *Mark : a commentary*, Her, Minneapolis 2007.

COMBET GALLAND, C., *Le Dieu du jeune homme nu. Lectures des l'évangile de Marc. Relecture d'un parcours sémiotique*, Neuchâtel 1998.

———, «Qui roulera la peur? Finales d'Evangile et Figures de lecteur (a partir du chapitre 16 de l'évangile de Marc)», *ETR* 65 (2, 1990) 171-189.

CONYBEARE, F.C., «Ariston, the Author of the Last Twelve Verses of Mark», *Exp* 8 (1893) 241-254.

COSTACURTA, B., *La Vita minacciata. Il tema della paura nella Bibbia Ebraica*, AnBib 119, Roma 1988.

COTES, M., «Women, Silence and Fear (Mark 16,8)» in G.J. BROOKE, ed., *Women in the Biblical Tradition*, SWR 31, Lewiston 1992, 150-166.

COX, S.L., *A history and critique of scholarship concerning the Markan endings*, Lewiston – Queenston – Lampeter 1993.

CRANFIELD, C.E.B., *The Gospel according to Siant Mark*, CGTC, Cambridge 1979.

CROSSAN, J.D., «Empty Tomb and Absent Lord (Mark 16,1-8)», in W.H. KELBER, ed., *The Passion in Mark. Studies on Mark 14–16*, Philadelphia 1976, 135-152.

———, *The Historical Jesus. The Life of a Mediterranean Jewish Peasant*, Edinburgh 1991.

CROY, N.C., *The mutilation of Mark's Gospel*, Nashville 2003.

DANOVE, P., «The Characterization and Narrative Function of the Women at the Tomb (Mark 15,40-41.47; 16.1-8)» *Bib* 77 (1996) 375-397.

———, *The end of Mark's story. A methodological study*, BIS 3, Leiden – New York – Köln 1993.

———, «The Narrative Rhetoric of Mark's Ambiguous Characterization of the Disciples», *JSNT* 70 (1998) 21-38.

DE CARLO, F., *«Dio mio, Dio mio, perché mi hai abbandonato?» (Mc 15,34). I Salmi nel racconto della passione di Gesù secondo Marco*, AnBib 179, Roma 2009.

DELORME, J., *Lecture de l'évangile selon saint Marc,* CE 1-2, Paris 1972, trad. it., *Lettura del Vangelo di Marco*, Assisi 1995.

DEWEY, J., «Women in the Gospel of Mark», *WordW* 26 (1, 2006) 22-29.

DODICESIMA (XII) ASSEMBLEA GENERALE ORDINARIA DEL SINODO DEI VESCOVI, «La parola di Dio nella vita e nella missione della Chiesa. Le 55 proposizioni», in *Il Regno-documenti* 19 (1 novembre 2008) 643-656.

DONAHUE, J.R. – HARRINGTON, D.J., *The Gospel of Mark*, Sacra Pagina Series 2, Collegeville (Minnesota) 2002; trad. it., *Il Vangelo di Marco*, Leumann (Torino) 2006.

DREWERMANN, E., *Das Markusevangelium. Bilder von Erlösung,* I-II, Düsseldorf 1994; trad. it., *Il Vangelo di Marco. Immagini di redenzione*, BTC 78, Brescia 1994.

DWYER, T., *The Motif of Wonder in the Gospel of Mark*, JSNT Supp Series 128, Sheffield 1996.

EDWARDS, J.R., *The Gospel according to Mark*, PNTC, Grand Rapids 2002.

ELLIOT, J.K., «The Text and Language of the Endings to Mark's Gospel», *TZ* 27 (1971) 258-262.

ERMA, *Le Pasteur*, ed. R. Joly, SC 53bis, Paris 1968.

ERNST, J., *Das Evangelium nach Markus*, RNT, Regensburg 1981; trad. it., *Il Vangelo secondo Marco*, INTC, I-II, Brescia 1991.

EUSEBIO DI CESAREA, *Histoire Ecclésiastique. Livres I-IV*, ed. G. Bardy, SC 31, Paris 1952.

EUTIMIO, *Commentarius in quator evangelia. In Matthaeum XXVI*, PG 129.

EVANS, C.F., *Mark 8:27-16:20* (WBC 34B) Nashville 2001.

―――, *Resurrection and the New Testament*, SBT.SS 12, London 1970.

FERNÁNDEZ, V.M., «"¿Tomarán serpientes en sus manos?". Exégesis de extrañas promesas (Mc 16,14-18)», *RT* 85 (2004) 29-49.

FLAVIO GIUSEPPE, *Antichità giudaiche*, in B. NIESE ed., *Opera Omnia,* I-VII, Weidmannos 1887-1894.

FOCANT, C., *L'évangile selon Marc*, CBNT 2, Paris 2004.

―――, «Finale suspendue et prolepses de l'Au-delà du récit. L'exemple de Marc» in *Analyse Narrative et Bible*. Deuxième Colloque International du Rrenab, Louvain-la-Neuve, avril 2004, BEThL 191, Leuven (Belgium) 2005, 211-222.

―――, «L'incompréhension des disciples dans le deuxième évangile», *RB* 82 (1975) 161-185.

FRANCE, R.T., *The Gospel of Mark. A Commentary on the Greek Text*, NIGTC, Grand Rapids 2005.

FREYNE, S., *The twelve: disciples and apostles. A study in the theology of the first three Gospels*, London 1968.

FRIEDRICH, G., «κηρύσσω», *GLNT*, V, 424-472 (*TWNT*, III, 695-714).

FUHS, H.F., «נער», *TWAT*, V, 507-518.

FUSCO, V., *Nascondimento e rivelazione*, Brescia 2007.

GALIMBERTI, U., «Silenzio», *Dizionario di Psicologia*, Torino 1992, 873-874;

GALIZZI, M., *Vangelo secondo Marco. Commento esegetico-pastorale*, Torino 1993.

GEYER, D.W., *Fear Anomaly, and Uncertainty in the Gospel of Mark*, ATLA Monograph Series 47, Lanham (MD) – London 2002.

GIOVANNI CRISOSTOMO, *Le Omelie su Giovanni Evangelista*, ed. C. Tirone, I-IV, Torino 1968.

GIUSTINO, *Apologie pour les Chrétiens*, ed. C. Munier, Fribourg 1995.

———, *Dialogo con Trifone*, ed. G. Visonà, Milano 1988.

GNILKA, J., *Das Evangelium nach Markus*, II, Zürich 1979; trad. it., *Marco*, Assisi 1987.

———, *Das Matthäusevanelium,* I-II, HTKNT 1-2, Freiburg 1986-1988; trad. it., *Il Vangelo di Matteo*, II, CTNT 1/2, Brescia 1991.

GOURGUES, M., *A la droite de Dieu. Résurrection de Jésus et actualisation du Psaume 110,1 dans le Nouveau Testament*, EtB, Paris 1978.

GRASSO, S., *Vangelo di Marco*, Milano 2003.

———, *Il Vangelo di Matteo*, Roma 1995.

GREGORIO MAGNO, *Moralia in Job*, ed. M. Adriaen, CChrSL 143.A, Turnhout (Belgio) 1979.

GRILLI, M., *L'impotenza che salva. Il mistero della croce in Mc 8,27–10,52. Lettura in chiave comunicativa*, Bologna 2009.

GRIMM, W., «θαμβέω», *DENT*, I, 1581.

GUNDRY, R.E., *Mark. A Commentary on his apology for the Cross*, Grand Rapids 1993.

HAMILTON, V., «נער», in NIDOTThEx 3, 124-127.

HANHART, K., *The open tomb. A New Approach, Mark's Passover Haggadah (c. 72 C.E.)*, Collegeville 1994.

HAREN, M.J., «The Naked Young Man: a Historian's Hypothesis on Mark 14,51-52», *Bib* 79 (1998) 525-531.

HARRINGTON W.J., *Mark: Realistic Theologian. The Jesus of Mark*, Dublin 1996.

HEIL, J.P., *The Gospel of Mark as a model for action. A reader-response commentary,* Mahwah (NY) 1992.

HELZLE, E., «Der Schluß des Markusevangeliums (Mk 16,9-20) und das Freer-Logion (Mk 16,14 W) ihre Tendenzen und ihre gegenseitiges

Verhältnis. Eine wortexegetische Untersuchung», *TLZ* 85 (1960) 470-472.

HENDRIKSEN, W., *The Gospel of Mark*, NTC, Edinburg 1987.

HENGEL, M., «"Sit at My Right Hand!". The Enthronement of Christ at the Right Hand of God and Psalm 110:1», in ID., *Studies in Early Christology*, Edinbugh 1995, 119-225.

HEREDIA, F.M., «Un enigma en el arresto de Jesús (Mc 14,51-52)», *Carth* 10 (1990) 269-281.

HERRANZ, M.M. – GARCÍA PÉREZ, J.M., *Milagros y resurrección de Jesús según San Marcos*, SSNT 8, Madrid 2001.

HERRON, R.W. Jr., *Mark's account of Peter's denial of Jesus. A History of its Interpretation*, Lanham 1991.

HESTER, J.D., «Dramatic Inconclusion: Irony and the Narrative Rhetoric of the Ending of Mark», *JSNT* 57 (1995) 61-86.

HOLMES, M.W, «The Many Endings of the Gospel of Mark», *BR* 17 (4, 2001) 12-23; 48-50.

HOOKER, M.D., *The Gospel according to Saint Mark*, BNTC, Peabody 1991.

HUG, J., *La Finale de l'Evangile de Marc (Mc 16,9-20)*, EtB, Paris 1978.

HURTADO, L.W., *Mark*, NIBC 2, Peabody 1989.

IERSEL, VAN, B.M.F., *Mark. A Reader-Response Commentary*, JSNT Supp 164, Sheffield 1998; trad. it., *Marco. La lettura e la risposta. Un commento*, Brescia 2000.

IRENEO DI LIONE, *Contre les Hérésies. Livre II*, ed. A. Rousseau – L. Doutreleau, SC 294, Paris 1982.

IVERSON, K.R., «A Further Word on Final Γάρ (Mark 16,8)» *CBQ* 68 (1, 2006) 79-94.

JACOBELLI, G.P., *Scomunicare. Il quarto escluso della comunicazione alienante*, Roma 2003.

JUEL, D.H., *Mark*, ACNT, Minneapolis 1990.

KEE, H.C., *Community of the New Age*, TNL, London 1977.

KELBER, W.H., *The Kingdom in Mark*, Philadelphia 1974.

KELHOFFER, J.A., *Miracle and Mission*, WStB 112, Tübingen 2000.

KERNAGHAN, R.J., *Mark*, IVP 2, Downers Grove (IL) 2007.

KERTELGE, K., *Markusevangelium*, NEB NT 2, Würzburg 1994.

KESSLER, H., *Sucht den Lebenden nicht bei den Toten : Die Auferstehung Jesu Christi in biblischer, fundamentaltheologischer und systematischer Sicht*, Würzburg 1995; trad. it., *La risurrezione di Gesù. Uno studio biblico, teologico-fondamentale e sistematico*, BTC 105, Brescia 1999.

KINUKAWA, H., *Women and Jesus in Mark. A Japonese Feminist Perspective*, Maryknoll (NY) 1994.

KLOSTERMANN, E., *Das Markusevangelium*, HNT, Tübingen 1971.

KNOX, J., «A Note on Mark 14,51-52» in *The Joy of Study. Papers on New Testament and Related Subjects Presented to Honor Frederick Clifton Grant*, New York 1951, 27-30.

KOCH, D.-A., *Die Bedeutung der Wundererzählungen für die Christologie des Markusevangeliums*, BZNW 42, Berlin 1968.

KÖHLER, L., «Die Offenbarungsformel "Fürchte dich nicht!" im Alten Testament», *SThZ* 36 (1919) 33-39.

LAGRANGE, M.-J., ed., *Evangile selon Saint Marc*, EtB, Paris 1947.

LAMAR, W., *Mark*, Atlanta 1983, trad. it., *Marco*, Strumenti-Commentari 16, Torino 2004.

LAMARCHE, P., *Evangile de Marc*, EtB NS 33, Paris 1996.

LANE, W., *The Gospel according to Mark*, NICNT, Grand Rapids 1997.

LATTKE, M., «ἔκστασις», *DENT*, I, 1121-1123.

LÉGASSE, S., *L'évangile de Marc*, LeDivC 5, II, Paris 1997; trad. it., *Marco*, CB, Roma 2000.

LEGRAND, L., «La finale de Marc comme récit d'annonce?», *EstB* 50 (1992) 457-473.

LENSKI, R.C.H., *The Interpretation of St. Mark's Gospel*, Warburg 1946.

LENTZEN-DEIS, F., *Comentario al evangelio de Marcos. Modelo de nueva evangelización*, EvC 1, Estella (Navarra) 1988.

LINCOLN, A.T., «The Promise and the Failure: Mk 16:7,8», *JBL* 108 (1989) 288-300.

LINCON, A., *The New Interpreter's Bible*, VIII, Naschville 1994.

LINNEMANN, E., *Studien zur Passionsgeschchte*, FRLANT 102, Göttingen 1970.

LOISY, A., *L'évangile selon Marc*, Paris 1912.

MAGGIONI, B., *I racconti evangelici della Passione*, CStB, Assisi 1994.

MAGNESS, J.L., *Sense and absence. Structure and suspension in the ending of Mark's Gospel*, SemSt, Atlanta (Georgia) 1986.

MALBON, E.S., «Fallible Followers. Women and Men in the Gospel of Mark», *Semeia* 28 (1983) 29-48.

MANICARDI, E., *Il cammino di Gesù nel vangelo di Marco. Schema narrativo e tema cristologico*, AnBib 96, Roma 1981.

———, «Chiesa e *missio ad gentes* nelle Scritture neotestamentarie» in ID., *Gesù, la cristologia, le Scritture. Saggi esegetici e teologici*, Bologna 2005, 447-468.

MANICARDI, E., «La "finale lunga" del Vangelo secondo Marco. Mc 16,9-20: un altro testo», *CredOg* 22 (5-6 2002) 163-177.

———, «La paura di Gesù al Getsemani nel racconto secondo Marco» in ID., *Gesù, la cristologia, le Scritture. Saggi esegetici e teologici*, Bologna 2005, 133-146.

MARTINI, C.M., *Il testo biblico: i libri di Dio. Introduzione generale alla Sacra Scrittura*, Torino 1975.

MARXSEN, W., *Der Evangelist Markus. Studien zu Redaktinsgeschichte des Evangeliums*, FRLANT 67, Göttingen 1956.

MATEOS, J., *Los "Doce" y otros seguidores de Jesús en el Evangelio de Marcos*, LNT 1, Madrid 1982.

MATEOS, J. – CAMACHO, F., *El Evangelio de Marcos. Análisis lingüístico y comentario exegético* I-III, LecNT 1, Córdoba 2008; trad. it., *Il Vangelo di Marco: analisi luiguistica e commento esegetico*, LNT 1, Assisi 1997.

———, *Marcos. Texto y Comentario*, Madrid 1994; trad. it., *Marco: Testo e commento*, Assisi 1996.

MATJAŽ, M., *Furcht und Gotteserfahrung. Die Bedeutung des Furchtmotivs für die Christologie des* Markus, FzB 91, Würzburg 1999 .

MEYNET R., *L'analyse rhétorique*, Paris 1989; trad. it., *L'analisi retorica*, Bb 8, Brescia 1992.

———, «Le Seigneur confirme et accompagne la communauté de ses disciples Mc 16,1-20», in ID., *Jésus passe. Testament, jugement, exécution et résurrection du Seigneur Jésus dans les évangiles synoptiques,* RhB 3, Roma 1999; 389-408, trad. it., «Il Signore conferma e accompagna la comunità dei suoi discepoli (Mc 16,1-20)» in ID., *La Pasqua del Signore. Testamento, processo, esecuzione e risurrezione di Gesù nei Vangeli sinottici*, Rbib 5, Bologna 2001, 391-410.

METZGER, B.M., *A Textual Commentary on the Greeek New Testament*, London - New York 1971.

MILLER, S., «"They Said Nothing to Anyone". The Fear and Silence of he Women at the Empty Tomb (Mk 16,1-8)», *FemT* 13 (2004) 77-90.

———, *Women in Mark's Gospel,* JSNT Supp 259, London – New York 2004.

MINETTE DE TILESSE, G., *Le secret messianique dans l'Evangile de Marc*, Ldiv 47, Paris 1968.

MITCHELL, J.L., *Beyond fear and silence. A feminist-literary approach to the Gospel of Mark*, New York – London 2001.

MOLONEY, F.J., *The Gospel of Mark. A commentary*, Peabody (MA) 2002.

MORALDI, L., *Apocrifi del Nuovo Testamento. Vangeli.* I. Vangeli. II. Atti degli apostoli. III. Lettere. Dormizione di Maria. Apocalisse. Casale Monferrato (AL) 1994.

———, ed., *Pistis Sophia*, Milano 1999.

MORALES RÍOS, J.H., «"Le cose viste" tra silenzio e contemplazione Mc 1,1; 9,9 e 16,6-7: tre testi in stretto rapporto», *Antonianum* 82 (2, 2007) 209-245.

———, *El Espíritu Santo en San Marcos. Texto y contexto,* Bibliotheca 41, Roma 2006.

MUNRO, W., *Jesus, born of a slave. The social and economic origins of Jesus' message*, StBeC 37, Lewiston (NY) 1998.

———, «Women Disciples in Mark», *CBQ* 44 (1982), 225-241.

NAVARRO PUERTO, M., *Marcos*, Guías de lectura del Nuevo Testamento 1, Estella (Navarra) 2006.

NIEMANN, F.J., «Die Erzählung vom leeren Grab ber Markus», *ZKT* 101 (1979) 188-199.

O'COLLINS, G., «The empty Tomb. Reflections on the Resurrection» *America* 188 (4, 2003) 13-15.

OEPKE, A., «ἐγείρω», *GLNT*, III, 3-30 (*TWNT*, II, 331-336).

———, «ἔκστασις», *GLNT,* III, 323-349 (*TWNT*, II, 447-456).

OLSHAUSEN, H., *Die Leidensgeschichte des Herrn den vier Evangelien*, Könisberg ^{4}1862.

PAINTER, J., *Mark's Gospel.Worlds in conflict*, NTR, London 1997.

PENNA, R., *I Ritratti originali di Gesù il Cristo. I. Gli inizi. II. Gli sviluppi*, Cinisello Balsamo (MI) 1996, 1999.

PEREGO, G., *La nudità necessaria. Il ruolo del giovane di Mc 14,51-52 nel racconto marciano della passione-morte-resurrezione di Gesù,* Cinisello Balsamo (Mi) 2000.

PÉREZ HERRERO, F., *Pasión y Pascua de Jesús según san Marco. Del texto a la vida,* PFTNE 67, Burgos 2001.

PERRIN, N., *The Resurrection according to Matthew, Mark, and Luke*, Philadelphia ^{6}1989.

PERRONI, M., «L'annuncio pasquale delle donne (Mc 16,1-8): alle origini della tradizione kerygmatica», in M. PERRONI – E. SALMANN, ed., *Patrimonium Fidei. Traditionsgeschichtliches Verstehen am Ende? Festschrift für Magnus Löhrer und Pius-Ramon Tragan*, StA 124, Roma 1997, 397-436.

PESCH, R., *Das Markusevangelium*, I-II, Herders Theologischer Kommentar zum Neuen Testament 2, Freiburg 1977; trad. it., *Il Vangelo di Marco*, I-II, CTNT 2, Brescia 1980.

PETERSEN, N.R., «Point of view in Mark's Narrative», *Semeia* 12 (1978) 97-121.

———,«When is the End not the End? Literary Reflections on the Ending of Mark's Narrative», *Int* 34 (1980) 151-166.

PIETRO CRISOLOGO, *Collectio Sermonum a Felice Episcopo parata. Sermonibus extravagantibus adiectis*, ed. A. Olivar, CChrSL 24.A, Turnhout (Belgio) 1981.

PIKAZA, X., *Para vivir el Evangelio. Lectura de Marcos*, Estella (Navarra) 1995; trad. It., *Il Vangelo di Marco*, Roma 1996.

PLATH, S., *Furcht Gottes* ירא *im Alten Testament*, Stuttgart 1963.

POLLA-MATTIOT, N., *Riscoprire il silenzio. Arte, musica, poesia, natura fra ascolto e comunicazione*, Milano 2004.

PONTIFICIA COMMISSIONE BIBLICA, *L'interpretazione della Bibbia nella Chiesa*, Città del Vaticano 1993.

PSEUDO-GIROLAMO, *Breviarum in Psalmos. Psalmus XXXVII*, PL 26.

QUESNEL, M., *Comment lire un évangile. Saint Marc*, Paris 1984.

RADERMAKERS, J., *La bonne nouvelle de Jésus selon saint Marc*, Bruxelles 1974; trad. it., *Lettura pastorale del Vangelo di Marco*, Bologna 1981.

RIENECKER, F., *Das Evangelium des Markus*, WStB, Wuppertal 1989.

RITT, H., «Die Frauen und die Osterbotschaft. Synopse der Grabesgeschichten (Mk 16,1-8; Mt 27,62-28,15; Lk 24,1-12; Joh 20,1-18)», in G. DAUTZENBERG – H. MERLEIN – K. MÜLLER, ed., *Die Frau im Urchristentum*, QD 95, Freiburg – Basel – Wien 1983, 117-133.

ROSSÉ, G., «Questioni attorno alla tomba aperta e vuota (Mc 16,1-8)», in S. GRASSO – E. MANICARDI, ed., *«Generati da una parola di verità» (Gc 1,18). Scritti in onore di Rinaldo Fabris nel suo LXX compleanno*, Bologna 2006, 91-106.

RUSCONI, C., «ἅπας, ἅπασα, ἅπαν», *Vocabolario del Greco del Nuovo Testamento*, Bologna 1996, 34.

SAUNDERSON, B., «Gethsemane: The Missing Witness», *Bib* 70 (1989) 224-233.

SCHENK, W., *Der Passionsbericht nach Markus. Untersuchungen zur Überlieferungsgeschichte der Passionstraditionem*, Berlin 1974.

SCHENKE, L., *Auferstehungsverkündigung und leeres Grab. Eine traditionsgeschichtliche Untersuchung von Mk 16,1-8*, SB 33, Stuttgart 1968.

SCHENKE, L., *Die Wundererzählungen des Markusevangeliums*, SBB 5, Stuttgart 1974.

SCHMITHALS, W., «ἀγνοέω», *DTAT*, I, 54-56.

———, «Die Heilung des Epileptischen (Mk 9.14-29): Ein Beitrag zur notwendigen Revision der Formgeschicht», *TV* 13 (1975) 210-233.

SCHNACKENBURG, R., *Das Evangelium nach Markus*, I-II, Geistliche Schriftlesung 2/1-2, Düsseldorf 1966; trad. it., *Vangelo secondo Marco*, I-II, CSpNT, Roma 1969.

———, *Das Johannesevangelium,* HTKNT 4, Freiburg 1965; trad. it., *Il Vangelo di Giovanni*, I-IV, CTNT IV/1-4, Brescia 1973, 1977, 1980, 1987.

SCHNEIDER, J., « ἐξέρχομαι», *GLNT*, III, 947-951 (*TWNT*, II, 676-677).

SCHNIEWIND, J., «ἀπαγγέλλω», *GLNT*, V, 174-177 (*TWNT*, I, 65-66).

SCHWEIZER, E., *Das Evangelium nach Markus*, Göttingen 1983; trad. it., *Il Vangelo secondo Marco*, Nuovo Testamento 1, Brescia 1999.

SCHWERTNER, S., «נוס nūs fuggire», *DTAT* II, 43-46.

SCROGGS, R. – GROFF, K.I., «Baptism in Mark: Dying and Rising with Christ», *JBL* 92 (1973) 531-548.

SIEG, F., «Ewangelia (Mk 16,1-8) o zmartwychstaniu Jezusa w szerszym kontekście biblijnym. Studium egzegetyczno-teologiczne (The Gospel of the Resurrection of Jesus [Mk 16,1-8] in the Broader Biblical Context. An Exegetical-Theological Study)», *StB* 1 (2, 2001) 111-137.

SIMIAN-YOFRE, H., «Ana-cronia e sincronia: ermeneutica e pragmatica», in ID., *Metodologia dell'Antico Testamento*, Bologna 1995, 171-195.

SIMONE, R., «Linguistica», *EncE* VI, Cernusco sul Naviglio (Mi) 1979, 924-927.

SIMONETTI, M., *Cristianesimo antico e Cultura greca*, Roma 2000.

SKA, J.L., *Le passage de la mer. Étude de la construction, du style et de la symbolique d'Ex 14, 1-31*, AnBib 109, Rome 1986.

STANDAERT, B., *L'évangile selon Marc. Commentaire,* LiBi 61bis, Paris 1983; trad. it., *Il vangelo secondo Marco. Commento*, LetBib, Roma 1984.

———, *L'évangile selon Marc. Composition et genre littéraire*, Nijmegen 1978.

STEIN, R.H., «The Ending of Mark», *BBRes* 18 (1, 2008) 79-98.

STOCK, K., *L'attività di Gesù a Gerusalemme. Mc 11-12*, Roma ²1990-1991.

———, *Boten aus dem Mit-Ihm-Sein. Das Verhältnis zwischen Jesus und die Zwölf nach Markus*, Roma 1975.

———, *I discepoli nel Vangelo di Marco*, Cinisello Balsamo 1997.

STOCK, K., «Gesù è il Cristo, il Figlio di Dio, nel Vangelo di Marco», *RdT* 17 (1976) 242-253.

———, *Marco. Commento contestuale al secondo Vangelo*, Roma 2003.

———, *Le Pericopi iniziali del Vangelo di San Marco,* Roma 1976.

———, *Le Pericopi sui Dodici nel Vangelo di Marco,* Roma 1986.

———, *I Racconti pasquali dei Vangeli sinottici*, Roma 1998.

SWANSON, R.W., «They Said Nothing» *CurTM* 20 (1993) 471-478.

TANNEHILL, R., «The Disciples in Mark. The Function of a Narrative Role», *JR* 57 (1977) 386-405.

TAYLOR, V., *The formation of the Gospel tradition*, London 1949.

———, *The Gospel according to St. Mark*, London 1952; trad. it., *Marco. Commento al Vangelo messianico*, Assisi 1977.

TEOFILATTO, *Enarratio in evangelium S. Marci XIV*, PG 123.

THEISSEN, G. – A. MERZ, A., *Der historische Jesus. Ein Lehrbuch,* Göttingen 1996, trad. inglese, *The historical Jesus. A comprehensive Guide,* London 1998, trad. it., *Il Gesù storico. Un Manuale,* Bb 25, Brescia 1999.

TOLBERT, M.A., *Sowing the Gospel. Mark's world in literary-historical perspective*, Minneapolis 1996.

TROCMÉ, É., *L'évangile selon saint Marc*, CNT, Genève 2000.

TUCKETT, C., (ed.), *The Messianic secret*, IRT 1, Filadelfia-Londra 1983.

VALLETTE, J., *L'Evangile de Marc : parole de puissance, message de vie*, Paris 1986.

VANHOYE, A., «La fuite du jeune homme nu (Mc 14,51-52)», *Bib* 52 (1971) 401-406.

VANNI, U., *L'Apocalisse. Ermeneutica, esegesi e teologia*, SRivBib 17, Bologna 1988.

VIGNOLO, R., «Cercare Gesù: tema e forma del Vangelo di Marco» in L. CILIA, ed., *Marco e il suo Vangelo*. Atti del Convegno internazionale di studi «Il Vangelo di Marco» Venezia, 30-31 maggio 1995, Cinisello Balsamo (MI) 1997, 77-114.

———, «Una finale reticente: interpretazione narrativa di Mc 16,8» *RivBib* 38 (1990) 129-189.

VIRONDA, M., *Gesù nel Vangelo di Marco. Narratologia e Cristologia*, SRivBib 41, Bologna 2003.

WAETJEN, H., *A reordering of power. A sociopolitical reading of Mark's Gospel*, Minneapolis 1989.

WAETJEN, H., «The Ending of Mark and the Gospel's Shift in Escatology», *ASTI* 4 (1965) 114-131.

WALSCH, J.E., «The Two Linen Cloths», *HPR* 10 (1996) 63-66.

WEBER, R., «Christologie und "Messiasgeheimnis" ihr Zusammenhang und Stellenwert inder Darstellungsintention des Markus», *EvT* 43 (1983) 108-125.

WEEDEN, T.E., *Mark. Traditions in conflict*, Philadelphia (PA) 1971.

WEGENER, M.I., *Cruciformed. The literary impact of Mark's Story of Iesus and his disciples*, Lanham 1995.

WEISS, J., *Das älteste Evangelium. Eine Beitrag zum Verständnis des Markusevangeliums und der ältesten evangelischen Überlieferung*, MKNT, Göttingen 1903.

WILCKENS, U., *Auferstehung. Das biblische Auferstehungszeugnis historisch Untersucht und Erklärt*, TdT 4, Stuttgart – Berlin ²1975.

WILLIAMS, J.F., *Other Followers of Jesus. Minor Characters as Major Figures in Mark's Gospel*, JSNT Supp 102, Sheffield 1994.

WITHERINGTON III, B., *The Gospel of Mark: A Social-Rhetorical Commentary*, Grand Rapids 2001.

WREDE, W., *Das Messiasgeheimnis in den Evangelien. Zeugleich ein Beitrag zum Verständnis des Markusevangeliums*, Göttingen 1901.

WRIGHT, N.T., *The resurrection of the Son of God*, COQG 3, London. 2003; trad. it., *Risurrezione*, Torino 2006.

ZERWICK, M., *Graecitas Biblica*, Roma ⁵1966.

INDICE DEGLI AUTORI

Aichele: 183
Aland, B.: 167
Aland, K.: 167
Alegre: 14, 16, 20, 21
Aletti: 124
Alexander: 130
Alford: 27
Ambrogio di Milano: 130
Amphoux: 220
Anderson: 130
Ardusso: 76
Argyle: 130
Aristone: 173, 174
Assemblea Generale ordinaria del Sinodo dei Vescovi (XII): 230
Attinger: 131
Báez: 44
Balz: 31, 113
Barclay: 130
Barruso: 44
Bartholomew: 27, 29
Bauckhan: 16, 21, 55, 105
Becker: 67
Beda il Venerabile: 130
Begrich: 67
Belano: 10, 171
Benedetto XVI: 230
Bertram: 113
Best: 47, 130
Bianchi: 130

Biguzzi: 32
Blass: 29, 38
Bode: 11, 14, 16, 21
Boismard: 131
Bonifacio: 156
Boomershine: 27, 29
Boring: 20, 21, 58, 83, 118, 229
Boscolo: 100
Bourquin: 14, 21, 26, 89, 98, 157, 160
Bover: 167
Brambilla: 76
Branscomb: 108
Broadhead: 160
Brown: 38, 131
Bultmann: 18, 71
Cairoli: 185
Calmet: 130
Camacho: 12, 21, 100, 229
Casalini: 14, 21, 83, 100, 164
Catchpole: 51
Chevalier: 44
Cipriano: 217
Cirignano: 17, 21, 97
Clemente di Alessandria: 167
Cole: 130
Collins: 13, 15, 21, 51, 100, 129, 131, 169, 184, 188, 190
Combet-Galland: 13, 21, 100, 195
Concilio di Trento: 167, 168

Conybeare: 173
Costacurta: 31
Cotes: 16, 20, 21
Cox: 11
Cranfield: 111
Croy: 10
Crossan: 13, 21, 131
Danove: 13, 14, 21, 154, 160
Debrunner: 29, 38
De Carlo: 33, 52, 134
Delorme: 21
De Santos: 100
Donahue: 15, 21, 83, 100, 173
Drewermann: 17, 21
Dwyer: 51, 111
Edwards: 171, 173
Elliot: 171
Erma: 135
Ernst: 21, 76, 94, 100, 103, 157
Eusebio di Cesarea: 86, 167, 189
Eutimio: 130
Evans: 15, 21, 173
Fernández: 189
Flavio Giuseppe: 135, 176
Focant: 14, 21, 47, 81, 97, 100, 128, 201
France: 15, 21, 89, 173, 229
Freyne: 47
Friedrich: 202
Fuhs: 134
Fusco: 46
Galizzi: 131
Galimberti: 44
García Pérez: 96
Geyer: 17, 18
Gheerbrant: 44
Giovanni Crisostomo: 130
Girolamo 130, 167
Giustino: 176, 217
Gnilka: 11, 12, 21, 32, 33, 78, 83, 89, 94, 100, 103, 108, 111, 173, 181, 183, 187, 190
GNT[4]: 26, 27

Gourgues: 191, 220
Grasso: 79, 89, 94, 99, 100, 111
Gregorio Magno: 130
Grilli: 16, 21, 111, 218
Grimm: 113
Groff: 131
Gundry: 11, 131, 134, 135, 229
Hamilton: 134
Hanhart: 130
Haren: 130
Harqel: 25
Harrington, D.J.: 15, 83, 100, 173
Harrington, W.J.: 21, 154
Heil: 15, 21, 83, 131
Helzle; 181, 220
Hendriksen: 130
Hengel: 191
Heredia: 131
Herranz Marco: 96
Herron: 103
Hester: 89, 131
Holmes: 167
Hooker: 14, 21, 131
Hort: 26, 27
Hug: 174, 175, 181, 183, 184, 190, 191, 192, 193, 201, 208, 212, 220, 227
Hurtado: 130
Iersel, van: 15, 21, 135, 173, 229
Ireneo di Lione: 189, 217
Iverson: 10
Jacobelli: 44
Juel: 130
Kee: 119
Kelber: 204
Kelhoffer: 11, 168, 173, 182, 185, 189, 190, 208, 215, 220, 229
Kernaghan: 229
Kertelge: 130
Kessler: 76
Kinukawa: 16, 21, 160
Klostermann: 108, 111
Knox: 131

Koch: 46, 108
Köhler: 67
Lagrange: 98
Lamar: 13, 21, 83, 135
Lamarche: 131
Lane: 229
Lattke: 62
Légasse: 15, 21, 83, 94, 100, 131, 135, 153, 174, 181, 188, 209
Legrand: 98
Lenski: 131
Lentzen-Deis: 103, 135, 186
Lincoln: 156
Lincon: 14, 21
Linnemann: 130
Loisy: 130
Maggioni: 130
Magness: 21, 51
Malbon: 15, 16, 21, 49, 153
Manicardi: 12, 21, 68, 102, 104, 112, 113, 169, 173, 177, 184, 186, 187, 199, 200, 204, 209, 216, 228
Marguerat: 14
Martini: 26
Marxsen: 98
Mateos: 12, 21, 100, 229
Matjaž: 19, 20, 21, 65
Meynet: 15, 16, 21, 103, 222, 223
Metzger: 167
Merk: 26, 27, 167
Merz: 99
Miller: 16, 20, 21, 160
Minette de Tilesse: 46, 108
Mitchell: 19, 21, 139, 162, 164
Moloney: 20, 21, 83, 173, 216
Montuschi: 17, 21, 97
Moraldi: 179
Morales Rios: 126, 209
Munro: 154, 160
N-A[27]: 25, 26, 27, 86, 167
Navarro Puerto: 15, 21, 83, 144, 229

Niemann: 81
Niese: 135
Nolli: 26, 27
O'Collins: 100
Oepke: 61, 62
Olshausen: 130
Origene: 167
Painter: 153, 229
Penna 196, 197, 200
Perego: 34, 126, 134, 136
Pérez Herrero: 14, 15, 21, 83, 94, 100, 103, 126
Perrin: 98
Perroni: 18
Pesch: 12, 13, 21, 33, 51, 58, 65, 66, 68, 83, 89, 94, 100, 107, 108, 111, 130, 135, 157, 172, 173, 181, 189, 206, 220
Petersen: 55, 147
Pietro Crisologo: 130
Pikaza: 13, 204
Pizzolato: 130
Plath: 67
Polla-Mattiot: 44
Pontificia Commissione Biblica: 11, 234
Pseudo-Girolamo: 130
Quesnel: 131
Radermakers: 20, 21, 131
Rienecker: 130
Ritt: 161
Rossé: 94
Rusconi: 107
Saunderson: 130
Schenk: 130
Schenke: 98, 108
Schmithals: 71, 108
Schnackenburg: 38, 130, 135
Schneider: 30, 31, 113
Schniewind: 186
Schweizer: 12, 21, 111, 173, 178, 190
Schwertner: 31

Scroggs: 131
Sieg: 130
Simian-Yofre: 16
Simone: 44
Simonetti: 217
Ska: 101
Soden, von: 26, 27
Stein: 10
Standaert: 131, 134
Stock: 19, 21, 33, 46, 47, 66, 68, 83, 89, 94. 97, 100, 103, 118, 126, 134, 203, 207, 209
Swanson: 14
Tannehill: 98, 153
Taylor: 103, 108, 130, 135, 169
Teofilatto: 130
Tertulliano: 217
Theissen: 99
Tirone: 130
Tischendorf: 26, 27, 167
Tolbert: 131, 154, 160
Trocmé: 18, 21

Tuckett: 46
Vallette: 171
Vanhoye: 131
Vanni: 136
Vignolo: 11, 12, 13, 49, 55, 64, 81, 89, 135, 141, 146, 164, 165
Vironda: 33, 56, 129, 155, 156, 197
Waetjen: 130
Walsch: 130
Weber: 46
Weeden: 154
Wegener: 81
Weiss: 130
Westcott: 26, 27
Wilckens: 81
Williams: 13
Witherington III: 15, 21, 229
Wrede: 46
Wright: 105
Zerwick: 29

INDICE DEI RIFERIMENTI BIBLICI

Gen 1,1-5: 100
Gen 1,5: 100
Gen 2,21: 63
Gen 4,1-16: 102
Gen 4,12: 102
Gen 9,2: 61
Gen 15,12: 63
Gen 18,1-15: 102
Gen 18,12: 102
Gen 37,4: 44
Gen 39,12: 130

Es 1,8:
Es 3,1-22: 102
Es 3,13: 102
Es 3,14: 60, 67
Es 14: 152
Es 14,10: 152
Es 14,14: 152
Es 14,15-31: 60, 101
Es 14,21: 101
Es 14,24: 60, 100, 101
Es 14,27: 100 , 101
Es 14,30: 101
Es 14,31: 101, 152
Es 15,16: 45, 61
Es 16,7-8: 100
Es 18,9: 63

Es 28,2: 136
Es 29,5: 136
Es 29,21: 136
Es 29,29: 136
Es 33,19-23: 60
Es 34,5-8: 60

Lv 9,24: 63
Lv 15,25-30: 57

Dt 2,25: 61
Dt 3,2: 67
Dt 4,28: 45
Dt 7,18: 67
Dt 20,1: 67
Dt 28,28: 62
Dt 31,8: 67
Dt 33,2: 60

Gs 3,10: 177

Gdc 6,11-24: 102
Gdc 6,13: 102
Gdc 8,1: 44
Gdc 9,4: 113

1Sam 1,13: 45
1Sam 11,7: 62
1Sam 14,15: 62, 113

1Sam 17,51: 131
1Sam 26,12: 113

2Sam 3,11: 44
2Sam 17,36: 184
2Sam 21,21: 184
2Sam 22,5: 113

1Re 18, 17-24: 58
1Re 18,20-40: 45
1Re 18,26-29: 45
1Re 19,2: 140
1Re 19,9-18: 45
1Re 19,11: 60

2Re 2,11: 190
2Re 4,8-37: 58
2Re 7,15: 113

1Cro 20,7: 184

2Cro 5,12: 136
2Cro 14,13: 62

Esd 7,2: 193

Ne 2,12: 44

Tb 5,5: 135
Tb: 5,7: 135

Tb 5,10: 135

Gdt 13,17: 63

Est 2,20: 44

1Mac 1,54: 32
1Mac 2,58: 190
1Mac 6,7: 32
1Mac 6,8: 113
1Mac 10,21: 136
1Mac 12,1: 193
1Mac 15,32: 63

2Mac 3,26: 135
2Mac 3,33: 135
2Mac 5,2: 136
2Mac 7: 131
2Mac 15,23: 62

Gb 4,14: 62
Gb 9,8: 60
Gb 9,11: 60
Gb 14: 130
Gb 33,31: 44
Gb 33,33: 44
Gb 38,16: 60
Gb 38,34: 62
Gb 40,3-5: 45

Sal 5,3: 100
Sal 30,5: 100
Sal 30,23: 63
Sal 36: 130
Sal 37: 130
Sal 38,11: 37
Sal 42,3: 177
Sal 43,14: 184
Sal 47,7: 62
Sal 54,5: 61
Sal 54,13: 184
Sal 55,17: 100
Sal 63,7-8: 45

Sal 76,17: 60
Sal 76,20: 60
Sal 77,7-8: 44
Sal 88,9: 37
Sal 88,13: 100
Sal 92,2: 100
Sal 107,23-32: 65
Sal 110: 135, 191, 198
Sal 110,1: 135, 191
Sal 115,5: 45
Sal 116,11: 63
Sal 118,22-23: 206
Sal 143,8: 100

Pr 10,19: 44
Pr 11,12-13: 45
Pr 24,4: 44

Qo 12,5: 113

Ct 3,8: 113
Ct 6,4: 113
Ct 6,10: 113

Sap 5,2: 119
Sap 17,3: 113

Sir 6,33: 44
Sir 24,5: 60
Sir 30,9: 108
Sir 43,18: 63
Sir 45,7: 136
Sir 45,10: 136
Sir 48,9: 190
Sir 50,11: 136

Is 5,1-7: 206
Is 6,1-13: 102
Is 6,11: 102
Is 17,14: 100
Is 31,8-9: 131
Is 40,3: 198

Is 40,30: 131
Is 41,10: 68
Is 41,13: 67
Is 41,14: 67
Is 43,1: 67
Is 43,5: 67
Is 43,10: 60
Is 44,2: 67
Is 53,7: 51
Is 54,4: 67
Is 54,14: 61
Is 56,7: 205, 207
Is 60,1-3: 100
Is 60,5: 63

Ger 1,4-10: 102
Ger 1,6: 102
Ger 5,30: 62
Ger 7,11: 206
Ger 10,5: 45
Ger 11,21: 44
Ger 15,8: 62
Ger 30,10: 67
Ger 40,6: 169
Ger 46,27: 67
Ger 46,28: 67
Ger 49,24: 61
Ger 51,13: 45

Lam 4,18: 45

Ez 7,18: 113
Ez 10,2: 136
Ez 10,6: 136
Ez 10,7: 136

Dn 7,7: 113
Dn 8,17: 113
Dn 9,17: 32
Dn 10,7: 119
Dn 11,31: 32
Dn 12: 131
Dn 12,11: 32

INDICE DEI RIFERIMENTI BIBLICI

Os 3,5: 63
Os 11,11: 63

Am 2,12: 44
Am 2,16: 130
Am 8,2: 45

Mi 7,15-16: 45

Ab 2,18-20: 45
Ab 3,3: 60
Ab 3,14: 62

Zac 9,9: 74
Zac 13,7: 33, 38, 129, 137
Zac 14,13: 119

Mt 2,10: 78, 79
Mt 2,13: 36
Mt 2,22: 74
Mt 3,7: 36
Mt 3,11: 210
Mt 4,10: 93
Mt 5,12: 78
Mt 5,24: 93
Mt 5,41: 93
Mt 7,22: 188
Mt 7,22-23:
Mt 8,4: 41, 42, 48, 93
Mt 8,13: 93
Mt 8,32: 93
Mt 8,33: 36
Mt 9,6: 93
Mt 9,8: 59, 74
Mt 10,1: 213
Mt 10,5-14: 213
Mt 10,8a: 213
Mt 10,23: 36
Mt 10,26: 74
Mt 10,28: 74
Mt 10,31: 74

Mt 10,32-33: 187
Mt 11,20: 184, 188
Mt 11,21: 188
Mt 11,23: 188
Mt 12,16: 41, 44, 48
Mt 12,23: 62
Mt 12,41-42: 187
Mt 13,1-23: 194
Mt 13,19: 194
Mt 13,20: 79
Mt 13,44: 79, 93
Mt 13,54: 188
Mt 13,58: 170, 188
Mt 14,5: 74
Mt 14,27: 74
Mt 14,30: 74
Mt 15,29: 74
Mt 16,20: 41, 42, 48
Mt 16,21: 174
Mt 16,23: 93
Mt 16,25: 204
Mt 17,2: 181
Mt 17,6: 74
Mt 17,7: 74
Mt 17,9: 41, 42, 48, 54
Mt 17,17: 170
Mt 17,23: 174
Mt 18,13: 78
Mt 18,15: 93
Mt 19,21: 93
Mt 19,28: 207
Mt 20,4: 93
Mt 20,7: 93
Mt 20,14: 93
Mt 20,19: 174
Mt 20,31: 41, 48
Mt 21,13: 206
Mt 21,26: 74
Mt 21,46: 74
Mt 21,82: 93
Mt 22,12: 42, 43, 48
Mt 22,34: 42, 43, 48

Mt 23,27: 96
Mt 23,29: 96
Mt 23,33: 36
Mt 23,63: 43
Mt 24,16: 36
Mt 25,31-46: 189
Mt 26: 130
Mt 26,18: 93
Mt 26,24: 93
Mt 26,36-46: 112
Mt 26,37: 112, 149
Mt 26,49: 78
Mt 26,56: 36
Mt 26,63: 42, 48
Mt 26,64: 192
Mt 27,1: 162
Mt 27,3-10: 183
Mt 27,14: 42, 43, 48
Mt 27,29: 78
Mt 27,54: 74
Mt 27,61: 96
Mt 27,63: 174
Mt 27,64: 96
Mt 27,65: 93
Mt 27,66: 96
Mt 28: 177, 218, 228
Mt 28,1: 39, 96, 99
Mt 28,1-10: 36
Mt 28,2: 86, 162
Mt 28,4: 78
Mt 28,5: 78, 79, 88, 126
Mt 28,7: 78, 92, 104, 174
Mt 28,8: 26, 36, 78, 79, 104, 178, 186, 226, 236
Mt 28,8-20: 178, 180, 226, 242
Mt 28,9: 78, 79, 178, 226
Mt 28,9-10: 78

Mt 28,10: 74, 79, 93, 186
Mt 28,11: 145
Mt 28,12: 145
Mt 28,14: 145
Mt 28,16: 36, 178, 183, 226
Mt 28,16-20: 189, 202, 207, 226, 227
Mt 28,17: 39, 179
Mt 28,18-20: 151, 173, 178, 185, 226
Mt 28,19: 185, 186, 187, 208
Mt 28,19a: 185, 226
Mt 28,19b: 185, 226
Mt 28,20: 185, 187, 188, 189, 193, 227

Mc 1,1: 11, 56, 109, 117, 137, 138, 139, 140, 164, 167, 196, 197, 202, 222
Mc 1,1-3: 239
Mc 1,1-13: 141
Mc 1,1–16,8: 9, 19, 22, 23, 34, 35, 125, 151, 170, 187, 200, 217, 224, 226, 233, 234, 238, 245, 246
Mc 1,1–16,20: 9, 19, 22, 23, 167, 168, 218, 220, 229, 231, 233, 234, 243, 245, 246
Mc 1,2: 135, 142
Mc 1,2-3: 141, 142, 146, 154, 239
Mc 1,2-8: 209
Mc 1,2-13: 139
Mc 1,3: 197, 198
Mc 1,4: 196, 202, 203, 209
Mc 1,4-8: 89
Mc 1,4–8,26: 204
Mc 1,5: 176
Mc 1,6: 140
Mc 1,7: 142, 196, 202, 203, 209
Mc 1,8: 208, 210, 221
Mc 1,8a: 208
Mc 1,8b: 208
Mc 1,9: 113
Mc 1,9-11: 209
Mc 1,11: 109, 140, 142, 146, 154, 198, 222, 239
Mc 1,12-13: 141
Mc 1,13: 135
Mc 1,14: 127, 186, 202, 203
Mc 1,14-15: 110, 112, 119, 141, 196, 212
Mc 1,14-28: 110
Mc 1,15: 159, 202, 203, 212
Mc 1,16-20: 34, 89, 155
Mc 1,17: 157
Mc 1,18: 33
Mc 1,20: 33, 157
Mc 1,21: 110, 176
Mc 1,21-28: 65, 89, 106, 109, 110
Mc 1,21-34: 189
Mc 1,22: 73, 107, 108, 110
Mc 1,23: 107
Mc 1,23-28: 65
Mc 1,24: 107, 126
Mc 1,25: 30, 40, 43, 45, 46, 55, 66
Mc 1,26: 43
Mc 1,27: 65, 73, 106, 107, 108, 110, 200
Mc 1,28: 31, 192
Mc 1,29: 30
Mc 1,29-31: 16, 30
Mc 1,32: 100
Mc 1,33: 210
Mc 1,34: 41, 42, 45, 46, 55
Mc 1,35: 30, 100, 175
Mc 1,38: 31, 202, 209
Mc 1,39: 202
Mc 1,40: 50
Mc 1,40-45: 50
Mc 1,41: 50
Mc 1,42: 50
Mc 1,43-44: 50
Mc 1,44: 41, 42, 45, 46, 49, 50, 51, 92
Mc 1,44d: 51
Mc 1,45: 30, 50, 51, 202
Mc 2,1-12: 89
Mc 2,2: 196
Mc 2,5: 59
Mc 2,7: 59
Mc 2,9-11: 89
Mc 2,10-11: 59
Mc 2,11: 92
Mc 2,12: 30, 59, 62, 107, 108
Mc 2,13: 30
Mc 2,14: 155, 175
Mc 2,15: 33

Mc 2,16: 33
Mc 2,23: 33, 176
Mc 2,28: 197, 198
Mc 3,1-6: 150
Mc 3,4: 41, 43, 45
Mc 3,5: 150
Mc 3,6: 30, 205
Mc 3,7: 33
Mc 3,9: 33
Mc 3,12: 41, 43, 45, 46, 55
Mc 3,13: 155
Mc 3,13-19: 155
Mc 3,14: 202, 203
Mc 3,15: 188
Mc 3,21: 30, 59
Mc 3,22: 205
Mc 3,31-35: 205
Mc 4: 149
Mc 4–8: 156
Mc 4,1-20: 193
Mc 4,3: 31
Mc 4,12: 128, 199
Mc 4,13: 149
Mc 4,14: 194, 196
Mc 4,14-34: 149
Mc 4,15: 196
Mc 4,16: 196
Mc 4,17: 196
Mc 4,18: 196
Mc 4,19: 179, 196
Mc 4,20: 196
Mc 4,33: 196
Mc 4,35: 100
Mc 4,35-41: 65, 115, 150
Mc 4,35–6,50: 17
Mc 4,35–10,32: 148
Mc 4,39: 41, 43, 45, 65
Mc 4,39b: 43
Mc 4,40: 115, 151

Mc 4,41: 64, 65, 66, 74, 109, 115, 147
Mc 4,51: 65
Mc 5,1-13: 66
Mc 5,1-20: 32, 39, 65, 96, 125, 235
Mc 5,2: 30, 96
Mc 5,3: 96
Mc 5,5: 96
Mc 5,8: 30
Mc 5,9: 32
Mc 5,11-13: 32
Mc 5,13: 30
Mc 5,14: 32, 77, 125
Mc 5,15: 64, 66, 115
Mc 5,15-17: 32
Mc 5,16: 66
Mc 5,16-17: 66
Mc 5,18: 92
Mc 5,18-20: 32
Mc 5,19: 66, 92, 197
Mc 5,20: 107, 108, 202
Mc 5,21-24: 58, 89, 92
Mc 5,22: 73
Mc 5,23: 174, 189
Mc 5,25-28: 57
Mc 5,25-34: 57, 66, 89, 92, 94
Mc 5,28: 57
Mc 5,29: 58
Mc 5,29b: 58
Mc 5,30: 31
Mc 5,31: 33
Mc 5,33: 57, 64, 66, 73, 74, 115
Mc 5,33a: 58
Mc 5,34: 58, 92, 214

Mc 5,35-43: 58, 89, 92, 115
Mc 5,36: 64, 66, 115, 147
Mc 5,37: 144
Mc 5,38: 67, 179
Mc 5,39: 46, 61, 67
Mc 5,40: 67, 176
Mc 5,41: 61
Mc 5,42: 61, 115
Mc 5,43: 41, 43, 45, 46, 47
Mc 5,45: 59
Mc 6,1: 30, 33
Mc 6,1-6a: 110
Mc 6,2: 73, 110, 188
Mc 6,5: 188
Mc 6,6: 170, 184
Mc 6,6a: 184, 205
Mc 6,7: 203, 207
Mc 6,7-11: 212
Mc 6,7-13: 155, 205, 212, 225
Mc 6,8-9: 212
Mc 6,10: 31
Mc 6,10-11: 212
Mc 6,11: 176
Mc 6,12: 30, 192, 202
Mc 6,12b-13: 213
Mc 6,13: 155, 189
Mc 6,14: 188
Mc 6,15: 140, 199
Mc 6,20: 64, 68, 75
Mc 6,204: 30, 184
Mc 6,29: 33, 96, 159
Mc 6,30-44: 205
Mc 6,31: 92
Mc 6,33: 92
Mc 6,34: 30
Mc 6,35: 33

Mc 6,38: 92, 95
Mc 6,41: 33, 118
Mc 6,45: 33, 205
Mc 6,45-52: 60, 67, 100, 115
Mc 6,47: 100
Mc 6,48: 100
Mc 6,49: 60, 115
Mc 6,50: 60, 64, 73, 107, 114, 115, 147
Mc 6,50c: 67
Mc 6,51: 59, 60, 109, 115
Mc 6,52: 29, 60, 71, 150, 151, 184
Mc 6,54: 30
Mc 6,56: 176
Mc 7,1: 205
Mc 7,1-13: 205
Mc 7,2: 33
Mc 7,5: 33
Mc 7,13: 44
Mc 7,14-23: 205
Mc 7,15: 176
Mc 7,17: 33
Mc 7,18: 176
Mc 7,19: 176
Mc 7,19b: 205
Mc 7,20: 176
Mc 7,21: 176
Mc 7,22-23: 214
Mc 7,23: 176
Mc 7,24: 41, 43, 45, 46, 175, 205
Mc 7,27: 205, 207
Mc 7,28: 197, 198
Mc 7,29: 30, 92
Mc 7,30: 30, 205
Mc 7,31: 30, 205
Mc 7,32: 189
Mc 7,34: 118

Mc 7,36: 41, 42, 45, 46, 202
Mc 7,37: 73, 110
Mc 8,1: 205
Mc 8,1-10: 205
Mc 8,4: 33
Mc 8,6: 33
Mc 8,10: 33
Mc 8,11: 30, 212
Mc 8,12: 212
Mc 8,14-21: 150
Mc 8,17: 71, 184
Mc 8,17b-18a: 199
Mc 8,17-21: 44
Mc 8,18: 128
Mc 8,22-26: 89, 108
Mc 8,23: 189
Mc 8,24: 73, 118
Mc 8,25: 189
Mc 8,27: 30, 33, 72
Mc 8,27-33: 197
Mc 8,27–10,52: 47, 70, 72, 110, 150, 218
Mc 8,27–16,8: 106
Mc 8,27–16,20: 173
Mc 8,28: 190
Mc 8,29: 72, 109, 150, 197
Mc 8,30: 41, 42, 45, 47, 55
Mc 8,31: 39, 98, 114, 126, 150, 174, 175
Mc 8,31-32: 70
Mc 8,32: 70, 102
Mc 8,33: 33, 44, 70, 92, 95
Mc 8,34: 33, 118, 157, 204
Mc 8,38: 135, 187, 204
Mc 9,1-8: 89

Mc 9,1-13: 107
Mc 9,2: 92, 143, 181
Mc 9,2b-4: 143
Mc 9,2-8: 102, 143, 144, 190
Mc 9,2-9: 67
Mc 9,2-13: 139
Mc 9,3: 140, 143, 146
Mc 9,4: 68, 143
Mc 9,5: 92, 143, 144
Mc 9,5-6: 102
Mc 9,6: 64, 71, 74, 140, 143
Mc 9,6a: 68
Mc 9,6b: 67
Mc 9,7: 68, 109, 142, 143, 144, 146, 154, 198, 222, 239
Mc 9,8: 143
Mc 9,9: 41, 42, 45, 47, 54, 55, 56, 72, 103. 109, 144, 174, 236
Mc 9,9-10: 108
Mc 9,10: 103, 144, 174, 239, 240
Mc 9,12-13: 126
Mc 9,13: 190
Mc 9,14: 108
Mc 9,14-15: 107
Mc 9,14-18: 108
Mc 9,14-27: 89
Mc 9,14-29: 107, 109
Mc 9,15: 73, 106, 107, 108, 109
Mc 9,18: 33
Mc 9,19: 170, 184
Mc 9,22-30: 89

Mc 9,23: 214
Mc 9,24: 170, 184
Mc 9,25: 30
Mc 9,26: 30
Mc 9,28: 33
Mc 9,29: 31
Mc 9,30: 30, 176
Mc 9,30-32: 70
Mc 9,31: 33, 39, 98, 102, 174, 175
Mc 9,32: 64, 70, 71, 114
Mc 9,33: 72
Mc 9,34: 41, 45
Mc 9,39: 188
Mc 9,41: 197
Mc 9,43: 110
Mc 9,45: 110
Mc 9,47: 110
Mc 10,1: 175
Mc 10,5: 184
Mc 10,6: 171
Mc 10,15: 110
Mc 10,16: 189
Mc 10,17: 110, 176
Mc 10,17-22: 89
Mc 10,17-29: 110
Mc 10,17-31: 109
Mc 10,18: 59
Mc 10,20: 110
Mc 10,21: 92, 110
Mc 10,23: 33, 72, 109, 110
Mc 10,24: 106, 109, 110
Mc 10,24a: 109
Mc 10,24b: 109
Mc 10,24-25: 72
Mc 10,25: 109, 110
Mc 10,26: 73, 109, 110
Mc 10,27: 110

Mc 10,28: 33, 92, 110
Mc 10,29: 204
Mc 10,30: 100, 110
Mc 10,32: 64, 70, 71, 72, 102, 106, 110, 111, 113, 114, 150
Mc 10,32-34: 70, 71, 110
Mc 10,33: 71, 187
Mc 10,33-34: 98, 126
Mc 10,34: 39, 174, 175
Mc 10,35-40: 89
Mc 10,35-45: 158
Mc 10,37: 135
Mc 10,38: 72
Mc 10,38-39:
Mc 10,40: 135
Mc 10,41: 158
Mc 10,42: 72
Mc 10,43: 158
Mc 10,44: 158
Mc 10,45: 158
Mc 10,46: 33, 73, 176
Mc 10,46a: 46
Mc 10, 46b: 46
Mc 10,46-52: 46
Mc 10,47: 126
Mc 10,47a: 47
Mc 10,47b: 47
Mc 10,48: 41, 45, 46, 47
Mc 10,51: 118
Mc 10,52: 47, 92
Mc 11–13: 205
Mc 11,1: 33
Mc 11,1-11: 68
Mc 11,1–13,37: 68
Mc 11,2: 92, 176

Mc 11,3: 197
Mc 11,9: 111, 197
Mc 11,11: 30
Mc 11,11a: 68
Mc 11,12: 30
Mc 11,12-19: 68
Mc 11,14: 33
Mc 11,15b: 68
Mc 11,15-17: 68
Mc 11,15-19: 205
Mc 11,17a: 207
Mc 11,17b: 206, 207
Mc 11,17c: 206
Mc 11,18: 64, 68, 69, 73, 107, 110
Mc 11,19: 176
Mc 11,20: 100, 176
Mc 11,20–12,44: 68
Mc 11,21: 92
Mc 11,27b: 68
Mc 11,27-33: 69
Mc 11,28: 69
Mc 11,31-32: 69
Mc 11,32: 64, 68, 69
Mc 11,33: 69
Mc 12: 197
Mc 12,1-12: 69, 206
Mc 12,2: 206
Mc 12,3: 206
Mc 12,4: 206
Mc 12,5a: 206
Mc 12,5b: 206
Mc 12,6: 206
Mc 12,8: 206
Mc 12,9: 69, 197, 206
Mc 12,10: 206
Mc 12,11: 197, 206
Mc 12,12: 64, 68, 69
Mc 12,17: 29

Mc 12,18: 69
Mc 12,23: 174
Mc 12,25: 135, 174
Mc 12,27: 67, 177
Mc 12,29: 197, 198
Mc 12,30: 197, 198
Mc 12,35: 197
Mc 12,35a: 68
Mc 12,35-37: 191
Mc 12,36: 135, 197, 198
Mc 12,37: 44, 197
Mc 12,38: 136
Mc 12,41-44: 89
Mc 12,42: 73
Mc 12,43: 33
Mc 13,1: 33, 176
Mc 13,1a: 68
Mc 13,1-4: 89
Mc 13,1-37: 16, 206
Mc 13,3: 92
Mc 13,3a: 68
Mc 13,4: 212
Mc 13,6: 60
Mc 13,7-8: 206
Mc 13,10: 186, 202, 206, 207
Mc 13,11: 193
Mc 13,14: 31, 32, 39
Mc 13,14-18: 31
Mc 13,15-16: 31
Mc 13,17-18: 31
Mc 13,19: 31, 171
Mc 13,20: 32, 197
Mc 13,21: 197
Mc 13,21-22: 197
Mc 13,22: 212
Mc 13,24: 100
Mc 13,26-27: 139
Mc 13,27: 135
Mc 13,32: 135
Mc 13,35: 100, 197

Mc 14: 130
Mc 14–16: 160
Mc 14,1: 85
Mc 14,1–15,47: 64
Mc 14,2-9: 89
Mc 14,3: 73
Mc 14,3-9: 203
Mc 14,6: 203
Mc 14,8: 203
Mc 14,9: 160, 186, 202, 203
Mc 14,10: 85
Mc 14,12: 33, 100
Mc 14,13: 33, 92
Mc 14,14: 33
Mc 14,16: 30
Mc 14,17: 85
Mc 14,17-21: 184
Mc 14,17-25: 102, 184
Mc 14,21: 92
Mc 14,22-42: 89
Mc 14,26: 30, 39
Mc 14,26-31: 89
Mc 14,27: 33, 34, 35, 38, 102, 126, 128, 129
Mc 14,27-28: 98, 102, 114, 121, 129, 137, 145, 155, 237
Mc 14,28: 34, 38, 102, 111, 113, 128, 129, 155, 161, 174
Mc 14,29: 33, 92
Mc 14,29-31: 162
Mc 14,30: 100
Mc 14,31: 33
Mc 14,32: 33
Mc 14,32-42: 64, 112, 148, 240

Mc 14,33: 64, 73, 92, 112, 113, 144, 147, 149, 238
Mc 14,34: 112
Mc 14,36: 112, 149
Mc 14,37: 92
Mc 14,38: 148, 149, 150, 219, 240
Mc 14,41: 72, 112, 134
Mc 14,42: 112
Mc 14,43: 100
Mc 14,43-52: 32, 131
Mc 14,46: 126
Mc 14,48: 31
Mc 14,50: 22, 32, 33, 36, 40, 64, 125, 127, 128, 133, 219
Mc 14,50-52: 39, 77, 132, 159, 205, 235
Mc 14,51: 35, 132, 133, 134, 136
Mc 14,51-52: 39, 40, 128, 129, 130, 131, 133, 134, 135, 136, 140, 239
Mc 14,52: 32, 34, 127, 134, 136
Mc 14,54: 92, 157
Mc 14,55-59: 52
Mc 14,56-58: 145
Mc 14,57: 175
Mc 14,60: 52, 145, 175
Mc 14,60-64: 52
Mc 14,61: 42, 43, 47, 52, 53, 56, 145, 197, 236

Mc 14,61a: 52
Mc 14,61b: 52
Mc 14,61-62: 53, 56, 69
Mc 14,61b-62: 53
Mc 14,62: 48, 52, 54, 60, 135, 145, 191, 192
Mc 14,63: 145
Mc 14,63-64: 52
Mc 14,64: 171, 187, 205
Mc 14,65: 145
Mc 14,66: 92
Mc 14,66-72: 89, 157
Mc 14,67: 92, 126
Mc 14,68: 30
Mc 14,69: 181
Mc 14,70: 92, 181
Mc 14,72: 92, 179
Mc 15,1: 53, 85, 100
Mc 15,1-5: 52, 53
Mc 15,1-15: 89
Mc 15,2: 48, 53, 54, 56, 145
Mc 15,2a: 52
Mc 15,2b: 52
Mc 15,3: 53, 145
Mc 15,4: 52, 145
Mc 15,5: 42, 43, 45, 47, 49, 51, 52, 53, 56, 145, 236
Mc 15,5-15: 52
Mc 15,9: 53, 145
Mc 15,11: 145
Mc 15,12: 53, 145
Mc 15,13: 48, 145
Mc 15,14: 48, 145
Mc 15,15: 205
Mc 15,16-20: 48
Mc 15,16-32: 236

Mc 15,18: 53, 145
Mc 15,20: 145
Mc 15,21: 73
Mc 15,21-22: 89
Mc 15,25: 85
Mc 15,26: 53
Mc 15,29: 145, 176
Mc 15,29-30: 206
Mc 15,29-32: 48, 56
Mc 15,31: 145
Mc 15,31-32: 199
Mc 15,32: 197, 199
Mc 15,33: 85
Mc 15,33-41: 224
Mc 15,34: 48, 85
Mc 15,35: 190
Mc 15,36: 190
Mc 15,37: 158, 174
Mc 15,38: 206
Mc 15,39: 142, 149, 198, 199, 200, 219, 224
Mc 15,40: 82, 116, 157, 176, 177
Mc 15,40-41: 14, 16, 39, 85, 144, 157, 224
Mc 15,40-47: 160
Mc 15,40–16,4: 115
Mc 15,41: 39, 73, 96, 143, 158, 159
Mc 15,42: 82, 85, 100, 158, 159
Mc 15,42-45: 82
Mc 15,42-46: 158, 159
Mc 15,42-47: 82, 83, 85, 224
Mc 15,42–16,8: 82
Mc 15,43: 73, 86, 158, 159
Mc 15,43-45: 86

Mc 15,46: 94, 96, 97, 134, 159
Mc 15,46-47: 82
Mc 15,47: 14, 16, 82, 85, 98, 116, 117, 144, 158, 159, 176, 177, 224
Mc 16: 222
Mc 16,1: 39, 75, 82, 83, 84, 85, 88, 91, 98, 103, 143, 175, 176, 177, 223
Mc 16,1-2: 81, 99, 242
Mc 16,1-4: 81, 82, 83, 84, 89, 223, 224
Mc 16,1-5: 988, 98, 161, 179
Mc 16,1-5b: 14, 160
Mc 16,1-8: 9, 18, 21, 22, 23, 34, 75, 81, 82, 83, 101, 102, 115, 123, 130, 131, 135, 136, 137, 139, 140, 141, 144, 148, 155, 171, 173, 174, 175, 176, 177, 180, 194, 217, 218, 219, 222, 223, 224, 225, 227, 230, 231, 232, 234, 237, 241, 242, 243, 244, 245, 246
Mc 16,1-20: 15, 222, 223, 225, 243, 245

Mc 16,2: 83, 84, 85, 86, 96, 97, 175
Mc 16,2a: 223
Mc 16,2-4: 83, 86, 94
Mc 16,2-8: 85
Mc 16,3: 81, 82, 83, 84, 85, 86, 91, 94, 96, 98, 103
Mc 16,3-4:
Mc 16,4: 81, 82, 83, 84, 85, 86, 91, 94, 118, 132
Mc 16,4b: 84, 90
Mc 16,4-5: 118
Mc 16,5: 15, 22, 35, 39, 73, 81, 82, 83, 84, 85, 87, 90, 91, 96, 97, 105, 106, 114, 115, 117, 118, 122, 132, 135, 136, 140, 141, 143, 238
Mc 16,5-6: 115
Mc 16,5-7: 39, 82, 83, 84, 87, 89, 97, 116, 128, 136, 223, 224
Mc 16,5-8: 81, 82, 83, 115
Mc 16,5c-8: 14, 160
Mc 16,6: 15, 22, 56, 61, 73, 78, 83, 84, 85, 88, 89, 91, 94, 96, 97, 104, 105, 106, 114, 115, 120, 121, 122, 126, 143, 154, 163, 174, 196, 198, 222, 225, 230, 238

Mc 16,6a: 87, 93
Mc 16,6b: 84, 88, 98
Mc 16,6b-7: 87
Mc 16,6-7: 57, 75, 77, 81, 89, 90, 97, 101, 116, 118, 143, 161, 164, 203, 224, 239
Mc 16,7: 31, 33, 34, 39, 50, 56, 83, 84, 88, 89, 91, 92, 94, 96, 97, 98, 99, 102, 111, 113, 114, 120, 121, 123, 137, 142, 143, 156, 171, 174, 176, 182, 184, 188, 194, 199, 200, 204, 205, 221, 235, 237, 240, 245
Mc 16,7a: 84, 88
Mc 16,7d: 84
Mc 16,7-8: 93, 174
Mc 16,8: 9, 10, 11, 12, 13, 14, 15, 16, 17, 18, 19, 20, 21, 22, 23, 25, 26, 28, 29, 30, 31, 32, 34, 40, 42, 43, 45, 49, 50, 51, 55, 56, 57, 60, 63, 64, 72, 73, 75, 76, 81, 82, 83, 84, 88, 89, 90, 91, 94, 96, 97, 98, 101, 102, 105, 106, 113, 114, 115, 116, 118, 119, 120, 121, 122, 123, 125, 127, 128, 132, 139, 143, 144, 147, 155, 156, 157, 160, 161, 163, 164, 165, 167, 168, 174, 175, 186, 177, 178, 218, 219, 220, 221, 223, 224, 225, 226, 227, 229, 230, 231, 232, 233, 234, 235, 237, 238, 240, 241, 242, 243, 244, 245, 246
Mc 16,8ab:
Mc 16,8b: 14, 26, 84, 90
Mc 16,8cd:
Mc 16,8d: 26, 84, 90
Mc 16,8-20: 178
Mc 16,9: 168, 169, 170, 171, 172, 174, 175, 176, 178, 181, 183, 192, 195, 218, 220, 226, 241, 242
Mc 16,9a: 174
Mc 16,9b: 176, 177, 223
Mc 16,9-10: 173, 177, 195
Mc 16,9-11: 168, 170, 172, 174, 223, 224
Mc 16,9-13: 222, 223

Mc 16,9-20: 9, 10, 11, 19, 22, 167, 168, 171, 172, 173, 174, 175, 177, 180, 181, 195, 215, 217, 218, 220, 222, 224, 225, 226, 227, 229, 233, 241, 242, 243, 246
Mc 16,10: 168, 169, 171, 172, 176, 178, 179, 186, 226
Mc 16,10-11: 182
Mc 16,11: 168, 169, 171, 172, 173, 175, 179, 180, 182, 183, 195, 196, 223
Mc 16,12: 168, 169, 170, 171, 172, 176, 181, 183, 184, 196, 211
Mc 16,12a: 223
Mc 16,12-13: 168, 170, 172, 173, 181, 195, 211, 223, 224
Mc 16,12-20: 180
Mc 16,13: 169, 170, 171, 180, 182, 186, 195, 200, 223
Mc 16,13a: 168, 172
Mc 16,13b: 168, 172
Mc 16,14: 168, 169, 170, 171, 172, 173, 175, 178, 180, 182, 183, 195, 196, 200, 207, 216, 223, 225
Mc 16,14a: 169, 223
Mc 16,14b: 169
Mc 16, 14-15: 195
Mc 16,14-18: 168, 170, 172, 182, 224
Mc 16,14-20: 222, 223
Mc 16,15: 169, 170, 171, 172, 176, 182, 185, 186, 196, 207, 225, 226
Mc 16,15a: 169
Mc 16,15-16: 173
Mc 16,15-18: 172, 178, 182, 185, 196, 223, 226
Mc 16,16: 169, 170, 171, 172, 185, 187, 188, 195, 200, 208, 210, 213, 223, 225, 226, 242
Mc 16,17: 169, 170, 171, 189, 195, 207, 211, 213, 223, 228
Mc 16,17b: 188, 223
Mc 16,17c: 188
Mc 16,17-18: 169, 172, 185, 188, 195, 211, 213, 227
Mc 16,18: 171
Mc 16,18a: 188
Mc 16,18b: 188
Mc 16,18c: 189
Mc 16,19: 168, 169, 170, 171, 172, 175, 187, 188, 190, 192, 196, 197, 198, 199, 224
Mc 16,19-20: 168, 169, 170, 172, 189, 223
Mc 16,20: 11, 23, 30, 167, 169, 170, 171, 172, 182, 186, 189, 192, 193, 194, 196, 197, 198, 202, 207, 211, 215, 216, 225, 232
Mc 16,20b: 171

Lc 1,2: 194
Lc 1,5-25: 102
Lc 1,12: 114
Lc 1,13: 74
Lc 1,18: 102
Lc 1,20: 40, 43, 48, 49, 54
Lc 1,26-38: 102
Lc 1,29: 114
Lc 1,30: 74
Lc 1,34: 102
Lc 1,50: 74
Lc 2,9: 74
Lc 2,10: 74
Lc 2,19: 54
Lc 2,44: 37
Lc 2,51: 54
Lc 3,7: 36
Lc 3,16: 210
Lc 3,21: 54
Lc 4,1: 210
Lc 4,18: 210
Lc 4,34: 107

Lc 4,35: 40, 43, 49
Lc 4,36: 107, 113, 188
Lc 4,41: 41, 42, 49
Lc 4,42: 54
Lc 5,9: 113
Lc 5,10: 74
Lc 5,14: 41, 42, 49
Lc 5,16: 54
Lc 5,26: 59, 62
Lc 5,27: 181
Lc 6,12: 54
Lc 8,2: 176
Lc 8,4-15: 194
Lc 8,11: 194
Lc 8,16: 49
Lc 8,25: 74
Lc 8,34: 36
Lc 8,42: 93
Lc 8,47: 61
Lc 8,50: 74
Lc 8,56: 41, 42
Lc 9,1: 188
Lc 9,1-6: 213
Lc 9,6: 192
Lc 9,21: 41, 42, 49
Lc 9,22: 174
Lc 9,24: 204
Lc 9,28-36: 54
Lc 9,29: 181
Lc 9,34: 74
Lc 9,35: 54
Lc 9,36: 41, 43, 49, 54, 55
Lc 9,41: 170
Lc 9,45: 74
Lc 10,3: 93
Lc 10,13: 188
Lc 10,17-20: 214
Lc 10,34: 174
Lc 11,31-32: 187
Lc 11,39: 54
Lc 12,4: 74, 181

Lc 12,5: 74
Lc 12,7: 74
Lc 12,8-9: 187
Lc 12,32: 74
Lc 12,46: 170
Lc 12,58: 93
Lc 15,22: 136
Lc 17,8: 181
Lc 17,14: 93
Lc 18,2: 74
Lc 18,4: 74, 181
Lc 18,19: 59
Lc 18,33: 174
Lc 18,39: 41, 49
Lc 19,21: 74
Lc 19,30: 93
Lc 19,37: 36, 188
Lc 19,40: 41, 48, 49
Lc 19,46: 206
Lc 20,19: 74
Lc 20,26: 41, 43, 48
Lc 20,46: 136
Lc 21,21: 36
Lc 22,2: 74
Lc 22,30: 207
Lc 22,40: 54
Lc 22,40-46: 112
Lc 22,41: 54
Lc 22,69: 192
Lc 23,2: 53
Lc 23,9: 42, 49
Lc 23,40: 74
Lc 23,49: 36
Lc 23,56: 85
Lc 24: 181, 218
Lc 24,1: 39, 86, 99
Lc 24,1-11: 37
Lc 24,2: 86
Lc 24,3: 196
Lc 24,5: 79, 174
Lc 24,5-6: 177
Lc 24,6: 79, 174
Lc 24,7: 174

Lc 24,8: 79
Lc 24,9: 37, 79, 186, 236
Lc 24,11: 39, 79, 162, 170, 173, 179, 183, 201
Lc 24,13: 181
Lc 24,13-35: 105, 181
Lc 24,13-38: 173
Lc 24,16: 181, 211
Lc 24,20: 145
Lc 24,23: 174
Lc 24,25: 179, 185
Lc 24,31: 211
Lc 24,33: 183
Lc 24,34: 174, 177, 182, 183
Lc 24,36-44: 105
Lc 24,36-49: 173, 193
Lc 24,38: 179
Lc 24,41: 170, 179
Lc 24,46: 174
Lc 24,46-49: 226
Lc 24,49: 189, 193
Lc 24,50-51: 216
Lc 24,50-53: 105, 173, 189, 191
Lc 24,51: 189

Gv 1,33:
Gv 2,22: 174
Gv 3,8: 93
Gv 3,18: 188
Gv 3,22: 209
Gv 3,26: 209
Gv 4,1: 209
Gv 4,2: 209
Gv 4,16: 93
Gv 5,20: 188
Gv 6,19: 74
Gv 6,20: 74

INDICE DEI RIFERIMENTI BIBLICI

Gv 6,21: 93
Gv 6,67: 93
Gv 6,69: 107
Gv 7,1: 181
Gv 7,3: 93
Gv 7,13: 41, 43, 49
Gv 7,26: 41, 43, 49
Gv 7,33: 93
Gv 7,39: 193
Gv 8,14: 93
Gv 8,21: 93
Gv 8,22: 93
Gv 9,7: 93
Gv 9,11: 93
Gv 9,22: 74
Gv 10: 38
Gv 10,1-21: 37, 38
Gv 10,3: 38
Gv 10,5: 37, 39
Gv 10,6: 38
Gv 10,12: 37
Gv 10,28: 38
Gv 10,29-30. 38
Gv 11,8: 93
Gv 11,31: 93
Gv 11,44: 93
Gv 12,11: 93
Gv 12,15: 74
Gv 12,35: 93
Gv 13,3: 93
Gv 13,7: 181
Gv 13,33: 93
Gv 13,34-35: 189
Gv 13,36: 93
Gv 14,4: 93
Gv 14,5: 93
Gv 14,12: 188
Gv 14,16: 193
Gv 14, 25-28: 193
Gv 14,28: 93
Gv 15,16: 93
Gv 16,5: 93
Gv 16,10: 93
Gv 16,17: 93
Gv 18,8: 93
Gv 19,8: 74
Gv 19,9: 42, 43, 49
Gv 19,10: 42, 43, 49
Gv 19,26: 38
Gv 20: 185, 192, 228
Gv 20,1: 37, 39, 173
Gv 20,2: 37
Gv 20,9: 39, 174
Gv 20,11: 179
Gv 20,11-18: 173, 177, 228
Gv 20,14: 181
Gv 20,15: 179
Gv 20,17: 176
Gv 20,18: 186
Gv 20,19-23: 173, 228
Gv 20,21: 226
Gv 20,22: 193
Gv 20,24-25: 201
Gv 20,24-29: 179, 228
Gv 20,27: 170, 185
Gv 20,30-31: 228
Gv 21,3: 93
Gv 21,4: 181
Gv 21,12-13: 184
Gv 21,14: 169, 174

At 1,1-5: 193
At 1,1-8: 105
At 1,1-11: 191
At 1,2: 189
At 1,3: 105, 174, 177, 238
At 1,4: 173, 184
At 1,4-14: 216
At 1,5: 181, 193, 209
At 1,6-8: 226
At 1,8: 105
At 1,9: 173
At 1,9-11: 189
At 1,11: 177, 189
At 1,15-26: 207
At 1,18-19: 183
At 1,21: 196
At 1,22: 189
At 1,23: 189
At 1,26: 183
At 2,1-11: 173
At 2,3: 228
At 2,14: 183
At 2,32-35: 191
At 2,33: 192
At 2,37-38: 187
At 2,43: 213
At 3,1-10: 173
At 3,10: 62, 113
At 3,11: 113
At 4,29: 194
At 4,30: 213
At 4,31: 194
At 4,33: 196, 213
At 5,12: 213
At 5,14: 213
At 6,1-7: 207
At 6,6-7: 213
At 6,13: 213
At 7,6: 25
At 7,7: 181
At 7,19: 25
At 8,4: 194
At 8,14: 194
At 8,16: 196
At 9,17: 183
At 9,31-35: 173
At 9,34: 213
At 10,10: 62
At 11,5: 62
At 11,16: 209
At 11,19: 194
At 12,1: 25

At 13,20: 181
At 13,31: 183
At 14,2: 25
At 14,8-10: 173
At 14,25: 194
At 15,11: 196
At 15,12: 213
At 15,26: 196
At 16,6: 194
At 16,16-18: 173
At 17,30: 192
At 17,31-32: 201
At 18,10: 25
At 19,5: 196
At 19,13: 196
At 19,17: 196
At 20,7: 100
At 20,24: 196
At 21,13: 196
At 22,17: 62
At 24,3: 192
At 27,24: 114
At 28,3-6: 173
At 28,8-9: 173
At 28,11: 196
At 28,22: 192
At 28, 24: 170

Rom 1,3-4: 191
Rom 3,1: 96
Rom 3,30: 59
Rom 8,28: 192, 193
Rom 8,34: 191
Rom 11,14: 181
Rom 15,8: 192, 193
Rom 15,18-19: 213
Rom 16,3: 193
Rom 16,9: 193
Rom 16,21: 193

1Cor 1,6: 192
1Cor 1,8: 192
1Cor 1,10–4,23: 214
1Cor 1,17-31: 214
1Cor 1,22: 214
1Cor 1,23: 126
1Cor 2,2: 126
1Cor 2,3: 61
1Cor 2,4: 193
1Cor 3,9: 193
1Cor 4,17: 192
1Cor 5,4: 196
1Cor 9,1: 183, 196
1Cor 11,23: 196
1Cor 12,1–14,40: 214
1Cor 12,30: 188
1Cor 12,31: 214
1Cor 13,1: 188
1Cor 14,5: 188
1Cor 14,6: 188
1Cor 14,18: 188
1Cor 14,23: 188
1Cor 14,36: 194
1Cor 14,39: 188
1Cor 15,3-5: 191
1Cor 15,3-7: 18
1Cor 15,5: 183
1Cor 15,6: 183
1Cor 15,7: 183
1Cor 15,8: 183
1Cor 16,16: 192, 193

2Cor 1,14: 196
2Cor 1,21: 192
2Cor 1,24: 193
2Cor 6,1: 192, 193
2Cor 7,15: 61
2Cor 8,23: 193
2Cor 12,12: 193, 213

Gal 1,16: 183
Gal 1,17: 37
Gal 3,1: 126
Gal 3,5: 213
Gal 6,6: 194

Ef 1,20-21: 191
Ef 2,6: 191
Ef 6,5: 61

Fil 2,6: 181
Fil 2,6-11: 191
Fil 2,7: 181
Fil 2,12: 61
Fil 2,25: 193
Fil 4,3: 193

Col 2,7: 192
Col 3,1: 191
Col 4,11: 193

1Ts 1,5: 193, 213
1Ts 1,6: 194
1Ts 1,8: 194
1Ts 1,10: 191
1Ts 3,11: 196
1Ts 3,13: 196
1Ts 4,2: 196

2Ts 2,8: 196
2Ts 3,1: 194

1Tm 3,2: 193
1Tm 3,16: 189

Tt 1,12: 181

Fm 1: 193
Fm 24: 193

Eb 2,3: 192, 193
Eb 2,4: 193
Eb 4,8: 181
Eb 7,1: 37
Eb 7,6: 181
Eb 13,9: 192

Gc 2,22: 192, 193

1Pt 1,11: 181
1Pt 1,12: 193
1Pt 3,13: 25

2Pt 2,10: 61
2Pt 2,21: 37

3Gv 8: 193

Ap 1,17: 114
Ap 1,19: 181
Ap 2,7: 193
Ap 2,11: 193
Ap 2,17: 193
Ap 2,29: 193
Ap 4,1: 181

Ap 6,11: 136
Ap 7,9: 136
Ap 7,13: 136
Ap 7,14: 136
Ap 9,12: 181
Ap 15,5: 181
Ap 20,3: 181
Ap 22,14: 136

INDICE GENERALE

Premessa	7
Introduzione..	9
1. Problemi interpretativi nel versetto finale di Mc	9
2. Ragione della ricerca	10
3. Lo *status quaestionis*	11
3.1 Idee in circolazione sulla finale di Mc negli anni Ottanta	11
3.2 Apporti dei «nuovi» metodi e approcci a partire dal 1993	13
3.2.1 Apporti dal metodo narrativo	13
3.2.2 Apporti dal metodo retorico	15
3.2.3 Un apporto dall'approccio pragmatico...............................	15
3.2.4 Apporti dal l'approccio femminista	16
3.2.5 Apporti dall'approccio psicologico e psicanalitico............	17
3.2.6 Apporti dall'approccio storico-sociologico........................	18
3.2.7 Un apporto dall'approccio contestuale...............................	19
4. Il nostro lavoro...	20
Capitolo I: *Le parole di Mc 16,8: struttura e lessicografia*	25
1. Critica testuale di Mc 16,8..	25
2. Struttura di Mc 16,8	26
2.1 Primo modello: un avvio e un'articolazione concentrica	27
2.2 Secondo modello: un'articolazione parallela e ternaria.................	28
2.3 Il dinamismo ternario di Mc 16,8	29
3. Lessicografia dell'uscita	30
4. Lessicografia della fuga	31
4.1 I tre casi di fuga nel racconto marciano...	31
4.1.1 La fuga dei mandriani di porci	32
4.1.2 La fuga dei discepoli	32
4.1.3 La fuga delle donne	34
4.1.4 La fuga dei discepoli e la fuga delle donne a confronto.......	34

    4.2 La fuga dei discepoli e delle donne negli altri Vangeli 35
        4.2.1 Matteo 35
        4.2.2 Luca 36
        4.2.3 Giovanni 37
    4.3 La caratterizzazione marciana del motivo della fuga 38
5. Lessicografia del «non dire» 40
    5.1 Il «non dire» a livello terminologico 40
        5.1.1 Tavola sinottica 40
        5.1.2 «Non parlare» 42
        5.1.3 «Mettere la museruola» 43
        5.1.4 «Tacere» o «non rispondere» 43
        5.1.5 «Ammutolire» o «diventare muto» 43
        5.1.6 «Non far conoscere» 43
        5.1.7 Silenzi che sono pause narrative 44
    5.2 Il «non dire» a livello psicologico 44
    5.3 I contesti del «non dire» in Mc 45
        5.3.1 I comandi di tacere negli esorcismi e nelle guarigioni 46
        5.3.2 I comandi di tacere ai discepoli 47
        5.3.3 I silenzi di Gesù 47
    5.4 Il «non dire» negli altri Vangeli 48
        5.4.1 Matteo 48
        5.4.2 Luca 48
        5.4.3 Giovanni 49
    5.5 I «non dire» espressi con una doppia negazione 49
        5.5.1 I «non dire» con doppia negazione in Mc 49
        5.5.2 Il silenzio del lebbroso 50
        5.5.3 Il silenzio di Gesù davanti a Pilato 51
        5.5.4 I «non dire» con doppia negazione negli altri Vangeli 54
        5.5.5 Valutazione finale 55
    5.6 Conclusione: il peculiare interesse marciano 55
6. Lessicografia della paura 57
    6.1 La locuzione τρόμος καὶ ἔκστασις 57
        6.1.1 Il valore marciano del termine τρόμος 57
        6.1.2 Il valore marciano del termine ἔκστασις 58
        6.1.3 L'uso del verbo «stupirsi» in Mc 58
        6.1.4 Senso marciano di ἔκστασις e «stupirsi» 60
        6.1.5 Τρόμος e ἔκστασις nella letteratura biblica 61
        6.1.6 L'uso specificatamente marciano
              della coppia τρόμος καὶ ἔκστασις 63
    6.2 Il verbo φοβέομαι 64
        6.2.1 La paura nel contesto di azioni e manifestazioni di Gesù 64
        6.2.2 La paura degli avversari di Gesù 68

6.2.3 La paura dei discepoli a fronte all'insegnamento di Gesù....	70
6.2.4 La paura delle donne discepole	72
6.2.5 Il verbo φοβέομαι negli altri Vangeli	73
6.3 La caratterizzazione marciana del motivo della paura	74
7. Conclusione: le connessioni tra fuga, silenzio e paura in Mc 16,8	76
7.1 L'orientamento di Mc	76
7.2 Possibili conferme in Mt e Lc	78

CAPITOLO II: *Mc 16,8 come chiusa del racconto delle donne alla tomba vuota (16,1-8)* 81

1. L'articolazione del racconto e la sua struttura	81
1.1 La struttura in due parti	81
1.2 La struttura in tre scene	83
2. Osservazioni sul testo	84
2.1 Elementi sintattici e rimandi terminologici	84
2.2 Le tre scene del racconto	85
2.2.1 Il versetto introduttivo (v. 1)	85
2.2.2 Primo quadro (vv. 2-4)	86
2.2.3 Secondo quadro (vv. 5-7)	87
2.2.4 Terzo quadro (v. 8)	88
2.3 I personaggi del racconto: le donne, il giovane, Gesù	88
2.4 Il punto di vista del narratore	89
2.5 Il dinamismo narrativo di Mc 16,1-8	90
3. L'uscita	91
3.1 La correlazione tra «andate» (v. 7) ed «(essendo) uscite» (v. 8)	91
3.1.1 La formula di commiato con l'imperativo di ὑπάγω in Mc ..	92
3.1.2 La formula imperativa di ὑπάγω negli altri Vangeli	93
3.1.3 La singolarità della formula di commiato in Mc 16,7-8	93
3.2 L'entrare e l'uscire delle donne dal sepolcro	94
3.3 L'uscita come fine del racconto	95
4. La fuga	95
4.1 La fuga «dal sepolcro»: quadro spaziale	96
4.2 La fuga nella cornice cronologica del racconto	99
4.3 La fuga come fine del racconto	101
5. Il «non dire»	101
5.1 La correlazione tra «dite» (v. 7) e «non dissero» (v. 8)	101
5.2 Il «non dire» come fine del racconto	104
6. La paura	105
6.1 La comparsa del motivo della paura nel racconto	105
6.2 L'uso marciano del verbo ἐκθαμβέω	106
6.2.1 Il turbamento della folla	106
6.2.2 Il turbamento dei discepoli e della folla	107

	6.2.3 Il turbamento dei discepoli e dei Dodici	109
	6.2.4 Il turbamento di Gesù nel Getsemani	112
	6.2.5 La caratterizzazione marciana di ἐκθαμβέω	113
6.3	Il turbamento iniziale delle donne e la loro «paura»	114
6.4	La paura delle donne nella carica emozionale del racconto	116
6.5	La paura come fine del racconto	118
	6.5.1 Una paura dai riflessi escatologici	119
	6.5.2 Una paura che coinvolge nel piano di Dio	120
	6.5.3 Una paura che riflette una sconvolgente rivelazione di Dio	120
7. Conclusione: la funzione strategica di Mc 16,8 come chiusa del racconto		121

CAPITOLO III: *Mc 16,8 come conclusione della narrazione marciana autentica (1,1–16,8)* 125

1. La fuga		125
1.1	La fuga dei discepoli e quella delle donne	125
	1.1.1 Fuga per quale causa?	125
	1.1.2 Fuga da dove?	126
	1.1.3 Fuga verso dove?	127
	1.1.4 Fuga con quale scopo?	127
	1.1.5 Conclusione: due fughe diverse	128
1.2	La fuga del νεανίσκος	129
	1.2.1 Interpretazioni proposte	129
	1.2.2 La descrizione del νεανίσκος nella narrazione	131
	1.2.3 La figura del νεανίσκος nel Getsemani	133
	1.2.4 La figura del νεανίσκος nella tomba vuota	135
	1.2.5 Il νεανίσκος figura di contrappunto	136
1.3	La fuga delle donne come chiusa narrativa	137
2. Il «non dire»		138
2.1	Il «non dire» delle donne un'ultima reazione agli interventi di Dio	138
	2.1.1 Correlazioni fra gli interventi di Dio	139
	2.1.2 Il «silenzio» delle donne nelle correlazioni fra prologo ed epilogo	141
	2.1.3 Il «silenzio» delle donne nelle correlazioni fra trasfigurazione ed epilogo	143
2.2	I silenzi di Gesù e il «non dire» delle donne a fine narrazione	145
2.3	Il «non dire» delle donne come chiusa narrativa	146
3. La paura		147
3.1	La paura nella narrazione marciana	148
	3.1.1 La paura di Gesù	148

3.1.2 La paura dei discepoli	149
3.1.3 La paura delle donne	151
3.2 La paura nei discepoli e la paura nelle donne	151
3.3 La paura delle donne come chiusa narrativa	152
4. Fuga, silenzio e paura e la tenacia misericordiosa di Dio	154
5. Le donne e la chiusa della narrazione marciana autentica	156
6. La funzione delle donne nel «gioco immaginativo» del finale aperto	162

CAPITOLO IV: *La narrazione deuterocanonica di Mc 16,9-20: prolungamento e variazione della finale* 167

1. Caratteristiche e articolazione di Mc 16,9-20	168
1.1 La progressione narrativa	168
1.2 Compattezza della pericope e insistenze nel lessico	169
1.3 La struttura di Mc 16,9-20	172
1.4 Specificità di Mc 16,9-20	173
2. L'apparizione a Maria Maddalena (16,9-11)	174
2.1 La prima apparizione del Risorto (v. 9a)	174
2.2 La nuova presentazione di Maria Maddalena	176
2.3 Un nuovo proseguo della storia e le similarità con Mt 28	177
2.4 L'incredulità dei discepoli	179
2.5 Conclusione: una nuova svolta	180
3. Per una lettura di Mc 16,12-20	180
3.1 L'apparizione a due dei discepoli (vv. 12-13)	181
3.2 L'apparizione agli Undici (vv. 14-18)	182
3.2.1 L'apparizione e il rimprovero agli Undici (v. 14)	183
3.2.2 Il discorso di invio in missione (vv. 15-18)	185
3.3 Il quadro conclusivo (vv. 19-20)	189
3.3.1 L'esaltazione del Signore Gesù (v. 19)	190
3.3.2 La realizzazione della missione (v. 20)	192
4. Le peculiarità teologiche dell'aggiunta rispetto a Mc autentico	194
4.1 L'apparire del Risorto	194
4.1.1 Il Risorto nel FL	194
4.1.2 La locuzione ὁ κύριος Ἰησοῦς	196
4.1.3 La visione del Risorto	198
4.2 L'incredulità	200
4.3 La teologia della missione	202
4.3.1 La natura del κηρύσσειν	202
4.3.2 L'orizzonte cosmico della missione	204
4.4 L'ordine di battezzare	208
4.4.1 Il battesimo nel FL	208
4.4.2 Il battesimo in Mc autentico	208

       4.4.3 La differente teologia riguardo al battesimo 210
  4.5 I segni 211
       4.5.1 I segni nel FL 211
       4.5.2 I segni in Mc autentico 212
       4.5.3 I segni: un bilancio conclusivo 213
  4.6 Valutazione delle peculiarità di Mc 16,9-20 215
5. Conclusione: Mc 16,9-20 come sviluppo di Mc 1,1–16,8 217
  5.1 I motivi che soggiacciono al ri-orientamento del Vangelo 217
  5.2 Il ri-orientamento dei motivi marciani precedenti 221
6. L'estensione dell'epilogo marciano e il suo effetto 222
  6.1 Mc 16,1-20 inteso come epilogo canonico 222
  6.2 Mc 16,9-20 un epilogo staccato da 1,1–16,8 224
  6.3 L'effetto del nuovo epilogo 225
7. Mc 16 e gli altri Vangeli 226
  7.1 Matteo 226
  7.2 Luca 227
  7.3 Giovanni 228

CAPITOLO V: *Mc 16,8 nella narrazione canonica (Mc 1,1–16,20)* 229

1. Mc 16,8 nel nuovo finale 230
2. Mc 16,8 nella narrazione canonica (1,1–16,20) 231
3. Mc 16,8 in un singolare processo ermeneutico 233

CONCLUSIONE: *Gli esiti della ricerca* 235

1. Riguardo alla struttura e al lessico di Mc 16,8 235
2. Riguardo alla chiusa del racconto 16,1-8 237
3. Riguardo alla chiusa della narrazione marciana
   letterariamente autentica Mc 1,1–16,8 238
4. Riguardo all'aggiunta di nuovi elementi conclusivi (Mc 16,9-20) 241

5. Riguardo al ruolo di Mc 16,8
   nella nuova narrazione canonica (Mc 1,1–16,20) 243
6. Tre modi per leggere Mc 16,8 245

SIGLE E ABBREVIAZIONI 247

BIBLIOGRAFIA 253

INDICE DEGLI AUTORI 267

INDICE DEI RIFERIMENTI BIBLICI 271

INDICE GENERALE 287

TESI GREGORIANA

Dal 1995, la collana «Tesi Gregoriana» mette a disposizione del pubblico alcune delle migliori tesi elaborate alla Pontificia Università Gregoriana. La composizione per la stampa è realizzata dagli stessi autori, secondo le norme tipografiche definite e controllate dall'Università..

Volumi pubblicati [Serie: Teologia]

[Vol. 1-120: cfr. www.unigre.it /TG/teologia.htm]

121. DE VECCHI, Gaia, *L'Etica o* Scito te ipsum *di Pietro Abelardo. Analisi critica di un progetto di teologia morale*, 2005, pp. 208.
122. MENDOZA MAGALLÓN, Pedro, *«Estar crucificado juntamente con Cristo»: el nuevo status del creyente en Cristo. Estudio exegético-teológico de Gal 2,15-21 y Rom 6,5-11*, 2005, pp. 328.
123. DUFFY, Mervyn, *How Language, Ritual and Sacraments Work. According to John Austin, Jürgen Habermas and Louis-Marie Chauvet*, 2005, pp. 282.
124. LEE, Hye Ja (Induk Maria), *«Signore, vogliamo vedere Gesù». La conclusione dell'attività pubblica di Gesù secondo Gv 12,20-36*, 2005, pp. 302.
125. MAZZA, Giuseppe, *La liminalità come dinamica di passaggio. La rivelazione come struttura osmotico-performativa dell'*inter-esse *trinitario*, 2005, pp. 786.
126. MONTALDI, Gianluca, *«In fede ipsa essentia Revelationis completur»: il tema della fede nell'evolversi del concilio Vaticano II: la genesi di DV 5-6 e i suoi riflessi su ulteriori ambiti conciliari*, 2005, pp. 628.
127. POGGEMEYER, Joseph, *The Dialectic of Knowing God in the Cross and the Creation. An Exegetico-Theological Study of 1Corinthians 1,18-25 and Romans 1,18-23*, 2005, pp. 344.
128. DI PAOLO, Roberto, *Il Servo di Dio porta il diritto alle nazioni. Analisi retorica di Matteo 11–12*, 2005, pp. 286.
129. RONCONI, Marco, *«A maiestate humilitas». Il rilievo della retorica nella teologia di Leone Magno*, 2005, pp. 260.
130. COLAUTTI, Guillermo Bruno, *Las figuras eclesiológicas en San Hilario de Poitiers*, 2005, pp. 304.
131. TIBALDI, Marco, *Kerygma e atto di fede nella teologia di Hans Urs von Balthasar*, 2005, pp. 276.
132. PIQUÉ COLLADO, Jorge, *Teología y música. Una contribución dialéctico-transcendental sobre la sacramentalidad de la percepción estética del Misterio (Agustín, Balthasar, Sequeri; Victoria, Schönberg, Messiaen)*, 2006, pp. 422.
133. COSTIN, Teodor, *Il perdono di Dio nel vangelo di Matteo. Uno studio esegetico-teologico*, 2006, pp. 254.

134. BISCEGLIA, Bruno, *«In natura humana Deus Pater impressit Verbum». Dio Padre nel commento di San Tommaso al Vangelo di San Giovanni. Indagine dottrinale e verifica analitica. Analisi statistica e lessicografica*, 2006, pp. 352.
135. JONES, Michael Keenan, *Towards a Christology of Christ the High Priest*, 2006, pp. 408.
136. GUDIEL GARCÍA, Hugo Caín, *La fe según Xavier Zubiri. Una aproximación al tema desde la perspectiva del problema teologal del hombre*, 2006, pp. 380.
137. MARGARIA, Claudio, *Fede come sequela: una teologia in* via Christi *negli scritti teologici (1968-2002) di Joseph Moingt*, 2006, pp. 382.
138. BELLUSCI, Gianluca, *L'*universale concretum, *categoria fondamentale della Rivelazione a partire dall'analisi del ciclo natalizio*, 2006, pp. 298.
139. PELLEGRINO, Carmelo, *Paolo servo di Cristo e padre dei Corinzi. Analisi retorico-letteraria di 1Cor 4*, 2006, pp. 408.
140. MULCAHY, Eamonn, *The Cause of Our Salvation. Soteriological Causality according to some Modern British Theologians 1988-1998*, 2006, pp. 528.
141. BALČIUS, Vidas, *Virtù e opzione fondamentale. Una riflessione a partire dal contributo di S. Pinckaers e J. Fucks*, 2007, pp. 240.
142. XALXO, Prem, *Complementarity of Human Life and Other Life Forms in Nature: A Study of Human Obligations toward the Environment with Particular Reference to the Oraon Indigenous Community of Chtoanagpur, India*, 2007, pp. 240.
143. BRIGHI, Davide, *Assenso reale e scienze profane. Il contributo di John Henry Newman ad una rinnovata ragione teologica*, 2007, pp. 222.
144. PETRIGLIERI, Ignazio, *La definizione dogmatica di Calcedonia nella cristologia italiana contemporanea*, 2007, pp. 346.
145. GONZAGA, Waldecir, *«A Verdade do Evangelho» (Gl 2,5.14) e a autoridade na Igreja. Gl 2,1-21 na exegese do Vaticano II até os nossos dias. História, balanço e novas perspectivas*, 2007, pp. 504.
146. GATTI, Nicoletta, *...perché il «piccolo» diventi «fratello». La pedagogia del dialogo nel cap. 18 di Matteo*, 2007, pp. 400.
147. SZYPUŁA, Wojciech, *The Holy Spirit in the Eschatological Tension of Christian Life. An Exegetico-Theological Study of 2 Corinthians 5,1-5 and Romans 8,18-27*, 2007, pp. 436.
148. AMO USANOS, Rafael, *El principio vital del ser humano en Ireneo, Orígenes, Agustín, Tomás de Aquino y la antropología teológica española reciente*, 2007, pp. 362.
149. APRILE, Biagio, *«Passio Christi tam evidenter quasi evangelium recitatur». La passione di Cristo sulla croce: insegnamento ed esempio. Studio sul Commento II al salmo 21 di Agostino di Ippona*, 2007, pp. 310.
150. CASAZZA, Fabrizio, *Sviluppo e libertà in Amartya Sen. Provocazioni per la teologia morale*, 2007, pp. 424.
151. VARSALONA, Agnese, *Il dialogo e i suoi fondamenti. Aspetti di antropologia filosofica e teologica secondo Jörg Splett e Walter Kasper*, 2007, pp. 300.
152. GEORGE KOCHUTHARA, Shaji, *The Concept of Sexual Pleasure in the Catholic Moral Tradition*, 2007, pp. 518.
153. SCARDILLI, Pietro Damiano, *I nuclei ecclesiologici nella costituzione liturgica del Vaticano II*, 2007, pp. 418.

154. PALACHUVATTIL, Mathew, *«The One Who Does the Will of the Father». Distinguishing Character of Disciples According to Matthew. An Exegetical Theological Study*, 2007, pp. 404.
155. BARBOSA FILHO, Domingos, *A vontade salvífica e predestinante de Deus e a questão do cristocentrismo. Um estudo sobre a doutrina de João Duns Escoto e seus ecos na teologia contemporânea*, 2007, pp. 496.
156. ONWUKA, Chidolue Peter, *The Law, Redemption and Freedom in Christ. An Exegetical-Theological Study of Galatians 3,10-14 and Romans 7,1-6*, 2007, pp. 374.
157. JANÉ COCA, José M., *«Ser hallado en Él». La reciprocidad intersubjetiva entre Pablo y Cristo. Un estudio exegético-teológico de Flp 3*, 2007, pp. 608.
158. SHABANI, Louay, *Santificazione e valore salvifico del matrimonio. Studio esegetico-teologico di 1Cor 7,12-16 ed Ef 5,25-33*, 2008, pp. 325.
159. ABBATTISTA, Ester, *Origene legge Geremia. Analisi, commento e riflessioni di un biblista di oggi*, 2008, pp. 355.
160. SPRONCK, Joël, *La patience de Dieu. Justifications théologiques du délai de la Parousie*, 2008, pp. 356.
161. EDERLE, Rubén Alberto, *Discípulos y Apóstoles de Jesús. La relación entre los discípulos y los Doce según Marcos*, 2008, pp. 368.
162. CARIA, Roberto, *Lo stato nelle teorie politiche di I. Kant e J. Maritain. Una legittimazione tra razionalità e fede*, 2008, pp. 306.
163. MACALA, André, *A escatologia no livro do Apocalipse. Da sua realização no presente litúrgico à conslusão da história*, 2008, pp. 394.
164. TANTIONO, Paulus Toni, *Speaking the Truth in Christ. An Exegetico-Theological Study of Galatians 4,12-20 and Ephesians 4,12-16*, 2008, pp. 302.
165. ZICCARDI, Costantino Antonio, *The Relationship of Jesus and the Kingdom of God According to Luke-Acts*, 2008, pp. 584.
166. BRADY, Patrick J., *The Process of Sanctification in the Christian Life. An Exegetical-Theological Study of 1Thess 4,1-8 and Rom 6,15-23*, 2008, pp. 322.
167. ROCHETTE, Joël, *La rémission des péchés dans l'Apocalypse. Ébauche d'une sotériologie originale*, 2008, pp. 628.
168. SHENOSKY, Joseph T., *The Development of Late Twentieth Century Catholic Ecumenical Theology in the United States of America: A Comparison of the Contributions of Gustave Weigel, S.J., Carl J. Peter, John F. Hotchkin, and Avery Dulles, S.J.*, 2008, pp. 404.
169. IWUAMADI, Lawrence Oscar I., *«He Called unto Him the Twelve and Began to Send Them Forth». The Continuation of Jesus' Mission According to the Gospel of Mark*, 2008, pp. 308.
170. ASCENSO, Adelino, *Transcultural Theodicy in the Fiction of Shūsaku Endō*, 2009, pp. 354.
171. HODŽIĆ, Mislav, *La genesi della fede. La formazione della coscienza credente tra* essere riconosciuto *ed* essere riconoscente, 2009, pp. 276.
172. SHORTALL, Michael, *Human Rights and Moral Reasoning. A Comparative Iinvestigation by Way of Three Theorists and Their Respective Traditions of Enquiry: John Finnis, Ronald Dworkin and Jürgen Habermas*, 2009, pp. 438.

173. SÁNCHEZ CASTELBLANCO, Wilton Gerardo, *La voz como modo de revelación. Investigación exegético-teológica del término* φωνή *en el cuarto evangelio*, 2009, pp. 356.
174. RODRIGUES DE SOUSA, Mário José, *«Para que também vós acrediteis». Estudo exegético-teológico de Jo 19,31-37*, 2009, pp. 404.
175. RYAN, Dermot, *Method to Mission: The Ecclesial Vocation of the Theologian. As Exemplified in the Works of Francis A. Sullivan SJ in the Context of Method at the Gregorian University*, 2009, pp. 448.
176. SALMAN, Wasim, *La* Wirkungsgeschichte *de Hans-Georg Gadamer dans la théologie de Claude Geffré, David Tracy et Wolfhart Pannenberg*, 2010, 244 pp.
177. BRUTÉ DE RÉMUR, Guillaume, *La théologie trinitaire de Louis Bouyer*, 2010, 382 pp.
178. NSONGISA KIMESA, Chantal, *«L'agir puissant du Christ parmi les chrétiens».Une étude exégético-théologique de 2Co 13,1-4 et Rm 14,1-9*, 2010, 290 pp.
179. CORNIÉ Thomas, *La primauté de l'évêque de Rome dans la théologie catholique francophone du vingtième siècle. Les études de Pierre Batiffol, Charles Journet et Jean-Marie Roger Tillard*, 2010, 352 pp.
180. GIORDANO, Maria Teresa, *La parola della croce: l'itinerario paradossale della sapienza divina in 1Cor 1,18–3,4. Composizione retorica del testo. Implicazioni esegetico-teologiche e sua funzione in 1Cor 1–4*, 2010, 302 pp.
181. CAVICCHIA, Alessandro, *Le sorti e le vesti. La «Scrittura» alle radici del messianismo giovanneo tra re-interpretazione e adempimento: Sal 22(21) a Qumran e in Giovanni*, 2010, 540 pp.
182. COMPIANI, Maurizio, *Fuga, silenzio e paura. La conclusione del Vangelo di Marco. Studio di Mc 16,1-20*, 2011, 296 pp.